INTEGRIDADE E CONTRATAÇÕES PÚBLICAS
REFLEXÕES ATUAIS E DESAFIOS

CRISTIANA FORTINI
MARIA FERNANDA VELOSO PIRES
CAIO MÁRIO LANA CAVALCANTI
Coordenadores

Prefácio
Antonio Anastasia

INTEGRIDADE E CONTRATAÇÕES PÚBLICAS
REFLEXÕES ATUAIS E DESAFIOS

Belo Horizonte
FÓRUM
CONHECIMENTO JURÍDICO
2024

© 2024 Editora Fórum Ltda.

É proibida a reprodução total ou parcial desta obra, por qualquer meio eletrônico, inclusive por processos xerográficos, sem autorização expressa do Editor.

Conselho Editorial

Adilson Abreu Dallari
Alécia Paolucci Nogueira Bicalho
Alexandre Coutinho Pagliarini
André Ramos Tavares
Carlos Ayres Britto
Carlos Mário da Silva Velloso
Cármen Lúcia Antunes Rocha
Cesar Augusto Guimarães Pereira
Clovis Beznos
Cristiana Fortini
Dinorá Adelaide Musetti Grotti
Diogo de Figueiredo Moreira Neto (*in memoriam*)
Egon Bockmann Moreira
Emerson Gabardo
Fabrício Motta
Fernando Rossi
Flávio Henrique Unes Pereira

Floriano de Azevedo Marques Neto
Gustavo Justino de Oliveira
Inês Virgínia Prado Soares
Jorge Ulisses Jacoby Fernandes
Juarez Freitas
Luciano Ferraz
Lúcio Delfino
Marcia Carla Pereira Ribeiro
Márcio Cammarosano
Marcos Ehrhardt Jr.
Maria Sylvia Zanella Di Pietro
Ney José de Freitas
Oswaldo Othon de Pontes Saraiva Filho
Paulo Modesto
Romeu Felipe Bacellar Filho
Sérgio Guerra
Walber de Moura Agra

FÓRUM
CONHECIMENTO JURÍDICO

Luís Cláudio Rodrigues Ferreira
Presidente e Editor

Coordenação editorial: Leonardo Eustáquio Siqueira Araújo / Aline Sobreira de Oliveira
Revisão: Bárbara Ferreira
Capa e projeto gráfico e diagramação: Walter Santos

Rua Paulo Ribeiro Bastos, 211 – Jardim Atlântico – CEP 31710-430
Belo Horizonte – Minas Gerais – Tel.: (31) 99412.0131
www.editoraforum.com.br – editoraforum@editoraforum.com.br

Técnica. Empenho. Zelo. Esses foram alguns dos cuidados aplicados na edição desta obra. No entanto, podem ocorrer erros de impressão, digitação ou mesmo restar alguma dúvida conceitual. Caso se constate algo assim, solicitamos a gentileza de nos comunicar através do *e-mail* editorial@editoraforum.com.br para que possamos esclarecer, no que couber. A sua contribuição é muito importante para mantermos a excelência editorial. A Editora Fórum agradece a sua contribuição.

I61   Integridade e contratações públicas: reflexões atuais e desafios / Cristiana Fortini, Maria Fernanda Veloso Pires, Caio Mário Lana Cavalcanti (coord.). Belo Horizonte: Fórum, 2024.

355 p. 14,5x21,5cm
ISBN impresso 978-65-5518-708-3
ISBN digital 978-65-5518-711-3

1. Integridade. 2. Contratações públicas. 3. Licitação. 4. *Compliance*. 5. *Due diligence*. 6. Improbidade. 7. Corrupção. I. Cristiana Fortini. II. Pires, Maria Fernanda Veloso. III. Cavalcanti, Caio Mário Lana. VI. Título.

CDD: 342
CDU: 342

Ficha catalográfica elaborada por Lissandra Ruas Lima – CRB/6 – 2851

Informação bibliográfica deste livro, conforme a NBR 6023:2018 da Associação Brasileira de Normas Técnicas (ABNT):

FORTINI, Cristiana; PIRES, Maria Fernanda Veloso; CAVALCANTI, Caio Mário Lana (coord.). *Integridade e contratações públicas*: reflexões atuais e desafios. Belo Horizonte: Fórum, 2024. 355 p. ISBN 978-65-5518-708-3.

SUMÁRIO

PREFÁCIO
Antonio Augusto Junho Anastasia 13

LEI Nº 14.230/21 E A EXIGÊNCIA DE PERDA PATRIMONIAL EFETIVA E COMPROVADA PARA CONFIGURAÇÃO DO ATO DE IMPROBIDADE ADMINISTRATIVA POR CONTRATAÇÃO DIRETA INDEVIDA: A SUPERAÇÃO DA JURISPRUDÊNCIA DO STJ PELA VIA LEGISLATIVA
ÁLVARO RICARDO DE SOUZA CRUZ,
DANIEL MARTINS E AVELAR 15
1   Introdução 15
2   Conteúdo normativo do art. 10, inciso VIII, da Lei nº 8.429/92 e regime jurídico de contratação direta 16
3   Atuação do Superior Tribunal de Justiça em matéria de improbidade administrativa no contexto da jurisprudencialização do Direito brasileiro 22
4   A reação legislativa ao entendimento do STJ a respeito do dano presumido em hipóteses de contratação direta indevida 26
5   Conclusão 29
    Referências 29

OS PROGRAMAS DE INTEGRIDADE E O DIREITO ADMINISTRATIVO SANCIONADOR: APONTAMENTOS SOBRE CONSENSUALIDADE E INTERESSE PÚBLICO
BERNARDO TINÔCO DE LIMA HORTA,
BONIFÁCIO JOSÉ SUPPES DE ANDRADA 33
1   Delimitação do objeto 33
2   O programa de integridade e seu regime legal no Direito Administrativo Sancionador 34

3	Regulação responsiva no sistema sancionatório – instrumentos cooperativos para a persecução do interesse público	37
3.1	A noção de regulação responsiva	38
3.2	A cooperação e a consensualidade como instrumentos para a persecução do interesse público	44
4	O programa de integridade como um ensaio de remodelação do Direito Administrativo Sancionador	45
5	Considerações finais	47
	Referências	48

REFLEXÕES SOBRE O ART. 10, VIII, DA LEI Nº 8.429/92, COM A REDAÇÃO DADA PELA LEI Nº 14.230/21: O QUE MUDOU?
CAIO MÁRIO LANA CAVALCANTI 51

I	Introdução	51
II	O art. 10, VIII, da Lei nº 8.429/92: como era?	53
III	O art. 10, VIII, da Lei nº 8.429/92: como passou a ser?	58
IV	Conclusão	63
	Referências	64

CONSIDERAÇÕES SOBRE O PAPEL DAS UNIDADES CENTRAIS DE CONTROLE INTERNO NA LEI Nº 14.133/2021: A *DUE DILIGENCE* DE FORNECEDORES NO MUNICÍPIO DE BELO HORIZONTE COMO MECANISMO DE CONTROLE PREVENTIVO E TRATAMENTO DE RISCOS DE INTEGRIDADE NAS CONTRATAÇÕES PÚBLICAS
CLAUDIA COSTA DE ARAUJO FUSCO,
LEONARDO DE ARAÚJO FERRAZ 67

1	Introdução	67
2	Desenvolvimento	71
2.1	Gestão de riscos de integridade	71
2.2	O papel da Unidade Central de Controle Interno na NLLC	74
2.3	O mecanismo de *due diligence* e o município de Belo Horizonte	76
3	Conclusão	81
	Referências	82

OS ACORDOS SUBSTITUTIVOS DE ATIVIDADE SANCIONATÓRIA UNILATERAL EM CONTRATOS DA ADMINISTRAÇÃO PÚBLICA NO BRASIL
CRISTIANA FORTINI, FELIPE ALEXANDRE SANTA ANNA MUCCI DANIEL 87

1   Introdução 87
2   Os acordos substitutivos de atos unilaterais da Administração no Direito Administrativo brasileiro 88
3   Análise da possibilidade de acordos em matéria de sanções administrativas 94
4   Regime jurídico sancionatório na nova Lei de Licitações e Contratos Administrativos no Brasil e as alternativas à sanção 99
5   Critérios para a decisão administrativa: entre a sanção unilateral e o acordo 102
6   Conclusão 107
    Referências 108

O PLANO DE CONTRATAÇÕES ANUAL NA NOVA LEI DE LICITAÇÕES
CRISTINA ANDRADE MELO 111

1   Introdução 111
2   O plano de contratações anual 115
2.1   Objetivos 116
2.2   Transparência como fator de integridade 118
2.3   Regulamentação pelos entes federativos 120
3   Conclusão 121
    Referências 122

A LEI Nº 12846/2013 E A COMPETÊNCIA DOS TRIBUNAIS DE CONTAS
DANIEL DE CARVALHO GUIMARÃES 125

    Introdução 125
1   A lei e sua escolha sobre competência 126
2   As competências constitucionais dos Tribunais de Contas e do controle interno 127
3   A competência dos Tribunais de Contas sobre pessoas jurídicas de direito privado 130
4   Parâmetros legais da competência sancionatória dos Tribunais de Contas 133

| 5 | As fragilidades do modelo de descentralização federativa da Lei nº 12.846/2013 | 135 |

Conclusão 136
Referências 137

A RESPONSABILIZAÇÃO ADMINISTRATIVA POR ATOS DE CORRUPÇÃO PRATICADOS POR LICITANTES E CONTRATADOS À LUZ DA LEI Nº 14.133/2021
DANIEL MARCHIONATTI BARBOSA,
WESLEY ROBERTO QUEIROZ COSTA 139

Introdução 139
1   O ato de corrupção como ilícito administrativo no contexto das contratações públicas 141
2   Tipificação dos atos de corrupção na nova Lei de Licitações e Contratos Administrativos e as sanções administrativas aplicáveis 147
Conclusão 154
Referências 155

PARECER E IMPROBIDADE ADMINISTRATIVA. O QUESTIONAMENTO PERANTE A LEI Nº 14.133/2021
EDILSON PEREIRA NOBRE JÚNIOR 157

I   Introdução 157
II   Uma ideia de parecer 161
III   Modalidades de parecer 163
IV   Parecer *versus* improbidade administrativa 168
V   Síntese conclusiva 170
Referências 170

CONSENSUALIDADE E PRAGMATISMO: OS NOVOS CAMINHOS DO DIREITO ADMINISTRATIVO NO BRASIL E SEUS REFLEXOS PARA O REGIME SANCIONATÓRIO DA LEI ANTICORRUPÇÃO EMPRESARIAL E DA NOVA LEI DE LICITAÇÕES E CONTRATOS ADMINISTRATIVOS
FELIPE ALEXANDRE SANTA ANNA MUCCI DANIEL 173

1   Introdução 173
2   O regime sancionatório da Lei Anticorrupção e da Lei nº 14.133, de 2021: diferenças e similitudes 177

2.1	O regime infracional e sancionatório da Lei Anticorrupção Empresarial e suas inovações	178
2.2	O regime infracional e sancionatório da Lei nº 14.133, de 2021 e suas inovações	182
2.2.1	A aplicação dos princípios da consensualidade e do pragmatismo jurídico no regime sancionatório da Lei nº 14.133, de 2021	185
3	Conclusão	187
	Referências	189

DESAFIOS DOS MUNICÍPIOS NA NOVA LEI DE LICITAÇÕES: A GOVERNANÇA DAS CONTRATAÇÕES
GREYCIELLE DE FÁTIMA PERES AMARAL, LUISA ROSADO..........191

I	Considerações iniciais	191
II	Os instrumentos de governança na nova lei de licitação aplicados à realidade dos municípios	193
II.I	A governança nas contratações públicas e o programa de *compliance* nos municípios	201
III	Dos instrumentos de planejamento na contratação pública	204
IV	Considerações finais	210
	Referências	211

DISFUNÇÕES E RISCOS NAS POLÍTICAS DE TOLERÂNCIA ZERO EM LICITAÇÕES DE ESTATAIS: POR UM CONTROLE EQUILIBRADO DO *DUE DILIGENCE*
IRENE PATRÍCIA NOHARA, MARÍLIA MOREIRA PIRES..........215

	Considerações introdutórias	215
1	Lava Jato, Lei das Estatais e mudanças no controle e fiscalização das estatais	216
2	Mudanças nas práticas de governança das contratações nas estatais	219
3	*Case* da Petrobras	223
4	Garantias no controle do *due diligence* e ponderação consequencial	227
	Conclusões	230
	Referências	231

DIREITO ADMINISTRATIVO SANCIONADOR ANTICORRUPÇÃO. INTERAÇÃO ENTRE A LEI Nº 14.133/2021 E A LEI Nº 12.846/2013
JOSÉ ROBERTO PIMENTA OLIVEIRA 233
1   Introdução 233
2   Direito Administrativo Sancionador Anticorrupção 234
3   Sistema de responsabilização administrativa da nova LGLC
    (Lei nº 14.133/2021) 242
4   Sistema de responsabilização da LIPJ
    (Lei nº 12.846/2013) 257
5   Relacionamento entre os sistemas no DAS Anticorrupção 263
6   Conclusões 269
    Referências 270

A RELEVÂNCIA DO PLANEJAMENTO E DA INTEGRIDADE NA LEI Nº 14.133/2021, NOVA LEI DE LICITAÇÕES E CONTRATOS
LICURGO MOURÃO, SILVIA MOTTA PIANCASTELLI 275
1   Introdução 275
2   A nova Lei nº 14.133/2021, a ênfase no planejamento e o programa
    de integridade 276
3   Obras paralisadas devido à falta de planejamento da
    Administração 282
4   Considerações finais 290
    Referências 291

CONTRATAÇÃO PÚBLICA E INTEGRIDADE: O PROGRAMA DE *COMPLIANCE* NOS ESCRITÓRIOS DE ADVOCACIA QUE PRESTAM SERVIÇO JURÍDICO AO PODER PÚBLICO
**MARIA FERNANDA VELOSO PIRES,
LUAN ALVARENGA BALIEIRO** 293
I   Introdução 293
II   Contratação de serviço jurídico pela Administração Pública 295
III   Incentivo da legislação de regência e obrigatoriedade de
      implantação do programa de integridade 300
IV   A necessária implantação/adequação do programa de *compliance*
      em busca da ética e da integridade 302
V   Conclusão 306
      Referências 307

O PRAGMATISMO NO ORDENAMENTO JURÍDICO BRASILEIRO E SUA INFLUÊNCIA ÀS DECISÕES DE CONTROLE DA ADMINISTRAÇÃO PÚBLICA
MARILENE CARNEIRO MATOS, FELIPE DALENOGARE ALVES 309

1	Introdução	309
2	O consequencialismo como teoria moral e a primazia dos elementos cognitivos em detrimento dos normativos	311
3	A evolução normativa consequencialista ao controle da Administração Pública	316
4	Conclusão	324
	Referências	325

PROCESSO SANCIONADOR NA LEI Nº 14.133/2021 E SUA INTERSEÇÃO COM A LEI Nº 12.846/2013 (LEI ANTICORRUPÇÃO)
MARCELO PONTES VIANNA, RAFAEL AMORIM DE AMORIM 329

I	Introdução	329
II	Do processo sancionador na Lei nº 14.133/2021	331
II.1	Rito simplificado (art. 157 da Lei nº 14.133/2021)	335
II.2	Rito ordinário (art. 158, *caput* e §§1º, 2º e 3º, da Lei nº 14.133/2021)	337
II.3	Rito procedimental da Lei nº 12.846/2013	341
III	Da prescrição da pretensão sancionatória (§4º do art. 158 da Lei nº 14.133/2021)	344
IV	Conclusão	347
	Referências	348

SOBRE OS AUTORES..........351

PREFÁCIO

Apresento com grande entusiasmo a obra "Integridade e Contratações Públicas", organizada por Cristiana Fortini, Maria Fernanda Pires e Caio Cavalcanti, destacadas figuras do Direito Público brasileiro. Reunindo uma seleção de artigos de profissionais experientes e acadêmicos do campo do Direito Administrativo, esta coletânea visa contribuir de forma significativa para o debate sobre integridade nas contratações públicas.

Ao longo dos anos, tenho testemunhado a crescente importância de conduzir os processos de contratação governamental de maneira ética, transparente e eficiente. O cenário das contratações públicas no Brasil está finalmente se alinhando, na prática, com os desafios internacionais relacionados à implementação de estruturas que promovam maior transparência, integridade, responsabilidade e conformidade com a lei. Essa mudança é resultado do reconhecimento do papel fundamental dos sistemas de integridade na definição de objetivos estratégicos e na adoção de princípios de gestão eficazes.

De fato, a implementação de sistemas de integridade eficazes traz uma série de benefícios para a sociedade e a economia em geral. Esses sistemas aprimoram a formulação de estratégias, cultivam relações sólidas entre o público e o privado, mitigam riscos e protegem os envolvidos. Concretizar uma governança eficaz, notadamente por meio do *compliance*, torna o país mais atraente para investimentos internacionais e estimula a criação de novos negócios, tornando-os mais lucrativos, principalmente pela redução dos custos de transação. Além disso, os sistemas de integridade bem estabelecidos tendem a impulsionar o investimento a longo prazo, promover o desenvolvimento sustentável, fomentar a concorrência saudável e melhorar a qualidade dos produtos e serviços.

Com a promulgação da Lei nº 14.133/2021, consolidou-se a necessidade permanente de explorar as implicações dessa legislação para a promoção da integridade no setor público. A Nova Lei de Licitações e Contratos Administrativos passou a exigir do contratante a implantação de programa de integridade nas contratações de obras, serviços e fornecimentos de grande vulto. Ademais, a lei buscou incentivar que em outras contratações também seja firmado por representantes do setor privado que possuam um sistema de integridade. Por essa razão, o desenvolvimento de programa de integridade pela empresa é requisito de desempate na fase de julgamento, é causa de redução de penalidade na aplicação das sanções e é indispensável na reabilitação de licitante punido. Com efeito, a integridade nas contratações públicas deu um desejado salto de importância agora que a NLLCA está em plena vigência.

Por tudo isso, é preciso reconhecer o trabalho de Cristiana Fortini, Maria Fernanda Pires e Caio Cavalcanti na concepção e realização desta obra. Do mesmo modo, não poderia deixar de elogiar os demais autores pela qualidade com que cuidaram de um tema tão caro à sociedade brasileira.

Os artigos contidos neste livro oferecem uma análise aprofundada da nova legislação. Os temas abordados vão desde a importância do planejamento e da integridade até as relações entre a Lei nº 14.133/2021 e a Lei Anticorrupção, passando por questões filosóficas. Há também trabalhos instrumentais analisando os papéis do controle interno, dos Tribunais de Contas e do Poder Judiciário.

Cada ensaio oferece uma visão única sobre questões fundamentais no campo da integridade nas contratações públicas.

As reflexões e análises contidas neste livro contribuem significativamente para o entendimento das complexidades envolvidas na busca pela integridade e transparência no âmbito das contratações governamentais.

Acredito que esta obra será uma fonte de inspiração e orientação para estudantes, professores, gestores e operadores do Direito que buscam aprimorar suas práticas e promover uma cultura de integridade no setor público. Espero que os leitores encontrem neste livro ideias valiosas e estimulantes que os auxiliem no enfrentamento dos desafios contemporâneos das contratações públicas

Desejo a todos uma excelente leitura.

Belo Horizonte, março de 2024.

Antonio Augusto Junho Anastasia
Ministro do Tribunal de Contas da União

LEI Nº 14.230/21 E A EXIGÊNCIA DE PERDA PATRIMONIAL EFETIVA E COMPROVADA PARA CONFIGURAÇÃO DO ATO DE IMPROBIDADE ADMINISTRATIVA POR CONTRATAÇÃO DIRETA INDEVIDA: A SUPERAÇÃO DA JURISPRUDÊNCIA DO STJ PELA VIA LEGISLATIVA

ÁLVARO RICARDO DE SOUZA CRUZ

DANIEL MARTINS E AVELAR

1 Introdução

A interseção entre os temas integridade e contratações públicas é ínsita ao sistema de responsabilização por atos de improbidade administrativa. Como grande contratador que é, seja em volume de negócios ou de recursos, o Poder Público se encontra em ambiente de constante risco de práticas lesivas e isso não passou despercebido para a Lei de Improbidade Administrativa (Lei nº 8.429/92). Realmente, são diversos os tipos infracionais cujo núcleo pressupõe vínculos negociais públicos, tais como os previstos no art. 9º, incisos II, III, IV, VI, no art. 10, incisos III, IV, V, VI, VIII, XIV, XV, XVI, XVIII, XIX, XX, e no art. 11, incisos V e VIII.

No presente artigo, as atenções se voltam ao art. 10, inciso VIII, da Lei nº 8.429/92, que tipifica como ato de improbidade administrativa a conduta de "frustrar a licitude de processo licitatório ou de processo seletivo para celebração de parcerias com entidades sem fins lucrativos, ou dispensá-los indevidamente". Mais precisamente, analisa-se a exigência de dano ao erário (perda patrimonial efetiva) para fins de configuração do ato de improbidade administrativa, face à alteração do supramencionado dispositivo promovida pela Lei nº 14.230/21, em contraposição à jurisprudência do Superior Tribunal de Justiça, firmada sob a égide da legislação anterior, no sentido da presunção de dano (*in re ipsa*) em hipóteses de contratação direta indevida.

O trabalho desenvolve-se em cinco tópicos, incluída a introdução. Inicialmente, extrai-se o conteúdo normativo do art. 10, inciso VIII, da Lei nº 8.429/92 e se apresentam as duas hipóteses de contratação direta admitidas em nosso ordenamento jurídico (dispensa e inexigibilidade de licitação – Leis nºs 8.666/93 e 14.133/21). Em seguida, analisa-se a atuação do Superior Tribunal de Justiça-STJ em matéria de improbidade administrativa no contexto de jurisprudencialização do Direito brasileiro. No tópico seguinte, contrapõe-se a nova redação do art. 10, inciso VIII, da Lei nº 8.429/92, dada pela Lei nº 14.230/21, ao entendimento jurisprudencial do STJ, firmado sob a égide da redação anterior, que admite a presunção de dano ao erário nos casos de contatação direta indevida para fins de configuração de ato de improbidade administrativa. Finalmente, conclui-se que a alteração da redação do dispositivo legal analisado teve o claro intuito de superar, pela via legislativa, a jurisprudência do STJ a respeito do tema, em movimento análogo ao que comumente se denomina *backlash* em matéria de jurisdição constitucional. O tema é tratado pela vertente dogmático-jurídica, tipo metodológico jurídico-interpretativo, apresentando-se, ao final, um trabalho de cunho teórico.

2 Conteúdo normativo do art. 10, inciso VIII, da Lei nº 8.429/92 e regime jurídico de contratação direta

O art. 37, §4º, da Constituição da República dispõe que "os atos de improbidade administrativa importarão a suspensão dos direitos políticos, a perda da função pública, a indisponibilidade dos bens e o ressarcimento ao erário, na forma e gradação previstas em lei, sem prejuízo da ação penal cabível". Com o intuito de regular o dispositivo, a Lei nº 8.429/92 dividiu os atos de improbidade administrativa em três espécies: atos que importam enriquecimento ilícito (art. 9º da Lei nº 8.429/92); atos que causam dano ao erário (art. 10 da Lei nº 8.429/92); e atos que atentam contra os princípios da administração pública (art. 11 da Lei nº 8.429/92). Os incisos de cada um desses dispositivos contêm a descrição dos tipos infracionais, em complementação ao núcleo do *caput*, de forma exemplificativa nos artigos 9º e 10 e taxativa no art. 11. A regra prevista no inciso VIII do art. 10 da Lei nº 8.429/92 contém dois tipos infracionais distintos. O primeiro consiste em "frustrar a licitude de processo licitatório".[1] Nesse caso, pela literalidade do dispositivo, a configuração da infração pressupõe a realização da licitação, com a frustação da sua licitude. Tal conduta pode se verificar na fase interna, de elaboração do edital, com estipulação de regras que "comprometem, em maior ou menor grau, o caráter competitivo do procedimento licitatório, reduzindo as possibilidades de seleção do melhor candidato e desigualando os interessados" (p. ex. limitação indevida do universo de proponentes mediante excesso de especificações ou fixação de valores discrepantes da realidade como limite ou parâmetro para a formulação de propostas). A infração pode ocorrer, também, na fase externa, por má condução do procedimento licitatório ou até mesmo de seus procedimentos auxiliares (p. ex. pré-qualificação de interessados), com "aplicação viciosa das cláusulas editalícias" em prejuízo da isonomia e da competitividade.[2]

O segundo tipo infracional contido na regra consiste em dispensar o procedimento licitatório indevidamente. Nessa hipótese, a infração pressupõe o dever de promover a licitação, "mas o agente público deixa de realizá-la sem que para tanto concorresse uma das hipóteses legais de dispensa ou inexigibilidade do certame licitatório".[3] Significa dizer que a infração pode se configurar tanto nos casos em que a contratação direta é realizada sem qualquer tipo de justificativa legal quanto nos casos de utilização indevida dos procedimentos de dispensa ou inexigibilidade de licitação. O ponto essencial, portanto, é definir se, no caso concreto, há ou não o dever de licitar. E tal definição perpassa necessariamente pelo plano constitucional e pelas leis de licitações e contratos vigentes em nosso país.

Com efeito, a Constituição da República de 1988 foi a primeira a trazer a regra da obrigatoriedade de licitação para o plano constitucional.

---

[1] Desde 2014, com a edição do Marco Regulatório das Organizações da Sociedade Civil – MROSC (Lei nº 13.019/14), o tipo infracional previsto no art. 10, inciso VIII, da Lei nº 8.429/92, abarca a conduta de frustrar a licitude de processo seletivo para celebração de parcerias com entidades sem fins lucrativos ou dispensá-lo indevidamente. No presente artigo, a matéria será analisada apenas sob o enfoque da licitação propriamente dita.

[2] PRADO, Francisco Octavio de Almeida. *Improbidade Administrativa*. São Paulo: Malheiros, 2001, p. 110-111.

[3] *Ibid.*, p. 111.

Segundo o art. 37, inciso XXI, "as obras, serviços, compras e alienações serão contratados mediante processo de licitação pública que assegure igualdade de condições a todos os concorrentes", "ressalvados os casos especificados na legislação". Essa ressalva final permite ao legislador[4] instituir, no plano infraconstitucional, hipóteses de contratação direta, que podem se dar por inexigibilidade ou dispensa de licitação. As primeiras, a bem da verdade, independem de previsão legal expressa, uma vez que decorrem da própria impossibilidade ou inviabilidade fática da competição. Por isso, o seu rol na lei é exemplificativo. Já as últimas constituem situações em que a licitação seria possível e viável, mas é dispensada por critérios político-legislativos. Logo, nesse caso, o rol de hipóteses na lei é exaustivo.[5]

O dispositivo constitucional foi inicialmente regulado pela Lei nº 8.666/93, que "institui normas para licitações e contratos da Administração Pública" e possui vigência até o dia 30 de dezembro de 2023.[6] Desde o dia 1º de abril de 2021, está em vigor também a Lei nº 14.133/21, conhecida como Nova Lei de Licitações e Contratos, que substituirá integralmente a Lei nº 8.666/93. No período de vigência simultânea de ambas as leis, a Administração Pública poderá optar por licitar ou contratar diretamente de acordo com qualquer delas, nos termos do art. 191 da Lei nº 14.133/21.

Mas a verdade é que a Lei nº 14.133/21 não representa rompimento de paradigma no âmbito das contratações diretas no ordenamento jurídico brasileiro. Na realidade, "o texto legal trouxe basicamente uma herança da Lei nº 8.666/1993 naquilo que estava disciplinado nos artigos 24 (dispensa de licitação), 25 (inexigibilidade de licitação) e 26

---

[4] "Por uma questão de racionalidade, o termo legislação, inserido no inciso XXI do artigo 37, deve ser entendido como lei no seu sentido estrito, ou seja, lei que tenha sido objeto de deliberação e aprovação no âmbito do Poder Legislativo" (BOSELLI, Felipe. Artigo 72. *In*: FORTINI, Cristiana; OLIVEIRA, Rafael Sérgio Lima; CAMARÃO, Tatiana (coord.). *Comentários à Lei de Licitações e Contratos Administrativos*: Lei nº 14.133, de 1º de abril de 2021. Belo Horizonte: Fórum, 2021, p. 33).

[5] "A inexigibilidade deriva da natureza das coisas, enquanto a dispensa é produto da vontade legislativa. Esse é o motivo pelo qual as hipóteses de inexigibilidade, indicadas em lei, são meramente exemplificativas. É que somente a dispensa de licitação é criada por lei – logo, a ausência de previsão legal impede reconhecimento de dispensa de licitação" (JUSTEN FILHO, Marçal. *Comentários à Lei de Licitações e Contratos Administrativos*. 16. ed. São Paulo: Revista dos Tribunais, 2014, p. 24).

[6] Inicialmente, o art. 193, inciso II, da Lei nº 14.133/21 previa a revogação da Lei nº 8.666/93 em 1º de abril de 2021, mas o marco foi alterado para 30 de dezembro de 2023 pela Medida Provisória nº 1.167/23.

(procedimentos para a realização da contratação direta)".[7] Para além de alterações pontuais nas regras, que são, em grande medida, reflexo de entendimentos já consolidados na doutrina e jurisprudência sob a égide da legislação anterior, a maior novidade da Lei nº 14.133/21, nesse particular, talvez esteja na técnica legislativa e na estruturação procedimental da contratação direta. Com efeito, a nova lei "apresenta uma melhor organização da contratação direta quando comparada à Lei nº 8.666/1993", com "ampliação do rol de elementos necessários para instrução do processo de contratação direta".[8]

Sob o ponto de vista da técnica legislativa, a Lei nº 14.133/21 organizou as contratações diretas em capítulo específico (Capítulo VIII), dividido em seções também específicas sobre "processo de contratação direta" (Seção I), "inexigibilidade de licitação" (Seção II) e "dispensa de licitação" (Seção III). O avanço organizacional é significativo, uma vez que, na Lei nº 8.666/93, tais matérias eram tratadas conjuntamente na Seção I do Capítulo II, ao lado de diversas outras, atinentes a modalidades e limites de valores das licitações.

Especificamente sobre a questão da integridade, a Lei nº 14.133/21 institui regra específica de responsabilização civil solidária,[9] entre agentes públicos e particulares, na hipótese de contratação direta indevida ocorrida com dolo, fraude ou erro grosseiro. A regra não tem paralelo na Lei nº 8.666/93, mas isso nunca impediu que tais agentes fossem, de fato, responsabilizados pela própria Administração Pública sob a sua vigência, com base em estatutos funcionais, pelos Tribunais de Contas, com base no art. 71, inciso VIII, da Constituição da República, ou pelo Poder Judiciário, nesse último caso, em ação de ressarcimento ao erário, improbidade administrativa ou até mesmo criminal (art. 1º da Lei nº 7.347/85, art. 10, inciso VIII, da Lei nº 8.429/92 e art. 89 da Lei nº 8.666/93).

Assim, a regra do art. 73 da Lei nº 14.133/2021 não veio a instituir propriamente nova hipótese de responsabilização e tampouco deve servir para o fim de desmotivar a utilização da contratação direta, nos casos em que cabível. Com efeito, "a realização de um procedimento

---

[7] BOSELLI, Felipe. *Op. cit.*, p. 31.
[8] *Ibid.*, p. 30, 36.
[9] A regra da responsabilidade solidária entre o agente público e o contratado deve ser combinada com o princípio da segregação de funções, nos termos do art. 169, §3º, inciso II, da Lei nº 14.133/21, bem como com a natureza personalíssima da responsabilidade civil subjetiva. O instituto não pode servir para se alastrar objetivamente a responsabilidade a agentes que não participaram do ilícito.

licitatório não é, por si, um atestado de probidade e idoneidade para uma determinada contratação".[10] Igualmente, "não se admite uma presunção de irregularidade relativamente a todas as contratações diretas", não sendo possível nem mesmo "instituir um juízo genérico de desconfiança no sentido de que a contratação direta seria potencialmente uma infração à ordem jurídica".[11] [12]

Na verdade, a regra parece servir ao intento de vedar, também em âmbito civil (ressarcimento), a responsabilização dos agentes por culpa simples. Ao dispor que a responsabilização apenas é cabível nos casos de "dolo, fraude ou erro grosseiro", a nova lei pretende conferir maior segurança jurídica ao gestor, na esteira do que já havia ocorrido na LINDB, com as alterações promovidas pela Lei nº 13.655/18, notadamente a inserção do art. 28, segundo o qual "o agente público responderá pessoalmente por suas decisões ou opiniões técnicas em caso de dolo ou erro grosseiro".[13]

---

[10] BOSELLI, Felipe. *Op. cit.*, p. 57.

[11] JUSTEN FILHO, Marçal. *Comentários à Lei de Licitações e Contratações Administrativas*: Lei nº 14.133/2021. São Paulo: Thomson Reuters Brasil, 2021. E-book.

[12] "Cabe aqui um parêntese para dizer que graça no âmbito da jurisprudência brasileira uma crença de que a licitação é, por si só, uma garantia de contratações honestas e eficientes; por outro lado, também se crê inadvertidamente que a contratação direta, sem licitação, é *ipso facto* uma conduta ilícita e de privilégio. Assim sendo, quando a licitação é feita (pode ser uma licitação meritoriamente imperfeita ou fraudulenta) há presunção de legitimidade da conduta; se, ao contrário, a licitação é dispensada (ou inexigida) há presunção em sentido oposto. Trata-se de um pensamento formalista, simplista e equivocado. Existem contratações ilegítimas precedidas de licitação e contratações eficientes feitas diretamente, como também existem as situações inversas, num e noutro caso" (FERRAZ, Luciano. *Improbidade administrativa e dano ao erário*. Enciclopédia jurídica da PUC-SP. Celso Fernandes Campilongo, Alvaro de Azevedo Gonzaga e André Luiz Freire (coord.). Tomo: Direito Administrativo e Constitucional. Vidal Serrano Nunes Jr., Maurício Zockun, Carolina Zancaner Zockun, André Luiz Freire (coord. de tomo). 1. ed. São Paulo: Pontifícia Universidade Católica de São Paulo, 2017. Disponível em: https://enciclopediajuridica.pucsp.br/verbete/108/edicao-1/improbidade-administrativa-e-dano-ao-erario, acesso em: 7 maio 2023).

[13] A União Federal, no intuito de especificar o conceito de erro grosseiro, editou o Decreto nº 9.830/19, segundo o qual "considera-se erro grosseiro aquele manifesto, evidente e inescusável praticado com culpa grave, caracterizado por ação ou omissão com elevado grau de negligência, imprudência ou imperícia" (art. 12, §1º). Entende-se que o regulamento pouco ou nada ajuda o intérprete no desafio imposto pelo art. 73, uma vez que apenas substitui um conceito jurídico indeterminado ("grosseiro") por diversos outros de similar ou idêntica indeterminação ("manifesto", "evidente", "inescusável", "grave" e "elevado grau"). Em decisão recente sobre o tema, o Tribunal de Contas da União decidiu que "associar culpa grave à conduta desviante da que seria esperada pelo homem médio significa tornar aquela absolutamente idêntica à culpa comum ou ordinária, visto que este sempre foi o parâmetro para se aferir tal modalidade de culpa. Além de inadequada, essa posição parece negar eficácia às mudanças promovidas pela Lei nº 13.655/2018, que buscou instituir um novo paradigma de avaliação da culpabilidade dos agentes públicos,

Nesse mesmo movimento, mas na esfera da improbidade administrativa, a Lei nº 14.230/21 alterou a Lei nº 8.429/92 para exigir dolo com finalidade específica (vontade livre e consciente de alcançar o resultado ilícito e fim de obter proveito ou benefício indevido para si ou para outra pessoa ou entidade) para configuração de qualquer tipo infracional (artigos 9º, 10 ou 11), afastando-se, por consequência, a improbidade culposa e o dolo genérico (art. 11, §§1º e 2º).

Acresça-se, também, que a própria Lei nº 14.133/21 alterou o antigo crime previsto no art. 89 da Lei nº 8.666/1993, ao revogar esse dispositivo e acrescer o art. 337-E ao Código Penal. O novo tipo penal abarca somente as condutas de "admitir, possibilitar ou dar causa à contratação direta fora das hipóteses previstas em lei", tendo sido excluída a de "deixar de observar as formalidades pertinentes à dispensa ou à inexigibilidade".[14]

Sabe-se que esses novos dispositivos legais possuem cada qual seu âmbito específico de incidência (responsabilidade civil, administrativa, por improbidade e criminal), mas todos eles certamente estão inseridos em um mesmo movimento legislativo que intenta conferir segurança jurídica ao gestor honesto e barrar excessos por parte dos órgãos de acusação e julgamento.[15]

Em suma, relativamente à esfera da improbidade administrativa, para fins de subsunção do art. 10, inciso VIII, da Lei nº 8.429/92, cabe ao intérprete e aplicador da lei verificar, inicialmente, se a contratação, no caso concreto, exige ou não a realização de procedimento licitatório,

---

tornando mais restritos os critérios de responsabilização" (BRASIL. Tribunal de Contas da União. Acórdão nº 63/2023. Segunda Câmara. Relator Ministro Benjamin Zymler. Sessão do dia 24 jan. 2023).

[14] A alteração do tipo criminal possui o efeito de gerar *abolitio criminis* em relação ao antigo crime de deixar de observar as formalidades pertinentes à dispensa ou à inexigibilidade. (SANTOS; Rodrigo Valgas dos. *Novo regime de dispensa de licitação por valor na Lei nº 14.133/2021*: consequências criminais e nas ações de improbidade administrativa. Disponível em: www.licitacaoecontrato.com.br. Acesso em: 7 maio 2023).

[15] "O advento do erro grosseiro no direito brasileiro tem relação direta com a teoria administrativa da paralisia das canetas ou direito administrativo do medo. A noção aqui apresentada é simples: o ânimo punitivo de alguns agentes de controle, gerando condenações nos casos em que há culpa, mas sem erro grosseiro, cria nos gestores públicos um natural medo de errar. Pelo medo de errar, acaba a inovação na Administração Pública e, nos casos mais extremados, cria-se a paralisia dos atos administrativos, visto que os gestores, com receio de tomar decisões e serem posteriormente condenados, deixam de agir, o que acaba levando à interrupção da própria atividade administrativa. Visando minimizar esses impactos na gestão, sobreveio a Lei nº 13.655/2018, alterando a LINDB e trazendo o conceito de erro grosseiro. Na mesma linha, o art. 73 da Lei nº 14.133/2021 também exige dolo, fraude ou erro grosseiro para gerar a condenação" (BOSELLI, Felipe. Op. cit., p. 49-50).

fundamentalmente a partir da análise das hipóteses excepcionais de inexigibilidade e dispensa de licitação previstas na legislação ordinária. Em seguida, deve-se analisar o elemento subjetivo do agente – dolo com finalidade específica para aplicação de sanções por improbidade e culpa grave ou erro grosseiro para imputação do dever de ressarcimento. Finalmente, deve-se averiguar se a conduta realmente provocou dano ao erário (perda patrimonial efetiva) à Administração Pública – questão que será tratada nos próximos tópicos deste artigo.

3 Atuação do Superior Tribunal de Justiça em matéria de improbidade administrativa no contexto da jurisprudencialização do Direito brasileiro

O Superior Tribunal de Justiça tem por missão constitucional interpretar e dar a última palavra sobre a legislação federal, julgando, em recurso especial, "as causas decididas, em única ou última instância, pelos Tribunais Regionais Federais ou pelos tribunais dos Estados, do Distrito Federal e Territórios, quando a decisão recorrida" "contrariar tratado ou lei federal, ou negar-lhes vigência", "julgar válido ato de governo local contestado em face de lei federal" ou "der a lei federal interpretação divergente da que lhe haja atribuído outro tribunal" (art. 105, inciso III, alíneas "a", "b" e "c", da Constituição da República).

No exercício dessa missão, o Superior Tribunal de Justiça acaba por fixar entendimentos que norteiam a atuação dos demais juízes e tribunais. Mesmos nas hipóteses em que inexistem efeitos vinculantes propriamente ditos, como, por exemplo, nos julgamentos de recursos de embargos de divergência e na edição de enunciados sumulares, a tendência é de uniformização de entendimentos, num movimento de cima para baixo, que acaba por conformar a jurisprudência de todo o país. Tal fenômeno ganhou força com a chamada jurisprudencialização do Direito brasileiro, notadamente a partir da instituição do sistema de recursos repetitivos. Inserem-se também nesse contexto as publicações institucionais do próprio STJ, em especial o informativo "Jurisprudência em Teses", que extrai enunciados gerais a partir de julgamentos de casos concretos.[16]

---

[16] O informativo "Jurisprudência em Teses" "apresenta um conjunto de teses sobre determinada matéria, com os julgados mais recentes do STJ". O portal "Publicações Institucionais", regulamentado pela Instrução Normativa STJ/GP nº 10, de 21 de agosto 2018, "reúne, em um único local na internet, as principais publicações seriadas, comemorativas,

Deveras, mesmo que pertencente ao sistema *civil law* (romano-germânico), o ordenamento jurídico brasileiro, especialmente nas últimas três décadas, vem expandindo a força do precedente judicial, enquanto fonte do Direito, conferindo-lhe, inclusive, efeitos vinculantes. A Constituição da República, mesmo em sua redação originária, já previu instrumentos de uniformização da jurisprudência, tais como o recurso especial por divergência jurisprudencial (art. 102, inciso III, alínea "c") e a reclamação para preservação da autoridade das decisões proferidas pelos Tribunais Superiores (art. 102, inciso I, alínea "l", e art. 105, inciso I, alínea "f"). Posteriormente, as Emendas Constitucionais nºs 3/93 e 45/04 outorgaram eficácia vinculante expressa às decisões de mérito proferidas em sede de controle abstrato de constitucionalidade. Essa última instituiu, ainda, a súmula vinculante, de competência do Supremo Tribunal Federal.

Em âmbito infraconstitucional, o Código de Processo Civil de 1973 previa, originariamente, o incidente de uniformização de jurisprudência (art. 476). Ao longo de suas reformas, diversos dispositivos foram alterados ou inseridos para ampliar a força dos precedentes e prestigiar a uniformização da jurisprudência, em movimento que acabou culminando na criação da sistemática de recursos repetitivos (Lei nº 11.418/06). O Código de Processo Civil de 2015 consagrou definitivamente esse movimento, inserindo e aperfeiçoando regras que visam uniformizar a jurisprudência nacional e moldar o ordenamento jurídico a partir da interpretação dos tribunais superiores.[17]

Para além do aspecto normativo, é certo que "o controle estatístico e de metas exacerbado aliado ao volume de processos no Judiciário leva à 'jurisprudencialização' das decisões judiciais; os juízes decidem como pensam os tribunais". Consequentemente, "ainda que uma das independências da magistratura seja a ausência de subordinação hierárquica, na realidade, os juízes monocráticos, de primeira instância, adotam, nas suas decisões, como razões para decidir, os acórdãos das Cortes".[18]

---

de valor histórico ou atualizáveis editadas pelo STJ" (art. 9º). A "Seção de Jurisprudência em Teses" é prevista no Anexo I da Resolução STJ/GP nº 9, de 22 de março de 2023 (Item 11.3.1).

[17] FERRAZ, Leonardo de Araújo; AVELAR, Daniel Martins e. O direito n(d)o Século XXI e o Poder Judiciário: correção normativa e a segurança jurídica na modulação dos efeitos da mudança jurisprudencial. *Interesse Público – IP*, Belo Horizonte, ano 22, n. 120, p. 59-82, mar./abr. 2020.

[18] VITTA, Heraldo Garcia. O Poder Judiciário na Constituição Federal de 1988: dificuldades, avanços e futuro. *Revista Brasileira de Estudos da Função Pública – RBEFP*, Belo Horizonte, ano 3, n. 9, p. 143-164, set./dez. 2014.

Deve-se reconhecer, nesse contexto, que, "além da lei e dos princípios jurídicos, também a jurisprudência é fonte do direito administrativo". Aliás, sob o ponto de vista histórico, o Direito Administrativo nasce a partir da jurisprudência do Conselho de Estado Francês, que consistia, em tempos remotos, na sua principal fonte. Em tempos modernos, também, "a interpretação consolidada pelos tribunais dos textos e casos a envolver a Administração Pública é cada vez mais fonte de consultas, reconhecendo-se que o ato de aplicação do direito constitui-se em ato de revelação do próprio Direito". Esse escorço revela, no fundo, um processo de "achegamento entre os dois grandes sistemas jurídicos mundiais – o sistema anglo-americano e o romanista – justamente pelo intercâmbio e difusão num e noutro das principais fontes de direito que os qualifica individualmente".[19]

Essa jurisprudencialização do Direito brasileiro acaba levando, porém, em alguns casos, ao maximalismo judicial ou ao ativismo judicial contramajoritário, que ocorre quando o Poder Judiciário impõe à sociedade opções políticas que não passaram pelo crivo das instâncias majoritárias de poder (Legislativo e Executivo).[20] É impossível desconsiderar, nesse contexto, o déficit democrático da jurisprudência, enquanto fonte do Direito construída exclusivamente pelos tribunais, em comparação às normas elaboradas pelos legítimos representantes do povo no Parlamento.

E isso não se passa exclusivamente em sede de controle abstrato de constitucionalidade.[21] O maximalismo judicial é caracterizado, também, pela extensão e profundidade nos argumentos utilizados para solucionar um caso concreto, passando por questões políticas, morais e históricas. Os fundamentos da decisão, mesmo em processos subjetivos, acabam por ultrapassar o necessário para a estrita solução do caso concreto, com o fito de servir de paradigma para outros casos semelhantes no futuro. A corrente maximalista, assim, "busca sufocar os canais de deliberação democráticos", enquanto a minimalista "visa

---

[19] FERRAZ, Luciano. Capítulo I – Direito Administrativo. *In*: MOTTA, Carlos Pinto Coelho (coord.). *Curso Prático de Direito Administrativo*. 3. ed. Belo Horizonte: Del Rey, 2011, p. 7.

[20] CRUZ, Álvaro Ricardo de Souza; RESENDE, Sophia Galbas. *Diálogos institucionais no Brasil*: caminhos e possibilidades. Belo Horizonte: Arraes Editores, p. 38.

[21] Questiona-se, inclusive, "como podemos ainda sustentar que o controle de constitucionalidade das leis possa ser um processo abstrato, ou seja, desvinculado de relações jurídicas e da concretude da vida e do cotidiano das pessoas, se essas modalidades de decisão, tais como a interpretação conforme e declaração de inconstitucionalidade sem redução de texto, exigem considerações de relações fáticas" (CRUZ, Álvaro Ricardo de Souza. *Jurisdição constitucional democrática*. Belo Horizonte: Del Rey, 2009).

deixar um espaço aberto para atuação do Poder Legislativo". Objeta-se que a tomada de decisões judiciais maximalistas retira das instâncias majoritárias (representantes eleitos pelo povo) a oportunidade de deliberar sobre os temas de interesse.[22]

De toda forma, na prática, o Superior Tribunal de Justiça, ao longo das últimas décadas, revelou-se uma das principais, senão a principal, fontes de conhecimento sobre a questão da improbidade administrativa no país. A esse propósito, a Corte já afetou pelo menos cinco temas ao sistema de recursos repetitivos,[23] editou dois enunciados sumulares,[24] julgou três embargos de divergência[25] e publicou cinco edições do

---

[22] CRUZ, Álvaro Ricardo de Souza; RESENDE, Sophia Galbas, *op. cit.*, 2021, p. 40-41.

[23] Tema repetitivo 701: "possibilidade de decretação da indisponibilidade de bens do promovido em ação civil pública por ato de improbidade administrativa, não condicionada à comprovação da efetiva ou iminente dilapidação do patrimônio" (BRASIL. Superior Tribunal de Justiça. REsp 1366721/BA. Primeira Seção. Relator Ministro Napoleão Nunes Maia Filho. Afetação em 22 out. 2013); Tema repetitivo 1.042: "reexame necessário nas ações típicas de improbidade administrativa, ajuizadas com esteio na alegada prática de condutas previstas na Lei 8.429/1992, cuja pretensão é julgada improcedente em primeiro grau" (BRASIL. Superior Tribunal de Justiça. REsp 1553124/SC, REsp 1605586/DF, REsp 1502635/PI, REsp 1601804/TO. Primeira Seção. Relator Ministro Paulo Sérgio Domingues. Afetação em 19 dez. 2019, posteriormente cancelada em 26 abr. 2023); Tema repetitivo 1.055: "inclusão do valor de eventual multa civil na medida de indisponibilidade de bens decretada na ação de improbidade administrativa, inclusive naquelas demandas ajuizadas com esteio na alegada prática de conduta prevista no art. 11 da Lei 8.429/1992, tipificador da ofensa aos princípios nucleares administrativos" (BRASIL. Superior Tribunal de Justiça. REsp 1862792/PR, REsp 1862797/PR. Primeira Seção. Relator Desembargador Convocado Manoel Erhardt. Afetação em 26 jun. 2020); Tema repetitivo 1.096 "definir se a conduta de frustrar a licitude de processo licitatório ou dispensá-lo indevidamente configura ato de improbidade que causa dano" (BRASIL. Superior Tribunal de Justiça. REsp 1912668/GO, REsp 1914458/PI. Primeira Seção. Relator Ministro Humberto Martins. Afetação em 8 jun. 2021); Tema repetitivo 1.108 "possibilidade da existência de lei municipal que autoriza a contratação de servidor público sem a prévia aprovação em concurso público afastar o dolo genérico hábil à configuração do ato de improbidade administrativa" (BRASIL. Superior Tribunal de Justiça. REsp 1926832/TO, REsp 1930054/SE, REsp 1913638/MA. Primeira Seção. Relator Ministro Gurgel de Faria. Afetação em 18 out. 2021).

[24] "Súmula 634: Ao particular aplica-se o mesmo regime prescricional previsto na Lei de Improbidade Administrativa para o agente público" (BRASIL. Superior Tribunal de Justiça. Súmula 634. Primeira Seção. Aprovação em 12 jun. 2019, publicação em 16 jun. 2019); "Súmula 651: Compete à autoridade administrativa aplicar a servidor público a pena de demissão em razão da prática de improbidade administrativa, independentemente de prévia condenação, por autoridade judiciária, à perda da função pública" (BRASIL. Superior Tribunal de Justiça. Súmula 651. Primeira Seção. Aprovação em 21 out. 2021, publicação em 25 out. 2021).

[25] EREsp nº 1.496.347, sobre a "legalidade de imposição da sanção de cassação de aposentadoria em processo judicial no qual se apura a ocorrência de atos de improbidade administrativa" (BRASIL. Superior Tribunal de Justiça. Primeira Seção. REsp n. 1.496.347/ES. Relator Ministro Herman Benjamin, relator para acórdão Ministro Benedito Gonçalves. Julgado em 24 fev. 2021, publicado em 28 abr. 2021); EREsp nº 1.701.967, sobre a "extensão da penalidade de perda de função pública" (BRASIL, Superior Tribunal de Justiça. EDv

informativo "Jurisprudência em Teses".[26] O Tema Repetitivo nº 1.096, que trata justamente da possibilidade de presunção de dano em casos de contratação direta indevida, encontra-se pendente de julgamento de mérito. Mas a Primeira Seção, que reúne as turmas competentes para julgamento de matéria de Direito Público, já possui entendimento firmado no sentido de que a "dispensa indevida de licitação configura dano *in re ipsa*, permitindo a configuração do ato de improbidade que causa prejuízo ao erário".[27] Esse entendimento especificamente foi objeto de grande resistência por parte da doutrina e dos agentes públicos em geral. E essa resistência foi um dos motores para aprovação da Lei nº 14.230/21, como se verá.

4 A reação legislativa ao entendimento do STJ a respeito do dano presumido em hipóteses de contratação direta indevida

A Lei nº 8.429/92 nunca teve regra expressa que determinasse a presunção de dano em qualquer dos seus tipos infracionais. Pelo contrário, o *caput* do art. 10, desde a sua redação originária, previa como de improbidade administrativa o ato "que causa lesão ao erário", consistente em "qualquer ação ou omissão, dolosa ou culposa, que enseje perda patrimonial, desvio, apropriação, malbaratamento ou dilapidação dos bens ou haveres das entidades referidas no art. 1º". O próprio STJ, inicialmente, chegou a firmar entendimento no sentido de que "as condutas descritas no art. 10 da LIA demandam a comprovação de dano efetivo ao erário público, não sendo possível caracterizá-las por mera presunção".[28] Mas, posteriormente, tal entendimento foi revisto em relação ao art. 10, inciso VIII, da Lei nº 8.429/92.

---

nos EREsp nº 1.701.967/RS. Primeira Seção. Relator Ministro Gurgel de Faria, relator para acórdão Ministro Francisco Falcão. Julgamento em 9 set. 2020, publicação em 2 fev. 2021); EREsp nº 1.193.248 sobre "exigência de comprovação de dolo genérico e não de dolo especial" para efeito de configuração "ilícito decorrente de afronta aos princípios administrativos" (BRASIL. Superior Tribunal de Justiça. EREsp nº 1.193.248/MG. Primeira Seção. Relator Ministro Og Fernandes, relator para acórdão Ministro Herman Benjamin. Julgamento em 26 jun. 2019, publicação em 18 dez. 2020).

[26] Improbidade Administrativa I a V, nas edições nº 38, 40,186, 187 e 188.
[27] BRASIL. Superior Tribunal de Justiça. AgInt no EREsp nº 1.512.393/SP. Primeira Seção. Relatora Ministra Regina Helena Costa. Julgado em 28 nov. 2018, publicado em 17 dez. 2018.
[28] BRASIL. Superior Tribunal de Justiça. REsp 1.228.306/PB. Rel. Min. Castro Meira. Julgado em 9 out. 2012.

Segundo o Superior Tribunal de Justiça, a presunção do dano, especificamente no caso do art. 10, inciso VIII, decorreria da "impossibilidade da contratação pela Administração da melhor proposta".[29] Ou seja, conforme esse entendimento, a licitação seria a única forma viável de se apurar a melhor proposta para a Administração Pública, presumindo-se, assim, que a sua não realização geraria inexoravelmente contratações mais dispendiosas.

Grande parcela da doutrina já discordava desse entendimento, mesmo antes das alterações promovidas na Lei nº 8.429/92 pela Lei nº 14.230/21. Francisco Octávio de Almeida Prado, por exemplo, já sustentava que "para a efetiva configuração do ato de improbidade previsto no inciso VIII do art. 10 da Lei nº 8.429, de 1992, será imprescindível a comprovação de efetivo dano ao erário", uma vez que "o prejuízo ao erário constitui requisito para a configuração de quaisquer das hipóteses tipificadas pelo art. 10 da Lei de Improbidade".[30] No mesmo sentido, Luciano Ferraz também dizia que a matéria estava a "merecer cuidados mais específicos, fundamentalmente no âmbito do Superior Tribunal de Justiça, cujas decisões mais recentes terminam por transformar a exigência de efetiva lesão ao erário (para a imputação do dever de ressarcimento) numa presunção de prejuízo que definitivamente não consta do art. 10 da Lei 8.429/1992".[31] Marçal Justen Filho, doutrinador que inclusive compôs a Comissão de Juristas que elaborou o anteprojeto de reforma da Lei de Improbidade Administrativa, ao comentar o art. 73 da Lei nº 14.133/21, defende que "não é aceitável a tese formalista de que a ausência da licitação, em uma hipótese em que deveria ter ocorrido, torna impossível determinar a ocorrência do prejuízo".[32]

Os anseios doutrinários foram sufragados pela Lei nº 14.230/21, que alterou o *caput* do art. 10 para deixar expresso que o ato de improbidade nele previsto somente se configura mediante "ação ou omissão dolosa, que enseje, efetiva e comprovadamente, perda patrimonial, desvio, apropriação, malbaratamento ou dilapidação dos bens ou haveres das entidades referidas no art. 1º". Também o inciso VIII do dispositivo foi alterado para fazer constar que a contratação direta

---

[29] BRASIL. Superior Tribunal de Justiça. AgRg no REsp nº 1499706/SP. Primeira Turma. Rel. Ministro Gurgel de Faria. Julgado em 2 fev. 2017, publicado em 14 mar. 2017.
[30] PRADO, *op. cit.*, p. 120.
[31] FERRAZ, Luciano. *Op. cit.*, 2017.
[32] JUSTEN FILHO, Marçal. *Op. cit.*, 2021.

indevida somente pode configurar improbidade nos casos em que acarretar "perda patrimonial efetiva".

Não é difícil perceber que o legislador não promoveu propriamente uma alteração do conteúdo normativo do dispositivo. Antes ou após a reforma da lei, o dano ao erário é e sempre foi elemento do tipo infracional. Na verdade, a nova redação apenas deixou mais clara a exigência de perda patrimonial, que deve ser efetiva e estar comprovada nos autos (ônus de quem acusa), reduzindo-se, assim, o espaço de interpretação da norma. Em termos práticos, a contratação direta, ainda que ilegal, não poderá configurar improbidade administrativa nos casos em que o objeto contratual for integralmente executado em benefício da Administração Pública por preço de mercado.

Ocorreu, assim, uma espécie de efeito *backlash*, que pode ser entendido como a "intensa e contínua desaprovação pública de uma decisão judicial, acompanhada de medidas agressivas para resistir a esta decisão e retirar sua força jurídica".[33] O fenômeno é usualmente estudado em matéria de jurisdição constitucional e diz respeito "aos efeitos indesejados, contraprodutivos ou adversos que podem ser gerados por uma decisão judicial em matéria constitucional". Nesse contexto, o *backlash* "desconstrói a presunção usualmente aceita de que as decisões judiciais adotadas em matéria constitucional devem ser objeto de deferência sem protesto e, portanto, desafia a própria titularidade, por parte das instâncias judiciais, da última palavra quanto ao significado da Constituição".[34] Trata-se de um sistema dialógico, de retroalimentação, em que a resposta legislativa altera o ordenamento jurídico até então vigente, de forma reativa, seja para cristalizar positivamente entendimentos jurisprudenciais ou, como ocorreu no caso, para afastá-los em determinadas circunstâncias.[35]

Analogamente, a Lei nº 14.230/21, no ponto aqui analisado, revela-se uma evidente reação do Poder Legislativo à jurisprudência firmada pelo Superior Tribunal de Justiça a respeito do tema. A mensagem subliminar é de que o verdadeiro autor da norma não concordava

---

[33] SUNSTEIN, Cass R. Backlash's Travels. *Chicago Public law and legal theory working paper*, n. 157, p. 1, mar. 2007.

[34] WILLEMAN, Marianna Montebello. Constitucionalismo democrático, *backlash* e resposta legislativa em matéria constitucional no Brasil. *Revista Brasileira de Direito Público – RBDP*, Belo Horizonte, ano 11, n. 40, jan./mar. 2013.

[35] ARAÚJO, Thiago Cardoso. Função pedagógica na jurisprudência do TCU e retroalimentação legislativa. *Revista Brasileira de Direito Público – RBDP*, Belo Horizonte, ano 15, n. 58, p. 9-30, jul./set. 2017.

com a sua interpretação fixada pelo Poder Judiciário. E, como não houve a revisão do entendimento pela via jurisdicional, a resposta veio mediante a edição de norma infraconstitucional com conteúdo interpretativo contrário ao jurisprudencial.

5 Conclusão

A contratação direta, sem licitação, é medida lícita em nosso ordenamento jurídico, admitida pela Constituição da República, desde que realizada nos casos de dispensa ou inexigibilidade previstos na legislação ordinária. A sua utilização indevida configura sim grave ilegalidade, mas não necessariamente provoca dano ao erário. A nova redação conferida pela Lei nº 14.230/21 ao art. 10, inciso VIII, da Lei nº 8.429/92 reativamente retirou o espaço interpretativo que possibilitava, segundo o Superior Tribunal de Justiça, a presunção de dano para fins de configuração do ato de improbidade administrativa. Resta saber se haverá contrarreação por parte do Poder Judiciário, o que poderá se transformar num indesejado movimento pendular de insegurança jurídica. O julgamento do Tema Repetitivo nº 1.096 pelo STJ servirá de termômetro, a revelar o entendimento da Corte sobre a matéria já sob a égide da nova lei.

O afastamento do ato de improbidade administrativa não impede a adoção de medidas para o restabelecimento da legalidade no caso concreto (anulação do contrato, se ainda for possível) e até mesmo a apuração de responsabilidade disciplinar do servidor, com base em estatutos funcionais, ou de responsabilidade administrativa do fornecedor, com base nas leis de licitações e contratos. Significa dizer que a ausência de dano, nos casos de contratação direta indevida, afasta o art. 10, inciso VIII, da Lei nº 8.429/92, mas não torna o contrato imune a outras formas de controle, a ser exercido pelos órgãos competentes nos limites da legislação aplicável.

Referências

ARAÚJO, Thiago Cardoso. Função pedagógica na jurisprudência do TCU e retroalimentação legislativa. *Revista Brasileira de Direito Público – RBDP*, Belo Horizonte, ano 15, n. 58, p. 9-30, jul./set. 2017.

BOSELLI, Felipe. Artigo 72; Artigo 73; Artigo 74. In: FORTINI, Cristiana; OLIVEIRA, Rafael Sérgio Lima; CAMARÃO, Tatiana (coord.). *Comentários à Lei de Licitações e Contratos Administrativos*: Lei nº 14.133, de 1º de abril de 2021. Belo Horizonte: Fórum, 2021.

BRASIL. Superior Tribunal de Justiça. *REsp 1366721/BA*. Primeira Seção. Relator Ministro Napoleão Nunes Maia Filho. Afetação em 22 out. 2013

BRASIL. Superior Tribunal de Justiça. *REsp 1553124/SC, REsp 1605586/DF, REsp 1502635/PI, REsp 1601804/TO*. Relator Ministro Paulo Sérgio Domingues. Primeira Seção. Afetação em 19 dez. 2019, posteriormente cancelada em 26 abr. 2023.

BRASIL. Superior Tribunal de Justiça. *REsp 1862792/PR, REsp 1862797/PR*. Primeira Seção. Relator Desembargador Convocado Manoel Erhardt. Afetação em 26 jun. 2020.

BRASIL. Superior Tribunal de Justiça. *REsp 1912668/GO, REsp 1914458/PI*. Primeira Seção. Relator Ministro Humberto Martins. Afetação em 8 jun. 2021.

BRASIL. Superior Tribunal de Justiça. *REsp 1926832/TO, REsp 1930054/SE, REsp 1913638/MA*. Primeira Seção. Relator Ministro Gurgel de Faria. Afetação em 18 out. 2021.

BRASIL. Superior Tribunal de Justiça. *REsp 1.496.347/ES*. Primeira Seção. Relator Ministro Herman Benjamin, relator para acórdão Ministro Benedito Gonçalves. Julgamento em 24 fev. 2021, publicação em 28 abr. 2021.

BRASIL. Superior Tribunal de Justiça. *EREsp 1.193.248/MG*. Primeira Seção. Relator Ministro Og Fernandes, relator para acórdão Ministro Herman Benjamin. Julgamento em 26 jun. 2019, publicação em 18 dez. 2020.

BRASIL. Superior Tribunal de Justiça. *AgInt nos EREsp 1.512.393/SP*. Primeira Seção. Relatora Ministra Regina Helena Costa. Julgado em 28 nov. 2018, publicado em 17 dez. 2018.

BRASIL. Superior Tribunal de Justiça. *REsp 1.228.306/PB*. Rel. Min. Castro Meira. Julgado em 9 out. 2012.

BRASIL. Superior Tribunal de Justiça. *Súmula 634*. Primeira Seção. Aprovação em 12 jun. 2019, publicação em 16 jun. 2019.

BRASIL. Superior Tribunal de Justiça. *Súmula 651*. Primeira Seção. Aprovação em 21 out. 2021, publicação em 25 out. 2021.

BRASIL. Tribunal de Contas da União. *Acórdão 63/2023*. Segunda Câmara. Relator Ministro Benjamin Zymler. Sessão do dia 24 jan. 2023.

CRUZ, Álvaro Ricardo de Souza. *Jurisdição constitucional democrática*. Belo Horizonte: Del Rey, 2009.

CRUZ, Álvaro Ricardo de Souza; RESENDE, Sophia Galbas. *Diálogos institucionais no Brasil*: caminhos e possibilidades. Belo Horizonte: Arraes Editores, 2021.

FERRAZ, Luciano. *Improbidade administrativa e dano ao erário*. Enciclopédia jurídica da PUC-SP. Celso Fernandes Campilongo, Alvaro de Azevedo Gonzaga e André Luiz Freire (coord.). Tomo: Direito Administrativo e Constitucional. Vidal Serrano Nunes Jr., Maurício Zockun, Carolina Zancaner Zockun, André Luiz Freire (coord. de tomo). 1. ed. São Paulo: Pontifícia Universidade Católica de São Paulo, 2017. Disponível em: https://enciclopediajuridica.pucsp.br/verbete/108/edicao-1/improbidade-administrativa-e-dano-ao-erario, acesso em: 7 maio 2023.

FERRAZ, Luciano. Capítulo I – Direito Administrativo. *In*: MOTTA, Carlos Pinto Coelho (coord.). *Curso Prático de Direito Administrativo*. 3. ed. Belo Horizonte: Del Rey, 2011.

FERRAZ, Leonardo de Araújo; AVELAR, Daniel Martins e. O direito n(o)o século XXI e o Poder Judiciário: correção normativa e a segurança jurídica na modulação dos efeitos da mudança jurisprudencial. *Interesse Público – IP*, Belo Horizonte, ano 22, n. 120, p. 59-82, mar./abr. 2020.

JUSTEN FILHO, Marçal. *Comentários à Lei de Licitações e Contratos Administrativos*, 16. ed. São Paulo: Revista dos Tribunais, 2014.

JUSTEN FILHO, Marçal. *Comentários à Lei de Licitações e Contratações Administrativas*: Lei nº 14.133/2021. São Paulo: Thomson Reuters Brasil, 2021. E-book.

PRADO, Francisco Octavio de Almeida. *Improbidade Administrativa*. São Paulo: Malheiros, 2001.

SANTOS, Rodrigo Valgas dos. *Novo regime de dispensa de licitação por valor na Lei nº 14.133/2021*: Consequências criminais e nas ações de improbidade administrativa. Disponível em: www.licitacaoecontrato.com.br. Acesso em: 7 maio 2023.

SUNSTEIN, Cass R. Backlash's Travels. *Chicago Public law and legal theory working paper*, n. 157, p. 1, mar. 2007.

VITTA, Heraldo Garcia. O Poder Judiciário na Constituição Federal de 1988: dificuldades, avanços e futuro. *Revista Brasileira de Estudos da Função Pública – RBEFP*, Belo Horizonte, ano 3, n. 9, p. 143-164, set./dez. 2014.

WILLEMAN, Marianna Montebello. Constitucionalismo democrático, *backlash* e resposta legislativa em matéria constitucional no Brasil. *Revista Brasileira de Direito Público – RBDP*, Belo Horizonte, ano 11, n. 40, jan./mar. 2013.

Informação bibliográfica deste texto, conforme a NBR 6023:2018 da Associação Brasileira de Normas Técnicas (ABNT):

CRUZ, Álvaro Ricardo de Souza; AVELAR, Daniel Martins e. Lei nº 14.230/21 e a exigência de perda patrimonial efetiva e comprovada para configuração do ato de improbidade administrativa por contratação direta indevida: a superação da jurisprudência do STJ pela via legislativa. *In*: FORTINI, Cristiana; PIRES, Maria Fernanda Veloso; CAVALCANTI, Caio Mário Lana (coord.). *Integridade e contratações públicas*: reflexões atuais e desafios. Belo Horizonte: Fórum, 2024. p. 15-31. ISBN 978-65-5518-708-3.

OS PROGRAMAS DE INTEGRIDADE E O DIREITO ADMINISTRATIVO SANCIONADOR: APONTAMENTOS SOBRE CONSENSUALIDADE E INTERESSE PÚBLICO

BERNARDO TINÔCO DE LIMA HORTA

BONIFÁCIO JOSÉ SUPPES DE ANDRADA

1 Delimitação do objeto

O presente artigo pretende examinar o papel dos programas de integridade como elemento do sistema sancionatório do Direito Administrativo, notadamente a partir das recentes inovações legislativas que abordam o tema – a Nova Lei de Licitações e Contratos Administrativos (Lei nº 14.133/2021); a Lei de Improbidade Administrativa, após a reforma promovida pela Lei nº 14.230/2021; e a Lei Anticorrupção (Lei nº 12.846/2013).

A previsão expressa à implementação ou ao aperfeiçoamento do programa de integridade confirma uma tendência de reconfiguração do Direito Administrativo Sancionador rumo a um modelo mais consequencialista, instrumental e consensual em detrimento de uma versão assemelhada a um ramo essencialmente punitivo.[1] Desta forma, prefere-se um Direito Administrativo Sancionador como instrumento para "viabilizar a realização de objetivos e demandas do interesse da sociedade"[2] a um modelo punitivista-dissuasório cuja intenção é reprovar condutas tidas como moralmente indesejadas sem se atentar para as consequências das sanções aplicadas.

---

[1] VORONOFF, Alice. *Direito Administrativo Sancionador no Brasil*. 2 reimp. Belo Horizonte: Fórum, 2018, p. 53-81.

[2] VORONOFF, Alice. *Direito Administrativo Sancionador no Brasil*. 2 reimp. Belo Horizonte: Fórum, 2018, p. 99.

Este reenquadramento teórico do Direito Administrativo Sancionador rechaça o uso mecânico, irrefletido e indiscriminado da sanção e pergunta se a sua aplicação é a resposta estatal mais adequada em um determinado contexto vis-à-vis o interesse público envolvido. Neste contexto, a menção expressa aos programas de integridade e à possibilidade de reabilitação de agentes sancionados deve ser avaliada e escrutinada à luz da noção de regulação responsiva – aqui entendida como meio de se persuadir os destinatários da norma a cooperar na consecução dos objetivos da legislação.

Considerando as novas mudanças legislativas, bem como a literatura sobre a matéria, este artigo pretende enquadrar a inclusão dos programas de integridade no regime jurídico do Direito Administrativo Sancionador. A hipótese inicial defendida neste texto é de que as recentes alterações legais podem potencialmente contribuir para a remodelação do Direito Administrativo Sancionador. A Administração Pública contará agora com meios alternativos ao emprego de sanções, sobretudo para os casos de aplicação de penas de exclusão temporária do direito de licitar. O uso desse instrumento permitirá, em tese, o saneamento de empresas envolvidas em atos ilícitos, sem deteriorar a concorrência de um determinado setor econômico.

Na seção seguinte, trataremos dos dispositivos legais que regulamentam o programa de integridade dentro do regime legal do Direito Administrativo Sancionador. Na sequência, são fixados os pressupostos teóricos deste trabalho: regulação responsiva, cooperação e consensualidade. A quarta seção avalia se o programa de integridade, como adotado na atual legislação, poderá redefinir os fundamentos do Direito Administrativo Sancionador. Na última seção, apresentamos uma síntese dos argumentos desenvolvidos neste artigo.

2 O programa de integridade e seu regime legal no Direito Administrativo Sancionador

O Decreto nº 11.129/22, em seu artigo 56, conceitua o programa de integridade como um conjunto de mecanismos e procedimentos internos de integridade, auditoria e incentivo à denúncia de irregularidades e na aplicação efetiva de códigos de ética e de conduta, políticas e diretrizes. O mesmo decreto atrela ao programa uma dupla finalidade: (i) prevenir, detectar e sanar desvios, fraudes, irregularidades e atos ilícitos praticados contra a administração pública, nacional ou estrangeira;

e (ii) fomentar e manter uma cultura de integridade no ambiente organizacional.

Apesar de o artigo 56 não conceituar o que seja propriamente "integridade", entende-se que se está a empregar o sentido figurado que lhe é dado na linguagem corrente: é a qualidade de quem é honesto e incorruptível.[3] O programa de integridade, em síntese, seria um sistema de governança corporativa pautado por padrões de honestidade e probidade.[4]

Quando se está a exigir que os agentes econômicos – em particular, as empresas – atuem, sob pena de sua responsabilização, de forma íntegra, proba e honesta, a legislação pretende estabelecer um determinado padrão de relacionamento entre a Administração Pública e os atores privados. Como destacam Susan Rose-Ackerman e Bonnie J. Palifka,[5] processos licitatórios são focos notórios de corrupção.[6] Daí a relevância de se incentivar a adoção de medidas e procedimentos de governança capazes de tornar o mercado de contratações públicas menos suscetível a práticas ilícitas.

Na Nova Lei de Licitações e Contratos Administrativos (Lei nº 14.133/2021), o programa de integridade é mencionado expressamente, seja como critério de desempate (art. 60, IV), seja como norma obrigatória, a ser prevista pelo edital, que imponha ao vencedor da licitação a obrigatoriedade de implantação de programa de integridade (art. 25, §4º). No que diz respeito ao objeto do presente estudo, a referida lei também prevê que, na aplicação das sanções previstas, será considerada na dosimetria "a implantação ou o aperfeiçoamento de

---

[3] ROSE-ACKERMAN, Susan; PALIFKA, Bonnie. J. *Corruption and Government.*Causes, Consequences and Reform. New York: Cambridge University Press, 2016.

[4] Em que pese falar-se de governança corporativa, programas de integridade têm sido adotados também por órgãos públicos. A Controladoria-Geral da União (CGU), por exemplo, por meio da Portaria nº 750/2016, instituiu um programa internamente e o conceituou como "um conjunto estruturado de medidas institucionais para a prevenção, detecção, punição e remediação de práticas de corrupção e fraude, de irregularidade e de outros desvios éticos e de conduta". Conferir: https://www.gov.br/cgu/pt-br/acesso-a-informacao/governanca/programa-de-integridade-da-cgu.

[5] ROSE-ACKERMAN, Susan; PALIFKA, Bonnie. J. *Corruption and Government.*Causes, Consequences and Reform. New York: Cambridge University Press, 2016.

[6] Fazendo referência aos dados da OCDE (Organização para a Cooperação e Desenvolvimento Econômico), Fabiano Teodoro de Rezende Lara e Reinaldo Diogo Luz afirmam haver estimativas que apontam que o custo da corrupção, por exemplo, atinge mais de 5% do PIB mundial e encarece as transações comerciais em 10%, na média (LUZ, Reinaldo Diogo; LARA, Fabiano Teodoro de Rezende. Análise do programa de leniência da Lei Anticorrupção brasileira: características e efetividade. *In*: FORTINI, Cristiana (coord.). *Corrupção e seus múltiplos enfoques jurídicos*. Belo Horizonte: Fórum, 2018, p. 122).

programa de integridade, conforme normas e orientações dos órgãos de controle" (art. 156, §1º, V). Por último, o artigo 163, *caput* e parágrafo único, da Lei nº 14.133/2021 condiciona a reabilitação do licitante à implantação ou ao aperfeiçoamento do programa de integridade, caso tenha cometido as infrações previstas nos incisos VIII e XII do *caput* do artigo 155.[7]

A Lei Anticorrupção (Lei nº 12.846/2013), seguindo a mesma linha, também traz previsão no sentido de que, na aplicação das sanções, será levada em conta "a existência de mecanismos e procedimentos internos de integridade, auditoria e incentivo à denúncia de irregularidades e a aplicação efetiva de códigos de ética e de conduta no âmbito da pessoa jurídica" (art. 7º, VIII), expressamente prevendo, também, hipótese de atenuante da pena no âmbito das sanções previstas no referido diploma legislativo.

A seu turno, a Lei de Improbidade Administrativa, após a recente alteração legislativa promovida pela Lei nº 14.230/2021, passou a prever o regime jurídico-legal do acordo de não persecução civil, sendo que tal acordo "poderá contemplar a adoção de mecanismos e procedimentos internos de integridade, de auditoria e de incentivo à denúncia de irregularidades e a aplicação efetiva de códigos de ética e de conduta no âmbito da pessoa jurídica", além de outras medidas que favoreçam o interesse público e as boas práticas administrativas (art. 17-B, §6º) – em uma inovação que trata o programa de integridade como uma pena alternativa, passando a compor as exigências do acordo de não persecução civil a ser proposto no âmbito da improbidade administrativa.

Em síntese, no atual regime sancionatório a adoção ou o aprimoramento de um programa de integridade pode afastar a aplicação das penas de impedimento de licitar e contratar e de declaração de inidoneidade para licitar ou contratar. É, ainda, condição necessária para perda antecipada da eficácia da sanção reintroduzindo o então sancionado no rol de possíveis contratáveis. Presta-se, também, como condição para se celebrar acordo de não persecução civil.

Por que razão tem o legislador, recorrentemente, se valido dos programas de integridade como parte do Direito Administrativo Sancionador?

---

[7] Art. 155. O licitante ou o contratado será responsabilizado administrativamente pelas seguintes infrações: [...] VIII – apresentar declaração ou documentação falsa exigida para o certame ou prestar declaração falsa durante a licitação ou a execução do contrato; [...] XII – praticar ato lesivo previsto no art. 5º da Lei nº 12.846, de 1º de agosto de 2013.

3 Regulação responsiva no sistema sancionatório – instrumentos cooperativos para a persecução do interesse público

Antes de responder a pergunta que encerra a seção anterior, faz-se necessária uma breve digressão teórica sobre os conceitos de regulação responsiva, cooperação e consensualidade. Como explica Alice Voronoff, a literatura tradicional do Direito Administrativo Sancionatório nunca se perguntou qual a finalidade de uma punição e, em especial, qual a finalidade de uma punição de natureza administrativa. Em razão de uma leitura distorcida oriunda do Direito Penal, a sanção administrativa adquiriu também um caráter retributivo – a imposição de uma medida aflitiva a determinado infrator – e uma função dissuasória – a pena gravosa previne que outros agentes reiterem a conduta ilícita.[8]

Contudo, como assinala Alice Voronoff, o Direito Administrativo e o Direito Penal são faces distintas da atuação do Estado, pois lidam com bens jurídicos e contextos dissemelhantes, e, portanto, a doutrina precisa fixar um discurso de justificação, interpretação e aplicação adequado ao Direito Administrativo Sancionador. A legitimidade discursiva da sanção administrativa deve ser construída sob três eixos: (i) finalístico-operacional, entendido como a "conformação da conduta dos particulares para evitar resultados contrários a objetivos de interesse público";[9] (ii) instrumental, segundo o qual o Direito Administrativo Sancionador é um meio para conformação de condutas e para a consecução do interesse público; por fim, (iii) funcional, pois a sanção é uma técnica regulatória que compõe um conjunto de ferramentas à disposição do Estado-regulador.

É a partir destes três eixos, argumenta Alice Voronoff, que se deve pensar em modelos regulatórios. Ou seja, as sanções administrativas devem ser desenhadas e aplicadas "como um instrumento a serviço de fins do interesse público cometidos ao Estado-Administrador".[10]

---

[8] VORONOFF, Alice. *Direito Administrativo Sancionador no Brasil*. 2. reimp. Belo Horizonte: Fórum, 2018.
[9] VORONOFF, Alice. *Direito Administrativo Sancionador no Brasil*. 2. reimp. Belo Horizonte: Fórum, 2018, p.315.
[10] VORONOFF, Alice. *Direito Administrativo Sancionador no Brasil*. 2. reimp. Belo Horizonte: Fórum, 2018, p.318.

3.1 A noção de regulação responsiva[11]

No ponto específico da regulação responsiva, tem-se que importante parâmetro bibliográfico para a introdução do estudo se trata de obra de Ian Ayres e John Braithwaite.[12]

Na parte inicial da obra, os autores se propõem a demonstrar qual seria o modelo ou desenho institucional mais adequado para ser utilizado no âmbito das instâncias reguladoras do Estado, buscando investigar os resultados das sanções em cotejo com os objetivos traçados pela própria política pública que o sistema visa a tutelar. Em tal contexto, passam a teorizar o modelo de regulação responsiva, com viés fortemente pragmático,[13] ligado aos possíveis ganhos coletivos de cada modelo estudado.[14] Para eles, o referido modelo se baseia na premissa de que nem sempre a sanção será a melhor resposta para uma conduta passível de punição,[15] já que os ganhos de cada modelo devem ser analisados globalmente, considerando-se os custos e benefícios para a coletividade.[16]

---

[11] Também abordado em: HORTA, Bernardo Tinôco de Lima. *Parâmetros para a justa causa na ação de improbidade administrativa*. Dissertação de Mestrado. Programa de Pós-Graduação em Direito da UFMG. Belo Horizonte, 2022.

[12] AYRES, Ian; BRAITHWAITE, John. *Responsive regulation: Transcending the deregulation debate*. Nova York: Oxford University Press, 1992. Segundo noticia Alice Voronoff, Ian Ayres é advogado e economista; já John Braithwaite é criminólogo (VORONOFF, Alice. *Direito Administrativo Sancionador no Brasil*. 2. reimp. Belo Horizonte: Fórum, 2018, p. 132). Neste tópico, também se afigura de enorme valia a abordagem de regulação responsiva realizada por Alice Voronoff (VORONOFF, Alice. *Direito Administrativo Sancionador no Brasil*. 2. reimp. Belo Horizonte: Fórum, 2018, p. 129/151).

[13] VORONOFF, Alice. *Direito Administrativo Sancionador no Brasil*. 2. reimp. Belo Horizonte: Fórum, 2018, p. 132.

[14] Sobre os custos econômicos da sanção jurídica, há abordagens econômicas que investigam qual seria o ponto ótimo para que a punição resulte em resultados positivos, considerados globalmente os custos e proveitos para a sociedade. Sobre este tópico, ver, por exemplo: FRANZONI, Luigi Alberto. *Introduzione all'economia del diritto*. Bologna: Il Mulino, 2003, p. 191/201.

[15] Tal constatação também tem produzido resultados no ordenamento jurídico brasileiro, seja no campo punitivo do Direito Penal (a exemplo da substituição da pena privativa de liberdade e de acordos de não persecução penal), seja também no campo punitivo do Direito Administrativo Sancionador (a exemplo dos acordos de leniência e de acordos de não persecução cível). Sobre a consensualidade no Direito Administrativo Sancionador, ver: PALMA, Juliana Bonacorsi de. *Sanção e Acordo na Administração Pública*. São Paulo: Malheiros, 2015.

[16] Esta concepção de que a sanção não será necessariamente a melhor resposta já vem sendo defendida pela doutrina brasileira, a exemplo de Cristiana Fortini, para quem o excesso de punição não necessariamente favorece o interesse público (FORTINI, Cristiana. Excesso de punição a atos de corrupção não favorece interesse público. *Conjur*, 2017. Disponível em: https://www.conjur.com.br/2017-ago-10/interesse-publico-excesso-punicao-atos-corrup cao-nao-favorece-interesse-publico. Acesso em: 9 jul. 2020). No mesmo sentido, Alice

Ao introduzir o sistema de regulação responsiva, os autores pontuam, em linhas gerais, não ser recomendável um modelo estático, pré-concebido abstratamente, de modo que a eficiência do modelo de regulação irá "dançar conforme a música": será mais cooperativo tanto quanto mais cooperativo for o ente regulado; por outro lado, havendo um comportamento de não cooperação, ou de deliberado desrespeito à lei e ao regulador, então nesse caso excepcionalmente será mais recomendável a aplicação de punição.[17]

Nesse sentido, estudiosos brasileiros, ao abordarem a regulação responsiva, apontam que a escolha da melhor estratégia regulatória deve estar relacionada com o comportamento apresentado pelos agentes regulados – por isso a noção de uma regulação "responsiva",[18] que produz uma resposta, "na mesma moeda", correspondente à conduta da outra parte na relação travada entre si.

A regulação responsiva – destinada às sociedades atuais, complexas e dinâmicas – terá sucesso se alcançar um sofisticado balanço entre medidas punitivas e rigorosas, por um lado, e de respostas suaves e persuasivas, por outro. Com efeito, como nenhum modelo (punitivo ou persuasivo) seria *per se* eficiente, caberá ao Estado reagir com uma arma apropriada, mais ou menos punitiva, a depender do grau de cooperação do ente ou pessoa sujeita à regulação ou fiscalização.[19]

O referido modelo tem forte inspiração na teoria dos jogos, de modo que os autores apontam que o melhor desenho institucional de regulação se baseia em duas importantes premissas: (i) a existência de uma possibilidade efetiva de serem aplicadas diversas sanções, com gradações de gravidade, culminando em uma hipótese de sanção extremamente rigorosa – *the benign big gun*;[20] e (ii) a prevalência de uma dinâmica de interação denominada de *tit-for-tat*, segundo a qual

---

Voronoff indica que, em uma abordagem instrumental, o Direito Administrativo Sancionador se configura em meio ao serviço de finalidades protegidas pelo ordenamento jurídico, e não em um fim em si mesmo (VORONOFF, Alice. *Direito Administrativo Sancionador no Brasil*. 2. reimp. Belo Horizonte: Fórum, 2018, p. 315).

[17] VORONOFF, Alice. *Direito Administrativo Sancionador no Brasil*. 2. reimp. Belo Horizonte: Fórum, 2018, p. 140/142.

[18] MAURO, Carlos; CASTAGNA, Ricardo; COUTINHO, Diogo; CABRAL, Gabriel. Para além da Pirâmide: regulação responsiva e comportamento humano. *Jota*. Disponível em: https://www.jota.info/opiniao-e-analise/artigos/para-alem-da-piramide-regulacao-responsiva-e-comportamento-humano-07022020. Acesso em: 12 fev. 2021, p. 04.

[19] VORONOFF, Alice. *Direito Administrativo Sancionador no Brasil*. 2. reimp. Belo Horizonte: Fórum, 2018, p. 132-134.

[20] AYRES, Ian; BRAITHWAITE, John. *Responsive regulation*: transcending the deregulation debate. Nova YORK: Oxford University Press, 1992, p. 40-41.

o ente regulador irá sempre replicar a conduta do ente regulado: irá cooperar, se houver cooperação; irá punir, se houver uma atitude não cooperativa.[21] Assim, trata-se de um modelo de regulação que contingencialmente poderá até mesmo deixar de punir (*forgiving*),[22] a depender da conduta analisada e de suas circunstâncias.

Nesse panorama, a regulação se faria mais eficiente em razão de que o regulador poderá ser mais sutil (e menos sancionador, globalmente) justamente por ter, na gaveta, uma arma punitiva poderosa a ser usada, além de uma variedade gradativa de possíveis punições aplicáveis. Ademais, para os autores, quanto mais se deixam as sanções por detrás, mais e mais a regulação poderá ser baseada em persuasão moral, o que se traduz em uma regulação mais efetiva.[23]

Nesse contexto, o modelo *tit-for-tat* teria se comprovado como aquele mais eficiente, quanto aos ganhos globais (*payoffs*), em diversos testes, inclusive com simulações feitas por computadores, realizados em um ambiente de estudo sobre a teoria dos jogos[24] – razão pela qual se mostraria o mais recomendável a ser adotado pelo Estado-regulador, o que se soma ao fato de ser um modelo também extremamente previsível pelos atores inseridos na dinâmica comportamental em análise.

O modelo proposto tenta harmonizar as premissas colocadas pelos autores, que apontam a complexidade fática encontrada pelos órgãos de regulação. Com efeito, a noção de regulação responsiva busca suplantar a retórica determinista de oposição entre regular e desregular, por meio da qual se defendem posições extremadas de máxima intervenção ou de mínima intervenção do Estado.[25]

Os autores também apontam que uma estratégia baseada unicamente na persuasão e na autorregulação será explorada negativamente pelos atores que estejam motivados por razões exclusivamente econômicas. E, por outro lado, afirmam que uma estratégia baseada majoritariamente em punição irá implodir a boa-fé dos atores que são

---

[21] AYRES, Ian; BRAITHWAITE, John. *Responsive regulation:* transcending the deregulation debate. Nova York: Oxford University Press, 1992, p. 19-21.
[22] AYRES, Ian; BRAITHWAITE, John. *Responsive regulation:* transcending the deregulation debate. Nova York: Oxford University Press, 1992, p. 19.
[23] AYRES, Ian; BRAITHWAITE, John. *Responsive regulation:* transcending the deregulation debate. Nova York: Oxford University Press, 1992, p. 19.
[24] AYRES, Ian; BRAITHWAITE, John. *Responsive regulation:* transcending the deregulation debate. Nova York: Oxford University Press, 1992, p. 21.
[25] ARANÍ MÉLO FILHO, Marconi. Da regulação responsiva à regulação inteligente: uma análise crítica do desenho regulatório do setor de transporte ferroviário de cargas no Brasil. *Journal of Law and Regulation*, v. 6, n. 1, p. 150, 21 abr. 2020.

motivados, por um senso de responsabilidade, a cumprir a lei por conta própria.²⁶

Afirmam, ainda, que, atualmente, cada vez mais, há um consenso acadêmico e prático de que os órgãos reguladores que melhor atingem seus objetivos são aqueles que produzem um tipo de sofisticado balanço entre o modelo eminentemente punitivo e aquele majoritariamente persuasivo (que somente pune excepcionalmente).²⁷ Mas a questão crucial que se coloca diz respeito a saber quando punir (*deterrence*) e quando persuadir (ou cooperar, aqui também tratada a noção de *compliance*).²⁸ Daí que a flexibilidade ou adaptação do sistema regulatório se afigura essencial.

É certo, também, que o referido modelo da regulação responsiva somente funciona quando haja uma efetiva punição dos atores não cooperativos: a punição de sujeitos que insistem em não se adequar aos comandos normativos funciona inclusive como um incentivo para aqueles que são majoritariamente cooperativos.²⁹

E, para alcançar a dita eficiência, o regulador deve ter uma pirâmide com variados graus de sanções abstratamente possíveis de serem aplicadas em sua órbita de competência – o que é denominado pelos autores como *enforcement pyramid*.³⁰ Nesse panorama, o cumprimento voluntário das regras se faz realidade quando o regulador consegue explicitar a sua pirâmide de punições, de modo claro, para os regulados.

Segundo os autores, a não cooperação é mais rara de ocorrer quando o regulador possui uma *enforcement pyramid* se comparada à situação em que o regulador possui apenas uma única modalidade de punição: quando existe apenas uma modalidade de punição, ainda que seja extremamente severa, o regulador dificilmente consegue impor

---

²⁶ AYRES, Ian; BRAITHWAITE, John. *Responsive regulation*: transcending the deregulation debate. Nova York: Oxford University Press, 1992, p. 19.
²⁷ AYRES, Ian; BRAITHWAITE, John. *Responsive regulation*: transcending the deregulation debate. Nova York: Oxford University Press, 1992, p. 20-21.
²⁸ VORONOFF, Alice. *Direito Administrativo Sancionador no Brasil*. 2. reimp. Belo Horizonte: Fórum, 2018, p. 140.
²⁹ Em um estudo empírico indicado pelos autores, se chegou à conclusão de que 20% das firmas reguladas irão cumprir a lei incondicionalmente; 5% irão se furtar a seu cumprimento incondicionalmente; e os outros 75% tendem a cumprir a lei, mas somente se a punição àqueles 5% for efetiva (AYRES, Ian; BRAITHWAITE, John. *Responsive regulation*: transcending the deregulation debate. Nova York: Oxford University Press, 1992, p. 26).
³⁰ AYRES, Ian; BRAITHWAITE, John. *Responsive regulation*: transcending the deregulation debate. Nova York: Oxford University Press, 1992, p. 35 e seguintes.

uma conduta por meio de persuasão. Esta hipótese encerraria um paradoxo, em que potenciais punições muito severas acabam gerando um ambiente de inefetiva regulação, já que a punição requer também uma aceitabilidade política e moral.[31]

Diante de tal cenário, tem-se que, na regulação responsiva, punição e persuasão são respostas que coexistem em um mesmo modelo, sendo que "a eficiência no alcance das finalidades de interesse público depende desse fluxo dinâmico".[32]

A doutrina nacional também tem adotado conclusões que se aproximam da noção de regulação responsiva, no sentido de que o Direito Administrativo Sancionador se trata de meio a serviço de finalidades protegidas pelo ordenamento jurídico, e não de um fim em si mesmo.[33]

Tal noção, por óbvio, não se limita à regulação responsiva – é notável a tendência de dar racionalidade à atividade do Direito Administrativo Sancionador, inclusive no ordenamento jurídico nacional, que tem acolhido a consensualidade também no âmbito do poder punitivo estatal.[34]

Sobre o tema, oportuna a citação de Juliana Bonacorsi de Palma:

> Na qualidade de mecanismo instrumental ao alcance dos fins de ordem pública estabelecidos nas leis-quadro ou, mesmo, no regramento infralegal, a prerrogativa sancionadora pode deixar de ser exercida pelo Poder Público no caso concreto, para alcance desses mesmos fins por outro modo de ação, como a atuação administrativa concertada. Dentro da margem de discricionariedade, a Administração Pública está adstrita ao denominado "vínculo de fim", e deve satisfazer as

---

[31] AYRES, Ian; BRAITHWAITE, John. *Responsive regulation*: transcending the deregulation debate. Nova York: Oxford University Press, 1992, p. 36-37. Ver também: VORONOFF, Alice. Direito Administrativo Sancionador no Brasil. 2 reimp. Belo Horizonte: Fórum, 2018, p. 144. No mesmo sentido, a abordagem sobre a *big stick syndrome*, conceito desenvolvido por Christopher Hood e tratado em: SANTOS, Rodrigo Valgas dos. *Direito Administrativo do Medo*: risco e fuga da responsabilização dos agentes públicos. São Paulo: Thomson Reuters Brasil – Revista dos Tribunais, 2020, p. 125.

[32] VORONOFF, Alice. *Direito Administrativo Sancionador no Brasil*. 2 reimp. Belo Horizonte: Fórum, 2018, p. 149.

[33] VORONOFF, Alice. *Direito Administrativo Sancionador no Brasil*. 2. reimp. Belo Horizonte: Fórum, 2018, p. 315.

[34] Sobre o tema, ver: PALMA, Juliana Bonacorsi de. *Sanção e Acordo na Administração Pública*. São Paulo: Malheiros, 2015, p. 280-281. A consensualidade foi recentemente admitida na própria Lei de Improbidade Administrativa, que passou a prever a possibilidade de celebração de acordo, a partir da nova redação do art. 17, §1º, da referida lei (redação dada pela Lei nº 13.694/2019) – o que antes era vedado, conforme a redação anterior.

finalidades públicas por mecanismos os mais variados, gozando de relativa liberdade de escolha de limites fornecidos pelo regime jurídico que disciplina a situação em concreto.³⁵

Com efeito, um excesso de formalismo, que não produza resultados satisfatórios do ponto de vista social e do ponto de vista de garantia do mínimo existencial, já não encontra mais espaço na complexidade da vida atual, que requer, como indispensável, uma Administração mais cooperativa, mais dinâmica, mais democrática – e, principalmente, que atue como ente central e impulsionador da melhoria do bem comum.

Importante destacar a conclusão apontada por Eurico Bitencourt Neto quanto às transformações do Estado e da Administração Pública no século XXI:

> Os traços gerais da Administração Pública do século XXI impõem a releitura e a reconstrução de boa parte do instrumental do Direito Administrativo. Se é preciso ter na devida conta que as transformações por que passam o Estado e a Administração contemporâneos não afastam as vinculações da socialidade, por outro lado é necessário não subestimar os novos desafios que tais transformações impõem ao Direito. É imperativo reconhecê-los, para que o instrumental jurídico possa oferecer meios de realização dos fins do Estado de Direito democrático e social que sejam compatíveis como as turbulências e a complexidade do tempo em que se vive. É preciso rever velhos dogmas, repensar antigas verdades, sem perder de vista os fins sociais que continuam a vincular as antigas e as novas formas de agir do Poder Público.³⁶

---

³⁵ PALMA, Juliana Bonacorsi de. *Sanção e Acordo na Administração Pública*. São Paulo: Malheiros, 2015, p. 280-281.
³⁶ BITENCOURT NETO, Eurico. Transformações do Estado e a Administração Pública no Século XXI. *Revista de Investigações Constitucionais*, Curitiba, v. 4, n. 1, p. 221-222, jan./abr. 2017. No mesmo sentido: DA SILVA, Suzana Tavares. A nova dogmática do direito administrativo: o caso da Administração por compromissos. *Estudos de Contratação Pública I*. Coimbra: CEDIPRE, 2008, p. 899.

3.2 A cooperação e a consensualidade como instrumentos para a persecução do interesse público[37]

A atuação administrativa deve ter por objetivo a busca de um viés social[38] e deve sempre visar ao bem comum, de modo que o agir de um poder público não pode ser considerado como um fim em si mesmo – e a sua atuação somente possuirá legitimidade se devidamente motivada, a bem da coletividade.[39]

O excesso de formalismo, que não produza resultados satisfatórios do ponto de vista social e do ponto de vista de garantia do mínimo existencial, já não encontra mais espaço na complexidade da vida atual. Exige-se, isso, sim, uma Administração mais cooperativa, mais flexível, mais democrática – e, primordialmente, que atue como ente central e impulsionador da melhoria do bem comum.

Nesse panorama, o Direito Administrativo deve ser compreendido como um ramo que concretiza os mandamentos constitucionais, devendo ser um instrumento a promover direitos fundamentais e o desenvolvimento social da população, não se limitando à legalidade estrita.[40]

Nesse sentido, as transformações verificadas na estrutura do Estado moderno impõem novos desafios à Administração, que passa a "atuar, cada vez mais, como conformadora geral da ordem econômica e social, para além de uma atuação tópica e individualizada".[41]

---

[37] Tópico também tratado em: FORTINI, Cristiana; HORTA, Bernardo Tinôco de Lima. *Eberhard Schmidt-Assmann e o ordenamento jurídico brasileiro*: breves apontamentos sobre a LINDB e sobre a Nova Lei de Licitações e Contratos Administrativos; e FORTINI, Cristiana; HORTA, Bernardo Tinôco de Lima. A Lei de Introdução às Normas do Direito Brasileiro sob a ótica teórica de Eberhard Schmidt-Assmann. *In*: MAFFINI, Rafael; RAMOS, Rafael (org.). *Nova LINDB*. 1. ed. Rio de Janeiro: Lumen Juris, 2021, p. 239-266.

[38] SCHMIDT-ASSMANN, Eberhard. *La teoría general del derecho administrativo como sistema*. Madri: INAP/Marcial Pons, 2003, p. 172. Com efeito, para Schmidt-Assmann, o Direito Social deve ser considerado, atualmente, como um importante setor de referência para a parte geral do Direito Administrativo, tendo por missão evitar, mitigar ou eliminar as carências materiais dos indivíduos e as necessidades que daí decorrem (SCHMIDT-ASSMANN, Eberhard. *La teoría general del derecho administrativo como sistema*. Madri: INAP/Marcial Pons, 2003, p. 143-144).

[39] SCHMIDT-ASSMANN, Eberhard. *La teoría general del derecho administrativo como sistema*. Madri: INAP/Marcial Pons, 2003, p. 167.

[40] DI PIETRO, Maria Sylvia Zanella. *Direito Administrativo*. 32. ed. Grupo GEN, 2019. Versão e-book, Capítulo 1, item 1.9, subitem 1. Também: MARQUES NETO, Floriano de Azevedo; FREITAS, Rafael Véras de. *Comentários à Lei nº 13.655/2018* (Lei da Segurança para a Inovação Pública). 2. reimpr. Belo Horizonte: Fórum, 2019, p. 7.

[41] BITENCOURT NETO, Eurico. Transformações do Estado e a Administração Pública no Século XXI. *Revista de Investigações Constitucionais*, Curitiba, v. 4, n. 1, p. 210, jan./abr. 2017.

No mesmo contexto, a consensualidade se apresenta como um dos vetores a informar a ação da Administração Pública, chegando a repercutir, de forma destacada, em sua atividade sancionatória.[42]

Finalmente, convém destacar o artigo 26 da Lei de Introdução às Normas do Direito Brasileiro, que passa a prever uma Administração Pública consensual, cooperativa e legitimamente democrática em sua atuação que tenha por objetivo eliminar irregularidade, incerteza jurídica ou situação contenciosa na aplicação do Direito Público.

Nesse sentido, não haveria racionalidade em uma atuação meramente sancionatória e punitivista, meramente reativa – a Administração deve agir como um ente pacificador dos diversos interesses em jogo, e sempre atenta às suas finalidades de buscar o bem comum da coletividade.

Dentro de tal panorama, somente haveria sentido em realizar condutas não consensuais no caso em que tal instrumento se tornasse essencial, e verdadeira *ultima ratio*, para se atingir o bem geral da coletividade – com razão Cristiana Fortini, para quem o excesso de punição não necessariamente favorece o interesse público.[43]

4 O programa de integridade como um ensaio de remodelação do Direito Administrativo Sancionador

Feita esta digressão teórica, é possível ensaiar uma resposta à pergunta colocada ao final da segunda seção: por que razão o legislador tem se valido do programa de integridade como parte do Direito Administrativo Sancionador?

A aplicação de penalidades como o impedimento de licitar ou a declaração de inidoneidade sempre foi tratada como consequência natural e automática àqueles que cometeram atos graves incompatíveis com o ordenamento jurídico. O uso reiterado e pouco refletido destas penalidades gerou, no entanto, situações prejudiciais à própria Administração Pública. Pensemos, por exemplo, em setores econômicos nos quais poucas empresas detêm expertise adequada para a prestação

---

[42] DI PIETRO, Maria Sylvia Zanella. *Direito Administrativo*. 32. ed. Grupo GEN, 2019. Versão e-book, Capítulo 1, item 1.9, subitem 7. Sobre o tema, ver também: PALMA, Juliana Bonacorsi de. *Sanção e acordo na Administração Pública*. São Paulo: Malheiros Editores. 2015.

[43] FORTINI, Cristiana. Excesso de punição a atos de corrupção não favorece interesse público. *Conjur*, 2017. Disponível em: https://www.conjur.com.br/2017-ago-10/interesse-publico-excesso-punicao-atos-corrupcao-nao-favorece-interesse-publico. Acesso em: 9 jul. 2020.

de serviços. Ao impedir que uma ou várias participem de licitações, a Administração Pública impõe a si mesma – e, por consequência, a toda a coletividade – um problema de difícil resolução, pois haverá de escolher um prestador de serviço potencialmente menos qualificado e sob condições financeiras mais adversas. A exclusão temporária de empresas traz outros resultados indesejáveis. Para muitas das empresas sancionadas, contratar com a Administração Pública é fundamental para a sua própria existência. O mesmo Estado que aplica a sanção poderá lidar com o desmantelamento de um setor econômico, com graves repercussões sociais.

Esta situação não passou despercebida. Em artigo publicado antes da edição da nova Lei de Licitações, Cesar Pereira e Rafael Schwind discutiam a compatibilidade do instituto do autossaneamento no Direito brasileiro:

> Não se põe em dúvida que a visão tradicional do tema no Brasil – refletida ao menos em parte nos textos legislativos – é estritamente baseada na ideia de suspensão, impedimento ou inidoneidade como punição. O objetivo central deste artigo é discutir essa premissa: até que ponto é possível conciliar o direito positivo brasileiro como uma percepção mais matizada dos modos de combate à ilicitude no âmbito das licitações e contratações administrativas, evitando a confusão entre a punição da conduta pretérita e a prevenção de danos futuros?[44]

Conhecida no Direito Comparado como *self-cleaning*, esta prática visa estabelecer meios para que as empresas sancionadas se reabilitem e readquiram a capacidade de licitar e contratar com a Administração Pública. O autossaneamento não é permissivo e complacente com condutas ilícitas. A reabilitação destes agentes econômicos deve necessariamente estar condicionada à adoção de providências reparadoras, saneadoras e de aperfeiçoamento interno. A título de exemplo, pode-se mencionar a necessidade de reparação do dano causado à Administração Pública, o pagamento de multa ou o afastamento das pessoas envolvidas no ato ilícito. Ao se estabelecer condições para que determinada empresa permaneça como uma licitante idônea, a Administração Pública se acautela, previne-se de futuros dissabores

---

[44] PEREIRA, Cesar Guimarães; SCHWIND, Rafael Wallbach. Autossaneamento (*self-cleaning*) e reabilitação de empresas no Direito brasileiro anticorrupção. Disponível em: https://www.migalhas.com.br/depeso/225754/autossaneamento--self-cleaning--e-reabilitacao-de-empresas-no-direito-brasileiro-anticorrupcao. Acesso em: 30 abr. 2023.

e mantém entre os possíveis contratados uma empresa com notória *expertise*.

As novas mudanças legais tratadas neste artigo parecem dar os primeiros contornos normativos ao autossaneamento e estão em consonância com as tendências de consensualidade, cooperação e regulação responsiva já discutidas. A previsão de que o programa de integridade será (i) parâmetro para aplicação de pena, (ii) condição para reabilitação ou (iii) pré-requisito para celebração de acordo de não persecução civil demonstra a remodelação do Direito Administrativo Sancionador.

Embora consideremos estas alterações legais alvissareiras, a prática cotidiana demonstrará como serão efetivamente implementadas. No caso da nova Lei de Licitações, por exemplo, ao se estabelecer os critérios de dosimetria das penas, o inciso V, §1º, do artigo 156 faz menção ao programa de integridade, porém diz que a implementação e o aperfeiçoamento seguirão normas e orientações dos órgãos de controle. Esta parte final introduz relativa insegurança jurídica, pois não há, na lei, nenhum parâmetro estabelecido. Há de se indagar, também, qual será a eficácia do dispositivo caso os órgãos de controle não estabeleçam oportunamente as normas e orientações exigidas. Por último, deve-se aguardar como será conduzida a fiscalização da implementação e do aperfeiçoamento destes programas de integridade: qual órgão será incumbido da tarefa? Haverá concorrência entre mais de um órgão competente?

5 Considerações finais

O estímulo à adoção cooperativa dos programas de integridade – seja pela previsão como atenuante de pena, pela condição à reabilitação ou mesmo como possível sanção alternativa na improbidade administrativa – funciona como importante instrumento para que seja alcançado o interesse público. A ideia de que a sanção administrativa possui natureza punitiva e está dissociada das demais atividades administrativas é insustentável. A função sancionatória é parte de um conjunto de instrumentos de que dispõe a Administração Pública para promover o interesse público e os objetivos previstos na legislação.

A princípio, o programa de integridade atende ao interesse público na medida em que saneia as empresas envolvidas em atos ilícitos, evitando-se com isto que futuras contratações incidam nos mesmos desvios. O interesse público estará também resguardado, pois mantém-se a concorrência em um setor econômico que poderia ser prejudicado caso houvesse a exclusão temporária de empresas. Por último, preserva-se a empresa, excluindo dela apenas aqueles que efetivamente deram causa ao cometimento do ato ilícito.

Estas mudanças legais deverão passar pelo crivo do tempo e da prática. Representam, com efeito, um primeiro passo na remodelação do Direito Administrativo Sancionatório, porém ainda certo grau de incerteza jurídica de como será a sua aplicação e fiscalização.

Referências

AYRES, Ian; BRAITHWAITE, John. *Responsive regulation:* transcending the deregulation debate. Nova York: Oxford University Press, 1992.

BATISTA JÚNIOR, Onofre Alves. *Princípio constitucional da eficiência administrativa.* 2. ed. Belo Horizonte: Fórum, 2012.

BINENBOJM, Gustavo. *Uma teoria do direito administrativo:* direitos fundamentais, democracia e constitucionalização. 3. ed. rev. e atual. Rio de Janeiro: Renovar, 2014.

BITENCOURT NETO, Eurico. Transformações do Estado e a Administração Pública no século XXI. *Revista de Investigações Constitucionais*, Curitiba, v. 4, n. 1, p. 207-225, jan./abr. 2017.

DI PIETRO, Maria Sylvia Zanella. *Direito Administrativo.* 32. ed. Grupo GEN, 2019. Versão e-book.

DIAS, Maria Tereza Fonseca. A legitimidade das ações da Administração Pública em face dos cidadãos: desafio para um direito administrativo pós-moderno? *Revista do Curso de Direito do Centro Universitário Izabela Hendrix*, Nova Lima/MG, v. 1, p. 109-126, 2003.

FERRAZ, Luciano. *Controle e Consensualidade.* 1. ed. Belo Horizonte: Fórum, 2019.

FORTINI, Cristiana. Excesso de punição a atos de corrupção não favorece interesse público. *Conjur*, 2017. Disponível em: https://www.conjur.com.br/2017-ago-10/interesse-publico-excesso-punicao-atos-corrupcao-nao-favorece-interesse-publico. Acesso em: 9 fev. 2021.

FORTINI, Cristiana; HORTA, Bernardo Tinôco de Lima. *Eberhard Schmidt-Assmann e o ordenamento jurídico brasileiro*: breves apontamentos sobre a LINDB e sobre a Nova Lei de Licitações e Contratos Administrativos, no prelo.

FORTINI, Cristiana; HORTA, Bernardo Tinôco de Lima. A Lei de Introdução às Normas do Direito Brasileiro sob a ótica teórica de Eberhard Schmidt-Assmann. *In*: MAFFINI, Rafael; RAMOS, Rafael. (org.). *Nova LINDB.* 1. ed. Rio de Janeiro: Lumen Juris, 2021, p. 239-266.

FORTINI, Cristiana; LACERDA, Bruno Amaro. O Direito Administrativo e a fundamentalidade da pessoa. *Fórum Administrativo*, v. 10, p. 19-28, 2010.

FRANZONI, Luigi Alberto. *Introduzione all'economia del diritto.* Bologna: Il Mulino, 2003.

HACHEM, Daniel Wunder. O Estado moderno, a construção cientificista do Direito e o princípio da legalidade no constitucionalismo liberal oitocentista. *A&C – Revista de Direito Administrativo & Constitucional*, Belo Horizonte, ano 11, n. 46, out./dez. 2011.

HORTA, Bernardo Tinôco de Lima. *Parâmetros para a justa causa na ação de improbidade administrativa*. Dissertação de Mestrado. Programa de Pós-Graduação em Direito da UFMG. Belo Horizonte, 2022.

LUZ, Reinaldo Diogo; LARA, Fabiano Teodoro de Rezende. Análise do programa de leniência da Lei Anticorrupção brasileira: características e efetividade. *In*: FORTINI, Cristiana (coord.). *Corrupção e seus múltiplos enfoques jurídicos*. Belo Horizonte: Fórum, 2018.

MAURO, Carlos; CASTAGNA, Ricardo; COUTINHO, Diogo; CABRAL, Gabriel. Para além da Pirâmide: regulação responsiva e comportamento humano. *Jota*. Disponível em: https://www.jota.info/opiniao-e-analise/artigos/para-alem-da-piramide-regulacao-responsiva-e-comportamento-humano-07022020. Acesso em: 12 fev. 2021.

PALMA, Juliana Bonacorsi de. *Sanção e Acordo na Administração Pública*. São Paulo: Malheiros, 2015.

PEREIRA, Cesar Guimarães; SCHWIND, Rafael Wallbach. *Autossaneamento (self-cleaning) e reabilitação de empresas no Direito brasileiro anticorrupção*, 2015.

ROSE-ACKERMAN, Susan; PALIFKA, Bonnie. J. *Corruption and Government*. Causes, Consequences, and Reform. New York: Cambridge University Press, 2016

SCHMIDT-ASSMANN, Eberhard. *La teoría general del derecho administrativo como sistema*. Madri: INAP/Marcial Pons, 2003.

SUNDFELD, Carlos Ari. *Direito Administrativo para céticos*. 2. ed. 1ª tiragem. São Paulo: Malheiros, 2014.

VORONOFF, Alice. *Direito Administrativo Sancionador no Brasil*. 2. reimp. Belo Horizonte: Fórum, 2018.

Informação bibliográfica deste texto, conforme a NBR 6023:2018 da Associação Brasileira de Normas Técnicas (ABNT):

HORTA, Bernardo Tinôco de Lima; ANDRADA, Bonifácio José Suppes de. Os programas de integridade e o Direito Administrativo Sancionador: apontamentos sobre consensualidade e interesse público. *In*: FORTINI, Cristiana; PIRES, Maria Fernanda Veloso; CAVALCANTI, Caio Mário Lana (coord.). *Integridade e contratações públicas*: reflexões atuais e desafios. Belo Horizonte: Fórum, 2024. p. 33-49. ISBN 978-65-5518-708-3.

REFLEXÕES SOBRE O ART. 10, VIII, DA LEI Nº 8.429/92, COM A REDAÇÃO DADA PELA LEI Nº 14.230/21: O QUE MUDOU?

CAIO MÁRIO LANA CAVALCANTI

I Introdução

Os últimos anos do século passado – assim como os primeiros anos do século presente, infelizmente – foram marcados, no país, por uma série de escândalos de corrupção e de malversação de recursos públicos. Talvez o mais emblemático desses lamentáveis eventos tenha sido o episódio corrupto envolvendo Fernando Collor de Mello, 32º Presidente da República, e o empresário Paulo César Farias, o PC Farias.

Durante esse conturbado cenário, sobrevieram reações legislativas que pretendiam, ao menos em tese, frear essa onda de corrupção, sendo certo que um dos frutos dessa atuação congressual foi o advento da Lei nº 8.429/92, que permanece sendo um dos principais mecanismos legais de resguardo e de preservação do princípio da probidade administrativa. Compreende-se que também a edição da Lei nº 8.666/93 foi influenciada pelo supradito comportamento legislativo, mediante a adoção de uma robusta burocracia e de um detalhado procedimento que, malgrado entravado, objetivou dificultar o conluio no âmbito das contratações públicas.[1]

---

[1] Conforme já narramos, compreendia-se que, "quanto mais rígido e burocrático o processo, mais difícil de burlá-lo; e quanto mais prerrogativas administrativas, mais instrumentalizada a Administração Pública para salvaguardar o interesse público". Conferir: FORTINI, Cristiana; CAVALCANTI, Caio Mário Lana. O pagamento: aspectos favoráveis ao contratado no Projeto de Lei nº 4.253/2020, *Zênite*, Categoria Doutrina, 13 de fevereiro de 2021. No mesmo sentido, Maria Fernanda Pires de Carvalho Pereira destacou, anteriormente ao advento da Lei nº 14.133/21, o "teor extremamente burocrático da legislação vigente, que visando proteger os certame de fraude, de corrupção e de

Pecou-se, entretanto, sob a ótica deste trabalho, pelo excesso; e, além disso, o intento primordial da rigorosa legislação, consubstanciado no tolhimento dos atos que violam a probidade administrativa, não restou plenamente alcançado. Destarte, para além da ausência do atingimento pleno das finalidades legislativas precípuas, de um lado, a Lei nº 8.429/92, tal como posta, gerou uma indesejável e desastrosa paralisia da gestão pública, de modo a fazer exsurgir os fenômenos do apagão das canetas e do Direito Administrativo do Medo;[2] e, de outro lado, a Lei nº 8.666/93 se mostrou problemática para as contratações públicas, máxime diante da burocracia e do formalismo excessivos a ela intrínsecos.[3]

Era preciso, pois, mudar; pelo que novas mudanças legislativas passaram a ser idealizadas pelos estudiosos e, de fato, eram necessárias, sob pena de o próprio interesse público ser desprivilegiado. Nesse contexto, sobreveio, em relação às licitações e aos contratos administrativos, a Lei nº 14.133/21, que, malgrado pudesse ter sido mais ousada no que se refere à desburocratização das contratações públicas,[4] positivou

---

eventuais conluios, acabou por tornar bastante moroso e caro os processos de contratação da União, Estados, Distrito Federal e Municípios". Conferir: PEREIRA, Maria Fernanda Pires de Carvalho. A nova principiologia do direito administrativo e o projeto da nova lei de licitações. *In*: FORTINI, Cristiana; CAMARÃO, Tatiana Martins da Costa; PEREIRA, Maria Fernanda Pires de Carvalho. *Licitações e contratos*: aspectos relevantes. 2. ed. ampl. Belo Horizonte: Fórum, 2008, p. 162.

[2] Segundo Fernando Vernalha Guimarães, o "administrador público vem, aos poucos, desistindo de decidir. Ele não quer mais correr riscos (...) Decidir sobre o dia a dia da Administração passou a atrair riscos jurídicos de toda a ordem (...) Sob as garras de todo esse controle, o administrador desistiu de decidir. Viu seus riscos ampliados e, por um instinto de autoproteção, demarcou suas ações à sua 'zona de conforto' (...) O ponto que parece merecer maior reflexão é precisamente a cultura do excesso de controle, que vem gerando efeitos colaterais indesejáveis, favorecendo a proliferação de ineficiências". Conferir: GUIMARÃES, Fernando Vernalha. O direito administrativo do medo: a crise da ineficiência pelo controle. *Direito do Estado*, ano 2016, número 71. Conferir também: SANTOS, Rodrigo Valgas dos. *Direito administrativo do medo*: risco e fuga da responsabilização dos agentes públicos. 2. ed. rev., ampl. e atual. São Paulo: Revista dos Tribunais, 2022; UNES, Flávio Henrique; SOUSA, Raphael Rocha de. Direito administrativo do medo, apagão das canetas e improbidade administrativa: por uma reflexão acerca da (in)constitucionalidade da "violação a princípios" como espécie de improbidade administrativa. *Fórum Administrativo*, Belo Horizonte, v. 19, n. 224, p. 15-22, out. 2019.

[3] Sobre a burocracia e formalismo excessivos da Lei nº 8.666/93, conferir: RABELLO, Camila Chagas; RODRIGUES, Maria Isabel Araújo. *Eficiência e combate à corrupção nas compras públicas*. Belo Horizonte: Del Rey, 2019, p. 47 e seguintes.

[4] Nesse sentido, a interessante colocação de Rafael Carvalho Rezende Oliveira: "A pergunta que fica é: a nova Lei de Licitações poderia ser mais ousada, com a incorporação de verdadeiras novidades no campo das contratações públicas? Havia a necessidade de um texto mais prolixo e burocrático que aquele encontrado na Lei 8.666/1993 (a nova lei

institutos modernos[5] e elencou dispositivos legais inovadores;[6] e, no tocante à improbidade administrativa, restou publicada a Lei nº 14.230/21, que, conquanto seja vista com maus olhos por muitos, é considerada por este trabalho um importante instrumento para o combate da banalização e da vulgarização do conceito de ato ímprobo.

Passa-se, feita tal necessária introdução, ao objetivo precípuo do presente artigo: efetivar uma análise não exaustiva da redação do art. 10, VIII, da Lei nº 8.429/92, alterada pela Lei nº 14.230/21.

II O art. 10, VIII, da Lei nº 8.429/92: como era?

A título prefacial, importa frisar que a redação original do art. 10 da Lei nº 8.429/92 admitia a prática de ato ímprobo causador de lesão ao erário mediante culpa, é dizer, por intermédio de negligência, imprudência ou imperícia, sendo desnecessária a demonstração do elemento subjetivo doloso. Já no tocante ao art. 9º, que trata dos atos de improbidade administrativa que importam enriquecimento ilícito, o legislador ordinário, desde a gênese da Lei de Improbidade Administrativa, previu a exigência do dolo; e, no que se refere ao art. 11, que disciplina os atos ímprobos que atentam contra os princípios da Administração Pública, também, desde a origem, forçoso é o elemento subjetivo doloso, conquanto o Superior Tribunal de Justiça tivesse

---

apresenta 191 dispositivos contra 126 da antiga lei)? (...) De lado os importantes avanços em relação às normas contidas na Lei 8.666/1993, a nova Lei de Licitações, ao incorporar institutos consagrados em leis especiais, positivar orientações dos órgãos de controle e apresentar texto prolixo, parece um grande "museu de novidades" e nos remete à música do inesquecível Cazuza: 'Eu vejo o futuro repetir o passado; Eu vejo um museu de grandes novidades; O tempo não para; Não para, não, não para'". Conferir: OLIVEIRA, Rafael Carvalho Rezende. A nova lei de licitações: um museu de novidades? *Revista Consultor Jurídico*, 23 de dezembro de 2020.

[5] Dentre eles, o comitê de resolução de disputas (*dispute board*), expressamente previsto no art. 151 da Lei nº 14.133/21. Segundo Ronny Charles Lopes de Torres, o "*dispute board* é um mecanismo de solução de controvérsias que busca resolver conflitos na área corporativa, especialmente em relação a contratos de longa duração. Forma-se um comitê, composto por um ou mais profissionais independentes, que acompanham de forma periódica o andamento do contrato. Dessa forma, o *dispute board* proporciona uma espécie de gerenciamento que previne o acirramento das divergências e conflitos oriundos do desgaste natural das relações entre as partes envolvidas". Conferir: TORRES, Ronny Charles Lopes de. *Leis de licitações públicas comentadas*. 12. ed. rev., ampl. e atual. São Paulo: Juspodivm, 2021, p. 747.

[6] Sugere-se, nesse sentido, a leitura da apresentação da obra de Irene Patrícia Nohara, que trata de algumas das inovações da Lei nº 14.133/21: NOHARA, Irene Patrícia. *Nova lei de licitações e contratos*: comparada. São Paulo: Thomson Reuters Brasil, 2021, p. 7 e seguintes.

desenvolvido uma jurisprudência que advogava pela suficiência do dolo genérico, sendo prescindível o denominado dolo específico.[7]

Sempre fomos – com o respeito máximo às opiniões divergentes – contrários à possibilidade de praticar um ato de improbidade administrativa mediante culpa, em uma averiguação do conceito de ato ímprobo: a ideia de culpa, ou seja, de negligência, imperícia ou imprudência, não guarda identidade ou harmonia com o cerne da improbidade administrativa, que, por natureza, exige nódoas de desonestidade e de má-fé, que têm no dolo elemento intrínseco.[8] Nesse sentido, o elemento subjetivo doloso e o instituto da improbidade administrativa são como unha e carne, inseparáveis; e o ato ímprobo e a mera culpa, são como água e azeite, imiscíveis entre si.

Vale destacar, nessa toada, a correta compreensão crítica à redação original do art. 10 da Lei nº 8.429/92, de autoria de Mauro Roberto Gomes de Mattos, materializada em obra especializada e editada antes do advento da Lei nº 14.230/21:

> Isto porque, vício de legalidade não se confunde com ato desonesto, estabelecido pela prática de má-fé, com a intenção de causar prejuízo ao poder público.
>
> A imposição de graves sanções como as que são capituladas na Lei de Improbidade Administrativa exigem do intérprete a devida cautela, visto que ilegalidade não guarda sintonia com o ato devasso, sendo que na primeira situação poderá, em tese, o agente público praticar um ato de boa-fé, sem a vontade de causar prejuízo ao erário, mesmo que na prática este ato seja tido como violador de normas legais, ao passo que a conduta estabelecida a partir da má-fé é que é objeto de fiscalização da presente lei.

---

[7] Trata-se de entendimento jurisprudencial superado pela Lei nº 14.230/21, que passou a exigir, indubitavelmente, a configuração do dolo específico para fins de improbidade administrativa.

[8] Em outra oportunidade, afirmamos que "os conceitos jurídicos de culpa e ato ímprobo são incompatíveis, de modo que a improbidade culposa culmina com uma verdadeira contradição em termos (...) entende-se que o ato ímprobo é o ato ilegal qualificado pelo elemento subjetivo da conduta. E este, por sua vez, é a má-fé, a desonestidade, a corrupção, a devassidão e o mau caráter, peculiaridade que distingue a improbidade administrativa da simples ilegalidade (...) A improbidade é, pois, a ilegalidade qualificada por um *plus* de desonestidade, de lesão à boa-fé e à moralidade". Conferir: CAVALCANTI, Caio Mário Lana. *Comentários à lei de improbidade administrativa*. Rio de Janeiro: CEEJ, 2020, p. 177 e 178. No mesmo sentido: CAVALCANTI, Caio Mário Lana. A banalização do conceito de ato ímprobo. *In*: PEREIRA, Rodolfo Viana; SACCHETTO, Thiago Coelho (org.). *Advocacia pública em foco*. Volume II. Belo Horizonte: IDDE, 2019.

Esta explicação é necessária, pois surgirão muitas hipóteses em que será manejada indevidamente a ação de improbidade administrativa, visando combater mera irregularidade de formalidades previstas em lei, sem a prova de dolo do agente público ou do terceiro.[9]

É claro que o controle pode e deve sempre existir – afinal, é ínsito à forma de governo republicana e ao sistema democrático –, ainda que nos casos em que há práticas culposas no seio da Administração Pública, até porque o princípio da eficiência administrativa, forte no art. 37, *caput*, da Carta Política, não tolera negligências, imperícias ou imprudências no trato da coisa pública. Defende-se, tão somente, que o modelo de controle propugnado pela ação de improbidade administrativa tem por objetivo e por norte as práticas desonestas, guiadas pela má-fé; podendo ser utilizados mecanismos outros para controlar os atos culposos, a exemplo da ação civil pública comum, regida pela Lei nº 7.347/85.[10]

De toda sorte, em que pese a nossa crítica acerca da desarmonia entre o ato ímprobo e a conduta culposa, que tem respaldo em compreensões doutrinárias de alta respeitabilidade,[11] fato é que, na redação anterior à publicação da Lei nº 14.230/21, a Lei nº 8.429/92 era categórica ao permitir a prática de ato de improbidade administrativa mediante culpa, nos casos do art. 10, atinentes aos atos ímprobos causadores de lesão ao erário. Quanto a isso, não havia dúvidas, até porque a Lei de Improbidade Administrativa era literal nesse sentido, ao determinar que

---

[9] MATTOS, Mauro Roberto Gomes de. *O limite da improbidade administrativa*: o direito dos administrados dentro da Lei nº 8.429/92. 3. ed. rev. atual. e ampl. Rio de Janeiro: América Jurídica, 2006, p. 428.

[10] Nesse sentido, já afirmamos em outra oportunidade que: "defende-se que, para aqueles agentes públicos inexperientes, desastrados, desatentos ou desleixados que, por intermédio de condutas culposas, causem lesão aos cofres públicos, seja instaurado processo administrativo disciplinar, ou ajuizada uma ação civil pública comum, uma ação popular ou, ainda, uma ação ordinária de ressarcimento. Mas não a ação de improbidade administrativa – que não pode ser vista como antídoto para quaisquer malefícios no seio do Poder Público –, cujas penas são exacerbadamente severas. E isso não por benevolência ou por piedade, mas em virtude da correta hermenêutica acerca da Lei n.º 8.429/92, cujo advento se justificou, certamente, para condenar o agente público desonesto e inescrupuloso, e não o inábil ou o inexperiente." Conferir: CAVALCANTI, Caio Mário Lana. *Comentários à lei de improbidade administrativa*. Rio de Janeiro: CEEJ, 2020, p. 189.

[11] Por exemplo, para além do entendimento de Mauro Roberto Gomes de Mattos, já citado: DINAMARCO, Pedro da Silva. Requisitos para a procedência das ações por improbidade administrativa. *In*: BUENO, Cássio Scarpinella; PORTO FILHO, Pedro Paulo de Rezende (coord.). *Improbidade administrativa*: questões polêmicas e atuais. 2. ed. São Paulo: Malheiros, 2003, p. 377; HARGER, Marcelo. *Improbidade administrativa*: comentários à Lei nº 8.429/92. Coleção direito administrativo positivo, sob a coordenadoria de Irene Patrícia Nohara e Marco Antonio Praxedes de Moraes Filho. V. 7. São Paulo: Atlas, 2015, p. 45.

configurava ato ímprobo causador de lesão ao erário "qualquer ação ou omissão, dolosa ou culposa, que enseje perda patrimonial, desvio, apropriação, malbaratamento ou dilapidação dos bens ou haveres" dos denominados sujeitos passivos da improbidade administrativa, que são aqueles que sofrem as consequências danosas do ato ímprobo.

Quanto à listagem ilustrativa das condutas que poderiam representar ato ímprobo causador de danos aos cofres públicos – rol exemplificativo, *numerus apertus* –, frisava o inciso VIII do art. 10 da Lei nº 8.429/92, em sua redação original, que constituía ato de improbidade administrativa "frustrar a licitude de processo licitatório ou dispensá-lo indevidamente". Posteriormente, a Lei nº 13.019/14 – ainda anteriormente à Lei nº 14.230/21, portanto – conferiu nova redação ao inciso, para à época fazer constar que configurava ato ímprobo que importa danos aos cofres públicos "frustrar a licitude de processo licitatório ou de processo seletivo para celebração de parcerias com entidades sem fins lucrativos, ou dispensá-los indevidamente".

Quanto ao inciso específico em comento, até então vigente, para além da já mencionada dispensabilidade do elemento subjetivo doloso, bastando a configuração da culpa para os fins da comprovação do ato ímprobo em exame, deve ser ressaltado que o Superior Tribunal de Justiça entendia de forma sedimentada que era desnecessária a demonstração do prejuízo efetivo ao erário, que estaria implícito no comando legal.

É dizer, segundo a Corte Cidadã, em entendimento jurisprudencial consagrado anteriormente ao advento da Lei nº 14.230/21, as condutas consubstanciadas na (i) frustração da licitude de processos licitatórios, na (ii) frustração de processos seletivos para a celebração de parcerias com entidades sem fins lucrativos ou, ainda, (iii) na dispensa indevida daqueles primeiros ou destes últimos, representavam uma lesão presumida aos cofres públicos, *in re ipsa*.

Não era imprescindível, pois, que o autor demonstrasse que houve, no caso concreto, um prejuízo financeiro real e efetivo ao erário; porque compreendia o Superior Tribunal de Justiça que as condutas destacadas, por si sós, geravam danos – ainda que velados –, na medida em que a Administração Pública deixava, pelas supraditas frustrações ou dispensas indevidas, de contratar a melhor proposta apresentada. Essa era, enfim, a criticável lógica adotada pela Corte Superior, a respaldar a compreensão do prejuízo ao erário presumido.

Destacam-se os seguintes julgados, a título ilustrativo:

ADMINISTRATIVO. AGRAVO INTERNO NO RECURSO ESPECIAL. IMPROBIDADE ADMINISTRATIVA. ART. 10, XIII, DA LEI N. 8.429/1992. ELEMENTO SUBJETIVO CULPA E NECESSIDADE DE DANO AO ERÁRIO. 1. Na hipótese dos autos, trata-se de ação civil pública de improbidade administrativa em razão da conduta do art. 10, XIII, da Lei 8.4289/1992. 2. A atual jurisprudência do STJ é no sentido de que para a configuração dos atos de improbidade administrativa previstos no art. 10 da Lei de Improbidade Administrativa (atos de Improbidade Administrativa que causam prejuízo ao erário), com a exceção da conduta do art. 10, VIII, exige-se a presença do efetivo dano ao erário (critério objetivo) e, ao menos, culpa. Precedentes: REsp 1.206.741/SP, Rel. Min. Benedito Gonçalves, Primeira Turma, DJe 24/4/2015; AgRg no AREsp 107.758/GO, Primeira Turma, Rel. Ministro Arnaldo Esteves Lima, DJe 10/12/2012; REsp 1228306/PB, Segunda Turma, Rel. Ministro Castro Meira, DJe 18/10/2012.[12]

PROCESSUAL CIVIL. ADMINISTRATIVO. RECURSO ESPECIAL. IMPROBIDADE. FRAUDE À LICITAÇÃO. VIOLAÇÃO DO ART. 5º DA LEI 8.429/92. NÃO OCORRÊNCIA. ALEGADA PRESTAÇÃO DO SERVIÇO CONTRATADO. PERÍCIA. AUSÊNCIA DE CONSTATAÇÃO. DANO IN RE IPSA. RESSARCIMENTO AO ERÁRIO. POSSIBILIDADE. 1. No que tange à possibilidade de imposição de ressarcimento ao erário, nos casos em que o dano decorrer da contratação irregular proveniente de fraude a processo licitatório, como ocorreu na hipótese, a jurisprudência desta Corte de Justiça tem evoluído no sentido de considerar que o dano, em tais circunstâncias, é in re ipsa, na medida em que o Poder Público deixa de, por condutas de administradores, contratar a melhor proposta Precedentes: REsp 1.280.321/MG, Rel. Ministro Mauro Campbell Marques, Segunda Turma, DJe 9/3/2012. AgRg nos EDcl no AREsp 419.769/SC, Rel. Ministro Herman Benjamin, Segunda Turma, julgado em 18/10/2016, DJe 25/10/2016. REsp 1.376.524/RJ, Rel. Ministro Humberto Martins, Segunda Turma, julgado em 2/9/2014, DJe 9/9/2014. 2. O entendimento externado pelo Tribunal de origem alinha-se ao que vem sendo perfilhado nesta Corte de Justiça sobre o tema.[13]

---

[12] Superior Tribunal de Justiça, Agravo Interno no Recurso Especial nº 1.542.025/MG, Rel. Ministro BENEDITO GONÇALVES, PRIMEIRA TURMA, julgado em 05.06.2018, DJe 12.06.2018.

[13] Superior Tribunal de Justiça, Recurso Especial nº 728.341/SP, Rel. Ministro OG FERNANDES, SEGUNDA TURMA, julgado em 14.03.2017, DJe 20.03.2017.

Ante o exposto, quanto ao tratamento legal e jurisprudencial dado ao art. 10, VIII, da Lei nº 8.429/92, anteriormente à vigência da Lei nº 14.230/21, dois entendimentos devem ser salientados. Em primeiro lugar, a referida hipótese de ato ímprobo poderia ser materializada mediante culpa, sendo desnecessário o elemento subjetivo doloso, assim como era para os demais casos envolvendo ato de improbidade administrativa causador de lesão ao erário; e, em segundo lugar, não era necessária a demonstração do prejuízo efetivo aos cofres públicos, na medida em que compreendia o Superior Tribunal de Justiça que, nos casos em apreciação, o dano era presumido, é dizer, *in re ipsa*.

III O art. 10, VIII, da Lei nº 8.429/92: como passou a ser?

A Lei nº 14.230/21 acolheu, incontestavelmente, a crítica doutrinária referente à impossibilidade de prática de ato ímprobo mediante culpa: a partir da sua publicação, todos os atos de improbidade administrativa, inclusive aqueles que causam danos aos cofres públicos, demandam a comprovação cabal do elemento subjetivo doloso para a sua devida configuração jurídica. Sob a nossa ótica, uma mudança legislativa louvável, haja vista que, conforme já mencionado, o ato de improbidade administrativa não guarda correlação com atos culposos, mas tem na desonestidade e na má-fé marcas essenciais.

Destacam-se, nessa esteira, respectivamente, o §1º do art. 1º e o art. 10, *caput*, ambos da Lei nº 8.429/92, que atualmente advertem que são considerados atos ímprobos "as condutas dolosas tipificadas nos arts. 9º, 10 e 11 desta Lei, ressalvados tipos previstos em leis especiais" e que constitui "ato de improbidade administrativa que causa lesão ao erário qualquer ação ou omissão dolosa, que enseje, efetiva e comprovadamente, perda patrimonial, desvio, apropriação, malbaratamento ou dilapidação dos bens ou haveres das entidades referidas no art. 1º desta Lei".

Não bastasse, a corroborar a imprescindibilidade do elemento subjetivo doloso para a configuração do ato de improbidade administrativa, o art. 17-C, §1º, da Lei nº 8.429/92, acrescido pela Lei nº 14.230/21, adverte que a "ilegalidade sem a presença de dolo que a qualifique não configura ato de improbidade"; e o §2º do art. 10, por sua vez, dispõe que a "mera perda patrimonial decorrente da atividade econômica não acarretará improbidade administrativa, salvo se comprovado ato doloso praticado com essa finalidade".

Não há dúvidas, portanto, que para a configuração de todos os atos de improbidade administrativa, o dolo é elemento subjetivo inafastável, é o cerne e o âmago do ato ímprobo, a sua principal essência; inclusive para os casos dos atos ímprobos causadores de lesão ao erário. Nessa toada, Marçal Justen Filho leciona que "um dos núcleos da reforma promovida pela Lei nº 14.230/2021 consistiu em afirmar que a improbidade somente se configura nos casos de conduta dolosa", sendo que "*é indispensável a consciência quanto à ilicitude e a vontade de produzir o resultado reprovado pela ordem jurídica*";[14] e Matheus Carvalho, no mesmo trilho, assevera que "nem mesmo a imprudência desarrazoada ou a negligência clara e legal poderá ensejar sanções de improbidade, haja vista a exigência legal expressa de dolo específico".[15]

Em consonância com o exposto, para ilustrar ainda mais a compreensão doutrinária, Carlos Ari Sundfeld, André Rosilho e Ricardo Kanayama afirmam que "a LIA de 2021 é peremptória e definitiva: sem a demonstração do elemento subjetivo dolo, ou seja, sem a prova da intenção do agente de praticar os ilícitos tipificados nos arts. 9º a 11 da LIA de 2021, não há improbidade administrativa"; e, na mesma toada, Márcio Cammarosano atesta firmemente que "só há improbidade a título de dolo".[16]

É também o que confirmou o Tribunal de Justiça do Estado de Minas Gerais, ao asseverar que a Lei nº 14.230/21 "dispôs ser necessária a existência de dolo específico, ou seja, o agente deve agir com a vontade de praticar a conduta típica, adicionada de uma especial finalidade";[17] que "só ocorre ato de improbidade administrativa se restar demonstrado o dolo específico do agente em causar dano aos cofres da administração pública em benefício próprio ou alheio, não

---

[14] JUSTEN FILHO, Marçal. *Reforma da lei de improbidade administrativa comentada e comparada*: Lei 14.230, de 25 de outubro de 2021. Rio de Janeiro: Forense, 2022, p. 25 e 27.

[15] CARVALHO, Matheus. *Lei de improbidade comentada*: atualizada com a Lei 14.230/2021. São Paulo: Juspodivm, 2022, p. 17. No mesmo sentido: FERNANDES, Og; RUFINO, Jacqueline; KOEHLER, Frederico; FLUMIGNAN, Silvano. *Lei de improbidade administrativa*: principais alterações da Lei 14.230/2021 e o impacto na jurisprudência do STJ. São Paulo: Juspodivm, 2022, p. 109.

[16] CAMMAROSANO, Márcio. O elemento subjetivo dolo para configuração de improbidade administrativa. In: VIANA, Ismar; MOTTA, Fabrício (coord.). *Improbidade administrativa e tribunais de contas*: as inovações da Lei nº 14.230/2021. Belo Horizonte: Fórum, 2022, p. 213.

[17] TJMG, Apelação Cível/Remessa Necessária nº 1.0000.22.046111-5/001, Rel. Desembargador ROBERTO APOLINÁRIO DE CASTRO (JD Convocado), 1ª CÂMARA CÍVEL, julgado em 28.03.2023.

mais comportando a figura do dolo genérico";[18] que "*é imprescindível a demonstração de dolo na conduta dos agentes*, conforme disposto no art. 1º, §1º, da Lei 8.429/92, com redação dada pela Lei 14.230/2021";[19] que "a superveniente Lei Federal nº 14.230/2021 estabeleceu contornos bem definidos concernentes à imprescindibilidade da demonstração do dolo específico, na medida em que não se pode confundir ilegalidade ou incompetência com improbidade";[20] que "a ilegalidade somente se converterá em improbidade administrativa se estiver presente o elemento subjetivo, consistente no dolo da parte em se beneficiar ilicitamente ou causar prejuízo ao erário";[21] e que "a demonstração cabal do dolo do agente é imprescindível à configuração de ato de improbidade".[22]

No que se refere ao Superior Tribunal de Justiça, importa ressaltar decisão monocrática proferida pelo Ministro Humberto Martins, em que consta que a Lei nº 14.320/2021 "alterou de forma robusta o desenho subjetivo dos atos de improbidade administrativa com a impossibilidade de responsabilização objetiva por ato de improbidade administrativa, passando a ser exigida a caracterização do dolo para sua tipificação".[23] O Ministro Gurgel de Faria, por sua vez, também em sede de decisão monocrática, ressaltou que "o elemento subjetivo dolo, hoje, é o único capaz de tipificar um ato como sendo de improbidade administrativa",[24] a confirmar a extinção da possibilidade de prática de ato ímprobo mediante mera culpa.

Enfatiza-se, ademais, que já decidiu o Supremo Tribunal Federal que a exigência do elemento subjetivo doloso para todo e qualquer ato de improbidade administrativa se aplica retroativamente às ações em curso, ressalvadas apenas aquelas já transitadas em julgado ou em trâmites meramente executivos.

---

[18] TJMG, Apelação Cível nº 1.0000.22.117292-7/001, Rel. Desembargadora MARIA CRISTINA CUNHA CARVALHAIS, 2ª CÂMARA CÍVEL, julgado em 07.03.2023.

[19] TJMG, Apelação Cível nº 1.0144.10.002206-6/001, Rel. Desembargador LUÍS CARLOS GAMBOGI, 5ª CÂMARA CÍVEL, julgado em 27.04.2023.

[20] TJMG, Apelação Cível nº 1.0017.13.003533-4/001, Rel. Desembargadora MARIA CRISTINA CUNHA CARVALHAIS, 2ª CÂMARA CÍVEL, julgado em 25.04.2023.

[21] TJMG, Apelação Cível nº 1.0000.22.227524-0/001, Rel. Desembargador MAGID NAUEF LÁUAR (JD Convocado), 7ª CÂMARA CÍVEL, julgado em 25.04.2023.

[22] TJMG, Apelação Cível/Remessa Necessária nº 1.0273.13.000433-9/001, Rel. Desembargador CARLOS HENRIQUE PERPÉTUO BRAGA, 19ª CÂMARA CÍVEL, julgado em 20.04.2023.

[23] STJ, Recurso Especial nº 1.912.569/AL, Rel. Ministro HUMBERTO MARTINS, decisão publicada em 17.04.2023.

[24] STJ, Agravo em Recurso Especial nº 2.195.658/PE, Rel. Ministro GURGEL DE FARIA, decisão publicada em 02.03.2023.

Nesse contexto, quando do julgamento do Agravo em Recurso Extraordinário (ARE) nº 843.989/PR (Tema nº 1.199), firmou a Corte Suprema as teses segundo as quais "*é necessária a comprovação de responsabilidade subjetiva para a tipificação dos atos de improbidade administrativa, exigindo-se – nos artigos 9º, 10 e 11 da LIA – a presença do elemento subjetivo – DOLO*" e "a nova Lei 14.230/2021 aplica-se aos atos de improbidade administrativa culposos praticados na vigência do texto anterior da lei, porém sem condenação transitada em julgado, em virtude da revogação expressa do texto anterior; devendo o juízo competente analisar eventual dolo por parte do agente".

Assim, para a correta caracterização do ato ímprobo elencado no art. 10, VIII, da Lei de Improbidade Administrativa, é preciso, invariavelmente, demonstrar o elemento subjetivo doloso. Inclusive, nos termos do art. 17, §6º, II, é necessário que o autor mencione na petição inicial, bem como nos documentos a ela anexados, elementos que demonstrem o dolo imputado.[25] [26] Não sendo isso cumprido, o magistrado deverá rejeitar a peça de ingresso da ação de improbidade administrativa, conforme dispõe o art. 17, §6º-B,[27] também da Lei nº 8.429/92, mediante sentença que não resolverá o mérito, nos termos do art. 485, I, do Código de Processo Civil.

Além disso, importa ressaltar também os §§2º e 3º do art. 1º da Lei nº 8.429/92, ambos os dispositivos incluídos pela Lei nº 14.230/21, que determinam, respectivamente, que é considerado "dolo a vontade

---

[25] §6º A petição inicial observará o seguinte: I – deverá individualizar a conduta do réu e apontar os elementos probatórios mínimos que demonstrem a ocorrência das hipóteses dos arts. 9º, 10 e 11 desta Lei e de sua autoria, salvo impossibilidade devidamente fundamentada; II – será instruída com documentos ou justificação que contenham indícios suficientes da veracidade dos fatos e do dolo imputado ou com razões fundamentadas da impossibilidade de apresentação de qualquer dessas provas, observada a legislação vigente, inclusive as disposições constantes dos arts. 77 e 80 da Lei nº 13.105, de 16 de março de 2015 (Código de Processo Civil).

[26] Sobre o dispositivo, Marçal Justen Filho: o "dispositivo determina que a inicial seja acompanhada dos documentos pertinentes aos fatos narrados, da autoria da conduta e da presença do dolo. Esse dispositivo reconhece a vedação à instauração de ação de improbidade administrativa desacompanhada de evidências suficientes quanto à existência (e à autoria) do ato de improbidade. A redação legal é muito relevante, eis que o dispositivo não se refere a evidências 'mínimas.' É indispensável que a documentação demonstre, de modo suficiente, a existência do ilícito e de sua autoria." Conferir: JUSTEN FILHO, Marçal. *Reforma da lei de improbidade administrativa comentada e comparada*: Lei 14.230, de 25 de outubro de 2021. Rio de Janeiro: Forense, 2022, p. 191.

[27] §6º-B A petição inicial será rejeitada nos casos do art. 330 da Lei nº 13.105, de 16 de março de 2015 (Código de Processo Civil), bem como quando não preenchidos os requisitos a que se referem os incisos I e II do §6º deste artigo, ou ainda quando manifestamente inexistente o ato de improbidade imputado.

livre e consciente de alcançar o resultado ilícito tipificado nos arts. 9º, 10 e 11 desta Lei, não bastando a voluntariedade do agente" e que o "mero exercício da função ou desempenho de competências públicas, sem comprovação de ato doloso com fim ilícito, afasta a responsabilidade por ato de improbidade administrativa".

Esses dispositivos exteriorizam a superação da suficiência do denominado dolo genérico para os fins do instituto da improbidade administrativa, passando a ser legalmente exigido o dolo específico, conforme inclusive reconhecido pela jurisprudência pátria realçada. É dizer, para a penalização nos moldes da Lei de Improbidade Administrativa, para além de ser insuficiente a culpa, não basta que se comprove que houve uma conduta simplesmente voluntária (dolo genérico), senão uma ação ou uma omissão consciente, deliberada e direcionada à finalidade ímproba (dolo específico).[28]

De mais a mais, especificamente quanto ao art. 10, VIII, da Lei nº 8.429/92, está superada a jurisprudência do Superior Tribunal de Justiça que permitia, nos casos específicos desse inciso, a condenação do agente por ato ímprobo causador de lesão presumida (*in re ipsa*) ao erário, prescindível a comprovação do prejuízo efetivo aos cofres públicos. O dano efetivo, real, mensurado, passa a ser inafastável; compreensão semelhante àquela exteriorizada por Rafael Carvalho Rezende Oliveira e Daniel Amorim Assumpção Neves, no sentido de que "a configuração da improbidade por lesão ao erário, ao menos nos termos literais do dispositivo, exigirá a efetiva e comprovada lesão ao erário, o que afastaria a improbidade por dano presumido"; razão pela qual, "a partir da literalidade da nova redação do *caput* e do inciso VIII do art. 10 da LIA, seria vedada a presunção de dano ao erário para tipificação da improbidade".[29]

Nesse sentido, pela necessidade da demonstração do dano efetivo e comprovado, vale repetir a nova redação do *caput* do art. 10 da Lei nº 8.429/92, que versa que constitui "ato de improbidade administrativa que causa lesão ao erário qualquer ação ou omissão dolosa, que enseje,

---

[28] Nesse sentido, lecionam Rafael Carvalho Rezende Oliveira e Daniel Amorim Assumpção Neves que "com a reforma promovida pela Lei 14.230/2021, o §2º do art. 1º da LIA supera o entendimento jurisprudencial para exigir, a partir de agora, o dolo específico para configuração da improbidade". Conferir: OLIVEIRA; Rafael Carvalho Rezende; NEVES, Daniel Amorim Assumpção. *Comentários à reforma da lei de improbidade administrativa*: Lei 14.230, de 25.10.2021, comentada artigo por artigo. Rio de Janeiro: Forense, 2022, p. 6.

[29] OLIVEIRA; Rafael Carvalho Rezende; NEVES, Daniel Amorim Assumpção. *Comentários à reforma da lei de improbidade administrativa*: Lei 14.230, de 25.10.2021, comentada artigo por artigo. Rio de Janeiro: Forense, 2022, p. 30.

efetiva e comprovadamente, perda patrimonial, desvio, apropriação, malbaratamento ou dilapidação dos bens ou haveres das entidades referidas no art. 1º desta Lei". E, para colocar uma pá de cal na questão, a atual redação do art. 10, VIII, da Lei de Improbidade Administrativa é idêntica à redação anterior, embora tenha acrescido ao final do tipo administrativo, de forma proposital, a expressão "acarretando perda patrimonial efetiva", de maneira a assim constar: "frustrar a licitude de processo licitatório ou de processo seletivo para celebração de parcerias com entidades sem fins lucrativos, ou dispensá-los indevidamente, acarretando perda patrimonial efetiva".

Certamente, o acréscimo efetuado pelo legislador ordinário foi realizado de forma proposital, consciente; por isso, não poderá o Superior Tribunal de Justiça manter o seu entendimento anterior, claramente *contra legem* após o advento da Lei nº 14.230/21, sob pena de atuar como legislador positivo e de realizar indiretamente uma função legiferante, em violação às atribuições constitucionalmente postas ao Poder Judiciário.

Veja-se, ante o exposto e à guisa de conclusão, que, no que se refere ao art. 10, VIII, da Lei nº 8.429/92, posteriormente à vigência da Lei nº 14.230/21, também duas questões merecem realce. Em primeiro lugar, não mais é possível a condenação do agente às sanções da Lei de Improbidade Administrativa em virtude de uma conduta meramente culposa – inclusive no que se refere às hipóteses atinentes ao art. 10 –, sendo imprescindível o dolo, em seu viés específico; e, em segundo lugar, não mais se sustenta a jurisprudência do Superior Tribunal de Justiça que admitia o dano presumido, *in re ipsa*, para a configuração do tipo administrativo previsto no art. 10, VIII, da Lei nº 8.429/92, de modo que passa a ser indispensável a comprovação do dano real e efetivo ao erário.

IV Conclusão

Compreende-se, conforme desenvolvido alhures, que o advento da Lei nº 14.230/21 representou uma reação legislativa face à banalização do manejo da ação de improbidade administrativa, o que era possível, dentre outros motivos, em virtude dos tipos administrativos demasiadamente abertos da redação original da Lei nº 8.429/92, com especial destaque para a redação originária do *caput* do art. 11.

Nesse contexto, o controle desproporcional culminou com a paralisia da gestão pública e com um cenário de apagão das canetas, o que, ao fim e ao cabo, representou prejuízo para o próprio interesse público, porquanto a atividade administrativa, em seu cerne, exige proatividade do administrador, o que somente é possível caso haja segurança jurídica para tanto. A Lei nº 14.230/21, pois, em nossa acepção, veio não para respaldar os corruptos – como afirmam alguns –, mas para corrigir os excessos que vinham sendo praticados e para garantir a observância do princípio do devido processo legal, sobretudo em sua faceta substantiva.

Dito isso, dentre as mudanças legislativas inauguradas, o presente trabalho tratou daquelas referentes ao art. 10, VIII, da Lei de Improbidade Administrativa. Conforme posto, a uma, não é mais possível a cogitação de ato ímprobo mediante culpa, sendo o dolo específico elemento indispensável; e, a duas, não há mais que se falar, visando à condenação do réu nos moldes do dispositivo legal em tela, em possibilidade de dano presumido quando da frustração da licitude de processo licitatório ou de processo seletivo para celebração de parcerias com entidades sem fins lucrativos, sendo imprescindível a demonstração objetiva do dano efetivamente causado aos cofres públicos.

Referências

CAMMAROSANO, Márcio. O elemento subjetivo dolo para configuração de improbidade administrativa. *In*: VIANA, Ismar; MOTTA, Fabrício (coord.). *Improbidade administrativa e tribunais de contas*: as inovações da Lei nº 14.230/2021. Belo Horizonte: Fórum, 2022.

CARVALHO, Matheus. *Lei de improbidade comentada*: atualizada com a Lei 14.230/2021. São Paulo: Juspodivm, 2022.

CAVALCANTI, Caio Mário Lana. A banalização do conceito de ato ímprobo. *In*: PEREIRA, Rodolfo Viana; SACCHETTO, Thiago Coelho (org.). *Advocacia pública em foco*. Volume II. Belo Horizonte: IDDE, 2019.

CAVALCANTI, Caio Mário Lana. *Comentários à lei de improbidade administrativa*. Rio de Janeiro: CEEJ, 2020.

DINAMARCO, Pedro da Silva. Requisitos para a procedência das ações por improbidade administrativa. *In*: BUENO, Cássio Scarpinella; PORTO FILHO, Pedro Paulo de Rezende (coord.). *Improbidade administrativa*: questões polêmicas e atuais. 2. ed. São Paulo: Malheiros, 2003.

FERNANDES, Og; RUFINO, Jacqueline; KOEHLER, Frederico; FLUMIGNAN, Silvano. *Lei de improbidade administrativa*: principais alterações da Lei 14.230/2021 e o impacto na jurisprudência do STJ. São Paulo: Juspodivm, 2022.

FORTINI, Cristiana; CAVALCANTI, Caio Mário Lana. O pagamento: aspectos favoráveis ao contratado no Projeto de Lei nº 4.253/2020, *Zênite*, Categoria Doutrina, 13 fev. 2021.

GUIMARÃES, Fernando Vernalha. O direito administrativo do medo: a crise da ineficiência pelo controle. *Direito do Estado*, n. 71, 2016.

HARGER, Marcelo. *Improbidade administrativa*: comentários à Lei nº 8.429/92. Coleção direito administrativo positivo, sob a coordenadoria de Irene Patrícia Nohara e Marco Antonio Praxedes de Moraes Filho. V. 7. São Paulo: Atlas, 2015.

JUSTEN FILHO, Marçal. *Reforma da lei de improbidade administrativa comentada e comparada*: Lei 14.230, de 25 de outubro de 2021. Rio de Janeiro: Forense, 2022.

MATTOS, Mauro Roberto Gomes de. *O limite da improbidade administrativa*: o direito dos administrados dentro da Lei nº 8.429/92. 3. ed. rev. atual. e ampl. Rio de Janeiro: América Jurídica, 2006.

NOHARA, Irene Patrícia. *Nova lei de licitações e contratos*: comparada. São Paulo: Thomson Reuters Brasil, 2021.

OLIVEIRA, Rafael Carvalho Rezende. A nova lei de licitações: um museu de novidades? *Revista Consultor Jurídico*, 23 dez. 2020.

OLIVEIRA; Rafael Carvalho Rezende; NEVES, Daniel Amorim Assumpção. *Comentários à reforma da lei de improbidade administrativa*: Lei 14.230, de 25/10/2021, comentada artigo por artigo. Rio de Janeiro: Forense, 2022.

PEREIRA, Maria Fernanda Pires de Carvalho. A nova principiologia do direito administrativo e o projeto da nova lei de licitações. *In*: FORTINI, Cristiana; CAMARÃO, Tatiana Martins da Costa; PEREIRA, Maria Fernanda Pires de Carvalho. *Licitações e contratos*: aspectos relevantes. 2. ed. ampl. Belo Horizonte: Fórum, 2008.

RABELLO, Camila Chagas; RODRIGUES, Maria Isabel Araújo. *Eficiência e combate à corrupção nas compras públicas*. Belo Horizonte: Del Rey, 2019.

SANTOS, Rodrigo Valgas dos. *Direito administrativo do medo*: risco e fuga da responsabilização dos agentes públicos. 2. ed. rev., ampl. e atual. São Paulo: Revista dos Tribunais, 2022.

TORRES, Ronny Charles Lopes de. *Leis de licitações públicas comentadas*. 12. ed. rev., ampl. e atual. São Paulo: Juspodivm, 2021.

UNES, Flávio Henrique; SOUSA, Raphael Rocha de. Direito administrativo do medo, apagão das canetas e improbidade administrativa: por uma reflexão acerca da (in)constitucionalidade da "violação a princípios" como espécie de improbidade administrativa. *Fórum Administrativo*, Belo Horizonte, v. 19, n. 224, p. 15-22, out. 2019.

Informação bibliográfica deste texto, conforme a NBR 6023:2018 da Associação Brasileira de Normas Técnicas (ABNT):

CAVALCANTI, Caio Mário Lana. Reflexões sobre o art. 10, VIII, da Lei nº 8.429/92, com a redação dada pela Lei nº 14.230/21: o que mudou? *In*: FORTINI, Cristiana; PIRES, Maria Fernanda Veloso; CAVALCANTI, Caio Mário Lana (coord.). *Integridade e contratações públicas*: reflexões atuais e desafios. Belo Horizonte: Fórum, 2024. p. 51-65. ISBN 978-65-5518-708-3.

CONSIDERAÇÕES SOBRE O PAPEL DAS UNIDADES CENTRAIS DE CONTROLE INTERNO NA LEI Nº 14.133/2021: A *DUE DILIGENCE* DE FORNECEDORES NO MUNICÍPIO DE BELO HORIZONTE COMO MECANISMO DE CONTROLE PREVENTIVO E TRATAMENTO DE RISCOS DE INTEGRIDADE NAS CONTRATAÇÕES PÚBLICAS

CLAUDIA COSTA DE ARAUJO FUSCO

LEONARDO DE ARAÚJO FERRAZ

1 Introdução

Conquanto não se possa sustentar que a edição da Lei nº 14.133/2021 tenha representado um verdadeiro giro copernicano[1] na regulação das licitações e contratos administrativos no Brasil, certo é que incorporou novos elementos que visam melhorar as entregas[2] do Poder

---

[1] Essa expressão, bastante comum na seara da filosofia, faz referência ao fato de Nicolau Copérnico, matemático e astrônomo polonês, ter rompido com as bases estruturantes (paradigmas) da teoria geocêntrica na defesa do heliocentrismo. De fato, a nova lei de licitações e contratos não representa qualquer ruptura radical com a modelagem anterior, na medida em que é compreendida pela melhor doutrina como um marco legal que visa a superação dos anacronismos da Lei nº 8.666/93 e incorporar os principais avanços trazidos pelas Leis nºs 10.520/2002 (Lei do Pregão) e 12.462/2011 (Regime Diferenciado de Contratações – RDC), além de "positivar" entendimentos doutrinários e judiciais sobre a matéria, em especial decisões do TCU – Tribunal de Contas da União (a exemplo da previsão expressa da figura do credenciamento).

[2] Nesse particular, faz-se referência a políticas públicas, programas governamentais, prestação de serviços públicos etc. Assim, a expectativa é que a nova legislação possa

Público para a sociedade, agregando simultaneamente exigências éticas (de onde se extrai o conceito de integridade) e de uma eficiência constitucionalizada,[3] especialmente em um contexto de crise de confiança e esgarçamento da relação governante/governado.[4]

Tomando como referencial temporal a emergência do século XXI, esse grau de tensionamento – que levou a graves desdobramentos conhecidos, em especial o desenvolvimento e a vocalização de um forte sentimento anti-*establishment* – agudizou-se em razão do desvelamento de seguidos escândalos de corrupção e por uma viralização dessas premissas especialmente nos bastidores de um (sub)mundo digital ainda não totalmente compreendido.

Na tentativa de mitigar esse cenário, se no plano normativo o Brasil, para além de se tornar aderente a várias diretivas internacionais de enfrentamento à corrupção, editou uma robusta legislação de salvaguarda da probidade na Administração Pública;[5] de outro, envidou esforços para melhorar a performance da gestão ao trazer para o âmbito do público o pilar estruturante da governança, aqui sintetizada como sendo "... a capacidade que os governos têm de avaliar, direcionar e monitorar a gestão de suas políticas ou serviços para atender às demandas da população, utilizando-se de um conjunto de instrumentos

---

contribuir com a inovação, a racionalização e a desburocratização dos processos licitatórios e contratos celebrados pelo Poder Público.

[3] Não sem mencionar a existência de entendimentos de outra ordem, defende-se aqui que o princípio da eficiência previsto no art. 37, *caput*, da CR/88 envolve as dimensões da eficiência em sentido estrito (maximização da relação custo-benefício); eficácia (grau de atingimento das metas pactuadas), efetividade (benefícios teleológicos e sociais da ação estatal) e economicidade (redução de custos).

[4] Nesse ponto, interessante é perspectiva trabalhada por Felini (2018), para configurar o hiato nessa relação a partir da Teoria do Agente Principal ou Teoria da Agência, que, em linhas bem gerais, compreende um pacto no qual um conjunto de atores (principal) delega atribuições (e poder) para que outro conjunto (agente) pratique atos/preste serviços em seu nome, na busca de conjugação dos interesses envolvidos. Vertida para o setor público, "... o principal pode ser entendido como o cidadão ou o contribuinte ou mesmo o eleitor que, através do seu voto, nomeia um agente (governante) para gerir o serviço público [em sentido amplo], que é financiado pelo principal por meio do pagamento de impostos" (VIANA *apud* FELINI, 2018, p. 13). Ocorre que, como apontado, há situações em que o equilíbrio do modelo (relação de agência) se rompe, causando uma fratura muitas vezes insuperável (até que novo pacto seja construído).

[5] A título exemplificativo, cita-se a Convenção da ONU – Organização das Nações Unidas contra a Corrupção de 2003, promulgada pelo Decreto nº 5.687, de 31 de janeiro de 2006. No plano interno pode ser mencionada a Lei de Acesso à Informação, Lei nº 12.547/11 (transparência ativa e passiva); a Lei Anticorrupção Empresarial, Lei nº 12.846/13 (PAR e acordos de leniência), e o Estatuto Jurídico das Estatais, Lei nº 13.303/16 (exigência dos programas de integridade/*compliance*).

e ferramentas adequadas" (NARDES, ALTOUNIAN, VIEIRA, 2014, p.183).[6] Nesse sentido, não poderia ter sido diferente o caminho trilhado pelo legislador pátrio no microssistema das licitações e contratos, ao estabelecer um conjunto de mecanismos que conformassem as contratações públicas à agenda de uma boa governança – como diretriz para a gestão e apoio aos processos decisórios – consistente, em linhas gerais,

> No conjunto de mecanismos de liderança, estratégia e controle postos em prática para avaliar, direcionar e monitorar a atuação da gestão das aquisições, com o objetivo que as aquisições agreguem valor ao negócio da organização, com riscos aceitáveis (TCU Acórdãos 2.622-15 – Plenário; 1.546/16 – Plenário, entre outros) (FENILI, p. 27-28).

Decerto esse multifacetado conceito encarta um desafio adicional[7] para as administrações públicas – especialmente aquelas dos municípios de menor porte –, posto que, se de um lado, traz a exigência de investimentos em tecnologia e recursos humanos, de outro traz para o corpo administrativo de cada ente, desde logo, a tarefa de construir um novo olhar para as contratações públicas.

Essa assertiva se justifica ao demandar uma mudança de cultura, postura e o desenvolvimento de competências para lidar, no que diz respeito ao escopo desta abordagem, com as novéis imposições relacionadas a uma boa governança, decompostas, por um lado, em ações concretas no âmbito da gestão, que devem se pautar por um necessário alinhamento com o planejamento estratégico da organização, por meio da adoção de instrumentos de planejamento,[8] gestão de riscos[9]

---

[6] Em complemento, conforme consta no prefácio do Guia de Política de Governança Pública do governo federal, "a boa governança é crucial para qualquer sociedade que deseje promover seu desenvolvimento econômico e o bem-estar de seu povo. No nível mais básico, a governança significa a capacidade de estabelecer metas para a sociedade, bem como a capacidade de desenvolver programas que permitam atingir esses objetivos" (BRASIL, 2018).

[7] Bem por isso é que foi recebida, com grande alívio por boa parte dos prefeitos, a edição da Lei Complementar nº 198, de 25 de junho de 2023, que prorrogou a vigência do antigo regime jurídico em matéria de licitações e contratos administrativos para 30 de dezembro de 2023.

[8] Nesse particular, "destaca-se a maior ênfase dada à etapa de planejamento da contratação estampada, sobretudo, 1) na possibilidade de órgãos elaborarem seus próprios Planos de Contratações Anual (PCA), projetando o que pretendem contratar no exercício seguinte, observando a adequação financeira e orçamentária; e 2) na exigência de que a contratação seja planejada com base em um fluxo de etapas internas para a adequada identificação da necessidade a ser satisfeita e em respectiva solução das, perspectivas técnica, econômica e orçamentária, represente a melhor alternativa" (CARVALHAES e UENO, 2023).

e controles (internos),[10] [11] e, de outro, na reconfiguração do papel e da forma de atuação das instâncias institucionais de controle, a saber, e em especial, dos Tribunais de Contas e das Unidades Centrais de Controle Interno, estas últimas já protagonistas na contenção de desvios de condutas éticas, muito em função de um amplo e global movimento anticorrupção percebido nas últimas décadas.[12]

Nessa nova arquitetura, considerando a importância estratégica dos procedimentos licitatórios e a magnitude de recursos associada a essas contratações públicas,[13] é fundamental que internalização da boa governança seja verdadeiramente compreendida como um fator fundamental de sucesso para a melhoria da qualidade dos serviços públicos e dos resultados das políticas públicas, pois, como alerta Sandra Guerra (2021, p. 21), a governança "... do *'parecer ser'*, aquela adotada pela obrigação como mero cumprimento de regras ou até mesmo de forma oportunista, é incapaz de gerar valor sustentável, mas é capaz até mesmo de destruir valor. E muito".

Nesse cenário, o grande desafio é traduzir e incorporar esses conceitos em iniciativas práticas que contribuam para dar efetividade

---

[9] "A gestão de riscos em âmbito corporativo é essencial para a boa governança uma vez que fornece garantia razoável para que os objetivos organizacionais sejam alcançados. A integração da gestão de riscos à governança corporativa é apontada em diversos modelos de melhores práticas e está inserida no Referencial de Governança do TCU", disponível em: https://portal.tcu.gov.br/planejamento-governanca-e-gestao/gestao-de-riscos/gestao-de-riscos/governanca-e-gestao-de-riscos.htm.

[10] O autocontrole, procedimentos internos de controle ou simplesmente controles internos devem ser abordados a partir de uma perspectiva sistêmica e são de responsabilidade de todas as estruturas internas do órgão ou entidade, funcionando, a partir de um gerenciamento adequado dos riscos, como salvaguardas integradas e razoáveis para que os objetivos organizacionais sejam alcançados.

[11] Em suma, confira-se a dicção do art. 11, parágrafo único, da Lei nº 14.133/2021 exatamente nessa direção. "A alta administração do órgão ou entidade é responsável pela governança das contratações e deve implementar processos e estruturas, inclusive de gestão de riscos e controles internos, para avaliar, direcionar e monitorar os processos licitatórios e os respectivos contratos, com o intuito de alcançar os objetivos estabelecidos no *caput* deste artigo, promover um ambiente íntegro e confiável, assegurar o alinhamento das contratações ao planejamento estratégico e às leis orçamentárias e promover eficiência, efetividade e eficácia em suas contratações".

[12] Para uma interessante visão e com enfoque bem original, sugere-se a leitura de KRASTEV (2004).

[13] Sua relevância como instrumento estratégico relaciona-se ao volume de recursos envolvidos em compras públicas. Já nos idos de 2011, nos países membros da OCDE, os processos licitatórios respondiam por 4% a 14% do PIB. No Brasil, por volta dessa mesma época, estimativas sugeriam que esse valor girava em torno de 8,7% do PIB. Desse valor, 1,6% era atribuído ao Governo Federal, 1,5% aos Governos Estaduais, 2,1% aos Governos Municipais (OCDE, 2011). Disponível em: https://www.migalhas.com.br/depeso/340920/governanca-e-compliance-das-compras-publicas-rumo-a-ocde.

aos comandos delineados pelo legislador de reforma. Em assim sendo, como recorte desta pesquisa, e partindo da premissa demonstrável de que o tratamento dos riscos de integridade é pressuposto inarredável em matéria de licitações e contratos no caminho da boa (e efetiva) governança, buscar-se-á apresentar, no arcabouço estruturado pela novel legislação (modelo das três linhas de defesa, em conformidade com o art. 169 e seus incisos da Lei nº 14.133/2021), que o mecanismo denominado *due diligence* de fornecedores, como uma das formas de atuação da Unidade Central de Controle Interno, deve ser compreendida como um importante recurso para mitigar esses riscos e potencializar o chamado controle preventivo[14] de potenciais fraudes, danos, ilicitudes ou mesmo corrupção no âmbito das contratações públicas.

2 Desenvolvimento

2.1 Gestão de riscos de integridade

No percorrer dos dispositivos que integram a Lei nº 14.133/2021, observa-se uma especial preocupação do legislador com a questão dos riscos associados às contratações públicas.[15] Nesse contexto, importante deixar consignado que entidades certificadoras, como a Associação Brasileira de Normas Técnicas, conceituam risco, nos termos da ISO 31000:2018, como "o efeito da incerteza nos objetivos" (ABNT, 2018). A referida norma fornece diretrizes sobre o gerenciamento de riscos enfrentados pelas organizações, ao estabelecer que "gerenciar riscos é parte da governança e liderança, e é fundamental para a maneira como a organização é gerenciada em todos os níveis. Isto contribui para a melhoria dos sistemas de gestão" (ABNT, 2018, p. 6). O texto reforça que o propósito da gestão de riscos é criar e proteger valor, melhorando o desempenho, encorajando a inovação e apoiando o alcance de objetivos. Referida norma tem sido adotada como

---

[14] O controle prévio é o que se perfaz antes que o ato ou objeto do controle venha a produzir seus efeitos. [... de sorte que] afigura-se o mais eficaz para prevenir desvios no âmbito da Administração Pública. FERRAZ, Luciano. *Controle e consensualidade*: fundamentos para o controle consensual da Administração Pública (TAG, TAC, SUSPAD, acordos de leniência, acordos substitutivos e instrumentos afins). 2. ed. Belo Horizonte: Fórum, 2020. Como já dizia o brocardo, é sempre melhor prevenir do que remediar.

[15] A título comparativo, a Lei nº 8.666/1993 menciona a palavra risco apenas três vezes. A Lei nº 10.520/2002 nenhuma vez. A Lei nº 12.462/2011, duas vezes. Lado outro, a novel legislação faz 48 referências ao termo, o que demonstra a importância de se disseminar e tratar do assunto para garantir o alcance dos objetivos das contratações públicas.

referência por algumas unidades centrais de controle interno (CGU, 2018; DISTRITO FEDERAL, 2016; GOIÁS, 2021; MATO GROSSO, 2019; BELO HORIZONTE, 2018).[16]

Nessa senda, dentre as diversas naturezas de riscos[17] que podem estar associadas aos processos de compras, obras, prestação de serviços etc., buscar-se-á direcionar a abordagem para os riscos atrelados à temática da integridade, na medida em que esta, segundo parametrização da OCDE (2018),

> refere-se ao alinhamento consistente e à adesão de valores, princípios e normas éticas comuns para sustentar e priorizar o interesse público sobre os interesses privados no setor público. Para a organização a criação de mais regras, com conformidade mais rigorosa, tem eficácia limitada, não sendo suficientes para a prevenção e o combate à corrupção. Assim, uma resposta estratégica e sustentável à corrupção seria a integridade pública.[18]

Com essa compreensão, riscos à integridade são aqueles "que configuram ações ou omissões que possam favorecer a ocorrência de fraudes ou atos de corrupção" (Portaria CGU nº 1.089/2018, art. 2º). Conforme a norma citada, os riscos à integridade podem ser causa, evento ou consequência de outros riscos.[19] Do mesmo modo, a OCDE

---

[16] No plano doutrinário, conforme explicam ZILLER, BORGES, CRISPIM E CASTRO (2023) a gestão de riscos é o processo de identificar, analisar, avaliar e tratar riscos de qualquer natureza com o objetivo de aceitar, evitar, reduzir e compartilhar os riscos corporativos. Para os autores, a adoção de uma política de gestão de riscos busca estabelecer responsabilidades e o processo de gerenciamento de riscos, com foco em integrar a avaliação de riscos às tomadas de decisões.

[17] Apenas a título exemplificativo, podemos citar riscos relacionados com a modelagem da solução proposta para a Administração, com a especificação e o dimensionamento do objeto, com a escolha do procedimento e critérios de seleção, da qualificação dos agentes públicos que participam do certame, etc.

[18] Não sem tempo, é fundamental a compreensão de que o conceito contemporâneo de integridade deve ser amplificado e ressignificado, para ir além da conformidade em relação às leis e normas (*compliance*) e ao combate e prevenção à corrupção. Hoje, seu conceito tem interseção com práticas sustentáveis em sentido amplo e abrange o que vem representado na cultura ESG (Environmental, Social and Governance) – ambiental, social e governança –, gerando valores como a preservação de recursos naturais, a garantia das ações de responsabilidade social, direitos humanos, diversidade e inclusão, bem como evidencia a importância da liderança no processo de efetividade da política pública, da concretização das medidas em favor do ambiente ético entre servidores e colaboradores, construindo uma instituição confiável perante o cidadão.

[19] Destaca-se, ainda (vide NR 18), que o favorecimento da ocorrência de fraudes e atos de corrupção não deve ser entendido apenas no que concerne à infração de leis, normas etc., mas também como quebras de integridade em um sentido mais amplo.

apresenta a ideia de que os riscos à integridade existem nas várias interações entre o público e o privado, a sociedade civil e os indivíduos em todas as etapas do processo político e de políticas. Dessa forma, em razão desta interconectividade, há que se estabelecer uma abordagem integrativa de toda a sociedade para aumentar a integridade pública e mitigar a corrupção.

No Guia Prático para Gestão de Riscos para a Integridade (BRASIL, 2018) a Controladoria-Geral da União destaca os riscos à integridade mais comuns: abuso de posição ou poder em favor de interesses privados; nepotismo; conflitos de interesses; pressão interna ou externa ilegal ou antiética para influenciar agente público; solicitação ou recebimento de vantagem indevida e utilização de recursos públicos em favor de interesses privados. Aí reside o alerta de que nas contratações públicas, nas quais há interações entre o público e o privado, essa natureza de risco é uma constante.

No mesmo sentido, em material de referência, o Ministério de Justiça e Segurança Pública publicou o *Informativo Gestão de Riscos de Integridade no Processo de Contratação Pública* (BRASIL, 2021). Nesse documento, o órgão aponta como eventos de riscos de integridade nas contratações públicas a concessão de informações privilegiadas do edital na fase interna do procedimento licitatório; o pagamento indevido dos serviços executados por empresas contratadas; a limitação indevida da competição nos certames; a aceitação de documentação de habilitação falsa na fase de seleção de fornecedores; especificações técnicas do Termo de Referência/Projeto Básico direcionado a determinada marca, empresa e/ou produto; aplicação ou não de sanções em desconformidade com as infrações cometidas de forma a beneficiar o particular contratado; conceder repactuação ou reajuste indevido à contratada, dentre outros.

Nesse cenário complexo e desafiador, a gestão de riscos para a integridade permite o mapeamento dos processos, de forma a identificar fragilidades que possibilitem a ocorrência de fraudes e atos de corrupção, com o objetivo de se implementar e fortalecer controles e tratamentos que mitiguem as vulnerabilidades e evitem quebras de integridade. Cuidar desses riscos nas contratações públicas, além de ser um dever legal, é uma forma de se alcançar os objetivos e criar valor para a gestão, em especial na renovação do pacto de confiança com a sociedade, destinatária legítima dos atos do Poder Público.

2.2 O papel da Unidade Central de Controle Interno na NLLC

Nesta segunda década do século XXI, quando são observadas as estruturas orgânicas e funcionais das Unidades Centrais de Controle Interno, em especial nos entes federativos com maior maturidade na seara do controle da Administração Pública em suas diversas facetas, pode-se notar um sincero distanciamento do modelo original pensado pelo Constituinte originário de 1988.[20] De tímidas unidades de auditoria com atuação notadamente ou majoritariamente formal, o órgão central de articulação e coordenação do sistema de controle interno[21] emerge no presente século como uma complexa engrenagem a suportar diversos papéis de matrizes distintas, mas intercomunicáveis.

Isso se dá

> [...] por razões de naturezas diversas, [...]. [...] Por um lado, como reflexo das novéis exigências de transparência (LC nº 101/2000 – LRF – Lei de Responsabilidade Fiscal, Lei nº 12.527/2011 – Lei de acesso à informação); de enfrentamento da corrupção (Lei nº 12.846/2013) e de uma gradativa reorganização dos órgãos centrais de controle interno para incorporar essas novas funções, [e ainda das] atividades de ouvidoria e correição, *como forma de fechar aquilo que se denomina ciclo completo de controle, a envolver: prevenção, detecção, investigação, correção e monitoramento; e por outro, pela ressignificação da função de auditoria, que ganha ares de um avaliador e consultor independente, cujo foco principal é a melhoria da gestão (agregar valor), a partir da incorporação de novos elementos à equação do controle, tais como riscos e governança* (FERRAZ e PAULA, 2021, p. 297).

Esse pujante modelo organizacional contemporâneo das Unidades Centrais de Controle Interno,[22] com especial destaque para a

---

[20] Para uma reconstrução histórica do (sistema de) controle interno a partir da CR/88, consultar FERRAZ e PAULA (2021), em especial p. 291-300.

[21] Outrossim, é importante notar que, ao referenciar o controle interno como sistema, buscou-se, na origem, encerrar no conceito a noção de uma totalidade composta por partes que se inter-relacionam e se combinam em prol do atingimento de um objetivo comum, englobando "o conjunto de atividades, planos, métodos, indicadores e procedimentos interligados, utilizados com vistas a assegurar a conformidade dos atos administrativos e concorrer para que os objetivos e as metas estabelecidos sejam alcançados". O interessante pontuar é que a *lex mater*, ao privilegiar o controle interno a partir de uma feição mais dinâmica do que estrutural, de um lado, leva à conclusão de que o autocontrole é responsabilidade de todos em uma organização, ainda que os papéis exercidos sejam distintos. (FERRAZ e PAULA, 2021, p. 295).

[22] Decerto, o modelo das Unidades Centrais de Controle interno que incorpore todas as denominadas macrofunções (auditoria, correição, ouvidoria, transparência e integridade)

atuação na linha de frente na prevenção e no combate à corrupção, levou essas unidades a um protagonismo singular na escorreita e eficiente gestão da coisa pública e a um ganho de escala, cujo reflexo é observado em legislações mais recentes, a exemplo do que se deu com a edição da Lei nº 14.133/2021.

Com efeito, a nova lei de licitações e contratos estabelece em seu artigo 169 que as contratações públicas deverão submeter-se a práticas contínuas e permanentes de gestão de riscos e de controle preventivo, sujeitando-se a três linhas de defesa. Segundo a norma, a primeira linha de defesa é integrada por servidores e empregados públicos, agentes de licitação e autoridades que atuam na estrutura de governança do órgão ou entidade; a segunda linha de defesa é integrada pelas unidades de assessoramento jurídico e de controle interno do próprio órgão ou entidade; já a terceira linha de defesa é integrada pela Unidade Central de Controle interno da Administração e pelo Tribunal de Contas. Nesse particular, portanto, sobreleva, de forma compartilhada, o relevantíssimo papel desses atores no tratamento dos riscos associados às contratações públicas e com foco no controle preventivo.

Levando essa perspectiva em conta, a nova lei, em que pese algumas distinções importantes,[23] parece ter se inspirado no modelo das três linhas de defesa que teve origem com a publicação, em 2010, do *Guidance on the EU Company Law Directive: article 41* (FERMA/ECIIA, 2010) como recomendação da implementação dos requisitos da lei para o monitoramento da efetividade do sistema de controles internos, auditoria interna e gerenciamento de riscos. Em 2013, o IIA Global, *The Institute of Internal Auditors*, emitiu uma declaração de posicionamento sobre o modelo, atualizado pela organização em 2020 (IIA, 2020).[24]

---

exige certo grau de maturidade e investimento, o que dificilmente ocorre em municípios de menor porte. Para maior detalhamento sobre o mosaico estrutural das Controladorias no Brasil, sugere-se (FUSCO e FERRAZ, 2021).

[23] Nesse ponto, relevante apontar que o modelo de três linhas do IIA (antigas linhas de defesa) adota como premissa os papéis/funções (aspecto objetivo) a serem desempenhados pelas linhas, sem uma preocupação mais rigorosa com as estruturas que os desempenharão (aspecto subjetivo). Lado outro, a Lei nº 14.133/2021, ao desenhar o arcabouço das linhas de defesa na microssistema das licitações e contratos, direciona seus preceitos para os agentes e órgãos que desempenharão os papéis em cada linha, sem delimitar quais seriam especificamente as atividades de cada um desses atores. Com efeito e como desdobramento, um outro questionamento que se apresenta é o fato de as Unidades Centrais de Controle Interno e os Tribunais de Contas compartilharem a mesma posição na estrutura, qual seja, a terceira linha de defesa. No mesmo sentido, conferir BRAGA (2022).

[24] Mais uma vez, infere-se o objetivo do legislador reformador na trilha segura de uma boa governança, considerando que o referido modelo busca auxiliar as organizações a

Desse modo, abre-se uma janela de oportunidades, na medida em que fica materializada a relevância e a importância dessas instituições e agentes na salvaguarda do Estado no microssistema das contratações públicas, mas de outro impõe uma série de desafios para conformar o *modus operandi* adequado, quando se considera que essa atuação deva se dar em conjunto com outros atores, a compor um todo incindível e concertado, como desenhado pelo modelo das três linhas de defesa.

No próximo tópico, em alinhamento com essa dinâmica, será apresentado o mecanismo de *due diligence* como instrumento de gestão de riscos de integridade nas licitações e contratos, com destaque para a experiência do município de Belo Horizonte, como uma das (efetivas) possibilidades de atuação das Unidades Centrais de Controle Interno em face das exigências da Lei nº 14.133/2021.

2.3 O mecanismo de *due diligence* e o município de Belo Horizonte

Conforme já exposto anteriormente, a nova lei de licitações e contratos traz o dever para a alta administração de órgãos e entidades de implementação de processos e estruturas, inclusive de gestão de riscos e controles internos, para avaliação, direcionamento e monitoramento dos processos licitatórios e dos respectivos contratos para que se alcancem os objetivos dos procedimentos licitatórios, bem como para promover um ambiente íntegro e confiável, assegurar o alinhamento das contratações ao planejamento estratégico e às leis orçamentárias e promover eficiência, efetividade e eficácia das contratações.[25]

Nesse ambiente normativo, portanto, é fundamental entender, de uma banda, a partir de que iniciativas, ferramentas ou mecanismos pode se valer a Administração Pública para assegurar que os gestores possam tomar suas decisões com base em informações técnicas e confiáveis

---

identificar estruturas e processos que melhor contribuem para o atingimento dos objetivos e facilitam uma forte governança e gerenciamento de riscos. Ele tem sido adotado como referência de boa prática internacional por diversas organizações e por unidades centrais de controle interno no Brasil, com destaque para o Governo Federal, que abordou o modelo na Instrução Normativa Conjunta MP/CGU nº 01/2016, que dispõe sobre controles internos, gestão de riscos e governança no âmbito do Poder Executivo federal, bem como no Referencial Técnico da Atividade de Auditoria Interna Governamental, aprovado pela Instrução Normativa nº 3, de 2017, da Secretaria Federal de Controle Interno (BRASIL, 2017a) e, mais recentemente, na nova lei de licitações e contratos, que menciona expressamente as três linhas de defesa.

[25] Lei nº 14.133/2021, art. 11, parágrafo único.

no que se refere aos riscos de integridade; e de outra, de que forma as Unidades Centrais de Controle Interno, sob uma nova roupagem, podem contribuir para o atingimento desses objetivos.

No que se refere aos programas de integridade[26] – a menina dos olhos nessa temática – iniciativa mais conhecida, trabalhada e difundida em relação ao tema, a nova lei direciona seus comados para um agir positivo (obrigação de fazer) para os fornecedores, ao exigir programas de integridade para contratações de obras, serviços e fornecimentos de grande vulto.[27] Outrossim, prevê ainda a existência de programa de integridade como critério de desempate nos procedimentos licitatórios, como condicionante na aplicação das sanções previstas na lei e ainda como condição de reabilitação em alguns casos.[28]

Não obstante, conforme ensina Braga (2021), a utilização de mecanismos de prevenção à corrupção como condição de participação ou classificação de certames licitatórios deve ser avaliada com cautela. A exigência de programas de integridade como critérios de habilitação não é uma novidade da nova lei de licitações e contratos, uma vez que dessa natureza já existiam em alguns entes subnacionais antes mesmo da Lei nº 14.133/2021 (*v.g.* Distrito Federal, Rio de Janeiro, Amazonas, Goiás, Rio Grande do Sul e Pernambuco). Contudo, e isso é bem relevante, observa-se uma inefetividade na implementação prática desta exigência, conforme demonstrado por Avelar e Rezende (2021).

Nessa perspectiva, cabe destacar que a obrigação (imposição) legal de implantação de programas de integridade em empresas e entidades que contratam com o Pode Público, por si só, não provoca o desenvolvimento, como em uma relação causa/efeito, de uma cultura de integridade nas organizações e na sociedade de uma maneira geral, podendo, inclusive, gerar aumento do custo das contratações. Dessarte, como bem apontado por Braga (2021), há que se avaliar os custos processuais, os custos de transação, o estímulo à concorrência, a relevância dos riscos e a efetividade dessa medida.

Desse modo, sob um enfoque alternativo, complementar e renovado, é que se insere a figura da *due diligence* (diligência prévia) dos fornecedores, cujo cerne está em uma avaliação prévia a uma

---

[26] Cuja análise mais pormenorizada se encontra fora da abrangência desta pesquisa.
[27] Segundo o que dispõe a Lei nº 14.133/2021 (art. 25, §4º c/c art. 6º, XXII), contratações de grande vulto são aquelas cujos calores ultrapassam R$ 228.833.309,04 (duzentos e vinte e oito milhões oitocentos e trinta e três mil trezentos e nove reais e quatro centavos), valor atualizado pelo Decreto nº 11.317, de 29 de dezembro de 2022.
[28] Cf. art. 60, IV, da NLLC; art. 156, §1º, V, e art. 163, parágrafo único, todos da mesma lei.

contratação (agir positivo da Administração e não do fornecedor), como medida protetiva na relação do Poder Público com terceiros para que, no caso deste terceiro estar relacionado a atos que potencialmente podem levar a riscos de integridade na contratação em análise, não aja "contaminação" da organização contratante. Para Braga (2021), esta é uma forma de mitigar o risco de corrupção, para além de ter o diferencial de ser processada, como regra, antes da prática do ato (*v.g.* celebração do contrato ou do aditivo contratual), o que vai totalmente ao encontro de se ter como ponto focal o controle preventivo.

Assim, como referência no assunto, apresenta-se o *case* da Petrobras, que instituiu o procedimento de *Due Diligence* de Integridade (DDI) com o objetivo de avaliar o risco de integridade ao qual a estatal pode estar exposta no relacionamento com seus fornecedores, conforme previsto no art. 42, XIII, do Decreto nº 8.420/15 e alinhado às melhores práticas internacionais. A DDI é realizada a partir da análise de informações coletadas por meio do questionário de DDI e de pesquisas, considerando o perfil, histórico, reputação e as práticas de combate à corrupção implementadas pelas contrapartes. O resultado da DDI é a atribuição do Grau de Risco de Integridade (GRI) baixo, médio ou alto. Nos termos do §3º do art. 4º do Regulamento de Licitações e Contratos da Petrobras, nas contratações de bens e serviços, os fornecedores que tenham sido classificados com o GRI alto não poderão participar de procedimentos de contratação com a Petrobras, salvo exceções. Entretanto, *importa salientar que a vedação de participação de procedimentos de contratação dos fornecedores classificados com GRI alto é altamente controversa*.[29]

---

[29] Para maior detalhamento, ROST e TONIN em: https://www.jota.info/opiniao-e-analise/colunas/elas-no-jota/tcu-dita-a-legalidade-do-grau-de-risco-de-integridade-em-licitacoes-05082021#_ftn1. Nesse particular, o Tribunal de Contas da União, no Acórdão nº 426/2019, de relatoria do ministro Benjamin Zymler, concedeu medida cautelar referendada pelo colegiado, uma vez que foram verificadas possíveis ilegalidades na previsão de que as participantes do certame pudessem ser desclassificadas a partir de avaliação do seu "Grau de Risco de Integridade", critérios que constituiriam requisitos de habilitação restritivos da competição e sem expressa previsão legal. A matéria foi objeto de análise pela Corte de Contas, no processo TC-037.015/2020-6, cujo Acórdão nº 1.181/2022 ganhou o selo de sigilo. No mesmo sentido, tendo como referência decisões do TRF 2, existem decisões judiciais que condenam essa restrição, *v.g.* Apelação Cível nº 0035486-47.2018.4.02.5101/RJ, enquanto outras chancelam a possibilidade de vedação à participação de empresas nas licitações com risco de integridade alto, a exemplo da Apelação Cível nº 5066469-07.2019.4.02.5101/RJ e da Apelação Cível nº 5026062-56.2019.4.02.5101/RJ (para maior detalhamento ALEGRETTI, Silvia. A legalidade do DDI – *Due Diligence* de Integridade da Petrobras com base na doutrina da *multi-level governance*. Revista de Direito Setorial e Regulatório, v. 7 n. 2, p. 157-174, out. 2021).

Em outo giro, no município de Belo Horizonte, dentre as inúmeras ações desenvolvidas pela Controladoria-Geral do município no reforço das premissas relacionadas com o desenvolvimento de uma cultura de integridade no seio da Administração Municipal,[30] destaca-se – exatamente em função dessa nova configuração trazida pela Lei nº 14.133/2021 – a propositura de projeto de lei (em forma de substitutivo) com vistas à instituição do mecanismo de *due diligence* de fornecedores, *ainda que com matizes distintos daqueles desenvolvidos na Petrobras.*

Nesse particular, como alternativa ao PL nº 182/2021, de iniciativa do Poder Legislativo Municipal, que, em sua proposta original, dispunha sobre tornar obrigatória a instituição de programa de integridade para aqueles particulares que fossem contratar com a Administração do Município de Belo Horizonte,[31] foi proposto um substitutivo (emenda 2 ao PL nº 182/2021), para comutar essa exigência na introdução do mecanismo de *due diligence*, como forma de disciplinar e estruturar uma prestação mais adequada por parte da Controladoria-Geral do Município,[32] no seu (renovado) papel de agregar valor à gestão e dar mais segurança ao administrador nos seus processos de tomada de decisão.[33]

---

[30] Em linhas gerais, no Plano de Ações de Integridade 2021/2024 estão previstas ações que abarcarão as contratações públicas, com o objetivo de estabelecer as condutas a serem observadas pelas unidades responsáveis pelo processo licitatório, contratos, pelos demandantes e contratados, com o propósito de assegurar negociações públicas pautadas na ética, boa-fé, isonomia e moralidade.

[31] O principal ponto do PL original seria a redução do valor das contratações para fins de exigência dos programas de integridade nos fornecedores, posto que estabelecia os valores de R$ 3.000.000,00 (três milhões de reais) para execução de obra ou serviço de engenharia e R$ 1.000.000,00 (um milhão de reais) para serviços ou compras, tomando como referência o dispêndio no período de 12 (doze) meses. Em acréscimo, o projeto original estabelecia parâmetros para que os programas de integridade implementados fossem avaliados e orientados; bem como a aplicação de penalidades no caso de descumprimento de tal exigência. Ademais, criava obrigação para o Executivo relacionada à capacitação e treinamento de servidores, notadamente os responsáveis pela fiscalização dos contratos referidos.

[32] Por meio do Ofício CTGM/CMBH nº 579/2021, houve manifestação do Poder Executivo no seguinte sentido: "Diante de todo o discorrido, em resposta *às* indagações encaminhadas, sob diligência (...), tem-se que o Projeto de Lei nº 182/2021 aumentará os custos das contratações, comprometendo desse modo o caráter competitivo dos processos licitatórios da municipalidade, não configurando medida educativa e preventiva eficaz para o alcance do objetivo de evitar a corrupção. Lado outro, as medidas internas em execução pelo Poder Executivo, lideradas pela CTGM, com apoio de outras unidades administrativas, denotam serem mais efetivas *à* concretização da melhoria na gestão dos recursos públicos, coibindo atos de corrupção e consolidando o ecossistema da integridade municipal".

[33] O PL foi aprovado nos termos propostos pelo substitutivo e a Lei Municipal nº 11.557 foi publicada em 26 de julho de 2023 - com prazo de 180 (cento e oitenta) dias após a sua publicação para entrada em vigor - e posteriormente regulamentada pelo Decreto Municipal nº 18.609 de 18 de Janeiro de 2024.

O mecanismo conta com formulário específico para englobar a análise de riscos dos fornecedores do município, semelhante ao modelo da Petrobras. O resultado dessa avaliação também é expresso pelo Grau de Risco de Integridade ou GRI, que pode variar entre alto, médio ou baixo. A aplicação do questionário é baseada em riscos e considera critérios como: perfil do fornecedor, sócios e administradores, relacionamento com agentes públicos e terceiros, reputação e histórico de envolvimento em casos de desvios éticos, fraude, corrupção, assim como adoção pela empresa de práticas de prevenção e combate a fraude e a corrupção, como programa de integridade, código de ética, dentre outras, de modo a determinar o Grau de Risco à Integridade (GRI) da empresa contratada.[34]

Conforme consta da Lei e da sua norma regulamentadora,[35] a avaliação de integridade determinará o Grau de Risco à Integridade (GRI) da empresa contratada. *Contudo, diferentemente do modelo adotado pela Petrobras, o GRI e o Relatório de Avaliação de Integridade não impedirão a contratação do fornecedor, sem dúvida o ponto mais polêmico do modelo adotado pela empresa estatal federal. Eles serão utilizados pelo órgão contratante para adoção de medidas de tratamento dos riscos identificados que promovam melhorias na gestão e fiscalização dos contratos, dentre outras.*

Importante salientar que o modelo adotado pela Prefeitura Municipal de Belo Horizonte tem o condão de estimular e fomentar práticas de integridade, mas não traz obrigações e imposições às empresas contratantes, de forma a onerá-las financeiramente, o que acarreta, em conseguinte, o aumento do custo da contratação (como ocorre frequentemente nos casos da implementação dos programas de integridade pelos fornecedores).

Desse modo, a avaliação de riscos de integridade, ainda em fase inicial de implementação, tem como desdobramento mecanismos de supervisão e controle que mitiguem os riscos e não a imposição unilateral de proibições de restrição de competitividade. Sob essa ótica, o caminho traçado pelo

---

[34] Encontra-se em andamento procedimento licitatório (Pregão Eletrônico nº 97.007/2024) que tem como objeto a prestação de serviços de disponibilização de ferramenta (*software*) de *due diligence*, que trará mais eficiência na operacionalização do modelo adotado.

[35] A teor do que dispõe o art. 1º da Lei "... para execução de obra ou serviço de engenharia com valor superior a R$3.000.000,00 (três milhões de reais) e de serviços ou compras com valor superior a R$1.000.000,00 (um milhão de reais) deverá se submeter a avaliação de integridade nas seguintes situações: I - antes da assinatura do contrato ou da celebração de aditivo contratual; e II - a qualquer tempo, durante a vigência da relação contratual, a critério da administração municipal, em especial no caso de denúncias ou quando constatada alteração relevante das informações prestadas ou declaradas pela empresa".

município de Belo Horizonte, no qual se optou pela adoção de medidas efetivas de controle e fiscalização, sem, contudo, impedir a contratação do fornecedor, está alinhado com a ideia de fomento e disseminação da integridade de forma mais ampla, sem eventualmente incorrer em questionamentos administrativos ou judiciais.

Por fim, tem-se que a implantação de ferramentas como o *due diligence* de fornecedores, em uma área tão estratégica como as contratações públicas, tem o condão de estabelecer, de forma gradual e consciente, um ambiente efetivamente íntegro em todas as áreas da Administração Pública e, por conseguinte, para toda a sociedade, ao fortalecer a confiança nas relações público-privadas.

3 Conclusão

A presente pesquisa procurou demonstrar que o legislador reformador, ao editar a Lei nº 14.133/2021, não obstante a ausência de alterações conceituais profundas em relação aos diplomas normativos vigentes, trilhou um virtuoso caminho ao vincular as contratações públicas aos pilares da boa governança, que transita de forma sólida entre conceitos de eficiência e ética.

Em seguida, foi apresentado que o tratamento dos riscos associados ao estratégico microssistema de licitações e contratos administrativos ganhou especial consideração na concepção da novel legislação, e dentre eles, como recorte, foram abordados os riscos de integridade nessa seara, na medida em que a integridade, como valor e diretriz, é condição inafastável de otimização dos resultados das ações do Poder Público, cuja destinatária final é toda a sociedade.

Para tanto, traçado pelo legislador um modelo de contenção de riscos a partir de uma engrenagem em três camadas (linhas de defesa), na qual atores intra e extraorgânicos devem atuar conjuntamente para maximização dos resultados nas contratações públicas, emergem com protagonismo as Unidades Centrais de Controle Interno, que a partir do exercício concertado de suas macrofunções pode desenvolver iniciativas, parametrizadas pela lei, para a mitigação dos riscos de integridade.

Nessa seara, para ilustrar como as Unidades Centrais de Controle Interno podem atuar de forma proativa nesse novo cenário trazido pela Lei nº 14.133/2021, foi apresentado o mecanismo da *due diligence* de fornecedores adotado no município de Belo Horizonte, que se apresenta como uma potente e proativa ferramenta de avaliação prévia/concomitante de riscos de integridade, ao dar mais segurança ao gestor no processo de tomada de decisões, fomentando o controle preventivo e decreto contribuindo para um giro qualitativo na consolidação do ecossistema da integridade e na geração de valor nas relações público-privadas.

Referências

ABNT. Associação Brasileira de Normas Técnicas. ABNT NBR ISO 31.000:2018: *Gestão de Riscos – princípios e diretrizes*.

ALEGRETTI, Silvia. A legalidade do DDI – *Due Diligence* de Integridade da Petrobras com base na doutrina da *multi-level governance*. *Revista de Direito Setorial e Regulatório*, v. 7, n. 2, p. 157-174, out. 2021.

AVELAR, Daniel Martins e; RESENDE, Mariana Bueno. *O Controle Interno na (Futura) Nova Lei de Licitações e Contratos* – Projeto de Lei nº 4.253/2020. Disponível em: http://www.licitacaoecontratocom.br/artigo_detalhe.html. Acesso em: 2 maio 2023.

AVELAR; Daniel Martins e; REZENDE, Renata Kelly Cardoso de. Programas de Integridade nas organizações que contratam com o poder público: exigir (e) ou fomentar? *In*: FERRAZ, Leonardo de Araújo; LOBO, Luciana Mendes; MIRANDA, Rodrigo Fontenelle de (coord.). *Controle Interno Contemporâneo*. Belo Horizonte: Fórum, 2021. p. 75-89.

BELO HORIZONTE. Controladoria-Geral do Município. *Portaria CTGM nº 19/2017*. Belo Horizonte, 2017. Disponível em: https://prefeitura.pbh.gov.br/sites/default/files/estrutura-de-governo/controladoria/2018/documentos/LEGISLAÇAO%20CTGM/PORTARIA%20CTGM%20Nº%20019.2017.pdf. Acesso em: 26 abr. 2023.

BELO HORIZONTE. Câmara Municipal de Belo Horizonte. *Projeto de Lei nº 182/2021*. Belo Horizonte, 2021. Disponível em: https://www.cmbh.mg.gov.br/atividade-legislativa/pesquisar-proposicoes/projeto-de-lei/182/2021. Acesso em: 26 abr. 2023.

BELO HORIZONTE. Controladoria-Geral do Município. Ofício CTGM/CMBH nº 579/2021. Belo Horizonte, 2021.

BELO HORIZONTE. Controladoria-Geral do Município. Portaria CTGM nº 04/2019. Disponível em: https://prefeitura.pbh.gov.br/sites/default/files/estrutura-de-governo/controladoria/Portaria_004%202019.pdf. Belo Horizonte, 2019. Acesso em: 26 mar. 2023.

BELO HORIZONTE. Controladoria-Geral do Município. Portaria CTGM nº 10/2020. Belo Horizonte, 2020. Disponível em: https://prefeitura.pbh.gov.br/sites/default/files/estrutura-de-governo/controladoria/portaria-ctgm-10-2020.pdf. Acesso em: 26 mar. 2023.

BELO HORIZONTE. Controladoria-Geral do Município. *Plano de Ações de Integridade 2021/2024*. Belo Horizonte, 2021. Disponível em: https://prefeitura.pbh.gov.br/sites/default/files/estrutura-de-governo/controladoria/2021/plano-de-acoes-de-integridade_150421.pdf. Acesso em: 26 mar. 2023.

BELO HORIZONTE. Lei nº 11.557, de 26 de julho de 2023. Torna obrigatória a avaliação de integridade nas contratações públicas que menciona. Belo Horizonte (MG): Câmara Municipal, 2023. Disponível em: https://dom-web.pbh.gov.br/visualizacao/ato/422353. Acesso em: 1 abr. 2024.

BELO HORIZONTE. Decreto nº 18.609, de 18 de janeiro de 2024. Regulamenta a Avaliação de Integridade de que trata a Lei nº 11.557, de 26 de julho de 2023. Belo Horizonte (MG): Prefeitura Municipal, 2024. Disponível em: https://dom-web.pbh.gov.br/visualizacao/ato/433093. Acesso em: 1 abr. 2024.

BRAGA, Marcus Vinícius Azevedo. *Tudo sobre controle*: textos contemporâneos. Belo Horizonte: Fórum, 2021.

BRAGA, Marcus Vinícius Azevedo. *As Três Linhas e a Nova Lei de Licitações*. Abr. 2022. Disponível em: https://conaci.org.br/noticias/as-tres-linhas-e-a-nova-lei-de-licitacoes/. Acesso em: 2 maio 2023.

BRASIL, Ministério da Justiça e Segurança Pública. Secretaria Executiva. Subsecretaria de Administração. *Gestão de riscos de integridade no processo de contratação pública*. 2021. Brasília, 2021. Disponível em: https://dspace.mj.gov.br/bitstream/1/7007/1/GESTAO_DE_RISCOS_DE_INTEGRIDADE.pdf. Acesso em: 11 maio 2023.

BRASIL. Ministério do Planejamento, Orçamento e Gestão e Controladoria-Geral da União. Instrução Normativa Conjunta Ministério do Planejamento, Orçamento e Gestão e Controladoria-Geral da União nº 01, de 10 de maio de 2016. Brasília, 2016. Disponível em: https://www.in.gov.br/materia/-/asset_publisher/Kujrw0TZC2Mb/content/id/21519355/do1- 2016-05-11-instrucao-normativa-conjunta-n-1-de-10-de-maio-de-2016-21519197. Acesso em: 30 abr. 2023.

BRASIL. Ministério da Transparência Controladoria-Geral da União. *Guia Prático de Gestão de Riscos para Integridade*. Brasília. 2018. Disponível em: https://www.gov.br/cgu/pt-br/centrais-de-conteudo/publicacoes/integridade/arquivos/manual-gestao-de-riscos.pdf. Acesso em: 30 abr. 2023.

BRASIL. Tribunal de Contas da União. *Acórdão nº 426/2019*. Brasília, 2019. Disponível em: https://pesquisa.apps.tcu.gov.br/#/documento/acordao-completo/426%252F2019/%2520/DTRELEVANCIA%2520desc%252C%2520NUMACORDAOINT%2520desc/0/%2520. Acesso em: 30 abr. 2023.

BRASIL. Casa Civil. *Guia da Política de Governança Pública do governo federal*. Brasília, 2018. Disponível em: https://www.gov.br/casacivil/pt-br/centrais-de-conteudo/downloads/guia-da-politica-de-governanca-publica. Acesso em: 30 abr. 2023.

BRASIL. Ministério da Transparência e Controladoria-Geral da União. *Manual de Orientações Técnicas da Atividade de Auditoria Interna Governamental do Poder Executivo Federal*. 2017. Disponível em: https://www.gov.br/cgu/pt-br/centrais-de-conteudo/publicacoes/auditoria-e-fiscalizacao/arquivos/manual-deorientacoes-tecnicas-1.pdf. Acesso em: 6 maio 2023.

BRASIL. Ministério da Transparência e Controladoria-Geral da União. *Orientações Práticas: Serviços de Auditoria*. Brasília. 2022. Disponível em: https://repositorio.cgu.gov.br/bitstream/1/68936/3/OP_Servicos_de_Auditoria. Acesso em: 6 maio 2023.

CARVALHAES, Eduardo; UENO, Natássia. *Revista Consultor Jurídico*, 19 de abril de 2023. Disponível em: https://www.conjur.com.br/2023-abr-19/granjae-ueno-impactos-nllc-desafios-adequacao#author. Acesso em: 6 maio 2023.

FENILI, Renato. *Governança em aquisições públicas*: teoria e prática à luz da realidade sociológica. Niterói: Impetus, 2018.

FERMA/ECCIIA. *Guidance on the EU Company Law Directive: article 41*. FERMA/ECIIA, 2010. Disponível em: https://www.ferma.eu/app/uploads/2011/09/eciia-ferma-guidance-on-the-8th-eu-company-law-directive.pdf. Acesso em: 20 abr. 2023.

FERRAZ, Luciano. *Controle e consensualidade*: fundamentos para o controle consensual da Administração Pública (TAG, TAC, SUSPAD, acordos de leniência, acordos substitutivos e instrumentos afins. 2. ed. Belo Horizonte: Fórum, 2020.

FERRAZ, Leonardo de Araújo; PAULA, Virgílio Queiroz de. Apontamentos sobre o modelo de organização e abrangência do Controle Interno no Novo Marco Regulatório do Saneamento Básico. *In*: FORTINI, Cristiana; SALAZAR, Gabriela; MASSARA, Luiz Henrique Nery; CAMPOS, Marcelo Hugo de Oliveira (org.). *Novo Marco Legal do Saneamento Básico*: aspectos administrativos, ambientais, regulatórios e tributários. Belo Horizonte: D'Plácido, 2021.

FUSCO, Cláudia Costa de Araújo; FERRAZ, Leonardo de Araújo. Apontamentos sobre as unidades centrais de controle interno e seu mosaico estrutural no Brasil: A experiência da Controladoria-Geral do Município de Belo Horizonte. *In*: FERRAZ, Leonardo de Araújo; LOBO, Luciana Mendes; MIRANDA, Rodrigo Fontenelle de A. (coord.). *Controle Interno Contemporâneo*. Belo Horizonte: Fórum, 2021. p. 51-74.

GUERRA, Sandra. *A caixa preta da governança*. Rio de Janeiro: The Best Business, 2021.

MOTA FILHO, Humberto E. C. e REIS, Vanessa Cerqueira. *Nova lei de licitações*: governança e *compliance* das compras públicas rumo à OCDE. 2021. Disponível em: https://www.migalhas.com.br/depeso/340920/governanca-e-compliance-das-compras-publicas-rumo-a-ocde. Acesso em: 26 abr. 2023.

INSTITUTO DOS AUDITORES INTERNOS DO BRASIL. *Declaração de posicionamento do IIA: as três linhas de defesa no gerenciamento eficaz de riscos e controles*. 2013. Disponível em: https://global. theiia.org/translations/PublicDocuments/PP%20The%20Three%20 Lines%20of%20Defense%20 in%20Effective%20Risk%20Management%20and%20 Control%20Portuguese.pdf. Acesso em: 3 maio 2023.

INSTITUTO DOS AUDITORES INTERNOS DO BRASIL. *Modelo das Três Linhas do IIA 2020*. Disponível em: https://iiabrasil.org.br/korbilload/upl/editorHTML/uploadDireto/20200758glob-th-editorHT ML-00000013-20072020131817.pdf. Acesso em: 3 maio 2023.

KRASTEV, Ivan. *Shifting Obsessions*: three essays on the politics of anticorruption. Central European University, Budapest-New York, 2004.

NARDES, João Augusto Ribeiro; ALTOUNIAN, Cláudio Sarian; VIEIRA, Luis Afonso Gomes. *Governança Pública*: o desafio do Brasil. Belo Horizonte: Fórum, 2014.

OCDE. Organização para a Cooperação e Desenvolvimento Econômico. *Recomendação do Conselho da OCDE sobre Integridade Pública*. Tradução não oficial, mar. 2018. Disponível em: http://www.oecd.org/gov/ethics/integrity-recommendation-brazilian-portuguese. pdf. Acesso em: 2 maio 2023.

PETROBRAS. Procedimento de *Due Diligence* de Integridade da Petrobras. Disponível em: https://canalfornecedor.petrobras.com.br/media/filer_public/8a/ee/8aee042a-57b7-469d-8921-ed56929935df/procedimento_de_ddi_-_nova_versao.pdf. Acesso em: 2 maio 2023.

ROST, Maria Augusta; TONIN, Mayara Gasparoto. Disponível em: https://www.jota.info/opiniao-e-analise/colunas/elas-no-jota/tcu-dita-a-legalidade-do-grau-de-risco-de-integridade-em-licitacoes-05082021#_ftn1, acesso em: 22 maio 2023.

ZILLER, Henrique Moraes; BORGES, Mara Nunes Silva; CRISPIM, Luís Henrique; CASTRO, Adriano Abreu de. *A Gestão de Riscos na Prática:* conceitos, desafios e resultados no Estado de Goiás. Belo Horizonte: Fórum, 2022.

Informação bibliográfica deste texto, conforme a NBR 6023:2018 da Associação Brasileira de Normas Técnicas (ABNT):

FUSCO, Claudia Costa de Araujo; FERRAZ, Leonardo de Araújo. Considerações sobre o papel das Unidades Centrais de Controle Interno na Lei nº 14.133/2021: a *due diligence* de fornecedores no município de Belo Horizonte como mecanismo de controle preventivo e tratamento de riscos de integridade nas contratações públicas. *In*: FORTINI, Cristiana; PIRES, Maria Fernanda Veloso; CAVALCANTI, Caio Mário Lana (coord.). *Integridade e contratações públicas:* reflexões atuais e desafios. Belo Horizonte: Fórum, 2024. p. 67-85. ISBN 978-65-5518-708-3.

OS ACORDOS SUBSTITUTIVOS DE ATIVIDADE SANCIONATÓRIA UNILATERAL EM CONTRATOS DA ADMINISTRAÇÃO PÚBLICA NO BRASIL

CRISTIANA FORTINI

FELIPE ALEXANDRE SANTA ANNA MUCCI DANIEL

1 Introdução

O tema do Direito Administrativo Sancionador tem ganhado relevância especial nos últimos tempos, haja vista a intensificação da atividade de controle no Brasil. A forma tradicional de aplicação destas sanções é a abertura de processo administrativo, no âmbito do qual se garante aos envolvidos o direito à ampla defesa e ao contraditório, culminando com a aplicação da penalidade administrativa ou sua isenção. Tal procedimento é adotado nas diversas áreas do Direito Administrativo Sancionador, inclusive nos processos de aplicação de sanção no âmbito dos contratos administrativos.

Ocorre que o método tradicional por meio do qual se resolve um conflito a partir de um ato administrativo unilateral, embora ainda predominante, vem gradativamente sendo substituído por outras possibilidades de provimento administrativo. Observa-se o surgimento de meios de resolução de conflitos que buscam a solução pelo acordo, fazendo com que o ato administrativo unilateral deixe de ser a única alternativa da Administração. Neste sentido, a alternativa da solução dos conflitos pelo acordo no âmbito dos contratos administrativos se torna uma alternativa de suma importância, dado que o contrato é o espaço mais familiar da bilateralidade, ainda que se tenha a Administração Pública como uma das partes da relação jurídica.

O objetivo do presente artigo é analisar a possibilidade, a importância e a função da celebração do acordo como alternativa à aplicação da penalidade de forma unilateral no bojo das relações jurídicas contratuais celebradas pela Administração. Inicialmente, será feita a análise do surgimento dos acordos substitutivos de ato administrativo unilateral e sua aplicação no Direito brasileiro. Na sequência, será analisada a aplicação destes acordos substitutivos ao Direito Administrativo Sancionador e, mais especificamente, às sanções decorrentes de infrações em contratos administrativos. Para tanto, será importante tratar da finalidade das sanções administrativas e sua compatibilidade com o acordo, bem como a funcionalidade do acordo para a resolução de conflitos na Administração Pública. Ao final, pretende-se discorrer a respeito dos critérios a serem observados na tomada da decisão administrativa entre celebrar o acordo ou aplicar a sanção unilateral.

O surgimento de novas leis no Direito Administrativo brasileiro, especialmente a Lei nº 13.655, de 2018, a qual alterou a Lei de Introdução às Normas do Direito Brasileiro (Decreto-Lei nº 4657, de 1942), e a Nova Lei de Licitações e Contratos Administrativos (Lei nº 14.133, de 2021), apresenta-se como o cenário ideal para que essas discussões sejam desenvolvidas, haja vista que tais leis trouxeram luzes para a aplicação da consensualidade na resolução de conflitos da Administração.

2 Os acordos substitutivos de atos unilaterais da Administração no Direito Administrativo brasileiro

A celebração de acordos em substituição a atos administrativos unilaterais tem sido uma das tônicas do Direito Administrativo atual. A atuação unilateral e hierarquizada começa a dar lugar a uma atuação baseada na consensualidade e na contratualização das decisões. Embora ainda se possa observar resistência frente à referida atuação consensual, já se pode notar aumento da atuação acordada da Administração. Conforme destaca Pedro Costa Gonçalves, no período atual, assim entendido após a década de 1970, houve uma grande ampliação da utilização da prática contratual, inclusive no que se refere à contratualização do exercício de poderes públicos. Após enfrentar forte resistência, o contrato passou a ser entendido como instrumento de exercício de poderes públicos (GONÇALVES, 2020, p. 104).

Conforme explica Juliana Bonacorsi de Palma, um dos argumentos contrários utilizados para se criticar a atuação consensual da

Administração é o princípio da indisponibilidade do interesse público (PALMA, 2015, p. 174). Todavia, em sentido contrário a este argumento, cabe questionar: afinal, decidir de forma consensual, por meio de acordos, implica dispor de interesse público?

Nesse sentido, sem a pretensão de esgotar as polêmicas que envolvem a existência, ou não, de princípios como os da supremacia e da indisponibilidade do interesse público, o que se sustenta aqui é que não há incompatibilidade entre a busca pelo interesse público e a celebração de acordos. Na verdade, o interesse público tanto pode ser alcançado por meio do ato administrativo unilateral quanto com a celebração de um acordo com o particular.

Assim, pode-se afirmar que a ação da Administração por meio de acordos administrativos, em substituição ao ato administrativo, não significa, por si só, disposição de interesse público. O exercício contratualizado dos poderes-deveres administrativos é, antes de tudo, uma forma de agir da Administração, não se podendo afirmar que ao agir de forma consensual ela foi omissa ou dispôs de interesse público. Ou seja, quando a Administração exerce seus poderes de forma acordada com o particular, ela continua no exercício dos poderes-deveres administrativos, porém de uma forma não unilateral, não representando ofensa ao princípio da indisponibilidade do interesse público.

Sem embargo das críticas que possam existir, a utilização de métodos consensuais pela Administração no Brasil não é recente, embora tenha se ampliado nos últimos anos. Antes mesmo da Constituição de 1988, o ordenamento jurídico brasileiro já admitia a desapropriação consensual. Prevê o Decreto-lei nº 3.365, de 21 de junho de 1941, com a redação que lhe foi dada pelo Decreto-lei nº 9.282, de 1946 (BRASIL, 1941), em seu art. 10, §2º, a possibilidade de que a fase executória da desapropriação se faça mediante acordo administrativo entre o órgão expropriante e o particular expropriado, em alternativa à judicialização do procedimento.

No âmbito da Ação Civil Pública, a Lei nº 7.347, de 24 de julho de 1985, a partir da inclusão pela Lei nº 8.078, de 11 de setembro de 1990 (BRASIL, 1985), estabeleceu a possibilidade de entidades competentes para proposição da ação civil pública substituírem a judicialização pela celebração de termo de ajustamento de conduta às exigências legais, que tem natureza de título executivo extrajudicial.

No âmbito do Direito Administrativo brasileiro não há disposições uniformes a respeito da celebração de acordos substitutivos de ato administrativo. Os métodos de resolução consensual de conflitos surgem inicialmente no Direito Processual Civil e Penal e foram incorporados de forma mais lenta ao processo administrativo. Essa letargia na incorporação dos institutos consensuais deveu-se, especialmente, à resistência na aceitação das práticas consensuais no Direito Público, a qual se baseava, sobretudo, nessa suposta violação ao princípio da indisponibilidade do interesse público, conforme já se abordou neste trabalho.

No âmbito das sanções administrativas, o uso de acordos em substituição a atos administrativos unilaterais teve como um de seus precursores o Direito Regulatório, podendo se destacar os acordos de leniência no âmbito do Conselho Administrativo de Defesa Econômica (Cade), previstos inicialmente na Lei nº 4.137, de 1962 (BRASIL, 1962) e, posteriormente, na Lei nº 8.883, de 1994. Atualmente, o assunto é regulado no âmbito do Cade pela Lei nº 12.529, de 30 de novembro de 2011 (BRASIL, 2011), na qual também se prevê, em seu art. 86, o acordo de leniência, exigindo-se do infrator à ordem econômica o oferecimento de provas que colaborem efetivamente para as investigações. Além disso, a nova Lei prevê, em seu art. 85, a celebração de compromisso de cessação com a pessoa que cometa infração à ordem econômica.

No âmbito da Advocacia-Geral da União, a Lei Complementar nº 73, de 10 de fevereiro de 1993 (BRASIL, 1993), estabeleceu competência para o Advogado-Geral da União "transigir, acordar e firmar compromisso" em ações judiciais envolvendo a União. Embora nesse caso se trate de acordos judiciais, a Lei nº 9.469, de 10 de julho de 1997 (BRASIL, 1997), que regulamenta a referida Lei Complementar, prevê, em seu art. 4º-A (incluído pela Lei nº 12.249, de 2010), a possibilidade de a AGU celebrar termo de ajustamento de conduta nas hipóteses que envolvam interesse público da União.

Ainda no âmbito da atividade regulatória, a Lei nº 9.656, de 3 de junho de 1998, com as alterações que lhe foram feitas pela Medida Provisória nº 2.177-44, de 2001, regula os planos de seguro privados de assistência à saúde. Ao tratar das infrações a serem apuradas pela Agência Nacional de Saúde Suplementar (ANS), também prevê, em seu art. 29, a possibilidade de celebração de termo de compromisso de ajuste de conduta a ser assinado antes da aplicação da penalidade, com a respectiva suspensão do processo administrativo.

No âmbito do Sistema Financeiro Nacional, a Lei nº 13.506, de 13 de novembro de 2017 (BRASIL, 2017), estabelece a possibilidade de celebração de "acordo administrativo em processo de supervisão", o qual equivale ao acordo de leniência. Já a Lei nº 13.506, de 13 de novembro de 2017, por sua vez, também estende, em seu art. 33, a possibilidade do acordo administrativo ao processo administrativo sancionador da Comissão de Valores Mobiliários – CVM (BRASIL, 2017).

Na seara do combate à corrupção, a Lei nº 12.846, de 2013 trouxe importante inovação ao prever a possibilidade da celebração do chamado acordo de leniência, previsto nos arts. 16 e 17 (BRASIL, 2013). Para que tal acordo seja celebrado, o art. 16 exige o preenchimento dos seguintes requisitos: (a) a pessoa jurídica ser a primeira a manifestar o interesse na cooperação; (b) que ela cesse o envolvimento na infração; e (c) que ela admita sua participação e coopere com o fornecimento de informações e provas para a investigação.

O referido acordo de leniência adota perspectiva integradora entre a Administração Pública e o particular, visto que busca uma fórmula para que ambos possam ganhar (DANIEL, 2022, p. 265). O Estado possui um interesse muito claro em optar pelo acordo: a busca por novas provas e novos fatos que possam ser relevantes para a investigação. Ao mesmo tempo, o particular também é beneficiado, na medida em que há um abrandamento da sua penalidade.

No âmbito do processo administrativo disciplinar dos servidores públicos também surgiram, em alguns estatutos, hipóteses de acordos substitutivos de sanção administrativa. Nesses casos, em situação similar ao que ocorre no âmbito dos processos penais, cria-se instrumento de suspensão condicional do processo administrativo disciplinar e, caso o servidor cumpra com suas obrigações durante o tempo que dura o respectivo acordo, o processo será arquivado ao final. Sobre o instituto, Luciano Ferraz destaca que ele foi implantado de forma pioneira no Município de Belo Horizonte por meio da Lei Municipal nº 9.310, de 2006, a qual alterou o Estatuto dos Servidores Públicos Municipais para inserir a possibilidade de acordo para a suspensão do processo administrativo disciplinar. De um lado, o servidor se compromete a cessar e não reiterar a falta cometida. De outro, a Administração se compromete a suspender o processo administrativo disciplinar por um período determinado, entre um e cinco anos. O autor ressalta também que, além do exemplo da cidade de Belo Horizonte, outros Municípios aderiram ao modelo, tais como Betim (MG), Niterói (RJ) e Londrina (PR), além do próprio Estado de Minas Gerais (FERRAZ, 2019, p. 169-173).

Na seara de responsabilização de agentes públicos, destaca-se a modificação realizada pelas Leis nº 13.964, de 24 de dezembro de 2019 (BRASIL, 2019), e nº 14.230, de 25 de outubro de 2021 (BRASIL,

2021), que alteraram o art. 17 da Lei nº 8.429, de 2 de junho de 1992 (Lei de improbidade administrativa), para admitir a possibilidade de acordo em matéria de improbidade administrativa. O texto originário do referido dispositivo vedava a celebração de transação, acordo ou conciliação nas ações de improbidade administrativa. A Lei nº 13.964, de 2019, já havia alterado o art. 17, §1º, passando a admitir o acordo de não persecução cível em matéria de improbidade administrativa. No mesmo sentido, o art. 17, §10-A, passou a prever a possibilidade de as partes solicitarem a suspensão do prazo de contestação quando houver possibilidade de solução consensual.

A Lei nº 14.230, de 25 de outubro de 2021 (BRASIL, 2021), trouxe alterações mais profundas no texto da Lei de Improbidade Administrativa, modificando quase todo o art. 17. Além da possibilidade já estabelecida no art. 17, §10-A, foi feita a inclusão do art. 17-B, o qual passou a prever a possibilidade de o Ministério Público celebrar acordo de não persecução cível em matéria de improbidade administrativa desde que o acordo resulte, no mínimo, em ressarcimento integral do dano e reversão da vantagem indevida obtida. Além disso, o art. 17-B, em seu §4º (incluído pela Lei nº 14.230, de 2021), tornou clara a possibilidade de que o acordo seja celebrado no curso de investigação, de apuração de ilícito, na ação de improbidade ou até mesmo no momento da execução da sentença condenatória. A partir das modificações promovidas pelas referidas leis, passou a ser possível tanto o acordo extrajudicial quanto o acordo judicial em caso de improbidade administrativa.

Merece especial destaque a previsão da Lei nº 13.655, de 2018 (BRASIL, 2018), a qual alterou o Decreto-Lei nº 4.657, de 4 de setembro de 1942 (Lei de Introdução às Normas do Direito brasileiro – LINDB). A LINDB possui natureza interpretativa e se insere no âmbito da Teoria Geral do Direito, sendo utilizada como referência para interpretação do Direito brasileiro. O papel da Lei nº 13.655, de 2018, foi inserir normas capazes de orientar a interpretação do Direito Público, já que as normas anteriores eram voltadas, em sua maioria, para o Direito Privado.

Dentre as novidades trazidas pelas alterações promovidas pela Lei nº 13.655, de 2018, está a inclusão do art. 26 no referido Decreto-Lei para prever a possibilidade da celebração de compromisso com os interessados com o objetivo de "eliminar incerteza, insegurança jurídica ou situação contenciosa na aplicação do direito público". No mesmo dispositivo, em seu parágrafo único, estão consignados os objetivos do compromisso a ser celebrado, a saber, buscar "solução jurídica proporcional, equânime, eficiente e compatível com os interesses gerais".

De forma complementar, o art. 27 da referida Lei prevê a possibilidade de que a decisão em processo administrativo, judicial ou controlador pode se dar por meio de "compromisso processual entre os envolvidos", podendo a decisão impor compensações, "benefícios indevidos ou prejuízos anormais ou injustos resultantes do processo ou da conduta dos envolvidos".

As alterações promovidas na Lei de Introdução às Normas do Direito Brasileiro (Decreto-Lei nº 4.657, de 1942) foram regulamentadas pelo Decreto nº 9.830, de 10 de junho de 2019 (BRASIL, 2019). Prevê o decreto regulamentar dois instrumentos jurídicos para a celebração do compromisso de que trata o citado art. 26. Em seu art. 10, estabelece a possibilidade de celebração de "compromisso" com os interessados, o qual tem como objetivo "eliminar irregularidade, incerteza jurídica ou situações contenciosas na aplicação do direito público". O art. 11 do mesmo decreto regulamentar, por sua vez, traz previsão a respeito da celebração do termo de ajustamento de gestão, que pode ser celebrado entre agentes públicos e órgãos de controle interno com o objetivo de "corrigir falhas apontadas em ações de controle, aprimorar procedimentos, assegurar a continuidade da execução do objeto, sempre que possível, e garantir o atendimento do interesse geral".

Pode-se compreender que o termo de compromisso de que trata o art. 26 é norma geral de interpretação do Direito Público, já que se insere na seara da Teoria Geral do Direito Público, conforme anteriormente explicitado. Neste sentido, a previsão do referido art. 26 da LINDB contém autorização geral para a celebração de acordos substitutivos de ato administrativo unilateral no Direito Administrativo brasileiro. Em posição similar ao que se defende no presente trabalho, destacam-se Thiago Marrara (DI PIETRO, 2021, p. 256) e Luciano Ferraz (FERRAZ, 2019, p. 169).

Não obstante toda a evolução legislativa descrita a respeito da previsão de acordos substitutivos de ato administrativo unilateral, especialmente no âmbito do Direito Regulatório, do regime disciplinar dos servidores públicos, na esfera de controle da Administração Pública e, mais recentemente, até mesmo no âmbito da improbidade administrativa, no que se refere às sanções em contratos administrativos o assunto ainda é incipiente, exceto quanto aos acordos de leniência decorrentes de prática corruptiva. Buscar-se-á analisar, na sequência, a possibilidade de acordos substitutivos em matéria de sanções administrativas e, em especial, no âmbito das sanções decorrentes de infração em contratos administrativos.

3 Análise da possibilidade de acordos em matéria de sanções administrativas

Dentre os argumentos utilizados para negar a possibilidade de celebração de acordos no âmbito de sanções administrativas, um dos principais é o veto ao inciso II do art. 26, §1º, da Lei nº 13.655, de 2021, o qual previa a celebração de acordos em matéria de sanções e créditos relativos ao passado. Na oportunidade, o Poder Executivo, por meio da Mensagem de veto nº 212, de 25 de abril de 2018 (BRASIL, 2018), justificou a decisão com base no princípio da reserva legal, o qual impediria transações em matéria de sanções. Além disso, sustentou-se na mensagem de veto que a substituição da sanção pelo acordo estimularia o não cumprimento delas. Deste modo, se poderia argumentar que o veto aposto pelo Presidente ao dispositivo, que não foi derrubado pelo Congresso, representaria vedação ao acordo em matéria de sanção administrativa.

Entende-se que a sustentação de impossibilidade de celebração de acordos com base no referido veto não se justifica. Primeiramente, não obstante o veto ter impedido a previsão expressa do acordo, não há vedação na lei para que eles sejam celebrados. O efeito do veto ao dispositivo foi tão somente não trazer a almejada positivação. Ademais, conforme já se sustentou neste trabalho, a cláusula geral do art. 26 serve como autorização legal para que técnicas de consensualidade no âmbito do processo sancionatório sejam devidamente regulamentadas e praticadas.

Além disso, conforme destaca Victor Carvalho Pessoa de Barros e Silva (SILVA, 2021, p. 50), o dispositivo vetado regulamentaria especificamente sanções relacionadas ao passado, e este foi um dos motivos invocados pelo Presidente da República para vetá-lo. De fato, a previsão de efeito retroativo ao dispositivo, admitindo-se acordos sobre sanções já aplicadas, poderia causar insegurança jurídica na determinação de seu conteúdo, e esse foi o objetivo contemplado pelo veto. Portanto, não se tratou de sanções futuras.

Gabriel Machado também sustenta que o veto não gera a proibição do acordo de forma reflexa (MACHADO, 2021, p. 74). Para o autor, o inciso II do art. 26 era redundante, visto que o *caput* do dispositivo já trazia autorização genérica e aberta para a celebração de acordos substitutivos de atos administrativos. Há extenso campo de aplicação do dispositivo e sua restrição somente deverá existir nas hipóteses de legislação específica aplicável, conforme reza a parte final do *caput* do art. 26.

Outro argumento apresentado pela Presidência da República ao vetar o dispositivo foi de que a autorização do acordo representaria estímulo para o descumprimento de obrigações sancionáveis. Todavia, o argumento é desprovido de qualquer critério técnico ou científico e a celebração de acordo substitutivo é compatível com a natureza da sanção e pode, inclusive, colaborar para o aumento de eficiência na Administração.

O estudo mais detalhado da finalidade da sanção indica sua compatibilidade com a celebração de acordos em lugar do ato sancionatório unilateral. A finalidade da sanção no Direito Administrativo tem peculiaridades que a diferenciam das finalidades da sanção penal. No âmbito do Direito Penal, a sanção possui finalidade muito mais retributiva, no sentido de castigar o malfeito. Já no caso da sanção administrativa é possível detectar também sua natureza dissuasória, ou seja, a característica de demover o possível infrator da prática da respectiva infração. Para Alejandro Nieto (NIETO, 2018, p. 148), o que se busca evitar com a sanção administrativa não é o resultado lesivo concreto para o bem jurídico protegido da infração, mas a própria utilização dos meios que possa resultar nesta lesão. Ou seja: o que se busca prevenir com o Direito Administrativo Sancionador não é apenas o resultado, mas a utilização dos meios para produzir esse resultado.

Alice Voronoff, em obra dedicada ao tema, aponta duas teorias básicas que justificam a existência da sanção: a dissuasória e a retributiva. A teoria dissuasória, com ideias alinhadas, especialmente, à Escola de Chicago, parte do pressuposto de que o infrator faz avaliação de custo-benefício para cometer o ato ilícito. Desse modo, a sanção teria o objetivo de tornar o ato ilegal desinteressante (VORONOFF, 2019, p. 84). Quanto à teoria retributiva, que encontra respaldo em Kant e Hegel, a autora aponta a natureza de castigo da sanção para quem agrediu o ordenamento jurídico. Assim, a punição se justificaria não para evitar comportamentos futuros, mas para castigar o infrator por desvio ético-moral. Assim, são levadas em conta, na aplicação da sanção, a gravidade da conduta e a proporcionalidade na aplicação da pena (VORONOFF, 2019, p. 89-90).

Defende-se, pois, que a sanção administrativa tem natureza instrumental, ou seja, não se trata de um fim em si mesma, pois está voltada para colaborar com a melhoria da gestão administrativa. Além disso, a sanção tem como finalidade a prevenção dos riscos inerentes à sociedade. Ou seja, a finalidade preventiva da sanção administrativa não se volta propriamente para tentar evitar o dano, mas, sobretudo, para evitar o risco do dano.

Além dessa natureza preventiva, defende-se, ainda, a finalidade prospectiva da sanção. Essa finalidade vai ao encontro da função regulatória da sanção administrativa. Trata-se, pois, de medida regulatória que tem como objetivo evitar a reincidência, tanto por parte do apenado quanto dos demais particulares. Nesse sentido, e não sendo um fim em si mesma, a sanção também não é a única alternativa como resposta à infração administrativa. Podem e devem existir outras medidas que atendam igualmente ao interesse público e que devem ser colocadas à disposição da gestão administrativa, em especial o acordo substitutivo de sanção.

Neste sentido da natureza regulatória da sanção, pode-se destacar a teoria da regulação responsiva, defendida especialmente por Ian Ayres e John Braithwaite, em sua obra "Responsive regulation: transcending the deregulation debate" (AYRES; BRAITHWAITE, 1992, p. 22-27). Os autores apresentam crítica à tese da regulação dissuasória (baseada na sanção) por considerarem que nem todos os atores são movidos pelas mesmas motivações. Enquanto alguns agem conforme a racionalidade, visando a maximização de seus benefícios, outros objetivam a reputação, a responsabilidade social, o apego às normas, entre outros valores.

Em oposição à regulação dissuasiva apresenta-se a regulação persuasiva (baseada no incentivo e no estímulo), que tem como ênfase a cooperação e a conciliação de interesses em detrimento da coerção, estando associada ao controle preventivo. A proposta desse modelo persuasivo é dar cumprimento à regulação mediante o acordo entre o regulador e o regulado.

Conforme defende Alice Voronoff, a teoria da regulação responsiva sustenta que a punição como única resposta ao desvio de conduta (regulação dissuasória) acaba por desconsiderar a boa-fé dos agentes responsáveis. Reconhece-se que há dois tipos de pessoas/empresas reguladas. De um lado, alguns agentes econômicos, ao agir no cumprimento ou descumprimento da lei, o fazem de forma racional e a partir de cálculos econômicos, descumprindo propositalmente a norma quando isso se mostra economicamente mais interessante. De outro lado, há aqueles agentes que vão cumprir a lei porque consideram isso como um valor e uma responsabilidade social relevante. Se ambos forem tratados da mesma forma, tendo a punição como primeira ou única alternativa de resposta, os cidadãos cumpridores da norma e que, por descuido, podem tê-la infringido terão resistência similar à sanção daqueles que já possuem o perfil de descumprimento da lei. Portanto, a regulação responsiva busca oferecer mecanismos de persuasão com o objetivo de criar incentivos ao cumprimento da norma e, ainda, quando ela for descumprida, mecanismos de consensualidade que possam distinguir os agentes bem-intencionados dos que estão imbuídos de má-fé (VORONOFF, 2019, p. 135).

Neste sentido, explicam Aires e Braithwaite:

> Rejeitar a punição como ferramenta regulatória é ingênuo; estar completamente comprometido com ela é investir forças no lugar errado. O truque do sucesso na regulação é criar sinergia entre punição e persuasão. A punição aplicada estrategicamente reforça a regulação por meio de persuasão, e há algo ainda a destacar. A persuasão legitima a punição como razoável, justa, e mesmo algo que possa provocar remorso ou arrependimento (AYRES; BRAITHWAITE, 1992, p. 26-17 *apud* VORONOFF, 2019, p. 141).

Assim, os autores propõem que os modelos sancionatórios sejam formados a partir de pirâmides. Na base ficariam as medidas persuasivas, que vão se tornando mais severas quando se aproximam do vértice. Ou seja: o ideal é que a maior parte das medidas esteja na base, evoluindo-se para instrumentos intermediários ou mais severos nas hipóteses em que as mais brandas não surtirem efeito (VORONOFF, 2019, p. 143).

Nesse sentido, é necessário que haja um "cardápio" diversificado e flexível de respostas do regulador, regido por uma dose de discricionariedade, para que haja a possibilidade de negociação e de barganha. Dessa forma, torna-se possível alcançar resultados mais eficientes (VORONOFF, 2019, p. 145).

Para os fins do presente trabalho, as teses que giram em torno da regulação responsiva reforçam que a sanção não deve ser nem a única e nem a primeira resposta da Administração diante do descumprimento de deveres legais ou contratuais. O modelo da pirâmide sancionatória coloca na base de atuação do Direito Administrativo Sancionador medidas persuasivas e preventivas, que devem ter preferência em detrimento das que estão no topo da pirâmide (medidas punitivas). Na base da pirâmide e como medidas prioritárias a serem aplicadas pela Administração, devem estar as respostas que se baseiam na consensualidade, especialmente os acordos substitutivos de sanção.

O que deve motivar a mudança de patamar no corpo da pirâmide é o comportamento do agente regulado/empresa contratada ou a gravidade da conduta.

No mesmo sentido, a finalidade das sanções decorrentes de infrações contratuais coaduna-se com a finalidade das sanções administrativas em geral, visto que elas buscam exatamente inibir a ocorrência de infrações contratuais. No caso das sanções contratuais, ainda há outro componente importante, visto que o órgão aplicador da sanção administrativa é também o gestor do contrato. Ou seja: o mesmo órgão que detém o poder sancionador é, também, aquele que tem o dever de gerir o contrato e fazer com que os objetivos almejados com aquele instrumento sejam alcançados em prol do interesse público. Portanto, a primeira alternativa da Administração não deve ser usada por esse órgão para perturbar a execução contratual, o que pode trazer para a Administração danos ainda maiores com a aplicação de penalidades severas ou até a interrupção prematura do contrato administrativo. Por tudo isso é que o manejo das sanções administrativas não pode se dar de forma desprendida do resultado que se busca alcançar, que é a boa execução contratual.

Nesse sentido, é necessário reconhecer que, além da sua finalidade preventiva e dissuasória, a aplicação da sanção administrativa decorrente de infração contratual é, também, uma atividade de gestão da Administração. A decisão de sancionar o contratado e/ou rescindi-lo tem repercussões práticas sérias para a Administração, já que, muitas vezes, pode representar a suspensão da prestação de um serviço, a paralisação de uma obra ou a suspensão, por um período, de um fornecimento, o que pode trazer prejuízos para o interesse público. Pode a Administração ter que contratar uma nova empresa e, a depender da urgência, até mesmo sem licitação. A nova contratação pode ocasionar custos mais elevados e interrupção momentânea da prestação de serviços necessários à população. É claro que sempre haverá a possibilidade de indenização por parte da empresa, mas o prejuízo ao interesse público também existirá. Portanto, diferentemente de outras sanções administrativas, a sanção contratual tem inegável natureza de atividade de gestão.

Por fim, importante ressaltar que não se defende aqui a eliminação da sanção administrativa, a qual continua sendo resposta adequada para comportamentos inidôneos perante a Administração. Porém, ao lado dela, a Administração deve ter à sua disposição outros instrumentos que possam induzir o particular ao cumprimento de normas e cláusulas contratuais nas hipóteses em que se mostre aberto à cooperação.

4 Regime jurídico sancionatório na nova Lei de Licitações e Contratos Administrativos no Brasil e as alternativas à sanção

A nova Lei de Licitações e Contratos Administrativos (Lei nº 14.133, de 1º de abril de 2021) trouxe diversas inovações no que se refere ao regime sancionatório. A primeira delas foi a tipificação das condutas consideradas infrações administrativas no seu art. 155. Sabe-se que o princípio da tipicidade não tem aplicação no Direito Administrativo tal qual no Direito Penal (DANIEL, 2022, p. 166-167). Todavia, é importante destacar que a tipificação mínima voltada a balizar o intérprete é viável e necessária, com o objetivo de se garantir o maior grau de segurança jurídica possível. Portanto, a criação de um rol de infrações atrelada a determinadas penalidades é um notável avanço em matéria de segurança jurídica no processo administrativo sancionador da Lei nº 14.133, de 2021.

Além desta importante inovação, a Nova Lei de Licitações e Contratos também trouxe critérios a serem observados pela Administração na dosimetria da penalidade, o que não existia na Lei nº 8.666, de 1993. O art. 156, §1º, estabelece que essa dosimetria deve levar em conta cinco critérios: (1º) natureza e gravidade da infração; (2º) peculiaridades do caso concreto; (3º) circunstâncias agravantes e atenuantes; (4º) danos decorrentes da infração para a Administração e (5º) a existência de programa de integridade. Trata-se de previsão que deve ser observada pelo intérprete no momento da aplicação da penalidade, sendo, portanto, uma inovação positiva.

Quanto ao elenco das penalidades, houve uma melhor sistematização no art. 156 das quatro penalidades cabíveis: advertência, multa, impedimento de licitar e contratar com a Administração por até três anos e declaração de inidoneidade para licitar e contratar com a Administração de três a seis anos. A nova sistematização coloca fim a algumas controvérsias a respeito do regime sancionatório previsto na Lei nº 8.666, de 1993, especialmente o âmbito de aplicação de cada uma das penalidades (visto que no art. 156, §§ 3º e 4º, da Nova Lei está definido que o impedimento se aplica no âmbito do respectivo ente federado que aplicou a penalidade e a declaração de inidoneidade se estende a todos os demais), bem como o prazo de duração da penalidade de declaração de inidoneidade.

Para além dos avanços relacionados ao regime sancionatório, é possível detectar que houve também outras inovações importantes no que se refere às soluções alternativas de solução de controvérsia no âmbito dos contratos administrativos regulados pela Lei nº 14.133, de 2021. No art. 151 a Lei trouxe a possibilidade de utilização de meios alternativos de soluções de controvérsias nas contratações por ela regidas e citou como exemplos a conciliação, a mediação, o comitê de resolução de disputas e a arbitragem.

A possibilidade de acordo em matéria de sanções administrativas decorrentes de infrações contratuais já existia no âmbito da Lei Anticorrupção Empresarial (Lei nº 12.846, de 2013), conforme já se explicitou aqui. Todavia, há controvérsia se esse acordo de leniência poderia se estender aos casos de sanções administrativas contratuais em que não se detecta a prática de corrupção.

A discussão está relacionada à previsão do art. 17 da Lei nº 12.846, de 2013, o qual estabelece que as sanções previstas nos arts. 86 a 88 da Lei nº 8.666, de 1993, também poderão ser objeto de isenção ou atenuação por meio de acordo de leniência (BRASIL, 2013). Obviamente que, com a entrada em vigor da Lei nº 14.133, de 2021, o referido dispositivo deve ser lido como aplicável às penalidades previstas no art. 156 da nova lei, nas mesmas hipóteses em que anteriormente se aplicava aos dispositivos correspondentes da Lei nº 8.666, de 1993. A dúvida que surge, a partir dessa previsão, é se o art. 17 tem natureza autônoma ou se seria dependente do art. 16. Ou seja: poderia um descumprimento contratual que não se caracterize como corrupção ser objeto de acordo de leniência?

Em estudo dedicado ao tema Cristiana Fortini pontifica que o art. 17 não dá origem a um ajuste diferente daquele previsto no art. 16, mas apenas admite o alargamento dos efeitos para atingir as sanções previstas nos arts. 86 a 88 da Lei nº 8.666, de 1993, nos casos em que o descumprimento do contrato público tenha concorrido com a prática corruptiva (DI PIETRO, 2017, p. 233-241).

Independentemente da intepretação que se dê ao art. 17 da Lei Anticorrupção Empresarial, o que se questiona aqui é a interpretação restritiva quanto à possibilidade de acordo em matéria de sanções administrativas contratuais. A positivação pela Lei nº 12.846, de 2013, da possibilidade de acordos em matéria de sanções aplicáveis no âmbito de condutas ligadas à prática de corrupção faz surgir uma constatação: se é possível que se negociem sanções diante de condutas dessa gravidade, envolvendo práticas corruptivas, é adequado que se permita a negociação também para condutas menos graves, em que não se detecta prática corruptiva.

Defende-se a autorização geral para contratualização da sanção, não em decorrência de interpretação extensiva do art. 16 da Lei nº 12.846, de 2013, mas especialmente em razão da positivação do acordo em outros instrumentos normativos, especialmente a previsão da possibilidade de solução de controvérsias do art. 151 da Nova Lei de Licitações e Contratos quanto da previsão do art. 26 da Lei de Introdução às Normas do Direito Brasileiro, que, tal como já se defendeu no presente trabalho, tem caráter de norma geral de interpretação jurídica para o Direito Público.

No *caput* do art. 151 da Lei nº 14.133, de 2021, há previsão genérica para os meios alternativos de solução de controvérsia, estabelecendo de forma exemplificativa, pois utiliza a expressão "notadamente", os institutos da conciliação, mediação, comitê de resolução de disputas e a arbitragem. Ou seja, não houve limitação de hipóteses de solução alternativa de controvérsias, podendo ser estabelecidas outras com esse objetivo de solução consensual dos conflitos.

Quanto ao âmbito de incidência desses meios alternativos, no seu parágrafo único a Lei limita a utilização dos respectivos termos às hipóteses de "direitos patrimoniais disponíveis", citando como exemplo "as questões relacionadas ao restabelecimento do equilíbrio econômico-financeiro do contrato, ao inadimplemento de obrigações contratuais por quaisquer das partes e ao cálculo de indenizações" (BRASIL, 2021).

Veja-se que houve previsão específica para que o inadimplemento de obrigações contratuais e as indenizações decorrentes de contratos administrativos sejam tratados em instrumentos alternativos de resolução de controvérsias. Dessa forma, a Lei correlacionou as controvérsias oriundas de inadimplemento contratual com o conceito de direitos patrimoniais disponíveis.

Assim, seguindo-se os ensinamentos de Onofre Alves Batista Júnior (BATISTA JÚNIOR, 2007, p. 512) para que se possa celebrar transação no âmbito do Direito Público, é necessário que o bem ou direito seja disponível ou que haja autorização legal para tanto. Neste caso, a Lei classificou a ocorrência de inadimplemento de obrigações contratuais no rol exemplificativo das questões que se relacionam a direitos patrimoniais disponíveis.

Dito isso, com a previsão do parágrafo único do citado dispositivo, ficaram solucionadas as duas questões principais em torno da possibilidade da celebração de acordos substitutivos de sanção em contratos administrativos. A primeira é quanto à possibilidade de se tratar a sanção por meio de outros instrumentos que não seja o ato administrativo unilateral, o que, pelo teor do citado dispositivo, fica claro que sim. Ora, quando se admite que infrações contratuais sejam resolvidas por meio de instrumentos alternativos ao ato administrativo, por via de consequência também se está tratando a consequência jurídica que dela advém, ou seja, a sanção. Não se pode imaginar que a Lei permitiria tratar a causa (infração contratual) e não a sua consequência (penalidade) por meios alternativos ao ato administrativo unilateral.

Já a segunda questão diz respeito ao instrumento que poderá substituir o ato administrativo unilateral. A Lei deixa claro que é possível se utilizar a arbitragem, a mediação, a conciliação e as câmaras de arbitragem, mas sem se limitar a elas. Pela interpretação sistemática da legislação, reconhece-se a possibilidade da celebração de acordos substitutivos de sanção administrativa no âmbito dos contratos administrativos, denominados pela Lei nº 13.655, de 2018, como termos de compromisso.

Desse modo, a possibilidade de celebração do acordo substitutivo de sanção administrativa em contratos administrativos está demonstrada tanto do ponto de vista da substância (aplicabilidade à sanção administrativa) quanto do ponto de vista do meio a ser empregado (acordo substitutivo).

5 Critérios para a decisão administrativa: entre a sanção unilateral e o acordo

A partir do reconhecimento de que é possível a celebração do acordo em substituição à sanção unilateral em matéria de contratos administrativos, a dúvida que permanece é quando decidir por um ou por outro. Afinal, conforme já se ressaltou em outras passagens do presente trabalho, não se defende aqui a extinção do instituto da sanção unilateral, mas sim que esta não seja a única opção à disposição do gestor público. Considerando-se que a escolha entre aplicar a sanção de forma unilateral ou substituí-la por um instrumento consensual é discricionária, quais são os critérios que devem balizar a decisão da Administração? Por se tratar de uma decisão discricionária, seja qual for a decisão, ela deverá ser devidamente motivada, ainda mais quando houver interesse e solicitação do particular pela celebração de um acordo substitutivo.

Importante destacar que este acordo não tem a mesma motivação do acordo de leniência da Lei Anticorrupção Empresarial. No acordo de leniência, há um objetivo muito claro no abrandamento da sanção: o oferecimento de novas provas que colaborem para o resultado da investigação em curso. Nas sanções que não envolvem prática corruptiva não há essa "moeda de troca". Portanto, os motivos que inspirarão a tomada de decisão da administração na escolha de uma alternativa diferente da sanção unilateral são outros.

O primeiro critério balizador da decisão da Administração deve ser a busca pelo atingimento do princípio constitucional da eficiência. Ainda em relação ao aspecto pragmático do acordo e sua ligação com a ideia de eficiência, destaca-se que os contratos administrativos são instrumentos de gestão administrativa e, como tais, necessitam apresentar resultados para a sociedade. Diante da prática de uma infração, sendo a aplicação da penalidade um caminho único a ser percorrido pela Administração, é possível que ela inviabilize a continuidade da contratação, uma vez que pode redundar, inclusive, na rescisão do contrato. Essa decisão, portanto, tem impacto significativo na gestão da Administração, com consequências de paralisação de obras ou interrupção na prestação de serviços públicos, convocação de outras empresas para continuidade na prestação dos serviços, dentre outras consequências. Desse modo, admitir a existência de alternativas ao ato administrativo unilateral de aplicação de sanções e, inclusive, sua preferência em relação à unilateralidade é medida que tem pertinência com a governança pública.

No âmbito das contratações públicas, a Lei nº 14.133, de 2021, estabelece também, em seu art. 11, parágrafo único, que a governança das contratações públicas, a ser exercida pela alta administração dos órgãos públicos, deverá "promover um ambiente íntegro e confiável, assegurar o alinhamento das contratações ao planejamento estratégico e às leis orçamentárias e promover eficiência, efetividade e eficácia em suas contratações". Para regulamentar a governança nas contratações públicas, foi publicada, pelo Governo Federal, a Portaria SEGES/ME nº 8.678, de 19 de julho de 2021, que estabelece, em seu art. 17, as diretrizes para a gestão dos contratos administrativos, tendo previsto, no inciso IV, a obrigatoriedade de se modelar o processo sancionatório em contratos administrativos para se estabelecer critérios objetivos e isonômicos na dosimetria das penas, em consonância com o que prevê o art. 156, §1º, da Lei nº 14.133, de 1º de abril de 2021 (BRASIL, SEGES, 2021). Toda a regulamentação citada demonstra a preocupação existente do legislador e dos regulamentos administrativos com a gestão dos contratos administrativos e a integração da sanção com essa atividade. A boa gestão dos contratos administrativos também implica a garantia de segurança aos particulares contratados quanto às possíveis consequências que poderão advir da prática de infrações administrativas e a existência de mecanismos, à disposição das partes, para mediar as consequências dessas infrações, sob pena de inviabilização da continuidade do vínculo.

Certamente que, diante da ocorrência de algumas infrações, o caminho pode e deve ser o fim do vínculo com aplicação de penalidades severas. Assim, o que se está aqui a defender não é a extinção do caminho da sanção unilateral e a rescisão do contrato, mas apenas que ele não seja o único e, nem mesmo, o primeiro, nos termos em que se sustentou a respeito da regulação responsiva e da estruturação piramidal da aplicação de sanções.

Embora se reconheça que na aplicação da sanção administrativa há discricionariedade da Administração para escolher entre acordo ou ato administrativo unilateral, defende-se aqui, com base no princípio constitucional da eficiência, que o acordo tem preferência em relação à sanção e que seu afastamento, se ocorrer, deve ser feito de forma motivada, estando tal decisão sujeita a controle pelo Poder Judiciário.

Com efeito, dizer que o acordo é preferencial em relação à sanção não significa que a via do acordo substitutivo sempre será a mais adequada ou eficiente. Entretanto, ela é a via preferencial e, para afastá-la, deve o administrador motivar sua decisão. Ao analisar o caso concreto, na hipótese de se detectar que há razões suficientes, amparadas no ordenamento jurídico, que indicam que o acordo é a via mais eficiente que a sanção, poderá a celebração do acordo se tornar medida vinculada e, assim, a decisão em sentido contrário poderá ficar sujeita à anulação por parte do Poder Judiciário.

Outro critério que deve ser utilizado na tomada de decisão da Administração é a proporcionalidade, avaliando-se a compatibilidade entre o acordo e a gravidade da infração. Nesse sentido, a decisão em optar pelo acordo em detrimento da sanção também deverá avaliar se, em resposta à infração, é mais adequado aplicar a sanção ou se é possível substituí-la pelo acordo. A propósito, o art. 20, parágrafo único do Decreto-Lei nº 4.657, de 1942 (alterado pela Lei nº 13.655, de 2021), estabelece que a Administração deverá decidir de forma motivada, hipótese em que deve demonstrar a "necessidade e a adequação da medida imposta ou da invalidação de ato, contrato, ajuste, processo ou norma administrativa, inclusive em face das possíveis alternativas". Trata-se, pois, da aplicação do princípio da proporcionalidade.

Na esteira do que prevê a referida Lei, o art. 156, §1º, da Lei nº 14.133, de 2021, trouxe como critérios a serem observados na aplicação das sanções administrativas a natureza e a gravidade da infração cometida, as peculiaridades do caso concreto, as circunstâncias agravantes ou atenuantes e os danos que dela provierem para a Administração Pública. Com isso, a Lei nada mais fez que regulamentar o princípio da proporcionalidade na aplicação das sanções administrativas.

A compatibilidade entre o meio (acordo) e o fim visado pela Administração (a função dissuasória e preventiva da sanção) deve ser o objetivo da decisão entre aplicar a sanção ou celebrar o acordo. Caso se chegue à conclusão de que a Administração consegue alcançar a finalidade da sanção de forma mais efetiva por meio do acordo, ele terá preferência; ao mesmo tempo, caso se perceba que a finalidade é igualmente alcançada seja pela sanção, seja pelo acordo, ainda assim o acordo terá preferência. O acordo somente deverá ser afastado quando, do ponto de vista da proporcionalidade, ele não representar resposta adequada em função da gravidade da conduta praticada pelo particular.

O terceiro critério que deve ser observado pela Administração na escolha entre a sanção aplicada de forma unilateral e o acordo é a existência de precedentes administrativos, os quais funcionam como autovinculação da Administração. Por atenção ao princípio constitucional da isonomia, segurança jurídica e proteção à confiança legítima, é necessário reconhecer que os precedentes administrativos devem ser utilizados como parâmetros vinculantes da decisão administrativa. Na verdade, ao decidir, com alguma frequência, sobre um determinado assunto, a Administração cria um costume, uma experiência, uma práxis, que geram para o particular uma expectativa quanto ao seu comportamento diante de determinadas circunstâncias. Desse modo, esse comportamento esperado somente pode ser afastado mediante a existência de motivação suficiente.

Por fim, deverá ser observada na decisão da Administração a necessidade de manutenção do pacto celebrado. Um dos efeitos colaterais da infração administrativa é o seu impacto na manutenção do vínculo entre a empresa contratada e a Administração. Sabe-se que a escolha de uma empresa para celebrar contrato com o poder público depende de processo licitatório, que é, invariavelmente, moroso e burocrático. Entre decidir adquirir um bem material, contratar uma obra, a prestação de um serviço ou a realização de um serviço público há longo caminho a ser percorrido, desde a fase interna de planejamento da licitação, passando pela fase externa e assinatura do contrato.

Não bastassem todas as dificuldades inerentes a esse processo de contratação, ocorre que em determinadas circunstâncias a empresa não cumpre o pactuado ou cumpre de forma insatisfatória, gerando a abertura de processo administrativo sancionatório, que poderá redundar em sanções e rescisão do contrato. Se esse último efeito se concretizar, resta à Administração tomar as providências para: (1) licitar novamente; (2) convocar os demais colocados na licitação para assumirem o remanescente não executado pela empresa vencedora ou (3) contratar empresa diretamente sem licitação com fundamento em situação emergencial, desde que se trate de serviço essencial.

Neste sentido, a própria Lei nº 14.133, de 2021, trouxe a indicação de que a regra geral é a manutenção dos contratos administrativos e não a sua anulação ou rescisão. É que o art. 147 da Lei determina que, mesmo diante de ilegalidade insanável e desde que haja justificativa, é possível e necessário manter o vínculo contratual quando as circunstâncias práticas o exigirem. Se até mesmo diante de vício insanável é possível falar em manutenção do contrato, com mais razão na hipótese em que se busca evitar a rescisão do contrato por descumprimento contratual quando a natureza do descumprimento for compatível com a manutenção do pactuado.

Assim, ao decidir no caso concreto se aplica a sanção de forma unilateral ou opta pelo acordo, a Administração deve observar que há fundamentos legais que indicam a manutenção dos pactos administrativos. A rescisão unilateral e a aplicação de sanções são, muitas vezes, necessárias para proteger o interesse público contra uma empresa contratada que pode causar prejuízos à Administração ou aos cidadãos com a má prestação dos serviços. Porém, esse não deve ser o único, e nem mesmo o primeiro, caminho a ser observado pela Administração. Em virtude de todas as dificuldades inerentes à extinção prematura do vínculo contratual em um contrato necessário para a Administração, a manutenção do pacto deve ser a primeira alternativa buscada pela Administração.

Por tudo o que aqui se expôs, a celebração do acordo, em substituição à sanção, sempre que possível, colabora de forma mais adequada com a manutenção do contrato do que a aplicação unilateral da sanção, haja vista que prestigia, de forma mais efetiva, a pacificação do conflito gerado no âmbito contratual.

6 Conclusão

A gestão dos contratos administrativos convive, frequentemente, com a prática de infrações contratuais pelos particulares contratados e diversos problemas têm sido gerados em decorrência destas falhas cometidas. O presente trabalho teve como objetivo demonstrar que a sanção unilateral não é e nem deve ser a única alternativa à disposição da Administração para responder a essas infrações praticadas pelos contratados. É preciso que haja alternativa que viabilize, em situações de menor complexidade ou menor potencial ofensivo ao interesse público, a decisão pela celebração de acordo substitutivo de sanção unilateral.

Conforme se defendeu aqui, o problema não é mais de autorização legislativa. Tanto a Lei nº 13.655, de 2021, com as alterações que promoveu no Decreto-lei nº 4.657, de 1942, quanto a Lei nº 14.133, de 2021, já respaldam a celebração de acordos substitutivos de sanções unilaterais. O problema agora parece ser cultural. É preciso que a Administração se desarme e compreenda que a aplicação da sanção unilateral não é o único caminho possível e que, muitas vezes, não é o adequado do ponto de vista jurídico e para a gestão administrativa.

Os quatro critérios aqui propostos, embora não exaustivos, são balizas que podem e devem ser utilizadas pela Administração no momento da decisão entre aplicar a sanção ou celebrar o acordo administrativo. A eficiência, a proporcionalidade, o respeito aos precedentes e a necessidade de manutenção dos pactos são critérios que levam em conta o caráter pragmático da decisão administrativa. Conforme se observa de forma clara no art. 20 da LINDB, não se deve decidir sem considerar as consequências práticas da decisão.

A reação automática de aplicação de sanção administrativa unilateral frente a infrações contratuais não colabora com a boa gestão contratual e gera resultados que já são velhos conhecidos da Administração: obras e serviços paralisados, perda de recursos públicos e má qualidade das entregas para a população. Portanto, o acordo substitutivo de sanção unilateral surge como alternativa para colaborar na gestão dos contratos administrativos nas hipóteses em que houver descumprimento de cláusulas contratuais. A alternativa do acordo deve estar na base da pirâmide das decisões possíveis, sendo a primeira a ser buscada pela Administração no deslinde da controvérsia. Somente quando comprovadamente não se mostrar adequada é que deverá se valer dos instrumentos unilaterais de aplicação de sanção.

O contrato, como ambiente natural da bilateralidade, é o espaço adequado para que as práticas consensuais sejam a regra e a unilateralidade a exceção. Portanto, a aplicação dos acordos substitutivos de sanção deve se transformar na regra e ser vista como instrumento que colabora para a boa gestão dos contratos administrativos.

Referências

AYRES, Ian; BRAITHWAITE, John. Responsive regulation: transcending the deregulation debate. New York: Oxford University Press, 1992, p. 22-27, apud DELGADO, Pablo Soto. Determinación de sanciones administrativas: disuasión óptima y confinamiento de ladiscrecionalidaddel regulador ambiental. In: Anuario de Derecho Público da Universidad Diego Portales, p. 374-4007, 2016. Disponível em: https://dialnet.unirioja. es/servlet/articulo?codigo=6387208. Acesso em: 3 abr. 2023.

BATISTA JÚNIOR, Onofre Alves. *Transações Administrativas*: um contributo ao estudo do contrato administrativo como mecanismo de prevenção e terminação de litígios e como alternativa à atuação administrativa autoritária, no contexto de uma Administração Pública mais democrática. São Paulo: Quartier Latim, 2007.

BRASIL. Decreto-Lei nº 3.365, de 21 de junho de 1941. Rio de Janeiro, 1941. Disponível em: https://www.planalto.gov.br/ccivil_03/decreto-lei/del3365.htm. Acesso em: 30 abr. 2023.

BRASIL. Lei nº 4.137, de 10 de setembro de 1962. *Diário Oficial da União*, Brasília, 1962. Disponível em: http://www.planalto.gov.br/ccivil_03/Leis/1950-1969/L4137.htm. Acesso em: 30 abr. 2023.

BRASIL. Lei nº 7.347, de 24 de julho de 1985. *Diário Oficial da União*, Brasília, 1985. Disponível em: https://www.planalto.gov.br/ccivil_03/Leis/L7347orig.htm. Acesso em: 30 abr. 2023.

BRASIL. Constituição da República Federativa do Brasil, de 5 de outubro de 1988. Disponível em: https://www.planalto.gov.br/ccivil_03/Constituicao/Constituicao.htm. *Diário Oficial da União*, 1988.

BRASIL. Lei nº 8.429, de 2 de junho de 1992. *Diário Oficial da União*, Brasília, 1992. Disponível em: http://www.planalto.gov.br/ccivil_03/Leis/L8429.htm. Acesso em: 5 abr. 2023.

BRASIL. Lei Complementar nº 73, de 10 de fevereiro de 1993. *Diário Oficial da União*, 1993. Brasília, 1993. Disponível em: https://www.planalto.gov.br/ccivil_03/leis/lcp/lcp73.htm. Acesso em: 30 abr. 2023.

BRASIL. Lei nº 9.469, de 10 de julho de 1997. *Diário Oficial da União*, Brasília, 1997. Disponível em: https://www.planalto.gov.br/ccivil_03/LEIS/L9469.htm. Acesso em: 30 abr. 2021.

BRASIL. Lei nº 9.656, de 3 de junho de 1998. *Diário Oficial da União*, Brasília, 1998. Disponível em: http://www.planalto.gov.br/ccivil_03/Leis/L9656.htm. Acesso em: 30 abr. 2023.

BRASIL. Lei nº 12.529, de 30 de novembro de 2011. Diário Oficial da União, Brasília, 2011. Disponível em: https://www.planalto.gov.br/ccivil_03/Leis/L9656.htm. Acesso em: 30 abr. 2023.

BRASIL. Lei nº 12.846, de 1º de agosto de 2013. *Diário Oficial da União*, Brasília, 2013. Disponível em: http://www.planalto.gov.br/ccivil_03/_ato2011-2014/2013/lei/l12846. htm. Acesso em: 2 abr. 2023.

BRASIL. Lei nº 13.506, de 13 de novembro de 2017. *Diário Oficial da União*, Brasília, 2017. Disponível em: http://www.planalto.gov.br/ccivil_03/_ato2015-2018/2017/lei/L13506. htm. Acesso em: 17 abr. 2021.

BRASIL. Mensagem nº 212, de 25 de abril de 2018. Brasília, 2018. Disponível em: http://www.planalto.gov.br/ccivil_03/_Ato2015-2018/2018/Msg/VEP/VEP-212.htm. Acesso em: 30 abr. 2023.

BRASIL. Lei nº 13.655, de 25 de abril de 2018. *Diário Oficial da União, Brasília*, 2018. Disponível em: https://www.planalto.gov.br/ccivil_03/_Ato2015-2018/2018/Lei/L13655. htm. Acesso em: 30 abr. 2023.

BRASIL. Decreto nº 9.830, de 10 de junho de 2019. *Diário Oficial da União*, Brasília, 2019. https://www.planalto.gov.br/ccivil_03/_ato2019-2022/2019/decreto/d9830.htm.

BRASIL. Lei nº 14.230, de 25 de outubro de 2021. Diário Oficial da União, Brasília, 2021. https://www.planalto.gov.br/ccivil_03/_Ato2019-2022/2021/Lei/L14230.htm Acesso em: 30 abr. 2023.

BRASIL. SEGES. Portaria SEGES/ME nº 8.678, de 19 de julho de 2021. *Diário Oficial da União*, Brasília, 2021. Disponível em: https://www.in.gov.br/en/web/dou/-/portaria-seges/me-n-8.678-de-19-de-julho-de-2021-332956169. Acesso em: 21 abr. 2023.

BRASIL. Lei nº 14.133, de 01 de abril de 2021. Disponível em: https://www.planalto.gov. br/ccivil_03/_Ato2019-2022/2021/Lei/L14133.htm. Diário Oficial da União, Brasília, 2021.

DANIEL, Felipe Alexandre Santa Anna Mucci. *O Direito Administrativo Sancionador Aplicado aos Contratos da Administração Pública e os acordos substitutivos de sanção*. Curitiba: Editora Ithala, 2022.

DI PIETRO, Maria Sylvia Zanella (org.). *Licitações e contratos administrativos*: inovações na Lei 14.133, de 1º de abril de 2021. Rio de Janeiro: Forense, 2021.

FERRAZ, Luciano. *Controle e consensualidade*. Fundamentos para o controle consensual da Administração Pública. (TAG, TAC, SUSPAD, acordos de leniência, acordos substitutivos e instrumentos afins). Belo Horizonte: Fórum, 2019.

FORTINI, Cristiana. Comentários ao art. 17. *In*: DI PIETRO, Maria Sylvia Zanella; MARRARA, Thiago. *Lei anticorrupção comentada*. Belo Horizonte: Fórum, 2017, p. 233-241.

GONÇALVES, Pedro Costa. *Direito dos Contratos Públicos*. Coimbra: Almedina, 2020.

MACHADO, Gabriel. *Acordos Administrativos*: uma leitura a partir do art. 26 da LINDB. São Paulo: Almedina, 2021.

NIETO, Alejandro. *Derecho Administrativo Sancionador*. Madri: Tecnos, 2018.

PALMA, Juliana Bonacorsi de. *Sanção e Acordo na Administração Pública*. São Paulo: Malheiros, 2015.

SILVA, Victor Carvalho Pessoa de Barros e. *Acordos administrativos substitutivos de sanção*. Belo Horizonte: Dialética, 2021.

VORONOFF, Alice. *Direito Administrativo Sancionador no Brasil*: justificação, interpretação e aplicação. Belo Horizonte: Fórum, 2019.

Informação bibliográfica deste texto, conforme a NBR 6023:2018 da Associação Brasileira de Normas Técnicas (ABNT):

FORTINI, Cristiana; DANIEL, Felipe Alexandre Santa Anna Mucci. Os acordos substitutivos de atividade sancionatória unilateral em contratos da Administração Pública no Brasil. *In*: FORTINI, Cristiana; PIRES, Maria Fernanda Veloso; CAVALCANTI, Caio Mário Lana (coord.). *Integridade e contratações públicas*: reflexões atuais e desafios. Belo Horizonte: Fórum, 2024. p. 87-110. ISBN 978-65-5518-708-3.

O PLANO DE CONTRATAÇÕES ANUAL NA NOVA LEI DE LICITAÇÕES

CRISTINA ANDRADE MELO

1 Introdução

Após muitas críticas ao procedimento considerado engessado da Lei nº 8.666/1993 e anos de espera para aprovação do projeto de lei, a Lei nº 14.133 foi promulgada no dia 1º de abril de 2021, inaugurando no ordenamento jurídico um novo diploma legal para as licitações e contratos administrativos.

O texto da nova lei é forjado em quatro pilares que lhe dão sustentação, quais sejam, planejamento, governança, transparência e parceria com o setor privado.[1] Estes elementos se relacionam entre si e formam um arcabouço normativo apto a viabilizar que o processo de contratação pública se desenvolva se maneira racional, íntegra e eficiente.

Destes, ganha destaque o planejamento, que se situa (ou deveria se situar) no nascedouro das ações públicas, como premissa para o desenvolvimento dos demais.

É preciso admitir que o compromisso com o planejamento não faz parte da cultura do povo brasileiro em seu cotidiano. E como a administração pública é feita de pessoas, esse traço da cultura da vida privada trespassa para o setor público, que sofre, muitas vezes, com improvisos e amadorismos decorrentes da ausência do planejamento.

---

[1] Análise feita pelo Ministro do Tribunal de Contas da União, Antonio Augusto Anastasia (que foi relator no Senado Federal do Projeto de Lei nº 4.253/2020, que deu origem à Lei nº 14.133) por ocasião da palestra magna proferida no dia 7 de fevereiro de 2023, durante o Congresso Nacional de Liderança e Governança em Licitações e Contratos, realizado em Brasília/DF.

Contudo, não há ação pública que se pretenda eficaz e eficiente sem um adequado planejamento prévio, desde a formulação de complexas políticas públicas, passando por obras públicas de infraestrutura, até aquisições de simples objetos necessários para guarnecer as repartições públicas.

Nas licitações e contratos, a ausência de planejamento ou o planejamento deficitário são responsáveis por inúmeros problemas, pois geram aquisições por "emergência fabricada", fracionamento indevido de despesa, deficiências na especificação de objetos e estimulam aditivos contratuais e pedidos de reequilíbrio econômico-financeiro fora das hipóteses em que realmente se fazem necessários.[2] Ao fim e ao cabo, acabam prejudicando a prestação de serviços públicos e finalização de obras públicas que melhorariam a vida da população.

Um exemplo emblemático é caso de obras públicas, já documentado pelo Tribunal de Contas da União: na Auditoria nº 1.079/2019 – Plenário,[3] a Corte constatou que mais de 30% das obras realizadas com recursos federais estavam paralisadas no país e destacou como um dos fatores preponderantes, junto com a insuficiência de recursos financeiros de contrapartida e dificuldade dos entes subnacionais em gerir os recursos recebidos, a contratação com base em projeto básico deficiente. Segundo trecho do acórdão, "a insuficiência de estudos prévios e de um bom amadurecimento do empreendimento eleva o risco de imprecisões e erros no projeto básico, inclusive nos orçamentos das obras, aumentando a probabilidade de ocorrência de aditivos contratuais, paralisação da obra e até mesmo cancelamento do empreendimento".

A ausência ou deficiência no planejamento também é fator que favorece a corrupção nos processos de compras governamentais. Não se pretende dizer com isso que o planejamento afastaria práticas corruptas por si só, mas, sim, que as dificulta. Um ambiente em que as compras são previsíveis e planejadas em sua grande maioria, em que o gestor realiza em tempo hábil todos os atos do processo, em que o termo de referência ou os projetos são bem executados, não deixando margem para aditivos contratuais desarrazoados, não é o mais propício para favorecimentos e negociações ilícitas.

---

[2] Nesse sentido, GALVÃO, Nayanne Brandão. O planejamento das contratações públicas e as alterações contratuais. *Revista Controle do Tribunal de Contas do Estado do Ceará*, Fortaleza, v. 16, n. 2, p. 306-323, jul./dez. 2018.

[3] Acórdão nº 1.079/2019 – Plenário, Relator: Ministro Vital do Rêgo. Data da sessão: 15.05.2019.

A necessidade de fortalecimento da fase interna das contratações públicas já havia sido detectada por Marçal Justen Filho,[4] que escreveu, antes da publicação da lei, que:

> Esse é um ponto sensível e essencial para o sucesso das contratações administrativas. A ausência de planejamento adequado é a principal causa de problemas no relacionamento contratual. Mais grave ainda é o risco de planejamento intencionalmente equivocado, visando promover benefícios indevidos em prol de apaniguados.
>
> Não seria exagerado afirmar que qualquer reforma da legislação licitatória tem de passar por uma aplicação da severidade na estruturação das licitações, especificamente no tocante à fase interna. O cenário atual de problemas decorre, na sua esmagadora maioria, de planejamento inexistente ou inadequado da futura contratação.

É bem verdade que a Lei nº 8.666/1993 não se ocupou muito com a fase preparatória das licitações. Segundo a professora Tatiana Camarão, a lei conferiu mais importância à parte instrumental da licitação, enfatizando o rito de seleção dos fornecedores. Em suas palavras: "Reside aí um dos motivos das contratações serem marcadas pela patente falta de planejamento, acabando por gerar uma desordem na arquitetura das demandas, prejudicando a efetividade das ações governamentais e o interesse público, anseio último das contratações".[5]

Contudo, se na vigência da Lei nº 8.666/1993 o gestor não contava com instrumentos ou suporte para bem planejar as aquisições públicas, o cenário se modificou com a Lei nº 14.133/2021. Enquanto aquela lei fazia menção à palavra "planejamento" em apenas uma passagem (mesmo assim quando definia serviços técnicos profissionais especializados, no art. 13, inciso I), a nova lei a usou em 12 ocasiões diferentes e criou novos instrumentos que poderão ser utilizados pelo gestor e cobrados pelos órgãos de controle.

A primeira novidade é que o planejamento foi alçado a princípio. Segundo o art. 5º, na aplicação da nova lei, serão observados o princípio do planejamento junto com tantos outros que aparecem pela primeira

---

[4] JUSTEN FILHO, Marçal. *Comentários à lei de licitações e contratos administrativos*. 17. ed. rev., atual. e ampl. São Paulo: Revista dos Tribunais, 2016, p. 200-221.
[5] FORTINI, Cristiana; OLIVEIRA, Rafael Sérgio Lima de; CAMARÃO, Tatiana. *Comentários à Lei de Licitações e Contratos Administrativos*: Lei nº 14.133, de 1º de abril de 2021. Volume 1. Belo Horizonte: Fórum, 2022, p. 253.

vez em âmbito legal, tais como os princípios da segregação de funções e da segurança jurídica. Dessa forma, o planejamento passa a ser um vetor axiológico orientativo de toda a cadeia que envolve as contratações públicas, devendo ser observado pelos gestores e também pelos órgãos de controle. Nesse sentido, Anderson Sant'Ana Pedra, em obra coletiva sobre a nova lei de licitações,[6] teceu os seguintes comentários sobre o art. 5º:

> Os princípios da contratação pública são os postulados fundamentais que devem nortear toda a conduta da Administração Pública e de seus agentes no exercício de suas atividades (função administrativa), conferindo legitimidade às regras e aos institutos da contratação pública, formando um todo coerente; além de parametrizar a interface entre o particular e a Administração Pública.
> (...)
> O art. 5º da NLLCA trouxe explicitamente o princípio do planejamento, demonstrando, assim, toda a preocupação existente com essa fase prévia, inicial da contratação.
> A importância do planejamento é creditada ao fato incontroverso de que com sua adoção evita-se desperdícios de tempo e de recursos e contribui significativamente para a consecução da melhor proposta, mas sempre tendo o cuidado de não compreender o planejamento como um fim em si mesmo.

A segunda novidade é que pela primeira vez a lei previu de forma sistemática e orgânica a fase preparatória, que vai muito além da fase interna da licitação. O capítulo II da lei trata da fase preparatória (arts. 18 a 52), onde estão presentes alguns instrumentos criados e outros reforçados pela nova lei, dos quais são exemplos o plano de contratações anual, o estudo técnico preliminar, a pesquisa de preços e a matriz de risco.

Nesse breve ensaio, pretende-se tecer alguns comentários sobre o interessante plano de contratações anual, que vem sendo denominado de PCA.

---

[6] FORTINI, Cristiana; OLIVEIRA, Rafael Sérgio Lima de; CAMARÃO, Tatiana. *Comentários à Lei de Licitações e Contratos Administrativos*: Lei nº 14.133, de 1º de abril de 2021. Volume 1. Belo Horizonte: Fórum, 2022, p. 69 e 122.

2 O plano de contratações anual

Uma das características marcantes da Lei nº 14.133/2021 é que ela consolida práticas que já existiam na administração, mormente no plano federal, e também entendimentos pacificados no âmbito do Tribunal de Contas da União. Com o plano de contratações anual não foi diferente: acórdãos do TCU que mencionam a necessidade de um plano de aquisições remontam a, pelo menos, 2015,[7] e a prática chegou a ser regulamentada inicialmente pela Instrução Normativa nº 01/2018, que dispõe sobre a elaboração do Plano Anual de Contratações (PAC) na esfera federal, tornando-o obrigatório a partir do ano de 2019. Posteriormente, o ato normativo foi revogado pela Instrução Normativa nº 01/2019, a qual, por sua vez, também foi revogada pela IN SEGES nº 20, de 4 de abril de 2022, que atualmente regulamenta o instrumento em âmbito federal. Observe-se que esta instrução adaptou a nomenclatura àquela utilizada na Lei nº 14.133/2021, passando a constar "Plano de Contratações Anual" (PCA), não mais "Plano Anual de Contratações" (PAC).

Conforme o art. 12, inciso VII, da Lei nº 14.133/2021, a partir de documentos de formalização de demandas, os órgãos responsáveis pelo planejamento de cada ente federativo poderão, na forma de regulamento, elaborar plano de contratações anual, com o objetivo de racionalizar as contratações dos órgãos e entidades sob sua competência, garantir o alinhamento com seu planejamento estratégico e subsidiar a elaboração das respectivas leis orçamentárias.

Pela leitura do dispositivo transcrito, pode-se afirmar que o plano de contratações anual é o primeiro instrumento de planejamento administrativo de compras públicas, pois sua elaboração antecede a formalização do processo de contratação ao antever as necessidades de cada órgão ou entidade pública.

---

[7] Acórdão nº 2.622/2015 – Plenário, Relator: Ministro Augusto Nardes. Data da sessão: 21.10.2015. Na oportunidade, o TCU recomendou a "9.2.1.12.1. Elaboração, com participação de representantes dos diversos setores da organização, de um documento que materialize o plano de aquisições, contemplando, para cada contratação pretendida, informações como: descrição do objeto, quantidade estimada para a contratação, valor estimado, identificação do requisitante, justificativa da necessidade, período estimado para executar a aquisição (e.g., mês), programa/ação suportado(a) pela aquisição, e objetivo(s) estratégico(s) apoiado(s) pela aquisição".

2.1 Objetivos

De acordo com o texto legal, são três os objetivos principais do plano de contratações. O primeiro deles, como é intuitivo, é racionalizar as contratações e conferir um mínimo de organização, sistema e métodos de trabalho na atividade de compras públicas. Ora, ao invés de o gestor ser surpreendido ao longo do ano com cada necessidade de contratação do órgão público, correndo risco real de faltar determinado insumo e prejudicar o andamento do serviço público, o PCA oferece a oportunidade de iniciar o processo de contratação com tempo hábil, de modo que não haja descontinuidade das ações.

De fato, quando se planeja e se antevê todas as necessidades da administração de maneira global, considerando todos os setores de determinado órgão ou mesmo todos os órgãos que compõem determinada entidade, tem-se a possibilidade de (i) aglutinar e centralizar as aquisições, a fim de obter economia de escala; (ii) padronizar produtos e serviços com o auxílio de outro instrumento novo criado pela Lei nº 14.133/2021, o catálogo eletrônico de padronização; (iii) reduzir os recursos humanos e materiais envolvidos no processo de contratação, tornando-o mais econômico e célere.

O segundo objetivo do plano de contratações anual é garantir o alinhamento com o planejamento estratégico. O planejamento estratégico é instrumento de governança por meio do qual se traçam ações e metas de curto, médio e longo prazo, que deve dialogar com outros instrumentos da administração pública para não se tornar um plano estanque, quase que "de papel", e atingir sua finalidade, que é o fortalecimento do órgão orientado à geração de resultados. As ações definidas no planejamento estratégico do órgão que envolve contratações públicas devem estar alinhadas com o plano de contratações anual.

Como lembrado por Furtado, Vieira e Furtado, "Esse entrelaçamento (entre o planejamento estratégico com o planejamento das aquisições de bens, serviços e obras) de informações, sua publicidade, gerenciamento e materialização faz parte de uma *boa governança*", cujos requisitos são "liderança, estratégia e controle".[8]

---

[8] FURTADO, Madeline; VIEIRA, Antonieta; FURTADO, Monique. Breve análise sobre o Planejamento e o Plano Anual de Contratações da Administração Pública Federal – PAC (IN/SEGES/ME nº 01/2019). *Fórum de Contratação e Gestão Pública – FCGP*, Belo Horizonte, ano 18, n. 206, p. 31-46, fev. 2019, p. 35.

O terceiro objetivo é subsidiar a elaboração das respetivas leis orçamentárias (art. 12, VII). Não é novidade que o planejamento administrativo deve guardar pertinência com o planejamento orçamentário, mesmo porque, para a elaboração do projeto de lei orçamentária anual (LOA), que estima a receita e fixa a despesa, é preciso que o Poder Executivo tenha ao menos uma estimativa prévia das necessidades de cada órgão e de suas unidades administrativas que serão supridas via contratações públicas, de modo que seja possível prever a despesa para o ano subsequente. Não por acaso, à semelhança da lei orçamentária anual e da lei de diretrizes orçamentárias, o plano possui duração anual e deve ser elaborado no ano antecedente ao de sua execução.

O dever da alta administração do órgão de assegurar o alinhamento das contratações ao planejamento estratégico e às leis orçamentárias está previsto no parágrafo único do artigo 11 da nova lei de licitações, que tem sido considerado pela professora Cristiana Fortini como "dispositivo Sol", pois indica os propósitos da licitação em torno do qual todos os outros dispositivos giram: "governança, gestão de riscos e controles internos, como ferramentas para propiciar um ambiente íntegro e confiável, assegurar o alinhamento das contratações ao planejamento estratégico e às leis orçamentárias e promover eficiência, efetividade e eficácia em suas contratações".

Tatiana Camarão lembra que o plano de contratações anual "não é um instrumento jurídico, mas, sim, de gestão, podendo ser alterado ou redimensionado para se adequar à necessidade do órgão". Contudo, adverte a professora:

> É lógico que o pedido de alteração, mudança e exclusão não pode ser tornar uma constante, sob pena de desconfigurar o documento e esvaziar o propósito de sua adoção. Dessa feita, todas as solicitações de revisão dos itens constantes do PAC ou a inclusão de novos itens devem ser precedidas de justificativa prévia, aprovação da autoridade competente e nova divulgação do documento atualizado.
>
> (...)
>
> As consequências, desde logo perceptíveis, se dão no sentido de que se tenha nas organizações um acompanhamento periódico da execução do Plano Anual de Contratações para correção de desvios, realização de ajustes necessários, adequação às novas realidades que se apresentam. Afinal, o Plano Anual de Contratações não pode ser tratado como documento de gestão definitivo e inalterável.[9]

---

[9] FORTINI, Cristiana; OLIVEIRA, Rafael Sérgio Lima de; CAMARÃO, Tatiana. *Comentários à Lei de Licitações e Contratos Administrativos*: Lei nº 14.133, de 1º de abril de 2021. Volume 1, Belo Horizonte: Fórum, 2022, p. 262-263.

Sabe-se que nem o melhor planejamento do mundo está imune a alterações de rotas no meio do caminho, em decorrência de imprevistos e mudanças no contexto fático e até mesmo legal. Por certo que existem situações que fogem à capacidade de previsão, por exemplo, de caso fortuito ou força maior, bem como aquelas que precisam de adequação para a realidade para melhor atendimento do interesse público, o que requer revisão do mencionado instrumento de planejamento.

2.2 Transparência como fator de integridade

O plano de contratações anual não é um mero documento interno da administração, devendo ser divulgado e mantido à disposição do público no Portal Nacional de Contratações Públicas (PNCP), sítio eletrônico oficial criado pela nova lei, destinado à divulgação centralizada e obrigatória de atos (art. 12, §1º, c/c art. 174, inciso I e §2º da Lei nº 14.133/2021). Os municípios com até 20.000 habitantes[10] têm o prazo de seis anos, contado da data de publicação da lei, para divulgação dos atos no portal nacional. Isso não significa dizer que estes municípios não estão obrigados a conferir publicidade e transparência aos respectivos planos de contratações, mas sim que esses entes devem publicar em diário oficial, ainda que na forma de extrato, e disponibilizar a versão física do documento em suas repartições (art. 176).

A garantia de transparência no portal criado pela nova lei de licitações funciona como um importante fator de integridade para as contratações públicas, pois, com o auxílio da tecnologia da informação, joga luzes em todas as fases do procedimento e, se não impede a corrupção, ao menos a torna mais difícil e trabalhosa. Nesse sentido, Marcelo Zenkner escreve:

> "Nas coisas do poder, o melhor desinfetante é a luz do sol". A frase, dita em 1914 por Louis Brandeis, ex-juiz da Suprema Corte dos EUA, revela perfeitamente que a visibilidade plena das ações políticas funciona como um componente fundamental para a integridade governamental. Em outras palavras: a imposição no sentido de que os atos administrativos sejam praticados às claras e sob fiscalização dos cidadãos impede, ou

---

[10] 67,7% dos municípios brasileiros possuem menos de 20 mil habitantes, o que representa 3.770 municípios. Disponível em: https://www.poder360.com.br/brasil/brasil-tem-49-municipios-com-mais-de-500-mil-habitantes/#:~:text=O%20estudo%2C%20que%20tem%20informa%C3%A7%C3%B5es,31%2C6%20milh%C3%B5es%20de%20habitantes. Acesso em: 21 mar. 2023.

pelo menos obstaculiza, condita dos agentes políticos assemelhadas àquelas adotadas por Giges após encontra o anel que lhe dava o poder da invisibilidade.[11]

Dessa forma, garantida a ampla publicidade e transparência do plano de contratações anual, suas vantagens se estendem para além dos muros da administração pública, para alcançar o mercado, a sociedade e o controle.

O plano serve para sinalizar intenções ao mercado fornecedor, que pode se preparar com antecedência para participar dos certames licitatórios, sabendo as necessidades dos órgãos públicos em determinado período de tempo. Ou seja, há potencial aumento do diálogo com o mercado e incremento da competitividade, que redunda em preços mais atrativos para a administração. Furtado, Vieira e Furtado destacam que o plano é instrumento de planejamento também para o mercado: "O Plano Anual de Contratações, além de auxiliar a alta administração dos órgãos e entidades nas decisões relativas às aquisições, também possibilitará ao mercado fornecedor maior possibilidade de planejamento para participar dos certames licitatórios".[12]

O plano de contratações anual também possui potencial para ser grande aliado do controle social. A visibilidade e transparência proporcionadas pela obrigatória publicação no portal nacional proporcionam à sociedade ter conhecimento prévio a respeito das contratações que os órgãos públicos pretendem realizar, acompanhar como os recursos públicos estão sendo aplicados e denunciar eventuais irregularidades perante os órgãos de controle.

Ainda, o plano demonstra para o controle externo a predisposição ao planejamento por parte das altas autoridades do órgão. O PCA transmite para o controle externo que a gestão se preocupa com o planejamento e com o princípio da boa administração, o que favorece a governança e integridade de suas ações.

---

[11] ZENKNER, Marcelo. *Integridade governamental e empresarial*: um espectro da repressão e da prevenção à corrupção no Brasil e em Portugal. Belo Horizonte: Fórum, 2019, p. 246-247.

[12] FURTADO, Madeline; VIEIRA, Antonieta; FURTADO, Monique. Breve análise sobre o Planejamento e o Plano Anual de Contratações da Administração Pública Federal – PAC (IN/SEGES/ME nº 01/2019). *Fórum de Contratação e Gestão Pública – FCGP*, Belo Horizonte, ano 18, n. 206, p. 31-46, fev. 2019, p. 33.

2.3 Regulamentação pelos entes federativos

A Lei nº 14.133/2021, na parte em que trata do plano de contratações anual, é norma geral que deve ser regulamentada por cada ente federativo, para adaptação das realidades locais. Como mencionado anteriormente, no âmbito da União, a implementação do plano é obrigatória desde o ano de 2019, por força de norma infralegal (IN nº 01/2018). Com a promulgação da nova lei de licitações, foi editado o Decreto nº 10.947/2021, que dispõe sobre o plano de contratações anual e institui o Sistema de Planejamento e Gerenciamento de Contratações (PGC) na esfera federal.

A regulamentação da lei é essencial sobretudo para definir, entre outros, o órgão competente para elaboração do plano de contratações a cada ano, os marcos temporais para formalização das demandas e consolidação do plano e os elementos que devem constar do plano (como, por exemplo, justificativa da necessidade, descrição sucinta do objeto, quantidade e estimativa preliminar de preço).

O decreto federal pode servir de inspiração para a regulamentação dos demais entes, prática que é até incentivada pela Lei nº 14.133/2021 (segundo o art. 187, "os Estados, o Distrito Federal e os Municípios poderão aplicar os regulamentos editados pela União para execução desta Lei"). Contudo, é preciso estar atento ao alerta feito pelo professor Fabrício Motta:

> O mesmo raciocínio deve ser aplicado para os instrumentos de planejamento previstos na nova lei, como o plano de contratações anual: não basta aos municípios (e também aos estados) simplesmente copiar ou mesmo aplicar diretamente os regulamentos editados pela União para garantir supostos benefícios de um ato bem elaborado, escrito por equipe capacitada, sem se considerar as realidades locais e regionais e as capacidades existentes. As cópias são por vezes mais maléficas do que a ausência de regulamentação.
>
> Com efeito, é preciso que cada ente exerça sua parcela de função normativa – no limite da competência dada pela Constituição –, dispondo de forma adequada sobre a composição e conformação de estruturas de planejamento e controle, assim como dos processos e instrumentos voltados ao alcance das finalidades do ciclo da contratação.[13]

---

[13] MOTTA, Fabrício. Planejamento nas licitações: copiar a União quase nunca é a solução. *Revista Consultor Jurídico*, 22 de julho de 2021. Disponível em: https://www.conjur.com.br/2021-jul-22/interesse-publico-planejamento-licitacoes-copiar-uniao-nunca-solucao. Acesso em: 15 mar. 2023.

Da mesma forma que a regulamentação do plano não deve ser simplesmente copiada do modelo federal, sem conformação à realidade e estruturas locais, o plano propriamente dito não deve ser reproduzido de outros órgãos, devendo refletir e estar alinhado com as necessidades e demandas da unidade administrativa planejadora, sob pena de se transformar em um mero documento protocolar que nada contribuirá para o aprimoramento das contratações públicas.

Embora o legislador não tenha conferido obrigatoriedade aos entes federativos na elaboração dos planos de contratações, pois utilizou a expressão "poderão", não se pode perder vista que o planejamento é obrigatório e agora foi alçado à categoria de princípio. Na verdade, dificilmente um bom planejamento não começa com a elaboração de um fidedigno plano de contratações e a ausência do PCA não pode se revestir de escusa para o ente se planejar para melhor atender ao interesse público.

Por mais completo que seja, contudo, o plano de contratações anual não será capaz de prever todas as contratações do ente no período de um ano, pois existem situações que simplesmente são imprevisíveis, como nos casos de emergência ou calamidade pública. Por exemplo, a pandemia de covid-19 impôs aos entes a necessidade de contratação de insumos variados de forma emergencial (sob o regime especial transitório instituído pela Lei nº 13.079/2020), os quais, obviamente, não constaram no plano de contratações no âmbito federal, que já era obrigatório àquela época.

O Decreto Federal nº 10.947/2021 também prevê outras situações que estão dispensadas de constar no plano de contratações anual, quais sejam, as contratações: (i) que se enquadram nas hipóteses legais de sigilo; (ii) que possam acarretar comprometimento da segurança nacional; (iii) nos casos de guerra, estado de exceção, estado de sítio, intervenção federal ou de grave perturbação da ordem; (iv) nos casos de concessão de suprimento de fundos a servidor e pequenas compras e prestação de serviço de pronto pagamento (art. 7º do citado decreto).

3 Conclusão

Em conclusão, o planejamento é ferramenta à disposição dos gestores para tornar o processo de contratação mais racional, célere e eficiente, envolvendo um mínimo de organização, sistema e métodos.

Contudo, não se imagina que a nova cultura administrativa estabelecida em lei seja absorvida de forma automática pelos órgãos públicos. A esperança é que a nova lei seja indutora da mudança de cultura no que se refere ao planejamento da atividade-meio – processo de contratações públicas – e que o plano de contratações anual seja regulamentado e implementado por estados e municípios, com o objetivo de racionalizar as contratações dos órgãos e entidades, garantir o alinhamento com seu planejamento estratégico e subsidiar a elaboração das respectivas leis orçamentárias.

E os órgãos de controle têm que estar atentos a isso, sobretudo após a nova lei, que positivou longamente a fase preparatória das contratações públicas e novos instrumentos de planejamento. Para que a administração pública não seja como a protagonista do livro Alice no País das Maravilhas, de Lewis Carroll, que, ao perguntar ao gato Cheshire qual caminho deveria tomar, ouviu do animal: "Se você não sabe para onde ir, qualquer caminho serve". Que o plano de contratações anual seja o norte, o caminho a ser trilhado pela administração em direção à sua atividade-fim, que é, em *ultima ratio*, a adequada prestação de serviços públicos à população.

Referências

BRASIL. Acórdão nº 1.079/2019 – Plenário, Relator: Ministro Vital do Rêgo. Data da sessão: 15.05.2019.

BRASIL. Acórdão nº 2.622/2015 – Plenário, Relator: Ministro Augusto Nardes. Data da sessão: 21.10.2015.

FORTINI, Cristiana; OLIVEIRA, Rafael Sérgio Lima de; CAMARÃO, Tatiana. *Comentários à Lei de Licitações e Contratos Administrativos*: Lei nº 14.133, de 1º de abril de 2021. Volume 1. Belo Horizonte: Fórum, 2022.

FORTINI, Cristiana. O coração da lei de licitações e contratos: qual o dispositivo Sol? *Revista Consultor Jurídico*, 17 de novembro de 2022. Disponível em: https://www.conjur.com.br/2022-nov-17/interesse-publico-coracao-licitacoes-contratos-qual-dispositivo-sol. Acesso em: 27 abr. 2023.

FURTADO, Madeline; VIEIRA, Antonieta; FURTADO, Monique. Breve análise sobre o Planejamento e o Plano Anual de Contratações da Administração Pública Federal – PAC (IN/SEGES/ME nº 01/2019). *Fórum de Contratação e Gestão Pública – FCGP*, Belo Horizonte, ano 18, n. 206, p. 31-46, fev. 2019.

GALVÃO, Nayanne Brandão. O planejamento das contratações públicas e as alterações contratuais. *Revista Controle do Tribunal de Contas do Estado do Ceará*, Fortaleza, v. 16, n. 2, p. 306-323, jul./dez. 2018.

JUSTEN FILHO, Marçal. *Comentários à lei de licitações e contratos administrativos*. 17. ed. rev., atual. e ampl. São Paulo: Revista dos Tribunais, 2016.

MOTTA, Fabrício. Planejamento nas licitações: copiar a União quase nunca é a solução. *Revista Consultor Jurídico*, 22 de julho de 2021. Disponível em: https://www.conjur.com.br/2021-jul-22/interesse-publico-planejamento-licitacoes-copiar-uniao-nunca-solucao. Acesso em: 15 mar. 2023.

ZENKNER, Marcelo. *Integridade governamental e empresarial*: um espectro da repressão e da prevenção à corrupção no Brasil e em Portugal. Belo Horizonte: Fórum, 2019.

Informação bibliográfica deste texto, conforme a NBR 6023:2018 da Associação Brasileira de Normas Técnicas (ABNT):

MELO, Cristina Andrade. O plano de contratações anual na nova Lei de Licitações. *In*: FORTINI, Cristiana; PIRES, Maria Fernanda Veloso; CAVALCANTI, Caio Mário Lana (coord.). *Integridade e contratações públicas*: reflexões atuais e desafios. Belo Horizonte: Fórum, 2024. p. 111-123. ISBN 978-65-5518-708-3.

A LEI Nº 12846/2013 E A COMPETÊNCIA DOS TRIBUNAIS DE CONTAS

DANIEL DE CARVALHO GUIMARÃES

Introdução

A Lei nº 12.846/2013 estabeleceu um regime de responsabilidade administrativa das pessoas jurídicas por atos lesivos à administração pública nacional ou estrangeira, a cargo da autoridade máxima do órgão e entidade pública ou do controle interno de cada entidade federada.

Entretanto, omitiu-se em relação aos Tribunais de Contas, que constitucionalmente detêm competência para fiscalizar, processar e julgar agentes públicos e privados por condutas como as descritas no artigo 5º, inciso IV, da lei.

Neste texto, examinaremos a distribuição constitucional de competências entre os controles externo e interno a fim de demonstrar que os tipos contidos no dispositivo estão dentro da competência dos Tribunais de Contas.

Enfrentaremos os temas da competência dos Tribunais de Contas para julgar pessoas jurídicas de direito privado e os parâmetros normativos que eles podem utilizar na sua atuação fiscalizatória e sancionatória. Em reforço, explicitaremos alguns problemas de atribuir aos municípios a aplicação da lei.

Concluiremos que os Tribunais de Contas podem aplicar a Lei nº 12846/2013 para fiscalizar, processar, julgar e sancionar pessoas jurídicas de direito privado por fatos tipificados no artigo 5º, inciso IV, sempre que o órgão ou entidade pública não exercitar sua competência.

1 A lei e sua escolha sobre competência

A Lei nº 12.846/2013 estabeleceu dois regimes de responsabilidade a depender da sanção cabível, um de responsabilidade administrativa e outro de responsabilidade civil perante o Poder Judiciário. No primeiro, estão as sanções de multa e de publicação de decisões condenatórias. O segundo engloba o perdimento de bens, a suspensão ou interdição temporária das atividades, a dissolução compulsória e a proibição de receber incentivos, subsídios e empréstimos públicos.

Interessa-nos a responsabilidade administrativa.

O legislador atribui à autoridade máxima de cada Poder em todas as esferas da federação a competência para a instauração e o julgamento de processo administrativo de responsabilidade (PAR) de pessoa jurídica, com possibilidade de delegação (art. 8º, *caput* e §1º). Além de tratar do PAR com um viés sancionatório, a lei também estabeleceu a possibilidade de acordo de leniência entre as pessoas jurídicas e a autoridade máxima do órgão ou entidade pública (artigos 16 e 17).

A fiscalização administrativa de infrações e o instituto do acordo de leniência já conviviam no ordenamento jurídico brasileiro nas Leis nº 8.884/1994 e nº 12.529/2011, que regularam o Sistema Brasileiro de Defesa da Concorrência. A competência foi atribuída ao Conselho Administrativo de Defesa da Concorrência (CADE), tribunal administrativo responsável pela apuração, instauração de processo e sanção sobre as condutas consideradas infrações à ordem econômica.

Esse exemplo legal de fiscalização administrativa por um tribunal administrativo nos remete à Constituição de 1988, que atribuiu aos Tribunais de Contas a competência para a análise de ilícitos contra a administração pública. No entanto, em nenhum dispositivo da lei há menção a eles, sequer um comando residual de comunicação dos fatos apurados para o exercício da sua competência.

Na mensagem que acompanhou o projeto de lei, o Presidente da República justificou a proposta na existência de lacunas no sistema jurídico nacional em relação à responsabilização das pessoas jurídicas pela prática de atos ilícitos contra a administração pública, em especial por atos de corrupção e fraude em licitações e contratos administrativos.[1] As lacunas eram a falta de meios específicos para se alcançar

---

[1] BRASIL. Câmara dos Deputados. Mensagem nº 52/2010, disponível em: https://www.camara.leg.br/proposicoesWeb/prop_mostrarintegra?codteor=735505&filename=MSC%2052/2010%20=%3E%20PL%206826/2010.

o patrimônio das pessoas jurídicas e obter o efetivo ressarcimento dos prejuízos causados por atos praticados em seu benefício, direto ou indireto.

A exposição de motivos ainda destacou que o projeto de responsabilização administrativa de pessoas jurídicas se inspirou na aplicação exitosa da Lei nº 8.884/1994, que cuidava do Sistema Brasileiro de Defesa da Concorrência antes da Lei nº 12.259/2011 na responsabilidade objetiva de pessoas jurídicas por infrações contra a ordem econômica.

A mensagem presidencial, contudo, não justificou a competência da autoridade máxima de órgão ou entidade pública de todas as esferas da federação.

Apesar de se inspirar na Lei nº 8.884/1994, a lei analisada optou por solução diversa na apuração dos ilícitos contra a administração pública. Nesta esteira, atribuiu o poder de instaurar, processar e julgar a uma das partes do conflito, à autoridade pública máxima de determinado órgão ou entidade pública. Já a Lei nº 8.884/1994 estabeleceu a competência de apuração das infrações contra a ordem econômica ao CADE, um tribunal administrativo espelhado no Poder Judiciário quanto à composição e qualidade de terceiro no processamento e julgamento da demanda posta à sua análise.

A escolha da Lei nº 12.846/2013 aproxima a ação estatal de busca de responsabilidade administrativa e o controle interno de cada Poder. Indício desse movimento foi a escolha da Controladoria-Geral da União como o órgão com competência concorrente para instaurar processos administrativos de responsabilização de pessoas jurídicas ou para avocar os processos instaurados pelas demais autoridades federais do Poder Executivo.

E tal escolha legal certamente induziu estados e municípios a concentrarem tal atuação em suas controladorias.

Trataremos agora da conformidade constitucional dessa escolha do legislador pelo controle interno.

2 As competências constitucionais dos Tribunais de Contas e do controle interno

A Constituição de 1988 prevê dois tipos de controle da administração pública, o interno, exercido por cada Poder, e o externo, pelo Poder Legislativo com o auxílio dos Tribunais de Contas. As competências estão divididas entre os artigos 71 e 74, cabendo aos dois sistemas de controle a fiscalização contábil, financeira, orçamentária, operacional e patrimonial da União e das entidades da administração direta e indireta, quanto à legalidade, legitimidade, economicidade, aplicação das subvenções e renúncia de receitas.

O artigo 71 atribui aos Tribunais de Contas tarefas de controle das mais diversas naturezas, desde a prestação de informações ao Poder Legislativo, passando pela elaboração de parecer prévio sobre as contas do Chefe do Poder Executivo, até a aplicação de sanções aos responsáveis por ilegalidade da despesa ou irregularidade das contas. A Constituição ainda reconhece aos Tribunais de Contas a competência para proferir decisões das quais resulte imputação de débito ou multa e com eficácia de título executivo.

Os tipos de ato lesivo à administração pública, nacional e estrangeira, contidos no artigo 5º, inciso IV, da Lei nº 12.846/2013, guardam similitude com as condutas que podem ser apuradas, processadas e julgadas pelos Tribunais de Contas:

> Art. 5º Constituem atos lesivos à administração pública, nacional ou estrangeira, para os fins desta Lei, todos aqueles praticados pelas pessoas jurídicas mencionadas no parágrafo único do art. 1º, que atentem contra o patrimônio público nacional ou estrangeiro, contra princípios da administração pública ou contra os compromissos internacionais assumidos pelo Brasil, assim definidos:
>
> (...)
>
> IV - no tocante a licitações e contratos:
>
> a) *frustrar ou fraudar*, mediante ajuste, combinação ou qualquer outro expediente, o caráter competitivo de procedimento licitatório público;
>
> b) *impedir, perturbar ou fraudar* a realização de qualquer ato de procedimento licitatório público;
>
> c) *afastar ou procurar afastar* licitante, por meio de fraude ou oferecimento de vantagem de qualquer tipo;
>
> d) *fraudar* licitação pública ou contrato dela decorrente;
>
> e) *criar, de modo fraudulento ou irregular*, pessoa jurídica para participar de licitação pública ou celebrar contrato administrativo;
>
> f) *obter vantagem ou benefício indevido, de modo fraudulento*, de modificações ou prorrogações de contratos celebrados com a administração pública, sem autorização em lei, no ato convocatório da licitação pública ou nos respectivos instrumentos contratuais; ou
>
> g) *manipular ou fraudar* o equilíbrio econômico-financeiro dos contratos celebrados com a administração pública;

A fiscalização sobre as condutas elencadas está alcançada pelas competências do controle externo, como as de julgar as contas daqueles que derem causa a perda, extravio ou outra irregularidade de que resulte prejuízo ao erário público (artigo 71, inciso II) e de aplicar aos responsáveis, em caso de ilegalidade de despesa ou irregularidade de contas, as sanções previstas em lei, que estabelecerá, entre outras cominações, multa proporcional ao dano causado ao erário (artigo 71, inciso VIII).

Por outro lado, a função de controle interno tem outro desenho no artigo 74 da Constituição de 1988. Em primeiro lugar, cabem ao sistema de controle interno a avaliação e o monitoramento sobre os seguintes dados:

    a) cumprimento das metas previstas no plano plurianual e a execução dos programas de governo e dos orçamentos públicos;

    b) os resultados, a eficácia e a eficiência da gestão orçamentária, financeira e patrimonial nos órgão e entidades públicas.

Em segundo lugar, o controle interno verifica a conformidade:

    a) da gestão orçamentária, financeira e patrimonial nos órgãos e entidades públicas e da aplicação de recursos públicos por entidades de direito privado;

    b) das operações de crédito, avais e garantias, bem como dos direitos e haveres da entidade federada.

Por fim, a Constituição obrigou o controle interno a apoiar o controle externo. Neste sentido, o artigo 74, parágrafo 1º, estabeleceu ao controle interno o dever de comunicação de irregularidade ou ilegalidade aos Tribunais de Contas, sob pena de responsabilidade solidária.

Da conjugação dos incisos com o parágrafo 1º do art. 74, verifica-se que o controle interno tem competências limitadas quanto ao tratamento de atos lesivos à administração pública. Pelo texto constitucional, caberia ao controle interno uma função de monitoramento de metas e resultados e de vigilância sobre a conformidade dos atos praticados no âmbito da gestão pública e, por conseguinte, a comunicação dos fatos ao controle externo quando verificada ilegalidade.

O texto constitucional contém zonas de sobreposição entre as competências do Tribunal de Contas e do controle interno, por exemplo, em relação ao controle de legalidade de atos de gestão pública orçamentária, financeira e patrimonial. No entanto, a Constituição optou por reservar ao controle interno uma atuação voltada para a vigilância das práticas, sem transbordar para a fixação de responsabilidade e sanção, principalmente quando se tratar de agentes privados, como ocorre na Lei nº 12.846/2013.

Logo, caberia aos Tribunais de Contas a apuração da responsabilidade administrativa.

Essa possibilidade ainda passa por duas questões jurídicas que enfrentaremos a seguir. Os Tribunais de Contas podem apurar, processar e sancionar pessoas jurídicas de direito privado? Eles podem usar a lei em estudo como referencial para sua atividade fiscalizatória, inclusive usando os seus institutos como sanções e acordo?

3 A competência dos Tribunais de Contas sobre pessoas jurídicas de direito privado

A possibilidade de os Tribunais de Contas julgarem e sancionarem pessoas jurídicas de direito privado é matéria controvertida. Para ilustrar, o Tribunal de Contas da União (TCU), no Acórdão nº 11.842/2016 de relatoria da Ministra Ana Arraes, enumerou os seguintes entendimentos, coletados pelo Ministério Público de Contas que atuou no processo:

a) Julgamento de contas de terceiro contratado sem a participação de agente público no dano ao erário (Acórdãos 2.677/2013, 2.545/2013, 2.056/2013, 1.680/2013, 946/2013, todos do Plenário; Acórdão 2.600/2014, 355/2014, 7.524/2013, todos da 2ª Câmara e Acórdão 2499/2004-TCU-Primeira Câmara);

b) Julgamento de contas de terceiro contratado com a participação de agente público no dano ao erário, em solidariedade (Acórdãos 2.465/2014, 1.929/2014, 790/2014, 3.350/2012, todos do Plenário; Acórdãos 3.557/2014, 4.922/2013, 2.301/2013, 1.744/2011, todos da 2ª Câmara e Acórdão 2504/2014-TCU-Primeira Câmara);

c) Condenação em débito apenas de terceiros contratado, sem julgamento de suas contas, mas com julgamento pela irregularidade das contas dos agentes públicos, que não participarem do dano ao Erário (Acórdão 2807/2013-TCU-Plenário);

d) Condenação em débito apenas do terceiro contratado, sem julgamento de suas contas, mas com julgamento pela regularidade com ressalva das contas dos agentes públicos (Acórdão 3246/2013-TCU-Plenário);

e) Impossibilidade de julgamento de contas de terceiro contratado, mas com condenação em débito em solidariedade com agente público e julgamento de contas irregulares apenas do agente público (Acórdãos 2.663/2010, 398/2010, 1.072/2009, 382/2008, 640/2006, todos do Plenário; Acórdãos 5.809/2014, 5.796/2014, 4.227/2010, 4.750/2009, todos da 2ª Câmara)

Diante da diversidade de entendimentos, o TCU instaurou incidente de uniformização de jurisprudência para definir se teria competência para julgar agente privado e apreciou a questão no Acórdão nº 321/2019, assim ementado:

> INCIDENTE DE UNIFORMIZAÇÃO DE JURISPRUDÊNCIA COM O OBJETIVO DE DIRIMIR DIVERGÊNCIA DE ENTENDIMENTOS A RESPEITO DA COMPETÊNCIA DO TCU PARA JULGAR CONTAS DE TERCEIROS PARTICULARES QUE CAUSEM DANO AO ERÁRIO. FIXAÇÃO DE ENTENDIMENTO SOBRE O ASSUNTO.
>
> Compete ao TCU, de acordo com as disposições dos artigos 70, parágrafo único, e 71, inciso II, da Constituição de 1988 c/c os artigos 5º, inciso II, 16, § 2º, e 19 da Lei 8.443/1992 e o artigo 209, § 6o, do Regimento Interno, julgar as contas de pessoa física ou jurídica de direito privado que causarem dano ao erário, independentemente da coparticipação de servidor, empregado ou agente público, desde que as ações do particular contrárias ao interesse público derivem de ato ou contrato administrativo sujeitos ao Controle Externo.[2]

Extrai-se do acórdão que o requisito para a competência do TCU é que o vínculo do agente privado decorra de (i) ato da administração regido pelo direito privado (ato de gestão), (ii) ato administrativo em sentido estrito ou (iii) contrato da administração, em regime de direito público ou privado, que se relacione à gestão da coisa pública.

O Supremo Tribunal Federal (STF) compartilha desse entendimento. A Corte enfrentou questionamento sobre a possibilidade de pessoas físicas e jurídicas de direito privado figurarem no polo passivo de tomada de contas especial em tramitação no TCU, sob o argumento de que a competência prevista no art. 71 apenas alcançaria agentes públicos, e não particulares, ainda que com vínculo jurídico com a administração pública, como em processos de licitação e em contratos administrativos.

A Primeira Turma, por maioria, vencido apenas o ministro Marco Aurélio, denegou a segurança e assentou que a origem pública e federal dos recursos públicos envolvidos definiria a competência do TCU, e não a natureza dos agentes que atuaram no contexto fático examinado.

---

[2] BRASIL – TCU – Plenário – Acórdão nº 321/2019 – Relatora Ministra ANA ARRAES – Sessão 20 fev. 2019.

Mandado de segurança. Competência do Tribunal de Contas da União. Inclusão dos impetrantes em processo de tomada de contas especial. Responsabilidade solidária. Ressarcimento ao erário. Ilegalidade e abuso de poder não configurados. Denegação da segurança.

1. Ao auxiliar o Congresso Nacional no exercício do controle externo, compete ao Tribunal de Contas da União a relevante missão de julgar as contas dos administradores e dos demais responsáveis por dinheiros, bens e valores públicos da administração direta e indireta, incluídas as fundações e sociedades instituídas e mantidas pelo Poder Público federal, e as contas daqueles que derem causa a perda, extravio ou outra irregularidade de que resulte prejuízo ao erário (art. 71, II, da Constituição Federal).

2. Compete à Corte de Contas da União aplicar aos responsáveis, em caso de ilegalidade de despesa ou irregularidade de contas, as sanções previstas em lei, que estabelece, entre outras cominações, multa proporcional ao dano causado ao Erário (art. 71, VIII, da Constituição Federal).

3. Em decorrência da amplitude das competências fiscalizadoras da Corte de Contas, tem-se que não é a natureza do ente envolvido na relação que permite, ou não, a incidência da fiscalização da Corte de Contas, mas sim a origem dos recursos envolvidos, conforme dispõe o art. 71, II, da Constituição Federal

4. Denegação da segurança.[3]

Por fim, o Supremo Tribunal Federal julgou o MS nº 30.788/MG,[4] em que foi questionado acórdão do TCU que impôs à pessoa jurídica de direito privado a sanção de declaração de inidoneidade diante de condutas de uso de notas fiscais e atestados de capacitação técnica falsos perante autoridade pública que conduzia licitação. A principal tese do mandado de segurança em relação ao objeto desse texto foi a incompetência do TCU para impor declaração de inidoneidade diante da regra legal superveniente constante do art. 87, IV e §3º, da Lei Federal nº 8.666/1993, que atribuía essa competência exclusivamente ao ministro de Estado ou secretário estadual ou municipal.

O relator, ministro Marco Aurélio, compreendeu que o art. 46 da lei de 1992 havia transbordado os limites do art. 71 da CR/88, por permitir a imposição de sanção a particular não autorizada pela Constituição. Em suas palavras:

---

[3] BRASIL. Supremo Tribunal Federal. Mandado de Segurança nº 24379 – Primeira Turma – Relator: Dias Toffoli – Publicação: 8 jun. 2015.
[4] BRASIL – STF – MS 30788 – Tribunal Pleno – Relator: Marco Aurélio – Redator do acórdão: Min. ROBERTO BARROSO – Publicação: 4 ago. 2015.

O artigo 46 da Lei nº 8.443/92, além de importar em aditamento ao rol de atribuições do Tribunal de Contas da União contido na Carta da República, atropelando a própria Administração Pública, no que prevista a competência exclusiva do Ministro de Estado, do Secretário Estadual ou Municipal para declaração de inidoneidade, veio a aditar, até mesmo, o período de ocorrência de efeitos do fenômeno.

Porém, prevaleceu o voto do ministro Roberto Barroso, que reconheceu a constitucionalidade do art. 46 da lei do TCU e denegou a ordem, como registrado na ementa:

> MANDADO DE SEGURANÇA. DIREITO CONSTITUCIONAL E ADMINISTRATIVO. TRIBUNAL DE CONTAS. DEVIDO PROCESSO LEGAL. SANÇÃO DE INIDONEIDADE.
>
> 1. Em processo administrativo no âmbito do Tribunal de Contas, é válida a comunicação por edital depois de tentativa frustrada de comunicação postal (Lei nº 8.443/1992, art. 23, III).
>
> 2. É constitucional o art. 46 da Lei nº 8.443/1992, que institui sanção de inidoneidade a particulares por fraude a licitação, aplicável pelo TCU. Precedente: Pet 3.606 AgR, Rel. Min. Sepúlveda Pertence.
>
> 3. Ordem denegada.

Do voto vencedor, extrai-se o seguinte trecho que sintetiza a tese:

> Assim, o art. 46 da Lei nº 8.443/1992 – que institui sanção de inidoneidade por "fraude comprovada à licitação" –, encontra fundamento de validade nas previsões constitucionais que autorizam a lei a prever penalidades aplicáveis pelo TCU a pessoas físicas e jurídicas que recebam recursos públicos, independentemente da sua natureza pública ou privada.

Logo, a jurisprudência do Tribunal de Contas da União e do Supremo Tribunal Federal reconhece a competência dos Tribunais de Contas sobre as pessoas jurídicas de Direito Privado.

4 Parâmetros legais da competência sancionatória dos Tribunais de Contas

Em seguida, é necessário verificar se caberia aos Tribunais de Contas realizar controle de conformidade de condutas em relação a leis além daquela que disciplina sua organização.

Cada Tribunal de Contas brasileiro é regido por norma que define a sua organicidade, as suas competências, as regras processuais, as sanções e as hipóteses de incidência. Cite-se a Lei nº 8.443/1992, a lei orgânica do Tribunal de Contas da União, cujo artigo 58 estabelece um rol de tipos abertos passíveis de multa, como a prática de ato com grave infração à norma legal ou regulamentar de natureza contábil, financeira, orçamentária, operacional e patrimonial ou ainda a prática de ato de gestão ilegítimo ou antieconômico de que resulte injustificado dano ao erário.

As duas hipóteses trazidas demonstram que os Tribunais de Contas necessitam de outros parâmetros normativos para realizar o juízo de adequação típica sobre as condutas de agentes públicos e privados. Eles atuam na fiscalização de toda a administração pública sob sua jurisdição de acordo as normas que disponham sobre a gestão pública nos aspectos financeiro, orçamentário, operacional e patrimonial, como destacado na Constituição de 1988.

Esse modelo legal possibilita que os Tribunais de Contas verifiquem o cumprimento das normas, como, por exemplo, as regras constitucionais, as leis de licitações e contratações públicas (Leis nº 8.666/1993, 10.520/2002, 12.462/2011, 14.133/2021), de consórcios públicos (Lei nº 11.107/2005), de contratações com o terceiro setor (Lei nº 13.019/2014), de responsabilidade fiscal (Leis Complementares nº 101/2000, 164/2018, 173/2020, 176/2020, 177/2021, 178/2021) e de receita e despesas públicas (Lei nº 4.320/1964).

Tais leis estabelecem regras de conduta para os agentes, órgãos e entidades públicas com tipos de infrações administrativas e sanções. Um exemplo é a Lei nº 14.133/2021, que estabelece um rol de condutas típicas e sanções nos artigos 155 e 156. No artigo 155, XII, há menção aos atos lesivos previstos no artigo 5º da Lei nº 12.846/2013, caracterizando-os também como ilícitos na lei de licitações e contratos.

Os Tribunais de Contas podem usar esses parâmetros normativos para preencher os tipos abertos de grave infração à norma legal ou regulamentar de natureza contábil, financeira, orçamentária, operacional e patrimonial ou de ato de gestão ilegítimo ou antieconômico de que resulte injustificado dano ao erário, previstos na sua lei orgânica.

Entretanto, o exercício dessa competência fiscalizatória e sancionatória deve ocorrer de forma subsidiária à atuação do controle interno, pois os tipos legais que a justificam foram construídos com conteúdo da Lei nº 12.846/2013. Essa restrição visa impedir que haja atuação dos órgãos de controle em duplicidade sobre responsabilidade administrativa decorrente de um mesmo fato e que ocorra a dupla punição de uma pessoa jurídica ou física, em violação ao princípio constitucional implícito do *ne bis in idem*.

5 As fragilidades do modelo de descentralização federativa da Lei nº 12.846/2013

O modelo criado pela Lei nº 12.846/2013 pode tornar a atividade de controle menos eficiente e até inviabilizada. A lei estabeleceu balizas que podem ser utilizadas pela União, pelos estados e pelos municípios. Diante de sua heterogeneidade, o universo municipalista apresenta os maiores desafios para a implementação do controle.

Em primeiro lugar, os municípios enfrentam dificuldades na formação de um corpo de servidores efetivos para atuar no controle interno. Essa função exige um mínimo de autonomia para monitorar, auditar, processar e sancionar e não deveria ser delegada a agentes públicos ocupantes de cargos em comissão.

Em segundo lugar, há um déficit técnico dos agentes públicos municipais para a aplicação da Lei nº 12.846/2013, pois a maioria dos municípios brasileiros não tem estruturação administrativa suficiente para realizar a função de controle interno.

Em terceiro lugar, o controle interno dos municípios está próximo aos fatos, o que favorece o conhecimento e a reunião de elementos para a reconstituição do contexto. No entanto, essa proximidade pode prejudicar o exercício das funções de processamento, julgamento e eventual sanção, pois tais atividades exigem distanciamento mínimo dos agentes públicos responsáveis sobre o contexto fático em que ocorreram as condutas.

Os Tribunais de Contas amenizam essas fragilidades, pois incrementam o perfil técnico dos agentes públicos responsáveis pela fiscalização e concentram em uma entidade pública autônoma o julgamento dos fatos.

Na responsabilidade administrativa por ato lesivo à administração pública, os Tribunais de Contas se apresentam como órgão com perfil institucional consolidado, com rol de competências constitucionais compatíveis com a finalidade da Lei nº 12.846/2013, estruturados com agentes públicos ocupantes de cargos efetivos, que reúnem os atributos para realizar o processamento, julgamento e sanção a partir da comunicação dos fatos potencialmente ilícitos pelos controles internos de acordo com o comando constitucional do art. 74, §1º.

Portanto, propomos que os Tribunais de Contas possam utilizar como parâmetro normativo a Lei nº 12.846/2013 na fiscalização das graves infrações à lei e ao regulamento na investigação de fatos potencialmente lesivos à administração pública, no processamento, no julgamento, na assinatura de acordos e na aplicação de sanção, quando não houver a atuação do controle interno.

Conclusão

A Lei nº 12.846/2013 criou um modelo de responsabilidade administrativa de pessoas jurídicas de Direito Privado por atos lesivos à administração pública nacional e estrangeira. A inspiração foi o sistema brasileiro de defesa da concorrência, protagonizado pelo Conselho Administrativo de Defesa Econômica – CADE, com atuação preventiva, repressiva e consensual.

O legislador estabelece um rol de fatos típicos relacionados à licitação e contratação pública (artigo 5º, IV) que ensejam a atuação da autoridade máxima do órgão ou entidade pública ou, concorrentemente, o controle interno, nas atividades de instauração, processo, julgamento, acordo e sanção.

A Constituição de 1988 descreve as competências dos Tribunais de Contas e do controle interno. Atribui aos tribunais a fiscalização contábil, financeira, orçamentária, operacional e patrimonial, autorizando-os a julgar contas dos responsáveis por bens e valores públicos e daqueles que causarem prejuízo ao erário, fixar prazo para que órgão ou entidade cesse a ilegalidade e aplicar as sanções previstas em lei. As licitações e os contratos públicos são objetos de fiscalização pelos Tribunais de Contas

Por outro lado, o controle interno teve suas competências delimitadas em torno das funções de avaliação e monitoramento, de controle da conformidade e de apoio ao controle externo. O artigo 74, §1º, da CR/88 determina o dever dos responsáveis pelo controle interno de dar ciência ao Tribunal de Contas sobre irregularidade ou ilegalidade, sob pena de responsabilidade solidária.

Nesse sentido, não caberia ao controle interno as funções estabelecidas na Lei nº 12.846/2013, de instauração, processo, julgamento, sanção e acordo. Tais atividades públicas são harmônicas com a competência exercida pelos Tribunais de Contas.

Essa interpretação é desafiada pela discussão sobre a competência dos Tribunais de Contas sobre as pessoas jurídicas de Direito Privado.

O Tribunal de Contas da União uniformizou seu entendimento pelo reconhecimento da competência quando o vínculo do agente privado decorrer de: (i) ato da administração regido pelo Direito Privado (ato de gestão); (ii) ato administrativo em sentido estrito; (iii) contrato da administração, em regime de Direito Público ou Privado, que se relacione à gestão da coisa pública. O Supremo Tribunal Federal tem chancelado acórdãos do TCU que fiscalizam e impõem sanções a agentes privados no âmbito das licitações e contratos públicos.

Outro desafio é a definição do parâmetro normativo de conformidade usado pelos Tribunais de Contas. Concluímos que os tipos abertos previstos nas leis orgânicas – grave infração à lei ou regulamento ou ato de gestão ilegítimo ou antieconômico – poderiam ser completados com conteúdo fixado em outras leis que tratassem de matéria que fosse competência dos Tribunais de Contas. O artigo 5º, inciso IV, da Lei nº 12.846/2013 elenca hipóteses de atos ilícitos relacionados a licitações e contratos públicos e pode servir de base normativa para a atuação dos Tribunais de Contas.

Além de ter maior sintonia com o controle externo, o modelo de fiscalização prevista na Lei nº 12.846/2013 apresenta fragilidades ao ser aplicado pelos municípios, em virtude das relevantes diferenças entre os entes da federação.

Em primeiro lugar, os municípios enfrentam dificuldades na formação de um corpo de servidores efetivos para atuar no controle interno. Em segundo lugar, há um déficit técnico dos agentes públicos municipais para a aplicação da Lei nº 12.846/2013, derivado da estruturação administrativa insuficiente. Em terceiro lugar, o controle interno dos municípios está próximo aos fatos, o que pode prejudicar o exercício das funções de processamento, julgamento e eventual sanção, pois tais atividades exigem distanciamento mínimo dos agentes públicos responsáveis sobre o contexto fático em que ocorreram as condutas.

Propomos que os Tribunais de Contas possam fiscalizar pessoas físicas ou jurídicas, públicas ou privadas, de acordo com os parâmetros do artigo 5º, inciso IV, da Lei nº 12.846/2013 sempre que as autoridades nela previstas não tiverem agido para o cumprimento da norma.

Referências

BRASIL. Câmara dos Deputados. Mensagem nº 52/2010, disponível em: https://www.camara.leg.br/proposicoesWeb/prop_mostrarintegra?codteor=735505&filename=MSC%2052/2010%20=%3E%20PL%206826/2010.

BRASIL. Tribunal de Contas da União. Acórdão nº 321/2019 – Plenário – Relatora Ministra ANA ARRAES – Sessão 20 fev. 2019.

BRASIL. Supremo Tribunal Federal. Mandado de Segurança nº 24379 – Primeira Turma – Relator: Dias Toffoli – Publicação: 8 jun. 2015.

BRASIL. Supremo Tribunal Federal. Mandado de Segurança nº 30788 – Tribunal Pleno – Relator: Marco Aurélio – Redator do acórdão: Min. ROBERTO BARROSO – Publicação: 4 ago. 2015.

Informação bibliográfica deste texto, conforme a NBR 6023:2018 da Associação Brasileira de Normas Técnicas (ABNT):

GUIMARÃES, Daniel de Carvalho. A Lei nº 12.846/2013 e a competência dos Tribunais de Contas. *In*: FORTINI, Cristiana; PIRES, Maria Fernanda Veloso; CAVALCANTI, Caio Mário Lana (coord.). *Integridade e contratações públicas*: reflexões atuais e desafios. Belo Horizonte: Fórum, 2024. p. 125-138. ISBN 978-65-5518-708-3.

A RESPONSABILIZAÇÃO ADMINISTRATIVA POR ATOS DE CORRUPÇÃO PRATICADOS POR LICITANTES E CONTRATADOS À LUZ DA LEI Nº 14.133/2021

DANIEL MARCHIONATTI BARBOSA

WESLEY ROBERTO QUEIROZ COSTA

Introdução

Em sentido amplo, a corrupção pode ser definida como o "abuso de um poder confiado [ou confiança] para o ganho privado".[1] Em síntese, qualquer abuso de confiança para satisfazer interesse próprio pode ser definido como corrupção. Nesse conceito não jurídico, mesmo práticas restritas ao setor privado podem ser enquadradas como corrupção.

No Brasil, a legislação usa o termo "corrupção" de forma mais estrita, associando-a ao pagamento de vantagem indevida a funcionário público. A Lei Anticorrupção usa a nomenclatura "ato lesivo" para definir a corrupção em sentido estrito (art. 5º, I) e os demais atos equiparados (art. 5º, incisos II a V).

No âmbito do Direito Penal, há exigências adicionais para a configuração da corrupção: exige-se uma relação mais direta com a função pública ou com ato de ofício a ser praticado ou omitido pelo funcionário público. Do lado do corruptor, a corrupção é a oferta, promessa ou pagamento de vantagem indevida ao agente público. É a chamada corrupção ativa, prevista no art. 333 do Código Penal.

---

[1] ROSE-ACKERMAN, Susan; PALIFKA, Bonnie. *Corruption and government*: causes, consequences, and reform. 2. ed. Cambridge: Cambridge University Press, 2016.

Já a corrupção passiva corresponde ao lado do agente público dessa transação ilícita. É solicitação, aceite ou recebimento da vantagem indevida e está prevista no art. 317 do Código Penal.

São diversos os atores nesse cenário (corrupto e corruptor, pessoas físicas e jurídicas), cada um podendo sofrer diferentes desfechos. Cada tipo de responsabilidade tem seus próprios requisitos (dolo, culpa, responsabilidade objetiva); pode gerar diferentes sanções (desde a prisão à reparação do dano e passando por multa, perda do cargo público e restrições de direitos) e segue seu próprio rito (que pode ser administrativo ou judicial, cível ou criminal).

Especificamente em relação aos atos de corrupção praticados no contexto das contratações públicas, a responsabilização administrativa pode ser de mais de uma ordem.

O funcionário público corrompido está sujeito à responsabilidade disciplinar, a qual se baseia na intenção ou na culpa (responsabilidade subjetiva), que pode levar a penas disciplinares – no caso da corrupção, são cabíveis as sanções mais graves, que acarretam o rompimento do vínculo entre servidor e administração. Assim, a corrupção pode ocasionar as penas de demissão, cassação da aposentadoria e destituição do cargo.

O funcionário público também está sujeito à improbidade administrativa, cumulada com a responsabilidade disciplinar. A corrupção configura improbidade administrativa grave, que importa enriquecimento ilícito, na forma do art. 9º da Lei de Improbidade. A improbidade é reconhecida em ação judicial, movida pelo Ministério Público, e pode levar à "perda dos bens ou valores acrescidos ilicitamente ao patrimônio, perda da função pública, suspensão dos direitos políticos até 14 (catorze) anos, pagamento de multa civil equivalente ao valor do acréscimo patrimonial e proibição de contratar com o poder público ou de receber benefícios ou incentivos fiscais ou creditícios, direta ou indiretamente, ainda que por intermédio de pessoa jurídica da qual seja sócio majoritário, pelo prazo não superior a 14 (catorze) anos" (art. 12, inciso I, da Lei de Improbidade Administrativa).

Ainda no contexto da responsabilização administrativa, prevê a Lei Anticorrupção que é possível a aplicação de sanções à pessoa jurídica corruptora, independentemente de culpa (responsabilidade objetiva), conforme dispõe o art. 2º da citada lei. Essa responsabilidade pode ser apurada administrativamente, por um processo administrativo denominado "Processo de Apuração de Responsabilidade (PAR)", que pode resultar em aplicação de multa, entre 0,1% e 20% do faturamento bruto anual da pessoa jurídica (art. 6º). Já na esfera judicial, em ação cuja legitimidade é atribuída ao Ministério Público ou ao ente público envolvido, podem ser buscadas a reparação do dano, a perda de bens e até mesmo a desconstituição da pessoa jurídica (art. 19).

Por fim, o ato de corrupção pode ensejar, ainda, a responsabilização administrativa prevista na Lei nº 14.133/2021, também efetivada por meio de Processo Administrativo de Responsabilização (PAR), a ser instaurado pelo próprio órgão ou entidade contratante.

Nesse contexto, pretende-se, por meio deste trabalho, desenvolver estudo acerca das nuances da responsabilização administrativa por atos de corrupção, com ênfase nas disposições sancionatórias estabelecidas pela nova Lei de Licitações e Contratos Administrativos.

1 O ato de corrupção como ilícito administrativo no contexto das contratações públicas

No âmbito do Direito Administrativo Sancionador, define-se o "ato ilícito" como o comportamento violador da norma jurídico-administrativa capaz de ensejar, para aquele que o pratica (ou para o responsável pela infração), a aplicação de sanção administrativa.[2]

Por sua vez, a sanção administrativa é a consequência última – mas não exclusiva – do ilícito administrativo, aplicada no exercício da função administrativa. Conforme destaca Marçal Justen Filho, trata-se de medida de caráter repressivo, aflitivo com a finalidade precípua de desestimular a prática do comportamento reprovável.[3]

Semelhantemente, leciona Valter Shuenquener de Araujo que a sanção administrativa "não tem o caráter retributivo como o seu objetivo principal", visto que possui propósito "regulatório, ordenador e de estímulo a determinados comportamentos".[4]

---

[2] FERREIRA, Daniel; HARGER, Marcelo (coord.). *Aspectos polêmicos sobre a nova Lei de Licitações e Contratos Administrativos*: Lei nº 14.133/2021. Belo Horizonte: Fórum, 2022.

[3] JUSTEN FILHO, Marçal apud FERREIRA, Daniel; HARGER, Marcelo (coord.). *Aspectos polêmicos sobre a nova Lei de Licitações e Contratos Administrativos*: Lei nº 14.133/2021. Belo Horizonte: Fórum, 2022.

[4] ARAUJO, Valter Shuenquener de. Direito Administrativo Sancionador no Brasil: Uma contribuição para a efetividade dos direitos fundamentais. *In*: ARABI, Abhner Youssif Mota; MALUF, Fernando; MACHADO NETO, Marcello Lavenère (coord.). *Constituição da República 30 anos depois: uma análise prática da eficiência dos direitos fundamentais*: estudos em homenagem ao Ministro Luiz Fux. Belo Horizonte: Fórum, 2019, p. 435-448.

A nova Lei de Licitações e Contratos Administrativos (Lei nº 14.133/2021) estabelece uma série de mecanismos destinados a prevenir que a corrupção ocorra no âmbito das contratações públicas. Dentre eles, pode-se mencionar: o estabelecimento de deveres e proibições ao agente público designado para atuar na área de licitações e contratos (art. 9º); restrições de participação de determinadas pessoas em certames licitatórios (art. 14); a exigência de implantação de programa de integridade pelo licitante vencedor, nas contratações de obras, serviços e fornecimentos de grande vulto (art. 25, §4º); o desenvolvimento de programa de integridade como critério de desempate em licitações (art. 60, inciso IV); etc.

No entanto, mesmo com a prevenção, nem todas as infrações são evitadas. Assim, praticado o ato de corrupção, surge para o infrator ou para a pessoa jurídica responsável pela infração a possibilidade de responsabilização administrativa.

Dentre os requisitos necessários à responsabilização administrativa prevista na Lei nº 14.133/2021, destaca-se, inicialmente, que o comportamento capaz de caracterizar o ilícito administrativo deve corresponder, necessariamente, a uma conduta humana (ação ou omissão) voluntária.

Neste ponto, cumpre esclarecer que a voluntariedade – que deve estar presente inclusive nas infrações de natureza culposa – não se confunde com a vontade (que é elemento essencial do comportamento doloso). Com efeito, a voluntariedade é a característica do comportamento que é dirigido pelo agente praticante (ações ou omissões humanas controladas pelo sistema nervoso somático). Diferentemente, a vontade é o elemento subjetivo da conduta voluntária (está relacionada à intenção, ao querer do sujeito).

Ou seja, nas infrações culposas não há vontade do agente de ofender a norma jurídica. No entanto, mesmo nas infrações culposas, é imprescindível que haja voluntariedade, sob pena de inexistir o próprio comportamento que a norma buscou coibir por meio da sanção.

Nesse contexto, discute-se se as infrações administrativas previstas na Lei nº 14.133/2021 dependeriam da presença do elemento subjetivo (culpa *lato sensu*) ou se poderiam estar configuradas a partir da mera voluntariedade. Sobre o assunto, aduz Daniel Ferreira que:

> Em regra – e ainda que grasse vicejante divergência –, as infrações no âmbito administrativo independem do elemento subjetivo, ou seja, se apresentam como configuradas a partir da mera voluntariedade.

Conquanto seja assim, pode a lei estipular em contrário. Por conta disto, as infrações podem ser classificadas de duas maneiras. São objetivas aquelas infrações administrativas de mera voluntariedade, para as quais normativamente não se exige o dolo ou a culpa. São subjetivas aquel'outras para as quais o autor do ilícito tenha operado com dolo ou culpa (esta em qualquer dos seus graus) e seja assim relevante por força de lei. Dolosas são as que se realizam mediante livre e deliberada intenção do sujeito na realização do resultado administrativamente reprovável. Finalmente, dizem-se culposas as infrações formais ou materiais que assim se concretizaram à margem da específica intenção do infrator, mas por falta de dever de cuidado (por negligência, imprudência ou imperícia). A importância [...] desta classificação é patente, porque única apta a explicar (a constitucionalidade de) as sanções objetivas, através das quais se impõem, indistintamente a todos, uma igualmente fixa consequência jurídica, sempre desfavorável, pela simples violação da norma de conduta.[5]

Com a devida vênia ao entendimento explicitado pelo referido autor, não há como concordar com tal posicionamento, pelo menos não no contexto da responsabilização administrativa por infrações previstas na Lei nº 14.133/2021.

O regime jurídico peculiar das licitações e dos contratos administrativos, marcado pelos princípios da supremacia do interesse público e da indisponibilidade do interesse público, não é capaz de afastar a incidência, ainda que supletiva, do regime jurídico de direito privado, em especial da teoria geral da responsabilidade civil (especialmente da responsabilidade civil contratual), a qual, por expressa previsão legal, é aplicável às contratações públicas (art. 54, *caput*, da Lei nº 8.666/1993 e art. 89, *caput*, da Lei nº 14.133/2021).

Dessa forma, compreende-se que as noções gerais de responsabilidade civil são aplicáveis aos contratos administrativos e, por consequência, às infrações administrativas eventualmente praticadas pelo licitante ou contratado, de modo que, para caracterização do ilícito, deve-se exigir, como regra – assim como ocorre no Direito Privado –, a comprovação do elemento subjetivo (culpa *lato sensu*).

Nesse sentido, aduz Marçal Justen Filho – citando Franck Moderne – que:

---

[5] FERREIRA, Daniel. *Teoria geral da infração administrativa a partir da Constituição Federal de 1988*. Belo Horizonte: Fórum, 2009. p. 198-199.

A regra é, então, que a repressão, como a repressão penal, obedece ao princípio da culpabilidade e que as sanções administrativas, como as sanções penais, não podem ser infligidas sem que o comportamento pessoal do autor da infração não tenha revelado uma culpa, intencional ou de negligência.[6]

Corrobora esse posicionamento o disposto no art. 408 do Código Civil, aplicável supletivamente aos contratos administrativos, segundo o qual a incidência da cláusula penal pressupõe a atuação culposa do devedor que nela incorrer.

Há de se considerar, evidentemente, que a lei pode, em determinadas situações, inverter o ônus da prova da culpa, como ocorre nos casos de inadimplemento contratual, em que se presume a culpa do devedor inadimplente. Nesses casos, cabe à parte prejudicada demonstrar, apenas, que houve o inadimplemento, incumbindo àquele que descumpriu a obrigação contratual o ônus de comprovar a isenção de culpa em relação à mora (inadimplemento relativo) ou em relação à inexecução (inadimplemento absoluto).

Nessa linha, o art. 399 do Código Civil dispõe que "o devedor em mora responde pela impossibilidade da prestação, embora essa impossibilidade resulte de caso fortuito ou de força maior, se estes ocorrerem durante o atraso; salvo se provar isenção de culpa, ou que o dano sobreviria ainda quando a obrigação fosse oportunamente desempenhada".[7]

Salienta-se que o mencionado dispositivo legal, ao referir-se à "prova da isenção de culpa", diz respeito à isenção de culpa em relação à mora e não em relação ao evento fortuito ou de força maior que deu causa à impossibilidade da prestação.

Também ocorre inversão do ônus da prova da culpa nas hipóteses em que a lei veda a prática de determinado comportamento pelos licitantes ou contratados e comina sanção administrativa para a hipótese de sua violação (*e.g.*: o licitante não celebra o contrato ou não entrega a documentação exigida para a contratação, quando convocado dentro do prazo de validade de sua proposta: art. 155, inciso VI, da Lei nº 14.133/2021).

---

[6] MODERNE, Franck *apud* JUSTEN FILHO, Marçal. *Comentário à Lei de Licitações e Contratações Administrativas:* Lei 14.133/2021. São Paulo: Thomson Reuters Brasil, 2021.

[7] BRASIL. *Lei nº 10.406, de 10 de janeiro de 2002.* Código Civil. Brasília, 10 de janeiro de 2002. Disponível em: http://www.planalto.gov.br/ccivil_03/leis/2002/l10406compilada.htm. Acesso em: 19 abr. 2023.

Nesses casos, afigura-se possível que o licitante demonstre isenção de culpa em relação ao comportamento violador da norma, hipótese em que deve ser afastada a aplicação da penalidade.

Incide, portanto, a tese da culpa contra a legalidade (ou culpa da legalidade), segundo a qual se presume a culpa do agente que descumprir frontalmente obrigação legal ou regulamentar.

Por oportuno, transcreve-se a seguir a lição de Flávio Tartuce acerca das concepções doutrinárias sobre a tese da culpa contra a legalidade:

> [...] Surge, diante da violação das regras de trânsito, a concepção da culpa contra a legalidade, presente todas as vezes em que for flagrante o desrespeito a uma determinada norma jurídica. Desse modo, haverá culpa contra a legalidade nas situações em que a violação de um dever jurídico resulta claramente do não atendimento da lei. Reitere-se que, entre os civilistas clássicos, Wilson Melo da Silva pontifica sobre a categoria que "tão somente que o fato do desrespeito ou da violação de uma determinação regulamentar implicaria, per si, independente do mais, uma verdadeira culpa, sem necessidade da demonstração, quanto a ela, de ter havido por parte do agente, qualquer imprevisão, imprudência, etc. O só fato da transgressão de uma norma regulamentar, materializaria, assim, uma culpa *tout court*. [...] Entre os contemporâneos, segundo Carlos Roberto Gonçalves, "a teoria chamada 'contra a legalidade' considera que a simples inobservância de regra expressa em lei ou em regulamento serve para configurar a culpa do agente, sem a necessidade de outras indagações. Para Sérgio Cavalieri Filho, a mera infração da norma regulamentar é fator determinante da responsabilidade civil, uma vez que cria em desfavor do agente uma presunção de ter agido culposamente, incumbindo-lhe o difícil ônus de provar o contrário. [...] como pontuado no Capítulo 4 deste livro, inverte-se o ônus da prova, pois o réu, o suposto causador do acidente de trânsito, é quem passa a ter o dever de provar que não agiu com culpa, diante da norma supostamente violada. Importante esclarecer que se trata de uma culpa presumida ou iuris tantum, que admite prova em sentido contrário, o que muitas vezes é debatido nos casos práticos. É cabível, ainda, a comprovação de que a violação à norma de trânsito não foi o fator determinante para a responsabilidade civil, quebrando-se o nexo de causalidade. É viável, assim, a alegação de excludentes do nexo da causalidade, como a culpa ou fato exclusivo da vítima, a culpa ou fato exclusivo de terceiro, o caso fortuito e a força maior. Em suma, o simples desrespeito da norma administrativa não acarreta, por si só, a responsabilidade civil do infrator.[8]

---

[8] TARTUCE, Flávio. *Manual de Responsabilidade Civil*. Volume Único. Rio de Janeiro: Forense. São Paulo: Método, 2018, p. 1.158-1.159.

Cabe registrar, também, que a lei pode exigir elemento subjetivo especial para a caracterização de determinada infração administrativa, hipótese em que não será suficiente para a aplicação da sanção a mera culpa *lato sensu*. É o que ocorre com os atos de corrupção, os quais podem caracterizar as infrações previstas nos incisos IX a XII do art. 155 da Lei nº 14.133/2021.

Conforme aduz Marçal Justen Filho, ao referir-se à expressão "fraude", a legislação faz alusão ao comportamento malicioso do agente, imbuído de dolo. "Não há fraude sem elemento doloso, nem mesmo a culpa grave é suficiente".[9]

Para as infrações administrativas que sejam tipificadas na Lei nº 14.133/2021 e, ao mesmo tempo, como atos lesivos na Lei Anticorrupção, há incidência cumulativa dessas normas, e os atos serão apurados e julgados conjuntamente, nos mesmos autos, observados o rito procedimental e a autoridade competente, conforme definidos nesta última lei.

Salienta-se, outrossim, que, embora se defenda a responsabilidade subjetiva para a configuração das infrações previstas na Lei nº 14.133/2021, há de se considerar que eventual penalidade administrativa deve ser aplicada à entidade licitante/contratada e não necessariamente à pessoa física que agiu dolosa ou culposamente, porquanto a culpa *lato sensu*, como pressuposto do ilícito, diz respeito aos atos da pessoa física que atua em benefício do ente coletivo.

Em outras palavras, afigura-se perfeitamente possível que a sanção administrativa recaia sobre pessoa diversa do infrator, inclusive sobre pessoa jurídica, configurando o fenômeno denominado por Marçal Justen Filho de "elemento subjetivo objetivado".[10]

Feitos tais esclarecimentos iniciais, cabe enfatizar que, no processo de responsabilização administrativa, são plenamente aplicáveis os princípios que norteiam a atuação da administração pública, notadamente os princípios da legalidade, da motivação, do devido processo legal, da proporcionalidade e da razoabilidade.

Em relação às infrações administrativas praticadas por licitantes ou contratados da administração, o princípio da legalidade assume

---

[9] JUSTEN FILHO, Marçal. *Comentário à Lei de Licitações e Contratações Administrativas*: Lei 14.133/2021. São Paulo: Thomson Reuters Brasil, 2021, p. 1.618.
[10] JUSTEN FILHO, Marçal *apud* FERREIRA, Daniel; HARGER, Marcelo (coord.). *Aspectos polêmicos sobre a nova Lei de Licitações e Contratos Administrativos*: Lei nº 14.133/2021. Belo Horizonte: Fórum, 2022.

especial relevância, visto que somente a lei em sentido formal pode tipificar infrações e cominar as sanções administrativas correlatas, sem prejuízo da (salutar) repetição de tais normas nos instrumentos convocatórios e nos contratos administrativos.

Por sua vez, o princípio da motivação, materializado no art. 50 da Lei nº 9.784/1994, impõe à Administração o dever de indicar os pressupostos de fato e de direito que ensejaram a aplicação da sanção administrativa.

O princípio do devido processo legal, por sua vez, estabelece, obrigatoriamente, à Administração, o dever de oportunizar ao licitante ou contratado, previamente à aplicação da sanção, o exercício da ampla defesa e do contraditório.

Por fim, os princípios da proporcionalidade e da razoabilidade norteiam a aplicação e dosimetria da sanção, impondo que haja adequação entre meios e fins, vedada a imposição de obrigações, restrições e sanções em medida superior àquelas estritamente necessárias ao atendimento do interesse público (art. 2º, inciso VI, Lei nº 9.784/1994).

Registra-se, por oportuno, haver outros princípios, especialmente oriundos do Direito Penal, que são aplicáveis ao Direito Administrativo Sancionador, com as devidas atenuações decorrentes das particularidades do regime jurídico administrativo.[11] Como exemplos, podem ser citados os princípios da anterioridade, da intranscendência (ou da pessoalidade), do *non bis in idem*, da consunção, entre outros.

2 Tipificação dos atos de corrupção na nova Lei de Licitações e Contratos Administrativos e as sanções administrativas aplicáveis

Os arts. 137, 155 e 162 da Lei nº 14.133/2021 e o art. 5º da Lei nº 12.846/2013 tipificam infrações administrativas que podem ser imputadas aos licitantes e contratados, nos seguintes termos:

Lei nº 14.133/2021
Art. 137. Constituirão motivos para extinção do contrato, a qual deverá ser formalmente motivada nos autos do processo, assegurados o contraditório e a ampla defesa, as seguintes situações:

---

[11] JUSTEN FILHO, Marçal. *Comentário à Lei de Licitações e Contratações Administrativas*: Lei 14.133/2021. São Paulo: Thomson Reuters Brasil, 2021.

I – não cumprimento ou cumprimento irregular de normas editalícias ou de cláusulas contratuais, de especificações, de projetos ou de prazos;

II – desatendimento das determinações regulares emitidas pela autoridade designada para acompanhar e fiscalizar sua execução ou por autoridade superior;

III – alteração social ou modificação da finalidade ou da estrutura da empresa que restrinja sua capacidade de concluir o contrato;

IV – decretação de falência ou de insolvência civil, dissolução da sociedade ou falecimento do contratado;

V – caso fortuito ou força maior, regularmente comprovados, impeditivos da execução do contrato;

VI – atraso na obtenção da licença ambiental, ou impossibilidade de obtê-la, ou alteração substancial do anteprojeto que dela resultar, ainda que obtida no prazo previsto;

VII – atraso na liberação das áreas sujeitas a desapropriação, a desocupação ou a servidão administrativa, ou impossibilidade de liberação dessas áreas;

VIII – razões de interesse público, justificadas pela autoridade máxima do órgão ou da entidade contratante;

IX – não cumprimento das obrigações relativas à reserva de cargos prevista em lei, bem como em outras normas específicas, para pessoa com deficiência, para reabilitado da Previdência Social ou para aprendiz.

Art. 155. O licitante ou o contratado será responsabilizado administrativamente pelas seguintes infrações:

I – dar causa à inexecução parcial do contrato;

II – dar causa à inexecução parcial do contrato que cause grave dano à Administração, ao funcionamento dos serviços públicos ou ao interesse coletivo;

III – dar causa à inexecução total do contrato;

IV – deixar de entregar a documentação exigida para o certame;

V – não manter a proposta, salvo em decorrência de fato superveniente devidamente justificado;

VI – não celebrar o contrato ou não entregar a documentação exigida para a contratação, quando convocado dentro do prazo de validade de sua proposta;

VII – ensejar o retardamento da execução ou da entrega do objeto da licitação sem motivo justificado;

VIII – apresentar declaração ou documentação falsa exigida para o certame ou prestar declaração falsa durante a licitação ou a execução do contrato;

IX – fraudar a licitação ou praticar ato fraudulento na execução do contrato;

X – comportar-se de modo inidôneo ou cometer fraude de qualquer natureza;

XI – praticar atos ilícitos com vistas a frustrar os objetivos da licitação;

XII – praticar ato lesivo previsto no art. 5º da Lei nº 12.846, de 1º de agosto de 2013.

Art. 162. O atraso injustificado na execução do contrato sujeitará o contratado a multa de mora, na forma prevista em edital ou em contrato.

Parágrafo único. A aplicação de multa de mora não impedirá que a Administração a converta em compensatória e promova a extinção unilateral do contrato com a aplicação cumulada de outras sanções previstas nesta Lei.

Lei nº 12.846/2013

Art. 5º Constituem atos lesivos à administração pública, nacional ou estrangeira, para os fins desta Lei, todos aqueles praticados pelas pessoas jurídicas mencionadas no parágrafo único do art. 1º, que atentem contra o patrimônio público nacional ou estrangeiro, contra princípios da administração pública ou contra os compromissos internacionais assumidos pelo Brasil, assim definidos:

I – prometer, oferecer ou dar, direta ou indiretamente, vantagem indevida a agente público, ou a terceira pessoa a ele relacionada;

II – comprovadamente, financiar, custear, patrocinar ou de qualquer modo subvencionar a prática dos atos ilícitos previstos nesta Lei;

III – comprovadamente, utilizar-se de interposta pessoa física ou jurídica para ocultar ou dissimular seus reais interesses ou a identidade dos beneficiários dos atos praticados;

IV – no tocante a licitações e contratos:

a) frustrar ou fraudar, mediante ajuste, combinação ou qualquer outro expediente, o caráter competitivo de procedimento licitatório público;

b) impedir, perturbar ou fraudar a realização de qualquer ato de procedimento licitatório público;

c) afastar ou procurar afastar licitante, por meio de fraude ou oferecimento de vantagem de qualquer tipo;

d) fraudar licitação pública ou contrato dela decorrente;

e) criar, de modo fraudulento ou irregular, pessoa jurídica para participar de licitação pública ou celebrar contrato administrativo;

f) obter vantagem ou benefício indevido, de modo fraudulento, de modificações ou prorrogações de contratos celebrados com a administração pública, sem autorização em lei, no ato convocatório da licitação pública ou nos respectivos instrumentos contratuais; ou

g) manipular ou fraudar o equilíbrio econômico-financeiro dos contratos celebrados com a administração pública;

V – dificultar atividade de investigação ou fiscalização de órgãos, entidades ou agentes públicos, ou intervir em sua atuação, inclusive no âmbito das agências reguladoras e dos órgãos de fiscalização do sistema financeiro nacional. [grifos nossos]

Considerando o conceito de corrupção conforme discorrido anteriormente, pode-se afirmar que, além das infrações disciplinadas no art. 5º da Lei nº 12.846/2013 (ao qual o art. 155, inciso XII, da Lei nº 14.133/2021 faz referência), os atos de corrupção podem configurar, também, as infrações descritas nos incisos IX, X e XI do art. 155 da Lei nº 14.133/2021.

A promessa, oferta ou pagamento de vantagem indevida ao agente público que atua na área de licitações e contratos caracteriza fraude ao certame licitatório ou mesmo fraude na execução contratual, conforme o caso.

No curso das licitações, é comum que o ato de corrupção tenha por objetivo frustrar o caráter competitivo do certame, buscando-se algum tipo de favorecimento à licitante corruptora.

Considerando o disposto no art. 155, inciso XII, da Lei nº 14.133/2021, que tipifica como infração à Lei de Licitações e Contratos Administrativos a prática de qualquer ato lesivo previsto no art. 5º da Lei Anticorrupção, compreende-se que não só o oferecimento de vantagem ao agente público será passível de sancionamento (com base no art. 156 da Lei nº 14.133/2021), como também a promessa, oferta ou pagamento de vantagem indevida a outro licitante, ou mesmo o ajuste entre licitantes com o objetivo de fraudar o caráter competitivo de procedimento licitatório (art. 5º, inciso IV, Lei Anticorrupção).

Quanto às sanções aplicáveis às referidas infrações, faz-se oportuno transcrever o disposto no art. 156 da Lei nº 14.133/2021:

Art. 156. Serão aplicadas ao responsável pelas infrações administrativas previstas nesta Lei as seguintes sanções:

I – advertência;

II – multa;

III – impedimento de licitar e contratar;

IV – declaração de inidoneidade para licitar ou contratar.

§1º Na aplicação das sanções serão considerados:

I – a natureza e a gravidade da infração cometida;

II – as peculiaridades do caso concreto;

III – as circunstâncias agravantes ou atenuantes;

IV – os danos que dela provierem para a Administração Pública;

V – a implantação ou o aperfeiçoamento de programa de integridade, conforme normas e orientações dos órgãos de controle.

§2º A sanção prevista no inciso I do caput deste artigo será aplicada exclusivamente pela infração administrativa prevista no inciso I do caput do art. 155 desta Lei, quando não se justificar a imposição de penalidade mais grave.

§3º A sanção prevista no inciso II do caput deste artigo, calculada na forma do edital ou do contrato, não poderá ser inferior a 0,5% (cinco décimos por cento) nem superior a 30% (trinta por cento) do valor do contrato licitado ou celebrado com contratação direta e será aplicada ao responsável por qualquer das infrações administrativas previstas no art. 155 desta Lei.

§4º A sanção prevista no inciso III do caput deste artigo será aplicada ao responsável pelas infrações administrativas previstas nos incisos II, III, IV, V, VI e VII do caput do art. 155 desta Lei, quando não se justificar a imposição de penalidade mais grave, e impedirá o responsável de licitar ou contratar no âmbito da Administração Pública direta e indireta do ente federativo que tiver aplicado a sanção, pelo prazo máximo de 3 (três) anos.

§5º A sanção prevista no inciso IV do caput deste artigo será aplicada ao responsável pelas infrações administrativas previstas nos incisos VIII, IX, X, XI e XII do caput do art. 155 desta Lei, bem como pelas infrações administrativas previstas nos incisos II, III, IV, V, VI e VII do caput do referido artigo que justifiquem a imposição de penalidade mais grave que a sanção referida no §4º deste artigo, e impedirá o responsável de licitar ou contratar no âmbito da Administração Pública direta e indireta de todos os entes federativos, pelo prazo mínimo de 3 (três) anos e máximo de 6 (seis) anos.

§6º A sanção estabelecida no inciso IV do caput deste artigo será precedida de análise jurídica e observará as seguintes regras:

I – quando aplicada por órgão do Poder Executivo, será de competência exclusiva de ministro de Estado, de secretário estadual ou de secretário municipal e, quando aplicada por autarquia ou fundação, será de competência exclusiva da autoridade máxima da entidade;

II – quando aplicada por órgãos dos Poderes Legislativo e Judiciário, pelo Ministério Público e pela Defensoria Pública no desempenho da função administrativa, será de competência exclusiva de autoridade de nível hierárquico equivalente às autoridades referidas no inciso I deste parágrafo, na forma de regulamento.

§7º As sanções previstas nos incisos I, III e IV do caput deste artigo poderão ser aplicadas cumulativamente com a prevista no inciso II do caput deste artigo.

§8º Se a multa aplicada e as indenizações cabíveis forem superiores ao valor de pagamento eventualmente devido pela Administração ao contratado, além da perda desse valor, a diferença será descontada da garantia prestada ou será cobrada judicialmente.

§9º A aplicação das sanções previstas no caput deste artigo não exclui, em hipótese alguma, a obrigação de reparação integral do dano causado à Administração Pública.

Nota-se que, para as infrações do art. 155, incisos IX a XII da Lei nº 14.133/2021, são cominadas as penalidades mais graves, sendo possível a aplicação da sanção de declaração de inidoneidade para licitar ou contratar com a Administração Pública, pelo período de três a seis anos, além da penalidade de multa, que pode ser cumulada com qualquer das demais sanções previstas na Lei nº 14.133/2021.

Em relação à penalidade de multa, a nova Lei de Licitações de Contratos Administrativos afasta qualquer dúvida acerca da impossibilidade de sua utilização como limitador das perdas e danos, interpretação que poderia surgir a partir da aplicação supletiva do art. 416 do Código Civil[12] aos contratos administrativos. Atualmente, a Lei nº 14.133/2021 prevê que a aplicação da sanção não exclui, em hipótese alguma, a obrigação de reparação integral do dano causado à Administração Pública.

Também é relevante mencionar que a Lei nº 14.133/2021 especificou a abrangência da penalidade de declaração de inidoneidade para licitar ou contratar, indicando expressamente que a sanção produz efeitos perante a Administração Pública direta e indireta de todos os entes federativos.

A aplicação da sanção, que será precedida de análise jurídica, requererá a instauração de processo de responsabilização, a ser conduzido por comissão composta de dois ou mais servidores estáveis,

---

[12] Art. 416. Para exigir a pena convencional, não é necessário que o credor alegue prejuízo. Parágrafo único. Ainda que o prejuízo exceda ao previsto na cláusula penal, não pode o credor exigir indenização suplementar se assim não foi convencionado. Se o tiver sido, a pena vale como mínimo da indenização, competindo ao credor provar o prejuízo excedente.

ou por dois ou mais empregados públicos pertencentes aos quadros permanentes do órgão ou entidade, preferencialmente com mais de três anos de tempo de serviço no órgão ou entidade.

Salienta-se que a penalidade de declaração de inidoneidade para licitar ou contratar tem efeitos *ex nunc*, de modo que não acarreta extinção automática dos contratos que a entidade penalizada eventualmente possua com o Poder Público. Nesse sentido, confira-se o teor da Orientação Normativa nº 49/2014, da Advocacia-Geral da União:

> A aplicação das sanções de impedimento de licitar e contratar no âmbito da União (art. 7º da Lei nº 10.520, de 2002) e de declaração de inidoneidade (art. 87, inciso IV, da lei nº 8.666, de 1993) possuem efeito *ex nunc*, competindo à administração, diante de contratos existentes, avaliar a imediata rescisão no caso concreto.[13]

Por fim, é relevante pontuar que, não raras vezes, os atos de corrupção praticados no contexto das contratações públicas podem ensejar a contratação direta da entidade corruptora (ou de outra entidade que com ela atue em colusão), fora das hipóteses legalmente autorizadas.

Nesses casos, também será cabível a aplicação das penalidades previstas na Lei nº 14.133/2021, seja por força do disposto no art. 5º da Lei nº 12.846/2013 c/c o inciso XII do art. 155 da Lei nº 14.133/2021, seja com fundamento nos incisos IX a XI do art. 155 da Lei nº 14.133/2021.

Em situação análoga, ao interpretar o alcance da norma do art. 46 da Lei nº 8.443/1992,[14] decidiu o Tribunal de Contas da União que o sujeito passivo da sanção de declaração de inidoneidade não seria apenas o licitante em sentido estrito, abarcando também as entidades que com ele atuaram em conluio, mesmo sem ter participado do certame.[15] Além disso, o TCU já se pronunciou no sentido de que o art. 46 da Lei nº 8.443/1992 se aplica não apenas às licitações propriamente

---

[13] BRASIL. Advocacia-Geral da União. Orientação Normativa nº 49/2014. Disponível em: https://www.gov.br/agu/pt-br/composicao/cgu/cgu/onsagu. Acesso em: 25 abr. 2023.

[14] Art. 46. Verificada a ocorrência de fraude comprovada à licitação, o Tribunal declarará a inidoneidade do licitante fraudador para participar, por até cinco anos, de licitação na Administração Pública Federal.

[15] BRASIL. Tribunal de Contas da União. Acórdão nº 1744/2018. Plenário. Relator: Min. Benjamin Zymler. Brasília-DF, 1º de agosto de 2018. Disponível em: https://pesquisa.apps.tcu.gov.br/#/documento/acordao-completo/1744%252F2018/%2520/DTRELEVANCIA%2520desc%252C%2520NUMACORDAOINT%2520desc/0/%2520. Acesso em: 25 abr. 2023.

ditas, como também às fraudes praticadas nos procedimentos de contratação direta.[16]

Conclusão

O objetivo deste trabalho foi desenvolver estudo acerca das nuances da responsabilização administrativa por atos de corrupção, com ênfase nas disposições sancionatórias estabelecidas pela nova Lei de Licitações e Contratos Administrativos (Lei nº 14.133/2021) aplicáveis aos licitantes e contratados.

Da análise empreendida, denota-se que a responsabilização administrativa prevista na Lei nº 14.133/2021 representa apenas uma das várias facetas do sistema brasileiro de combate à corrupção. Conforme registrado neste estudo, são diversas as esferas de responsabilização por atos de corrupção (penal, civil e administrativa), os procedimentos de apuração (administrativo ou judicial) e os agentes envolvidos (corruptos e corruptores, pessoas físicas e jurídicas).

Mesmo no campo da responsabilidade administrativa, constatou-se haver múltipla incidência de disposições normativas aos atos de corrupção, os quais caracterizam infrações administrativas de diferentes espécies, podendo-se citar: a responsabilidade disciplinar do agente público corrupto; a responsabilidade por ato de improbidade administrativa; a responsabilidade da pessoa jurídica corruptora, com base na Lei Anticorrupção; a responsabilidade perante as Cortes de Contas; a responsabilidade da Lei de Defesa da Concorrência; e as sanções da Lei de Licitações e Contratos Administrativos.

Foram abordados os principais requisitos necessários à responsabilização administrativa prevista na Lei nº 14.133/2021, apresentando-se os contornos jurídicos das infrações ali tipificadas, com ênfase para as que se enquadram como atos de corrupção. Dentre outras constatações, concluiu-se pela responsabilidade subjetiva de licitantes e contratados, admitindo-se, em determinadas hipóteses, a inversão do ônus da prova da culpa.

Quanto às penalidades aplicáveis aos atos de corrupção tipificados na Lei nº 14.133/2021, observou-se que foi dispensado tratamento rigoroso a tais comportamentos lesivos, sendo-lhes cominadas as

---

[16] BRASIL. Tribunal de Contas da União. Acórdão nº 1280/2018. Plenário. Relator: Min. Benjamin Zymler. Brasília-DF, 6 de junho de 2018. Disponível em: https://pesquisa.apps. tcu.gov.br/#/documento/acordao-completo/1280%252F2018/%2520/DTRELEVANCIA%2 520desc%252C%2520NUMACORDAOINT%2520desc/0/%2520. Acesso em: 25 abr. 2023.

penalidades mais graves. Evidenciou-se que, como regra, os atos de corrupção ensejam a aplicação da penalidade de declaração de inidoneidade para licitar ou contratar com a Administração Pública, sanção que pode ser aplicada à entidade corruptora e a outras que com ela atuem em colusão.

Referências

ARAUJO, Valter Shuenquener de. Direito Administrativo Sancionador no Brasil: uma contribuição para a efetividade dos direitos fundamentais. In: ARABI, Abhner Youssif Mota; MALUF, Fernando; MACHADO NETO, Marcello Lavenère (coord.). *Constituição da República 30 anos depois*: uma análise prática da eficiência dos direitos fundamentais: estudos em homenagem ao Ministro Luiz Fux. Belo Horizonte: Fórum, 2019.

BRASIL. Advocacia-Geral da União. Orientação Normativa nº 49/2014. Disponível em: https://www.gov.br/agu/pt-br/composicao/cgu/cgu/onsagu. Acesso em: 25 abr. 2023.

BRASIL. Lei nº 8.429, de 2 de junho de 1992. Dispõe sobre as sanções aplicáveis em virtude da prática de atos de improbidade administrativa, de que trata o §4º do art. 37 da Constituição Federal; e dá outras providências. Diário Oficial da União: Brasília, 03 jun. 1992. Disponível em: https://www.planalto.gov.br/ccivil_03/leis/L8429compilada.htm. Acesso em: 27 abr. 2023.

BRASIL. Lei nº 8.443, de 16 de julho de 1992. Dispõe sobre a Lei Orgânica do Tribunal de Contas da União e dá outras providências. Diário Oficial da União: Brasília, 22 abr. 1992. Disponível em: https://www.planalto.gov.br/ccivil_03/leis/l8443.htm. Acesso em: 27 abr. 2023.

BRASIL. Lei nº 10.406, de 10 de janeiro de 2002. Institui o Código Civil. Diário Oficial da União: Brasília, 11 jan. 2002. Disponível em: http://www.planalto.gov.br/ccivil_03/leis/2002/l10406compilada.htm. Acesso em: 19 abr. 2023.

BRASIL. Lei nº 12.846, de 1º de agosto de 2013. Dispõe sobre a responsabilização administrativa e civil de pessoas jurídicas pela prática de atos contra a administração pública, nacional ou estrangeira, e dá outras providências. Diário Oficial de União: Brasília, 2 ago. 2013. Disponível em: https://www.planalto.gov.br/ccivil_03/_ato2011-2014/2013/lei/l12846.htm. Acesso em: 27 abr. 2023.

BRASIL. Lei nº 14.133, de 1º de abril de 2021. Lei de Licitações e Contratos Administrativos. Diário Oficial da União: Brasília, 1 abr. 2021. Disponível em: https://www.planalto.gov.br/ccivil_03/_ato2019-2022/2021/lei/l14133.htm. Acesso em: 27 abr. 2023.

BRASIL. Tribunal de Contas da União. Acórdão nº 1744/2018. Plenário. Relator: Min. Benjamin Zymler. Boletim de Jurisprudência. Brasília, DF, 1º de agosto de 2018. Disponível em: https://pesquisa.apps.tcu.gov.br/#/documento/acordao-completo/1744%252F2018/%2520/DTRELEVANCIA%2520desc%252C%2520NUMACORDAOINT%2520desc/0/%2520. Acesso em: 25 abr. 2023.

BRASIL. Tribunal de Contas da União. Acórdão n. 1280/2018. Plenário. Relator: Min. Benjamin Zymler. Boletim de Jurisprudência. Brasília, DF, 6 de junho de 2018. Disponível em: https://pesquisa.apps.tcu.gov.br/#/documento/acordao-completo/1280%252F2018/%2520/DTRELEVANCIA%2520desc%252C%2520NUMACORDAOINT%2520desc/0/%2520. Acesso em: 25 de abril de 2023.

FERREIRA, Daniel; HARGER, Marcelo (coord.). *Aspectos polêmicos sobre a nova Lei de Licitações e Contratos Administrativos*: Lei nº 14.133/2021. Belo Horizonte: Fórum, 2022.

FERREIRA, Daniel. *Teoria geral da infração administrativa a partir da Constituição Federal de 1988*. Belo Horizonte: Fórum, 2009.

JUSTEN FILHO, Marçal. *Comentário à Lei de Licitações e Contratações Administrativas*: Lei 14.133/2021. São Paulo: Thomson Reuters Brasil, 2021.

MODERNE, Franck *apud* JUSTEN FILHO, Marçal. *Comentário à Lei de Licitações e Contratações Administrativas*: Lei 14.133/2021. São Paulo: Thomson Reuters Brasil, 2021.

ROSE-ACKERMAN, Susan; PALIFKA, Bonnie. *Corruption and government*: causes, consequences, and reform. 2. ed. Cambridge: Cambridge University Press, 2016.

TARTUCE, Flávio. *Manual de Responsabilidade Civil*. Volume Único. Rio de Janeiro: Forense. São Paulo: Método, 2018.

Informação bibliográfica deste texto, conforme a NBR 6023:2018 da Associação Brasileira de Normas Técnicas (ABNT):

BARBOSA, Daniel Marchionatti; COSTA, Wesley Roberto Queiroz. A responsabilização administrativa por atos de corrupção praticados por licitantes e contratados, à luz da Lei nº 14.133/2021. *In*: FORTINI, Cristiana; PIRES, Maria Fernanda Veloso; CAVALCANTI, Caio Mário Lana (coord.). *Integridade e contratações públicas*: reflexões atuais e desafios. Belo Horizonte: Fórum, 2024. p. 139-156. ISBN 978-65-5518-708-3.

PARECER E IMPROBIDADE ADMINISTRATIVA. O QUESTIONAMENTO PERANTE A LEI Nº 14.133/2021[*]

EDILSON PEREIRA NOBRE JÚNIOR

> *"A administração consultiva é a que se coloca em cada um dos degraus da administração activa para esclarecê-la com os seus conselhos. É um acertado expediente do legislador pôr o conselho ao lado da acção. Todavia as decisões dos corpos consultivos não obrigam, em geral, a administração activa, que conserva sempre a sua independência."*
>
> Vicente Pereira do Rego[1]

I Introdução

A definição do que se deva compreender por ato administrativo parece já se encontrar sedimentada pela doutrina. A partir das figuras

---

[*] Inédito, o presente artigo foi elaborado para integrar o livro "Integridade e contratações públicas", organizado pelas Professoras Cristiana Fortini, Maria Fernanda Pires de Carvalho Pereira, e pelo Professor Caio Mário Cavalcanti, aos quais agradeço o gentil e distinto convite.

[1] *Elementos de direito administrativo brasileiro comparado com o direito administrativo francez, segundo o methodo de P. Pradier- Foderé*. 1. ed. Recife: Typografhia Universal, 1857. Tomo I, p. 5. Optou-se, na transcrição, pela manutenção da ortografia original.

que compõem classificação elaborada no plano da teoria do Direito,[2] entende-se que o ato administrativo constitui uma manifestação de vontade da Administração Pública e, portanto, a sua definição corresponderia ao que se concebe como ato jurídico em sentido estrito.

Assim, e considerando a ausência de uma definição legal em nosso sistema jurídico,[3] Celso Antônio[4] alude que o ato administrativo é de ser compreendido como uma declaração do Estado, ou de quem lhe faça às vezes, no exercício de prerrogativas públicas, expressando providências complementares da lei e, eventualmente, da constituição, e que se encontra sujeita à fiscalização de sua legitimidade por órgão jurisdicional.

Didier Truchet,[5] escrevendo também com base em ordenamento no qual inexiste um conceito legal de ato administrativo, e servindo-se do auxílio das primeiras partes do art. 1.100 – 1 e do art. 1.100 – 2,[6] cujo acréscimo ao Código Civil francês se operou com a Ordenança nº 131, de 10 de fevereiro de 2016, entende ser passível de transposição para o Direito Administrativo a concepção de que os atos jurídicos (aqui atos administrativos) são aqueles com relação aos quais há a possibilidade de produção de efeitos jurígenos, seja pelos direitos que conferem ou pelas obrigações que criam. Diferenciam-se, por isso, dos fatos jurídicos e também dos fatos materiais, os quais, embora possam ou não ser involuntários, não são capazes de acrescer um efeito jurídico a uma relação jurídica, de modo que a sua eficácia decorre unicamente da lei.

Examinando o tema com base em sistema jurídico no qual delineada legislativamente a conceituação de ato administrativo, de que

---

[2] Sobre as manifestações jurídicas em geral, é digna de leitura a classificação adotada por António Menezes Cordeiro (*Tratado de direito civil*. 2. ed. Coimbra: Almedina, 2000. Tomo I, p. 293-305).

[3] Embora sem enunciar conceitos, o nosso ordenamento reconhece a distinção de categorias de manifestações da função administrativa, a permitir que se compreenda que vão além do ato administrativo, bem como fomenta a ideia de distinções entre elas e da existência de um regime jurídico específico. Basta que se compulsem os arts. 21, *caput*, e 24, *caput*, da LINDB, os quais se reportam às categorias de ato, contrato, ajuste, processo ou norma administrativa.

[4] *Curso de direito administrativo*. 14. ed. São Paulo: Malheiros, 2002, p. 339-340.

[5] *Droit administratif*. 7. ed. Paris: Presses Universitaires de France, 2017, p. 235.

[6] Artigo 1.100 – 1 Os atos jurídicos são manifestações de vontade destinadas à produção de efeitos de direito. Eles podem ser convencionais ou unilaterais (...) Artigo 1.100 – 2 Os fatos jurídicos são ações ou eventos aos quais a lei atribui efeitos de direito. (Article 1100 – 1 Les actes juridiques sont des manifestations de volonté destinées à produire des effets de droit. Ils peuvent être conventionnels ou unilatéraux. (...) Article 1100 – 2 Les faits juridiques sont des agissements ou des événements auxquels la loi attache des effets de droit. Disponível em: www.legifrance. gouv.fr).

é exemplo o lusitano, Freitas do Amaral,⁷ tomando por base o Código do Procedimento Administrativo aprovado pelo Decreto-Lei nº 442/91 (art. 120º),⁸ disseca, para uma melhor compreensão, os seus elementos, de maneira a visualizar um ato jurídico, pois produz efeitos de direito, unilateral, emanado de um órgão administrativo, normativamente habilitado, e que implica decisão para um caso individual e concreto.

Dessas concepções são perceptíveis traços comuns, mais precisamente de que o ato administrativo é uma manifestação de vontade da Administração, da qual resultam efeitos previstos pela ordem jurídica, e que se dirige a uma situação concreta, a evidenciar que não possui colorido normativo, tal qual o regulamento, e que emana de forma unilateral, afastando-se, portanto, dos contratos ou ajustes administrativos.

Feito esse esclarecimento prévio, constitui uma nota indiscutível que os atos ou decisões da Administração, igualmente a outras manifestações, não advêm à ribalta isoladamente. Na realidade, constituem o ato ou comportamento final de uma sucessão de atos, integrados num procedimento.

Atualmente, conforme ressaltado por Schmidt-Assman,⁹ os procedimentos administrativos constituem sequências organizadas com vistas à obtenção e ao tratamento de informações, cuja realização sucede sob a responsabilidade da Administração. Por isso, enfatiza o autor que aqueles servem para legar uma estrutura aos múltiplos contatos que se produzem entre os entes administrativos e os cidadãos ou entre as diversas unidades administrativas, a fim de integrá-los num sistema de atuação.

Essa característica de que se reveste o procedimento administrativo, que se justifica diante da finalidade de propiciar um melhor e mais seguro conteúdo das decisões, faz com que Administração, principalmente em virtude da complexidade das matérias que estão sob a atenção desta, sinta a necessidade de obter o auxílio de expertos, mediante pareceres.

---

⁷ *Curso de direito administrativo.* 2ª reimpressão. Coimbra: Almedina, 2003. Vol. II, p. 210-228.
⁸ Artigo 120.º *Conceito de acto administrativo* Para os efeitos da presente lei, consideram-se actos administrativos as decisões dos órgãos da Administração que ao abrigo de normas de direito público visem produzir efeitos jurídicos numa situação individual e concreta. Disponível em: www.dre.pt. A definição que atualmente se encontra no artigo 148º do Decreto-lei nº 04/2015 é substancialmente idêntica.
⁹ *La teoría general del derecho administrativo como sistema.* Madri: Marcial Pons, 2003, p. 358. Versão para o espanhol por Mariano Bacigalupo *et al.*

A busca por informação que, necessariamente, não há que ser jurídica vem sendo frequente por ocasião dos procedimentos de seleção de contratantes e nas contratações que realizam os órgãos e entes públicos.

Basta notar, num rápido compulsar da Lei nº 14.133/2021 (LLCA), as inúmeras remissões existentes sobre pareceres ou assessoramento. Especialmente quanto aos primeiros, há referências no: a) art. 1º, §3º, II, alínea "c", relativo às licitações internacionais; b) art. 6º, XVIII, "b", quanto à enumeração dos serviços técnicos especializados de natureza predominantemente intelectual; c) art. 6º, XXI, alínea "i", sobre os elementos do anteprojeto; d) art. 10, *caput*, para garantir ao emissor de parecer jurídico durante a fase de controle prévio da licitação o direito de ser defendido nas esferas administrativa, controladora ou judicial pela advocacia pública; d) art. 43, I, referindo-se, no que alude ao processo de padronização, à necessidade de parecer técnico sobre o produto; e) art. 53, §1º, traçando diretrizes para a elaboração do parecer jurídico; f) art. 72, III, ao se reportar a parecer jurídico e parecer técnico que demonstre o atendimento dos requisitos para a contratação direta; g) art. 74, III, "b", ao enumerar como de licitação inexigível a contratação de serviços técnicos que consistam em pareceres; h) art. 81, §3º, relativo à demonstração, em procedimento de manifestação de interesse, de que o serviço ou produto entregue é adequado e suficiente à compreensão do objeto.

Por sua vez, o assessoramento é contemplado nas seguintes passagens: a) art. 7º, §2º, prescrevendo a segregação de funções para os órgãos de assessoramento jurídico; b) art. 8º, §3º, disciplinando a atuação do assessoramento jurídico como apoio; c) art. 19, IV, dispondo sobre o auxílio dos órgãos de assessoramento jurídico na elaboração de modelos de editais, termos de referência, de contratos padronizados e de outros documentos; d) art. 32, §1º, XI, relativo à contratação de profissionais para o assessoramento técnico da comissão à qual incumbe conduzir o procedimento de diálogo competitivo; e) art. 53, §§1º, 4º e 5º, relacionados à atuação durante o controle prévio de legalidade; f) art. 117, §3º, cogitando do auxílio do assessoramento jurídico ao fiscal do contrato; g) art. 168, parágrafo único, prevendo o assessoramento jurídico da autoridade quando da elaboração de suas decisões; h) art. 169, III, menção a que o assessoramento jurídico integra a segunda linha de defesa durante o controle das contratações.

Demais de ser possível perceber que a LLCA, ao tratar das funções de assessoramento, reporta-se à atuação não somente de natureza jurídica, mas igualmente àquela inerente às nuances técnicas das contratações, é de se notar a alusão pela doutrina,[10] no que concerne ao conjunto da atividade administrativa, de atos ditos de opinião, nos quais não há produção de efeitos jurídicos imediatos.

Interessa saber, a esse respeito, a possibilidade de se cogitar da responsabilidade, no plano administrativo, dos emissores de tais atos, sendo o objetivo deste escrito fazê-lo especificadamente quanto à admissibilidade da categoria de atos de improbidade, disciplinados pela Lei nº 8.429/92.

Antes, porém, afigura-se indispensável proceder a uma classificação de tais posturas administrativas.

II Uma ideia de parecer

As atribuições daqueles que se encontram habilitados ao exercício da função administrativa, desde as origens da elaboração do nosso Direito Administrativo, já contemplavam as de natureza consultiva. De fato, Vicente Pereira do Rego afirmou que as funções das autoridades administrativas se resumem a três palavras *obrar, consultar* e *deliberar*. Daí formular uma tripartição entre administração ativa, consultiva e contenciosa.[11]

Já mais recente, Oswaldo Aranha Bandeira de Mello[12] define parecer como "o ato administrativo unilateral pelo qual se manifesta opinião acerca de questão submetida a pronunciamento", o qual, podendo dizer respeito a problema jurídico, técnico ou administrativo, tem como órgãos competentes para a sua emissão os denominados órgãos consultivos.

Para o autor,[13] embora o parecer se distinga dos atos praticados pelos órgãos de administração ativa ou de controle, possuem autonomia e se integram ao procedimento administrativo, sendo capaz de afetar o ato conclusivo ou final, se proferido nos seus termos. Significa dizer, então, que "as conclusões do parecer e até seus fundamentos se

---

[10] DI PIETRO, Maria Sylvia Zanella. *Direito administrativo*. 18. ed. São Paulo: Atlas, 2005, p. 190.
[11] *Elementos de direito administrativo brasileiro comparado com o direito administrativo francez, segundo o methodo de P. Pradier- Foderé*. 1. ed. Recife: Typografhia Universal, 1857. Tomo I, p. 4-5.
[12] *Princípios gerais de direito administrativo*. 3. ed. São Paulo: Malheiros, 2007. Vol. I, p. 585.
[13] *Ibidem*, p. 585.

relacionam com o ato do órgão ativo ou de controle", bem como os administrados atingidos.

Irene Patrícia Nohara e Thiago Marrara,[14] após recurso à etimologia, a expressar a ideia de "opinião" ou "manifestação do pensamento", aduzem que o parecer configura "uma manifestação técnica geralmente escrita e necessariamente imparcial sobre questões controversas de um caso concreto", objetivando auxiliar a autoridade administrativa a proferir uma melhor decisão.

Aduzem os autores[15] que singularizam os pareceres quatro traços característicos, quais sejam a concretude, a formalidade, a anterioridade e a imparcialidade, muito embora, quanto a esta, observam que vem sendo desprezada nestas plagas, tornando-se cada vez mais uma figura retórica e parcial.[16] Especialmente quanto à formalidade, é possível se referir à sua fundamentação, a qual deve observar o disposto no art. 50, §1º, da Lei nº 9.784/99, devendo ser explícita, clara e congruente, trazendo remates sobre todas as questões controvertidas.[17]

Por sua vez, não dissentem, na essência, Mário Esteves de Oliveira, Pedro Costa Gonçalves e João Pacheco de Amorim, quando descortinam o significado de pareceres como sendo "estudos fundamentados, com as respectivas conclusões, sobre *questões científicas, técnicas ou jurídicas*, elaborados por serviços, colégios ou instâncias administrativas, funcionalmente vocacionados (apenas ou também) para o exercício de tarefas consultivas",[18] os quais são emitidos por imposição legal ou solicitação dos órgãos, competentes para a instrução ou decisão de procedimentos, com o propósito de auxiliarem na tomada de decisão ou solução de questão procedimental.

---

[14] *Processo administrativo*. Lei nº 9.784/99 comentada. São Paulo: Atlas, 2009, p. 280.

[15] *Ibidem*, p. 281.

[16] Sem embargo do enfoque com vistas ao parecer jurídico, mas sem que se possa descartar a possibilidade de aplicação a pareceres noutras especialidades, Sergio Ferraz e Adilson de Abreu Dallari (*Processo administrativo*. 4. ed. São Paulo: Malheiros, 2020, p. 305) elencam pressupostos, consistentes na habilitação legal do seu emissor, o que é de ser aferido nos termos da legislação que disciplina o exercício profissional da advocacia, a qualificação técnica, decorrente da experiência do profissional com a matéria objeto do parecer, e a independência do seu signatário, o que não se mostra algo objetivamente perscrutável, dependendo muito das condições pessoais e da integridade moral daquele.

[17] Essa preocupação consta do ordenamento lusitano, mais precisamente do Decreto-lei nº 04/2015: "Artigo 92.º *Forma e prazos dos pareceres* 1 – Os pareceres devem ser sempre fundamentados e concluir de modo expresso e claro sobre todas as questões indicadas na consulta" (...).

[18] *Código do Procedimento Administrativo comentado*. 2. ed. Coimbra: Almedina, 1999, p. 441-442.

Distinguem-se – afirmam[19] – das informações, porquanto advêm os pareceres de instâncias consultivas e, normalmente, especializadas, enquanto aquelas têm a sua elaboração por qualquer instância, departamento ou agente administrativo, que intervenha no procedimento, e se destinam a trazer dados da observação corrente sobre questões de fato ou de direito submetidas ao procedimento. Diferentemente – distinção sibilina, aliás –, os pareceres visam a permitir um exame especializado e aprofundado de questões próprias do procedimento, valorizadoras das diversas alternativas de solução das questões formuladas.

Expostas essas considerações, afigura-se relevante a descrição de uma classificação dos pareceres, como veremos a seguir.

III Modalidades de parecer

Entre nós, é de se atribuir à legislação que versa sobre o procedimento administrativo haver trazido à ribalta a disciplina do instituto do parecer, conforme se pode ver da Lei nº 9.784/99 (LPAF). Esta, porém, limitou-se a tanto num único dispositivo, qual seja o seu art. 42, que alude a pareceres facultativos, obrigatórios e vinculativos.

O parecer é de ser considerado como facultativo quando a sua emissão advém por solicitação de órgão ativo ou de controle, sem que haja norma, legal ou regulamentar, que exija a sua emissão antes da atuação decisória da Administração. Trata-se de uma opção que se encontra sob a discrição da autoridade.

Já o mesmo não acontece quando se está na presença de um parecer obrigatório, por existir uma regra jurídica que imponha a ouvida do parecerista. É preciso que não se olvide a observação de Oswaldo Bandeira de Mello,[20] ao ressaltar que não torna obrigatória a coleta do parecer a mera existência, em determinada repartição, de um órgão consultivo (assessoria jurídica, por exemplo). Impõe-se a existência de uma injunção normativa para tanto.

Hipótese de parecer obrigatório é, por exemplo, a do art. 53, *caput* e §4º, da LLCA, ao dispor que, ao final da fase preparatória, o procedimento seguirá para o órgão de assessoramento jurídico da Administração, obrigatoriedade que se estende ao controle prévio de

---

[19] *Ibidem*, p. 443.
[20] *Princípios gerais de direito administrativo*. 3. ed. São Paulo: Malheiros, 2007. Vol. I, p. 584.

legalidade de contratações diretas, acordos, termos de cooperação, convênios e ajustes, adesões a atas de registro de preços, outros instrumentos congêneres e de seus termos aditivos. Ressalvam-se os casos de baixo valor ou de baixa complexidade da contratação, nos termos do §5º do referido artigo.

De acentuar que, nesses casos, por a emissão configurar uma formalidade do procedimento administrativo, que se há de ter como substancial, a ausência de manifestação do órgão consultivo ou de emissão do parecer é capaz de implicar invalidade da decisão administrativa final. A aplicabilidade do art. 42, §2º, da LPAF circunscreve-se à hipótese do agente ou órgão competente não se pronunciar no intervalo temporal previsto, mas não quando é dispensada a sua ouvida.[21]

O laivo de obrigatoriedade diz respeito à solicitação do parecer e não, necessariamente, à observância do seu conteúdo. Isso, contudo, não resulta que a autoridade se encontre livre para desconsiderar a opinião lançada. A sua liberdade de eleição a esse respeito há que ser motivada.[22] Não foi à toa que o art. 50, VII, da LPAF, dispõe que deverão ser motivados os atos administrativos que "deixem de aplicar jurisprudência firmada sobre a questão ou discrepem de pareceres, laudos, propostas e relatórios oficiais".

A última remissão a que faz o art. 42 da LPAF é ao parecer vinculativo. Trata-se da modalidade de parecer na qual, demais da sua normal obrigatoriedade para ser emitido, a autoridade há que praticar o ato seguindo a sua conclusão. Um exemplo é encontradiço no art. 30 da Lei nº 9.250/95, o qual, ao tratar da isenção para o Imposto sobre a Renda em razão de enfermidade, diz que a presença desta deverá ser comprovada mediante laudo pericial emitido por serviço médico oficial

---

[21] Ver o decidido pelo Superior Tribunal de Justiça (Primeira Seção, maioria, rel. desig. Min. Gurgel de Faria, DJe de 01.07.2021), no sentido de que, se havia a obrigatoriedade de ouvida de órgão consultivo para a edição da decisão administrativa, o mesmo se impõe quando de sua invalidação. O caso concreto recaiu na impugnação de ato de Ministro de Estado, o qual invalidou o reconhecimento de anistia em favor da impetrante. Compreendeu-se que, em havendo o art. 12 da Lei nº 10.559/2002 previsto a ouvida da Comissão de Anistia – a qual compete realizar instrução percuciente para tanto –, para que possa advir o ato de concessão, não se mostrava razoável que uma nota técnica subscrita por assessor da autoridade lastreasse o pronunciamento da invalidação.

[22] Diogo de Figueiredo Moreira Neto (*Curso de direito administrativo*. 16. ed. Rio de Janeiro: Forense, 2014, p. 175), Sergio Ferraz e Adilson de Abreu Dallari (*Processo administrativo*. 4. ed. São Paulo: Malheiros, 2020, p. 307), Irene Patrícia Nohara e Thiago Marrara (*Processo administrativo*. Lei nº 9.784/99 comentada. São Paulo: Atlas, 2009, p. 282) e Cristiana Fortini, Maria Fernanda Pires de Carvalho Pereira e Tatiana Martins da Costa Camarão (*Processo administrativo. Comentários à Lei nº 9.784/99*. 3. ed. Belo Horizonte: Fórum, 2012, p. 152.

da União, dos Estados, do Distrito Federal e dos Municípios, estando o administrador vinculado a tal entendimento, ressalvada, em favor do interessado, a via judicial.

No dizer de Freitas do Amaral,[23] balizado pelo Direito lusitano, tem-se como regra geral que os pareceres são obrigatórios, mas não vinculantes. As hipóteses de vinculação para o órgão competente decidir são excepcionais.[24] É que – afirma – os pareceres são diligências procedimentais de feição instrutória e consultiva, faltando-lhes a autonomia funcional para, sem a mediação de outro ato jurídico (ato final do procedimento), produzirem a sua eficácia no plano externo ao órgão emitente.

Nesse espécime de parecer há, diferentemente dos demais, uma influência sobre a futura decisão e que, normalmente, vai produzir eficácia externa. A doutrina, independente do ordenamento, tem se preocupado sobre a questão.

Freitas do Amaral[25] sustenta que, no parecer vinculativo, há uma coautoria decisória, bipartida entre o órgão consultivo, que de fato decidirá, e aquele com competência para tomar a decisão definitiva, formalizando-a. O mesmo acentuam Mário Esteves de Oliveira, Pedro Costa Gonçalves e João Pacheco de Amorim.[26]

---

[23] *Curso de direito administrativo*. 2ª reimpressão. Coimbra: Almedina, 2003. Vol. II, p. 274.

[24] É o que se dessume do seguinte dispositivo do Decreto-lei nº 04/2015 (Código do Procedimento Administrativo): "Artigo 91.º Espécies de pareceres 1 – Os pareceres são obrigatórios ou facultativos, consoante sejam ou não exigidos por lei, e são vinculativos ou não vinculativos, conforme as respetivas conclusões tenham ou não de ser seguidas pelo órgão competente para a decisão. 2 – Salvo disposição expressa em contrário, os pareceres legalmente previstos consideram-se obrigatórios e não vinculativos". Disponível em: www.dre.pt. O autor, no entanto, escreveu à época do diploma anterior, qual seja o Decreto-lei 442/91, cujo art. 99º portava redação praticamente idêntica, ressalvadas diferenças de pormenor.

[25] São as palavras do autor: "Todavia, quando as conclusões do parecer têm necessariamente de ser seguidas pelo órgão competente para decidir, *na realidade quem decide é a entidade que emite o parecer*. Esta é que será a verdadeira decisão: a decisão da segunda entidade é apenas uma formalização de algo que já estava pré-determinado no parecer. Neste último caso, sempre que o parecer seja vinculativo, do que se trata é de os dois órgãos praticarem o acto administrativo em *coautoria*. O acto tem dois autores: um é o órgão consultivo ou o especialista que emita o parecer vinculante, e o outro é o órgão com competência para tomar a decisão definitiva, mas que é obrigado a seguir as conclusões do parecer" (*Curso de direito administrativo*. 2ª reimpressão. Coimbra: Almedina, 2003. Vol. II, p. 274).

[26] São as palavras dos autores: "Sendo uma opinião fundamentada, o parecer oficial (o seu conteúdo) pode transformar-se em decisão através do chamado acto administrativo de *homologação*. Tanto o que sucede é que o parecer vinculativo (na parte em que o seja) é de *homologação* obrigatória – depois de se ter averiguado dos requisitos procedimentais (e formais) da sua emissão" (*Código do Procedimento Administrativo comentado*. 2. ed. Coimbra: Almedina, novembro de 1999, p. 443).

Numa direção semelhante, Carvalho Filho[27] visualiza no parecer vinculante um desvio de qualificação jurídica, pois, se o parecer é um opinativo, a vinculação de autoridade diversa a este faz com que se cuide de ato tipicamente decisório.

Daí que assinala:

> Em suma: o parecerista acaba tendo a vestimenta de autoridade decisória, cabendo ao agente vinculado papel meramente secundário e subserviente à conclusão do parecerista. Cuida-se, pois, de esdrúxula inversão de *status* jurídico. Não obstante, a admitir-se semelhante categoria, seria coerente atribuir ao autor de parecer vinculante responsabilidade solidária, em função de seu poder de decisão, compartilhado com a autoridade vinculada.[28]

No mesmo sentido, o ponto de vista de Sergio Ferraz e Adilson Dallari,[29] ao frisarem que, a despeito de difícil compreensão a diferença entre parecer vinculante e não vinculante, tem-se que o primeiro não seria parecer, mas decisão.

Possível divergência, porventura parcial, é lançada por Irene Patrícia Nohara e Thiago Marrara,[30] ao argumentarem que, na hipótese do parecer, obrigatório e vinculante, apontar que falta uma condição para a prática do ato administrativo, ou que há restrições que impedem a sua edição, a decisão final da autoridade ficará naturalmente impossibilitada de ser tomada.

Afigura-se indiscutível que, uma vez observado o teor do parecer, e se este se inclinar pela impossibilidade da decisão, a sua observância pela autoridade desaguará na ausência de uma decisão. Isso não implica afirmar que, ao se emitir uma orientação diferente, qual seja a da edição de um ato administrativo num determinado sentido, reste afastado o inequívoco componente decisório do parecer, o qual é indiscutível.[31]

A importância que resulta do parecer vinculativo fez com que a LAPF, no seu art. 42, §1º, dispusesse que se aquele deixar de ser

---

[27] *Manual de direito administrativo*. 30. ed. São Paulo: Atlas, 2016, p. 144.
[28] *Ibidem*, p. 142.
[29] *Processo administrativo*. 4. ed. São Paulo: Malheiros, 2020, p. 306.
[30] *Processo administrativo*. Lei nº 9.784/99 comentada. São Paulo: Atlas, 2009, p. 285.
[31] À feição de ilustração, não olvidar Oswaldo Aranha Bandeira de Mello (*Princípios gerais de direito administrativo*. 3. ed. São Paulo: Malheiros, 2007. Vol. I, p. 585) indicando que, às vezes, tem-se um parecer vinculante de alcance mais moderado, de modo a permitir que o órgão deixe de segui-lo, devendo, nesse caso, submeter a apreciação da matéria a um órgão hierarquicamente superior mediante recurso necessário.

emitido no prazo correspondente, o processo não terá seguimento até a respectiva apresentação, devendo, se for a hipótese, proceder-se à responsabilização de quem der causa ao atraso.

A solução legislativa não escapou ao juízo crítico da doutrina. É o caso, dentre outros, de Cristiana Fortini, Fernanda Pereira e Tatiana Camarão,[32] as quais sustentam contrariedade à eficiência administrativa, que resulta comprometida pela circunstância de que o interessado venha a esperar indefinidamente pela vontade dos agentes públicos responsáveis pela emissão do parecer.[33]

Cogita-se ainda da modalidade parecer normativo. Este resulta da atribuição, pela Administração Pública, com base na lei, de uma força jurígena capaz de determinar a observância de sua orientação, emitida de forma geral e abstrata, não somente para o caso fático que ensejou a sua elaboração, mas para os futuros, que venham a se reproduzir no âmbito dos órgãos e entes administrativos.

É o que sucede com a Lei Complementar nº 73/93, cujo art. 40, §1º, prevê que o parecer do Advogado-Geral da União, aprovado pelo Presidente da República, e publicado, vincula a Administração Federal Direta e Indireta.

Ao contrário das espécies antes examinadas, o parecer normativo não é propriamente um parecer, uma vez não constituir manifestação integrativa de um procedimento, compondo, na verdade, o próprio bloco de legalidade, tanto que é considerado pelo Supremo Tribunal Federal (STF)[34] como ato normativo, para os fins de admissão do ajuizamento de ação direta de inconstitucionalidade, nos termos do art. 102, I, "a", da Constituição Federal (CRFB).[35]

---

[32] *Processo administrativo. Comentários à Lei nº 9.784/99.* 3. ed. Belo Horizonte: Fórum, 2012, p. 156.

[33] A crítica parece ter valido a pena, pois o anteprojeto de lei ordinária para reforma da Lei nº 9.784/99 propõe nova redação ao §1º do art. 42 da LPAF, nos termos a seguir: "§1º Se um parecer obrigatório e vinculante deixar de ser emitido no prazo fixado, o processo seguirá conforme o disposto no art. 49, responsabilizando-se quem der causa ao atraso".

[34] Pleno, unânime, rel. Min. Marco Aurélio, DJU de 05.08.2005. Tratava de impugnação à interpretação que o Parecer RA – 02/2004 teria emprestado ao art. 1º, *caput*, da Lei nº 9.536/97, no sentido de que, para fins de transferência de servidor estudante, civil ou militar, a expressão "qualquer sistema de ensino" envolveria também a movimentação do aluno de instituição particular para instituição pública de ensino superior.

[35] A equiparação dos pareceres normativos às regras jurídicas é alvo de reconhecimento por Carlos Ari Sundfeld, Rodrigo Pagani de Souza e Guilherme Jardim Jurksaitis. Interpretações administrativas aderem à lei? *Revista de Direito Administrativo*, v. 260, p. 111-119, maio/ago. 2012.

IV Parecer *versus* improbidade administrativa

A análise da responsabilidade do subscritor de parecer, para fins de caracterização de ato de improbidade administrativa, não prescinde das considerações já expostas quanto à natureza e eficácia das opiniões lançadas no procedimento.

Dessa maneira, é importante traçar uma linha distintiva, balizada a partir da consideração da responsabilidade pela só emissão do parecer. Nesta hipótese, é forçoso afirmar que, em compasso com o exposto no tópico antecedente, somente se poderá cogitar da responsabilização do agente ou órgão consultivo quando se estiver diante de parecer vinculante.

Isso porque, nos demais casos, onde se tem parecer facultativo ou obrigatório, mas desprovido do adorno da vinculação, aquele não consiste em ato ou fato jurídico capaz de atribuir ou desencadear efeitos de direito. Esta propriedade é reservada para a decisão da autoridade, a qual poderá ou não adotar a sua fundamentação em suas razões de decidir.

Esse entendimento, que foi sufragado pelo Supremo Tribunal Federal (STF) no MS nº 24.631,[36] decorrente justamente do componente decisório que envolve, necessariamente, o parecer vinculante, compartilhando com a autoridade a competência para decidir.

O entendimento tem relevo em tema de licitações e contratos administrativos, porquanto a LLCA, salvo equívoco nosso ao compulsar os seus ditames, não prevê a modalidade de parecer capaz de vincular a autoridade a proferir num determinado sentido.

Não obstante a impetração do referido MS nº 24.631 ter se insurgido contra sanção imposta pelo Tribunal de Contas da União (TCU), é certo que o precedente, para fins de elementar subjetiva, admitiu não somente o dolo quanto o erro grosseiro. A compreensão jurisprudencial expandiu-se para o plano legislativo, estando atualmente contemplada pelo art. 28 da Lei de Introdução às Normas do Direito Brasileiro (LINDB), no que concerne à responsabilidade dos agentes públicos por suas opiniões técnicas.

Tratando do assunto, especificamente quanto à improbidade administrativa, é de se ver que se afastou a responsabilização por erro grosseiro,[37] para restringi-la às hipóteses de dolo. É a diretriz gizada pelo

---

[36] Plenário, v.u., rel. Min. Joaquim Barbosa, DJe de 31.01.2008.
[37] Em escrito anterior (*As normas de direito público na Lei de Introdução ao Direito Brasileiro. Paradigmas para interpretação e aplicação do direito administrativo*. São Paulo: Contracorrente,

art. 1º, §1º, da Lei nº 8.429/92 (LIA), sendo de notar que, ao se reportar o legislador à "vontade livre e consciente de alcançar o resultado ilícito", está no domínio do dolo dito genérico. A exigibilidade do denominado dolo específico irá depender do correspondente tipo, conforme, ao definir o que se deva reputar como ímprobo, este acresça um especial fim de agir.

Especialmente quanto à apuração do dolo, para fins de improbidade administrativa, desperta atenção, no particular da emissão de pareceres, a inovação consistente no acréscimo do §8º ao art. 1º da LIA pela Lei nº 14.230/2021, ao excluir a improbidade com relação à "divergência interpretativa da lei, baseada em jurisprudência, ainda que não pacificada, mesmo que não venha a ser posteriormente prevalecente nas decisões dos órgãos de controle ou dos tribunais do Poder Judiciário". Equivaleria a uma responsabilidade pelo exercício hermenêutico, o que se afigura inadmissível.[38]

A situação exposta não resume a responsabilidade do subscritor do parecer em face da LIA. É de se asseverar que pode haver uma atuação ilícita daquele que emite a opinião, mediante conluio com outros agentes públicos ou administrados, no sentido de viabilizar, num procedimento de contratação administrativa, um ato ímprobo do qual possa resultar enriquecimento ilícito ou prejuízo para o erário. A prática de corrupção passiva, por exemplo, poderá ensejar a responsabilidade por tipo descrito na LIA.

Aqui já não se está diante da mera emissão do parecer, mas de conduta, inegavelmente dolosa, do emissor do parecer, no sentido de violar a probidade na Administração em favor de terceiro.

2019, p. 193-194), salientamos que a alusão pelo art. 28 da LINDB ao erro grosseiro – que não poderia ser o dolo ou a própria voluntariedade – impõe que o aplicador da ordem jurídica passe a aferir o grau da culpa e que, pela carga semântica da adjetivação legal, desaguaria na culpa lata ou temerária, sendo incabível que fosse tida como equivalente à modalidade leve ou levíssima.

[38] A esse respeito, digna de transcrição a constatação de Sergio Ferraz e Adilson de Abreu Dallari: "Registre-se, de plano, que Direito é controvérsia, no sentido de que dificilmente haverá algum tema jurídico insuscetível de discussão. É perfeitamente normal que diferentes profissionais do Direito tenham opiniões divergentes sobre determinada questão. Isso ocorre porque, conforme já está assentado na doutrina, a norma jurídica comporta, habitualmente, uma pluralidade de interpretações" (*Processo administrativo*. 4. ed. São Paulo: Malheiros, 2020 305).

V Síntese conclusiva

Diante das considerações expostas, é possível sumariar os remates que seguem:

a) na atualidade, as decisões tomadas pela Administração Pública resultam de procedimentos, nos quais aquela recolhe e faz o tratamento de elementos de convicção seguros, de sorte a emergir a necessidade – ou, mesmo, a imprescindibilidade – do pronunciamento de expertos em matéria de complexidade, o que é objeto de inúmeras menções pela LLCA;

b) o parecer consiste na manifestação de uma opinião sobre determinada questão, de natureza jurídica ou não, cuja emissão compete a órgãos, singulares ou coletivos, funcionalmente integrados nos quadros da Administração Pública ou a terceiro, aos quais se pode atribuir as características da concretude, da formalidade, da anterioridade, da imparcialidade e da motivação, estando classificados pela LPAF em facultativos, obrigatórios e vinculantes;

c) o parecer vinculativo – categoria que, ao que parece, não foi expressamente prevista pela LLCA –, pelo fato de portar componente eficaz de decisão, é capaz de ensejar a responsabilidade do seu signatário, pela sua só emissão, devendo, para fins de improbidade administrativa, decorrer de uma conduta dolosa;

d) independente da simples emissão do parecer, é possível ainda a responsabilidade do subscritor de parecer quando, no decurso de procedimento de contratação administrativa, atue em conluio, no sentido de beneficiar particular.

Referências

AMARAL, Diogo Freitas do. *Curso de direito administrativo*. 2ª reimpressão. Coimbra: Almedina, 2003. Vol. II.

CARVALHO FILHO, José dos Santos. *Manual de direito administrativo*. 30. ed. São Paulo: Atlas, 2016.

CORDEIRO, António Menezes. *Tratado de direito civil*. 2. ed. Coimbra: Almedina, 2000. Tomo I Tratado de direito civil. 2. ed. Coimbra: Almedina, 2000. Tomo I.

FERRAZ, Sergio; DALLARI, Adilson de Abreu. *Processo administrativo*. 4. ed. São Paulo: Malheiros, 2020.

FORTINI, Cristiana; PEREIRA, Maria Fernanda Pires de Carvalho; CAMARÃO, Tatiana Martins da Costa. *Processo administrativo. Comentários à Lei nº 9.784/99*. 3. ed. Belo Horizonte: Fórum Editora, 2012.

MELLO, Celso Antônio Bandeira de. *Curso de direito administrativo*. 14. ed. São Paulo: Malheiros, 2002.

MELLO, Oswaldo Aranha Bandeira de. *Princípios gerais de direito administrativo*. 3. ed. São Paulo: Malheiros, 2007. Vol. I.

MOREIRA NETO, Diogo de Figueiredo. *Curso de direito administrativo*. 16. ed. Rio de Janeiro: Forense, 2014.

NOBRE JÚNIOR, Edilson Pereira. *As normas de direito público na Lei de Introdução ao Direito Brasileiro*. Paradigmas para interpretação e aplicação do direito administrativo. São Paulo: Contracorrente, 2019.

NOHARA, Irene Patrícia; MARRARA, Thiago. *Processo administrativo*. Lei nº 9.784/99 comentada. São Paulo: Atlas, 2009.

OLIVEIRA, Mário Esteves de; GONÇALVES, Pedro Costa; AMORIM, João Pacheco de. *Código do Procedimento Administrativo comentado*. 2. ed. Coimbra: Almedina, 1999.

REGO, Vicente Pereira do. *Elementos de direito administrativo brasileiro comparado com o direito administrativo francez, segundo o methodo de P. Pradier- Foderé*. 1. ed. Recife: Typografhia Universal, 1857. Tomo I.

SCHMIDT-ASSMAN, Eberhard. *La teoría general del derecho administrativo como sistema*. Madri: Marcial Pons, 2003. Versão para o espanhol por Mariano Bacigalupo *et al.*

SUNDFELD, Carlos Ari; SOUZA, Rodrigo Pagani de; JURKSAITIS, Guilherme Jardim. Interpretações administrativas aderem à lei? *Revista de Direito Administrativo*, v. 260, maio/ago. 2012.

TRUCHET, Didier. *Droit administratif*. 7. ed. Paris: Presses Universitaires de France, 2017.

Informação bibliográfica deste texto, conforme a NBR 6023:2018 da Associação Brasileira de Normas Técnicas (ABNT):

NOBRE JR., Edilson Pereira. Parecer e improbidade administrativa. O questionamento perante a Lei nº 14.133/2021. *In*: FORTINI, Cristiana; PIRES, Maria Fernanda Veloso; CAVALCANTI, Caio Mário Lana (coord.). *Integridade e contratações públicas*: reflexões atuais e desafios. Belo Horizonte: Fórum, 2024. p. 157-171. ISBN 978-65-5518-708-3.

CONSENSUALIDADE E PRAGMATISMO: OS NOVOS CAMINHOS DO DIREITO ADMINISTRATIVO NO BRASIL E SEUS REFLEXOS PARA O REGIME SANCIONATÓRIO DA LEI ANTICORRUPÇÃO EMPRESARIAL E DA NOVA LEI DE LICITAÇÕES E CONTRATOS ADMINISTRATIVOS

FELIPE ALEXANDRE SANTA ANNA MUCCI DANIEL

1 Introdução

O presente trabalho pretende abordar a evolução do tema do Direito Administrativo Sancionador no âmbito das contratações públicas, especialmente a partir da Lei nº 12.846, de 2013 (Lei Anticorrupção Empresarial) e da Lei nº 14.133, de 2021 (Nova Lei de Licitações e Contratos Administrativos). Com a publicação dos referidos instrumentos normativos, percebe-se o surgimento de uma nova perspectiva para o regime sancionatório decorrente de infrações contratuais, especialmente se estudadas a partir dos princípios recentemente positivados na Lei de Introdução às Normas do Direito Brasileiro (Decreto-Lei nº 4.657, de 1942). Destacam-se, dentre estes novos princípios, o pragmatismo jurídico e a consensualidade, ambos já defendidos pela doutrina de Direito Administrativo e agora incorporados à norma definidora de critérios de interpretação jurídica (LINDB).

Inicialmente, pode-se destacar o surgimento da Lei Anticorrupção Empresarial (Lei nº 12.846, de 2013), a qual consolidou-se no Brasil como importante instrumento de moralização da relação entre

Administração Pública e empresas privadas. A análise dos institutos trazidos pela referida lei é importante oportunidade para também se refletir sobre as intensas transformações por que vem passando o Direito Administrativo, sobretudo com a incorporação de práticas consensuais e análises pragmáticas na solução de alternativas para os conflitos administrativos.

Considerada um marco na punição às pessoas jurídicas na prática de corrupção no Brasil, esta lei surge no influxo de transformações no cenário internacional no combate à corrupção. Desde o surgimento do Foreign Corrupt Practices Act (FCPA) dos Estados Unidos, em 1977, até o UK Bribery Act no Reino Unido, em 2010, os organismos internacionais vêm dedicando grande esforço no combate às práticas corruptivas. O Brasil incorporou várias destas premissas de combate à corrupção e melhoria da integridade das contratações públicas com a publicação dessa lei em 2013.

A Lei Anticorrupção Empresarial foi inovadora no aspecto da punição de pessoas jurídicas e no desenvolvimento de novas perspectivas para o Direito Administrativo, destacando-se a possibilidade de celebração de acordos de leniência com empresas acusadas de práticas corruptivas. Percebe-se, nesta seara, perspectiva pragmática da lei, admitindo-se a atenuação de sanções nas hipóteses em que se justifique a busca de provas para colaborar com a investigação, técnica que já se encontrava consolidada no Direito Penal por meio do instituto da delação premiada.[1]

No influxo destas inovações, cinco anos após a Lei Anticorrupção Empresarial foi publicada a Lei nº 13.655, de 2018, a qual alterou a Lei de Introdução às Normas do Direito Brasileiro (Decreto-Lei nº 4.657, de 4 de setembro de 1942), consolidando o viés pragmático e de consensualidade do Direito Administrativo na solução de conflitos e, com isso, novas diretrizes de intepretação do Direito Público.

Primeiramente, destaca-se a orientação legal para que as decisões da Administração não sejam baseadas apenas em abstrações, mas que

---

[1] No âmbito do Direito Penal, a primeira legislação a prever a delação premiada foi a Lei nº 8.072, de 25 de julho de 1990, também denominada Lei dos Crimes Hediondos, a qual prevê em seu art. 8º, parágrafo único: "Art. 8º Será de três a seis anos de reclusão a pena prevista no art. 288 do Código Penal, quando se tratar de crimes hediondos, prática da tortura, tráfico ilícito de entorpecentes e drogas afins ou terrorismo". Depois dela, outros institutos similares foram criados no Direito Penal, tais como a possibilidade de delação no crime de extorsão mediante sequestro (art. 159, §4º, do Código Penal) e delação premiada no sistema financeiro nacional (art. 16, parágrafo único, da Lei nº 8.137, de 1990, incluído pela Lei nº 9.090, de 1995).

especialmente tenham o olhar voltado para suas consequências práticas, conforme estabelece o art. 20 e 21.[2] Esses dispositivos têm relação com o próprio princípio constitucional da eficiência, visto que o Administrador não pode tomar suas decisões sem considerar a realidade fática. É inaceitável, por exemplo, que um contrato administrativo seja rompido com base em abstrações, sem considerar as consequências para a sociedade, tais como a interrupção de um serviço público ou o atraso na entrega de uma obra. Trata-se do que se convencionou denominar de Direito Administrativo consequencialista ou pragmático, que se preocupa sobretudo com o resultado das decisões administrativas. O prejuízo ao interesse público deve sempre ser considerado na tomada de decisões.

Em outra frente de mudanças que se torna perceptível com as alterações promovidas na Lei de Introdução às Normas do Direito Brasileiro (LINDB) está a perspectiva da superação da unilateralidade como única alternativa para as decisões públicas pela consensualidade e o acordo como uma das formas de se decidir e resolver conflitos na Administração. É neste sentido que o art. 26 da LINDB traz a previsão de celebração de compromissos com o interessado. Diversos instrumentos legislativos já vinham incorporando técnicas de solução consensual de conflitos na Administração Pública, com a proposição da celebração de acordos.[3] Ao se incorporar previsão desta natureza na Lei de Introdução às Normas do Direito Brasileiro, a qual tem natureza de norma geral de interpretação jurídica, passa a existir uma norma geral autorizativa da possibilidade de substituição do ato unilateral pelo acordo, conforme já defendemos em obra dedicada ao assunto.[4]

---

[2] BRASIL. Decreto-Lei nº 4.657, de 4 de setembro de 1942. *Diário Oficial da União*, Brasília, 1942. Disponível em: https://www.planalto.gov.br/ccivil_03/Decreto-Lei/Del4657.htm. Acesso em: 9 maio 2023.

[3] A esse respeito, pode-se citar: os acordos administrativos celebrados para desapropriação, conforme prevê o art. 10, §2º, do Decreto-lei nº 3.365, de 1941; os Termos de Ajustamento de Conduta, já previstos na Lei nº 7.347, de 24 de julho de 1985 (Lei da Ação Civil Pública); os acordos de leniência no âmbito da Lei nº 12.529, de 30 de novembro de 2011 (lei que regulamenta a atuação do Conselho de Defesa Econômica – Cade; entre outros instrumentos normativos.

[4] "Em suma, entende-se que não prosperam os argumentos contrários à utilização do acordo em matéria de prerrogativas públicas, especialmente a aplicação de sanções administrativas, já que o exercício acordado da prerrogativa não significa a disposição de interesse público, mas sim a utilização dessa prerrogativa de forma não unilateral. Nesse sentido, entende-se que a previsão do art. 26 do Decreto-Lei nº 4.657, de 1942, contém autorização legal suficiente para se fundamentar a possibilidade de celebração de acordo em substituição à sanção administrativa." DANIEL, Felipe Alexandre Santa Anna Mucci. *O Direito Administrativo Sancionador aplicado aos contratos da Administração Pública e os acordos substitutivos de sanção*. Curitiba: Editora Íthala, 2022, p. 258.

Ocorre que tais inovações no sentido da celebração de acordos em substituição a atos unilaterais, e, especialmente, quando há o envolvimento de prerrogativas públicas, não é aceita sem resistência na doutrina brasileira. A Escola Francesa da *puissance pulbique*, capitaneada por Maurice Hauriou, ao fazer a diferenciação entre o regime privado e o regime administrativo, criou a distinção entre atividade de autoridade (atos de império) e atividade de gestão. Nesse sentido, no âmbito dos atos de império, a Administração atua por meio de decisões unilaterais e com autoridade sobre os particulares, aplicando-se a ela um regime exorbitante ao direito comum. No entanto, no que se refere aos atos de gestão, a Administração se iguala ao particular, despindo-se de suas prerrogativas públicas.[5] Embora essa distinção esteja em desuso, por ter se demonstrado imprestável para fazer a adequada caracterização do regime jurídico administrativo, ela pode ser citada como um dos motivos pelos quais o desenvolvimento da contratualidade, no exercício das prerrogativas públicas, encontrou tanta resistência no desenvolvimento do Direito Administrativo, o que também se aplica à resistência na celebração de acordos em matéria de sanções administrativas.[6]

Neste sentido, o surgimento da administração contratualizada despertou questionamentos a respeito da compatibilidade do interesse público com a substituição da decisão unilateral pelo acordo, em especial com base no princípio da indisponibilidade do interesse público, em que o Direito Administrativo, inclusive o brasileiro, se baseou e, em grande medida, ainda se baseia.[7] No entanto, a indagação a essa premissa é: afinal, decidir de forma consensual/concertada implica dispor do interesse público?

---

[5] DI PIETRO, Maria Sylvia Zanella. *Direito Administrativo*. 28. ed. São Paulo: Atlas, 2015. p. 75.

[6] Celso Antônio Bandeira de Mello sustenta que o interesse público é próprio da sociedade e, portanto, não se encontra à disposição para ser apropriado por outrem. Os órgãos administrativos apenas o representam e, portanto, não caberia a eles, e sim às leis, dispor sobre o interesse público. O autor destaca, também, que o titular do interesse público é o Estado e não a Administração. Ao detalhar as consequências jurídicas do princípio da indisponibilidade do interesse público, o autor destaca a "inalienabilidade dos direitos concernentes a interesses públicos", sustentando que a administração é atividade "serviente" e, portanto, "não pode alienar ou ser despojada dos direitos que a lei consagrou como internos ao setor público". MELLO, Celso Antônio Bandeira de. *Curso de Direito Administrativo*. 35. ed. São Paulo: Malheiros, 2021, p. 72.

[7] MARQUES NETO, Floriano de Azevedo; CYMBALISTA, Tatiana Matiello. Os acordos substitutivos do procedimento sancionatório e da sanção. *Revista Eletrônica de Direito Administrativo Econômico*, Salvador, n. 27, ago./set./out. 2011. Disponível em: http://www.direitodoestado.com.br/revista/redae-27-agosto-2011-floriano-azevedo-tatiana-matiello.pdf. Acesso em: 10 abr. 2023.

Na esteira das inovações trazidas pela legislação, especialmente as alterações promovidas na LINDB para prever a possibilidade de acordos em substituição a atos unilaterais, o que se defende aqui é que a celebração destes acordos não deve ser considerada disposição de interesse público, uma vez que possuem o mesmo conteúdo e a mesma finalidade que os atos unilaterais, porém são celebrados de uma forma não imperativa. Além disso, possuem maior eficiência e maior aderência por parte dos particulares envolvidos que a eles aderem voluntariamente.

Recentemente, foi publicada a Lei nº 14.133, de 2021, a qual incorporou institutos das referidas leis, especialmente o pragmatismo jurídico e os meios de consensualidade e participação na tomada de decisões, inclusive no âmbito do processo administrativo sancionador. O presente trabalho se propõe a analisar as inovações trazidas pela referida lei no âmbito do processo administrativo sancionador decorrente de infrações contratuais em comparação com o regime jurídico sancionador previsto na Lei Anticorrupção Empresarial, na perspectiva dos princípios interpretativos da consensualidade e do pragmatismo jurídico.

2 O regime sancionatório da Lei Anticorrupção e da Lei nº 14.133, de 2021: diferenças e similitudes

A Lei Anticorrupção Empresarial e a Lei Geral de Licitações e Contratos Administrativos são as principais normas que tratam do regime sancionatório em matéria de contratações públicas. A primeira diferença que se pode destacar entre elas é quanto ao espectro de aplicação, que pode ser dividido da seguinte forma: (i) quanto à natureza da infração, já que as sanções da Lei nº 14.133, de 2021, se aplicam a todas as infrações decorrentes de contratos administrativos, enquanto as sanções da Lei Anticorrupção Empresarial exigem a presença do elemento corrupção para que seja aplicável; (ii) quanto à natureza da relação jurídica travada com a Administração Pública, visto que as sanções da Lei nº 14.133, de 2021, somente se aplicam a infrações decorrentes de participação das empresas em processos de licitação ou contratação pública, enquanto a aplicação da Lei Anticorrupção Empresarial é mais ampla, aplicando-se também às demais relações travadas com o Estado, tais como no âmbito tributário, previdenciário, em processos de licenciamento ambiental, urbanístico, etc.

A hipótese em que haveria sobreposição entre ambas é aquela decorrente da infração contratual ou em processo licitatório que envolva prática corruptiva. Neste caso, haveria uma coincidência de aplicação e seria, portanto, necessário definir qual das duas se aplicaria. Quanto à possibilidade de ocorrência de infrações contratuais e prática corruptiva conjuntamente, a Lei nº 14.133, de 2021, determinou a unificação do regime sancionatório. No art. 159 há a previsão de que nesses casos a infração deve ser tratada em um único processo administrativo, o qual transcorrerá obedecendo ao rito estabelecido pela Lei nº 12.846, de 2013. Objetiva-se, com isso, vedar a multiplicidade de processos pelo mesmo fato, evitando-se, assim, violação ao princípio do *no bis in idem*, de modo também a viabilizar a celebração de acordo de leniência abrangente que possa incluir tanto as sanções decorrentes da Lei Anticorrupção (Lei nº 12.846, de 2013) quanto as sanções da Lei de Licitações e Contratações Administrativas (Lei nº 14.133, de 2021).[8]

Estabelecidas essas premissas iniciais, importa tratar do regime de infrações e as respectivas sanções de cada um dos referidos diplomas legislativos.

2.1 O regime infracional e sancionatório da Lei Anticorrupção Empresarial e suas inovações

A Lei nº 12.846, de 1º de agosto de 2013, prevê penalidades específicas quando os atos praticados se enquadrarem na hipótese de corrupção. O art. 5º do aludido diploma legislativo é o que estabelece as infrações que podem ser consideradas atos lesivos à Administração. No referido dispositivo, é possível detectar dois tipos de infrações:

(i) infrações decorrentes de relações gerais com a Administração, as quais estão previstas nos incisos I, II, III e V.

(ii) infrações decorrentes de processos de licitações e no âmbito de contratos administrativos, previstas no inciso IV.

Para todas essas hipóteses é previsto um único sistema punitivo. O importante é que todas elas estejam vinculadas a uma causa: a ocorrência de corrupção. Embora a lei não conceitue expressamente corrupção, tais atos são aqueles que foram por ela considerados lesivos e que se submetem ao seu sistema punitivo.

---

[8] Neste sentido: JUSTEN FILHO, Marçal. *Comentários à Lei de Licitações e Contratações Administrativas*. São Paulo: Revista dos Tribunais, 2021, p. 1.644.

Quanto às sanções a serem aplicadas em decorrência da ocorrência destas infrações, a Lei prevê em seu art. 6º a aplicação, no âmbito administrativo, das penalidades de multa e de publicação extraordinária da decisão condenatória.

No âmbito judicial, há previsão, no art. 19, de aplicação das penalidades de perdimentos de bens, direitos ou valores obtidos, direta ou indiretamente, por meio da infração; suspensão ou interdição parcial das atividades da empresa; dissolução compulsória da pessoa jurídica; proibição de receber incentivos, subsídios, subvenções, doações ou empréstimos de órgãos ou entidades públicas e de instituições financeiras públicas ou controladas pelo poder público.

A principal inovação em matéria de regime sancionatório da Lei Anticorrupção Empresarial é o surgimento do acordo de leniência, previsto nos arts. 16 e 17. Para que tal acordo seja celebrado, o art. 16 exige o preenchimento dos seguintes requisitos: (a) a pessoa jurídica ser a primeira a manifestar o interesse na cooperação; (b) que ela cesse o envolvimento na infração; e (c) que ela admita sua participação e coopere com o fornecimento de informações e provas para a investigação.[9]

Percebe-se, aqui, a presença de dois dos princípios que vêm sendo incorporados pelo Direito Administrativo e que foram positivados pela alteração promovida pela Lei nº 13.655, de 2018, na LINDB. Primeiramente, a consensualidade, admitindo-se a substituição de uma decisão que poderia ter o viés autoritário e unilateral por outra, acordada com a parte. No caso do acordo de leniência da Lei Anticorrupção Empresarial, há um interesse muito claro do Estado em optar pelo consenso: a busca por novas provas e novos fatos que possam ser relevantes para a investigação. Aplica-se quando se detectar a perspectiva integradora entre as partes, ou seja, de ganha-ganha, em detrimento de uma visão distributiva, em que um ganha e o outro perde.[10]

---

[9] BRASIL. Lei nº 12.846, de 1º de agosto de 2013. *Diário Oficial da União*, Brasília, 2013. Disponível em: http://www.planalto.gov.br/ccivil_03/_ato2011-2014/2013/lei/l12846.htm. Acesso em: 2 abr. 2023.

[10] Neste sentido: "Em contrapartida a essa perspectiva integradora do ganha-ganha está a visão distributiva da negociação, segundo a qual para que alguém ganhe o outro deve perder. Na perspectiva distributiva, o interesse público somente seria alcançado se o infrator fosse punido, ou seja, deve perder para que o interesse público ganhe". DANIEL, Felipe Alexandre Santa Anna Mucci. *O Direito Administrativo Sancionador aplicado aos contratos da Administração Pública e os acordos substitutivos de sanção*. Curitiba: Editora Íthala, 2022, p. 265.

Ao mesmo tempo, o acordo de leniência é imbuído também do princípio do pragmatismo jurídico, visto que o Estado deixa de aplicar a pena mais gravosa em prol de um resultado mais interessante para o interesse público. Ora, é melhor negociar uma penalidade mais branda, em prol de provas inéditas que poderão dar um novo rumo para as investigações, do que aplicar ao investigado uma pesada penalidade, mas não se alcançar (ou ao menos demorar mais tempo para alcançar) as provas que se deseja obter. Trata-se de visão pragmática, que permeia o novo Direito Administrativo.

O art. 17 da Lei nº 12.846, de 2013, por sua vez, estabelece que as sanções previstas nos arts. 86 a 88 da Lei nº 8.666, de 1993, também poderão ser objeto de isenção ou atenuação por meio de acordo de leniência.[11] Obviamente que com a entrada em vigor da Lei nº 14.133, de 2021, o referido dispositivo deve ser lido como aplicável às penalidades previstas no art. 156 da nova Lei, nas mesmas hipóteses em que anteriormente se aplicava aos dispositivos correspondentes da Lei nº 8.666, de 1993. A dúvida que surge, a partir dessa previsão, é se o art. 17 tem natureza autônoma ou se seria dependente do art. 16. Ou seja: poderia um descumprimento contratual que não se caracterize como corrupção ser objeto de acordo de leniência?

Em estudo dedicado ao tema Cristiana Fortini pontifica que o art. 17 não dá origem a um ajuste diferente daquele previsto no art. 16, mas apenas admite o alargamento dos efeitos para atingir as sanções previstas nos arts. 86 a 88 da Lei nº 8.666, de 1993, nos casos em que o descumprimento do contrato público tenha concorrido com a prática corruptiva.[12]

Luciano Ferraz se posiciona em sentido diverso. Para o autor, a previsão do art. 17 da Lei nº 12.846, de 2013, é a previsão de acordo substitutivo a ser celebrado com a pessoa jurídica responsável pelo inadimplemento do contrato, o qual resulta no sistema sancionatório previsto nos arts. 86 a 88 da Lei nº 8.666, de 1993. Segundo o autor, trata-se de instrumento que viabiliza o acordo na ocorrência de infrações contratuais, o qual é importante para evitar a rescisão do contrato e as consequências que dela advêm.[13]

---

[11] BRASIL. Lei nº 12.846, de 1º de agosto de 2013. *Diário Oficial da União*, Brasília, 2013. Disponível em: http://www.planalto.gov.br/ccivil_03/_ato2011-2014/2013/lei/l12846.htm Acesso em: 2 abr. 2023.

[12] FORTINI, Cristiana. Comentários ao art. 17. *In*: DI PIETRO, Maria Sylvia Zanella; MARRARA, Thiago. *Lei anticorrupção comentada*. Belo Horizonte: Fórum, 2017, p. 233-241.

[13] FERRAZ, Luciano. Controle e consensualidade. *Fundamentos para o controle consensual da Administração Pública*. (TAG, TAC, SUSPAD, acordos de leniência, acordos substitutivos e instrumentos afins). Belo Horizonte: Fórum, 2019. p. 180-181.

Thiago Marrara, ao comentar a aplicação dos acordos de leniência para infrações contratuais, destaca que a aplicação conjunta da Lei Anticorrupção e da Lei de Licitações e Contratos quanto às sanções podem gerar três situações distintas: (1ª) a ocorrência apenas de prática corruptiva, o que implica a aplicação exclusiva do regramento da Lei nº 12.846, de 2013; (2ª) a ocorrência de infração contratual em conjunto com a prática corruptiva, o que impõe as consequências do art. 16 da Lei nº 12.846, de 2013, em conjunto com a mitigação das penalidades relacionadas à infração contratual; e, por fim, (3ª) a ocorrência exclusivamente de infração contratual, o que viabiliza também a celebração de acordo de leniência para mitigação das sanções administrativas.[14]

Portanto, há legislação específica e consenso na doutrina no sentido de que é possível a celebração de acordos de leniência sobre as sanções administrativas previstas nos arts. 86 a 88 da Lei nº 8.666, de 1993 e, também agora, no art. 156 da Lei nº 14.133, de 2021, ou seja, sanções decorrentes de inadimplemento contratual, nas hipóteses em que houver prática corruptiva e o objetivo de obtenção de provas por meio da celebração do acordo de leniência. Porém, há divergência para a possibilidade legal de celebração desses acordos substitutivos de sanção decorrente de inadimplemento contratual quando não houver prática corruptiva.

A Lei nº 14.133, de 2021, perdeu a oportunidade de regulamentar o assunto da aplicação dos acordos de leniência no âmbito das infrações contratuais. Somente previu o acordo de leniência no art. 158, §4º, II, estabelecendo que a sua celebração nos termos do que prevê a Lei nº 12.846, de 2013, é causa de suspensão da prescrição.[15]

Conforme se pode observar, a Lei não é clara quanto à possibilidade de celebração de acordo de leniência desvinculada da prática corruptiva. Ainda que se admita, porém, o acordo de leniência possui aplicação restrita, pois sua finalidade é a negociação dos percentuais de multa em troca de informações e documentos que comprovem o ilícito, bem como indicação de outros envolvidos, quando houver.

---

[14] MARRARA, Thiago. Infrações, Sanções e Acordos na Nova Lei de Licitações. *In*: DI PIETRO, Maria Sylvia Zanella. *Licitações e contratos administrativos*: Inovações da Lei 14.133, de 1º de abril de 2021. Rio de Janeiro: Forense, 2021. p. 253.

[15] BRASIL. Lei nº 14.133, de 1º de abril de 2021. *Diário Oficial da União*, Brasília, 2021. Disponível em: http://www.planalto.gov.br/ccivil_03/_ato2019-2022/2021/lei/L14133.htm. Acesso em: 30 abr. 2023.

Permanece, pois, a necessidade de se analisar a possibilidade de celebração de termo de compromisso ou acordo substitutivo de sanção administrativa com objetivos mais amplos, desvinculados tão somente da negociação e obtenção de informações e identificação de envolvidos. É o que trataremos adiante, ao analisar o sistema sancionatório da Lei nº 14.133, de 2021.

2.2 O regime infracional e sancionatório da Lei nº 14.133, de 2021 e suas inovações

A Nova Lei de Licitações e Contratos Administrativos (Lei nº 14.133, de 2021) traz novidades importantes para o regime sancionatório em matéria de contratos administrativos. A primeira delas foi a tipificação das condutas consideradas infrações administrativas no seu art. 155. Sabe-se que o princípio da tipicidade não tem aplicação no Direito Administrativo tal qual no Direito Penal.[16] Todavia, é importante destacar que a tipificação mínima voltada a balizar o intérprete é viável e necessária, com o objetivo de se garantir o maior grau de segurança jurídica possível. Portanto, a criação de um rol de infrações atrelada a determinadas penalidades é um notável avanço em matéria de segurança jurídica no processo administrativo sancionador da Lei nº 14.133, de 2021.

Além desta importante inovação, a Nova Lei de Licitações e Contratos também trouxe critérios a serem observados pela Administração na dosimetria da penalidade, o que não existia na Lei nº 8.666, de 1993. O art. 156, §1º, estabelece que essa dosimetria deve levar em conta cinco critérios: (1º) natureza e gravidade da infração; (2º) peculiaridades do caso concreto; (3º) circunstâncias agravantes e atenuantes; (4º) danos decorrentes da infração para a Administração e (5º) a existência de programa de integridade. Trata-se de previsão

---

[16] Neste sentido: "Para além de todos os argumentos apresentados pelos autores, destaca-se que não é possível ao legislador estabelecer tipificação fechada similar à do Direito Penal para o Direito Administrativo Sancionador. São diversas as infrações que podem ocorrer no âmbito administrativo e, para tanto, seria necessária a criação de um código próprio para o Direito Administrativo. Esse código, se possível de ser estabelecido, necessitaria ser alterado em velocidade muito maior do que o Código Penal, haja vista o maior dinamismo da atividade administrativa. Sob todos os aspectos, portanto, é necessária a adaptação de tipicidade legal no que se refere ao Direito Administrativo Sancionador". DANIEL, Felipe Alexandre Santa Anna Mucci. *O Direito Administrativo Sancionador aplicado aos contratos da Administração Pública e os acordos substitutivos de sanção*. Curitiba: Editora Íthala, 2022, p. 166-167.

que deve ser observada pelo intérprete no momento da aplicação da penalidade, sendo, portanto, uma inovação positiva.

Quanto ao elenco das penalidades, a mais branda é a advertência. Tal sanção representa sinalização ao contratado de que algo na relação contratual não está adequado. Trata-se de penalidade adequada nos casos em que pequenos descumprimentos contratuais não ensejam maiores consequências ou danos ao interesse público tutelado por meio do contrato administrativo. Embora se trate de penalidade mais singela, isso não afasta a necessidade de instauração do devido processo legal, garantindo-se à empresa o direito à ampla defesa e contraditório, já que a pena de advertência não é uma mera admoestação verbal, mas é levada a registro nos sistemas de cadastro da Administração Pública.

Quanto à penalidade de multa, a Lei nº 14.133, de 2021, faz a diferenciação entre multa de mora, prevista no seu art. 162, e multa sanção ou compensatória (como é denominada pelo art. 162, parágrafo único), prevista no art. 156, II. Para a multa compensatória há garantia de defesa prévia no art. 157, no prazo de 15 dias úteis. Por outro lado, no art. 162 nada se fala a respeito de defesa prévia à empresa em decorrência do atraso no pagamento. Todavia, defende-se aqui a necessidade de observância da ampla defesa e do contraditório, garantindo-se à empresa o direito à defesa prévia e o direito de recorrer da aplicação dessa penalidade. Entende-se que a ausência de previsão é uma lacuna da Lei no que se refere à garantia constitucional do devido processo legal, ampla defesa e contraditório, devendo-se aplicar o princípio constitucional independentemente de previsão legal.

Já no que se refere às penalidades restritivas de direitos, a Lei nº 14.133, de 2021, traz algumas mudanças em relação à legislação anterior (Lei nº 8.666, de 1993) e resolve algumas das polêmicas existentes no regime anterior. Possui o mérito de unificar a matéria sancionatória em dispositivo único, visto que no regime anterior o assunto variava a depender da modalidade licitatória adotada (pregão e concorrência), gerando consequências distintas, o que representava distorção do sistema sancionatório contratual.

Assim, as penalidades restritivas de direitos estão estabelecidas em duas modalidades: o impedimento de licitar e contratar (art. 156, III) e a declaração de inidoneidade para licitar ou contratar (art. 156, IV). Merece destaque que no novo regramento legal deixa de existir a penalidade de "suspensão do direito de licitar e contratar", presente na Lei nº 8.666, de 1993. Ela foi fundida com a penalidade do art. 7º da Lei nº 10.520, de 2002 (Lei do Pregão), passando agora a uma única categoria denominada "impedimento de licitar e contratar".

No que tange à tipificação das condutas, conforme já se ressaltou, é possível perceber o avanço da nova Lei em relação ao regramento da Lei nº 8.666, de 1993. No art. 156, §4º, tem-se o elenco das infrações contratuais em que a penalidade de impedimento de licitar e contratar deve ser aplicada, quais sejam, as previstas nos incisos II, III, IV, V, VI e VII do art. 155.

Já no caso da penalidade de declaração de inidoneidade, ela incidirá nas hipóteses previstas no art. 155, incisos VIII, IX, X, XI e XII. Porém, a Lei ainda estabelece que mesmo as infrações que se apontam como geradoras da aplicação da penalidade de impedimento de licitar e contratar (incisos II a VII do art. 155) podem gerar a aplicação da penalidade de declaração de inidoneidade caso se justifique a "imposição de penalidade mais grave" que a sanção de impedimento de licitar e contratar.

O legislador fez, portanto, divisão a partir da gravidade das infrações, estando elencadas no primeiro grupo hipóteses consideradas graves e no segundo grupo hipóteses consideradas gravíssimas. Porém, a Lei também pretende admitir que, a depender das circunstâncias, as hipóteses do primeiro grupo, puníveis com a penalidade de impedimento, possam ser consideradas gravíssimas e, assim, serem punidas com a declaração de inidoneidade.

Quanto ao prazo de aplicação de cada uma das sanções, a Lei nº 14.133, de 2021, é mais específica e demonstra-se melhor quando comparada com a previsão da Lei nº 8.666, de 1993. O art. 156, em seu parágrafo 4º, estabelece o prazo de até três anos para a penalidade de impedimento de licitar e contratar e no parágrafo 5º o prazo de três a seis anos para a declaração de inidoneidade.

Também a discussão sobre a extensão das penalidades, outra questão polêmica no texto da Lei nº 8.666, de 1993, é pacificada pela Lei nº 14.133, de 2021. O art. 156, §4º, deixa claro que a penalidade de impedimento de licitar e contratar se aplica "no âmbito da Administração Pública direta e indireta do ente federativo que tiver aplicado a sanção", enquanto o §5º estabelece que a declaração de inidoneidade "impedirá o responsável de licitar ou contratar no âmbito da Administração Pública direta e indireta de todos os entes federativos". Desse modo, ainda que se possa defender que a autonomia dos entes federados impeça a extensão da penalidade aplicada por um ente federado a outro, corrente à qual este autor se filia, a literalidade da Lei nº 14.133, de 2021, deixa clara a possibilidade.

2.2.1 A aplicação dos princípios da consensualidade e do pragmatismo jurídico no regime sancionatório da Lei nº 14.133, de 2021

Para além dos avanços relacionados ao regramento do regime sancionatório, tal como já se destacou em relação à Lei Anticorrupção Empresarial, é possível detectar que houve também outras inovações importantes no que se refere às alternativas de solução de controvérsias no âmbito dos contratos administrativos regulados pela Lei nº 14.133, de 2021. No art. 151 a Lei trouxe a possibilidade de utilização de meios alternativos de solução de controvérsias nas contratações por ela regidas e citou como exemplos a conciliação, a mediação, o comitê de resolução de disputas e a arbitragem.

Ao tratar do acordo de leniência da Lei nº 12.846, de 2013, abordou-se neste trabalho a polêmica de sua aplicação aos casos em que não há prática dos atos regidos naquela Lei (atos lesivos, denominados de corrupção e tipificados no seu art. 5º). Todavia, questiona-se aqui a interpretação restritiva quanto à possibilidade de acordo em matéria de sanções administrativas contratuais. A positivação pela Lei nº 12.846, de 2013, da possibilidade de acordos em matéria de sanções aplicáveis no âmbito de condutas ligadas à prática de corrupção faz surgir uma constatação: se é possível que se negociem sanções diante de condutas dessa gravidade, envolvendo práticas corruptivas, é adequado que se permita a negociação também para condutas menos graves, em que não se detecta prática corruptiva.

Defende-se a autorização geral para contratualização da sanção, não em decorrência de interpretação extensiva do art. 16 da Lei nº 12.846, de 2013, mas especialmente em razão da positivação do acordo em outros instrumentos normativos, especialmente a previsão da possibilidade de solução de controvérsias do art. 151 da Nova Lei de Licitações e Contratos e a previsão do art. 26 da Lei de Introdução às Normas do Direito Brasileiro, que, tal como já se defendeu no presente trabalho, tem caráter de norma geral de interpretação jurídica para o Direito Público.

No *caput* do art. 151 da Lei nº 14.133, de 2021, há previsão genérica para os meios alternativos de solução de controvérsia, estabelecendo de forma exemplificativa, pois utiliza a expressão "notadamente", os institutos da conciliação, mediação, comitê de resolução de disputas e a arbitragem. Ou seja, não houve limitação de hipóteses de solução alternativa de controvérsias, podendo ser estabelecidas outras com esse objetivo de solução consensual dos conflitos.

Quanto ao âmbito de incidência desses meios alternativos, no seu parágrafo único a Lei limita a utilização dos respectivos termos às hipóteses de "direitos patrimoniais disponíveis", citando como exemplo "as questões relacionadas ao restabelecimento do equilíbrio econômico-financeiro do contrato, *ao inadimplemento de obrigações contratuais por quaisquer das partes* e ao cálculo de indenizações"[17] (g.n.).

Veja-se que houve previsão específica para que o inadimplemento de obrigações contratuais e as indenizações decorrentes de contratos administrativos sejam tratados em instrumentos alternativos de resolução de controvérsias. Dessa forma, a Lei correlacionou as controvérsias oriundas de inadimplemento contratual com o conceito de direitos patrimoniais disponíveis.

Assim, seguindo-se os ensinamentos de Onofre Alves Batista Júnior,[18] para que se possa celebrar transação no âmbito do Direito Público é necessário que o bem ou direito seja disponível ou que haja autorização legal para tanto. Neste caso, a Lei classificou a ocorrência de inadimplemento de obrigações contratuais no rol exemplificativo das questões que se relacionam a direitos patrimoniais disponíveis.

Dito isso, com a previsão do parágrafo único do citado dispositivo, ficaram solucionadas as duas questões principais em torno da possibilidade da celebração de acordos substitutivos de sanção em contratos administrativos. A primeira é quanto à possibilidade de se tratar a sanção por meio de outros instrumentos que não sejam o ato administrativo unilateral, o que, pelo teor do citado dispositivo, fica claro que sim. Ora, quando se admite que infrações contratuais sejam resolvidas por meio de instrumentos alternativos ao ato administrativo, por via de consequência também se está tratando a consequência jurídica que dela advém, ou seja, a sanção. Não se pode imaginar que a Lei permitiria tratar a causa (infração contratual) e não a sua consequência (penalidade) por meios alternativos ao ato administrativo unilateral.

Já a segunda questão diz respeito ao instrumento que poderá substituir o ato administrativo unilateral. A Lei deixa claro que é possível se utilizar a arbitragem, a mediação, a conciliação e as câmaras

---

[17] BRASIL. Lei nº 14.133, de 1º de abril de 2021. *Diário Oficial da União*, Brasília, 2021. Disponível em: http://www.planalto.gov.br/ccivil_03/_Ato2019-2022/2021/Lei/L14133.htm. Acesso em: 29 abr. 2023.

[18] BATISTA JÚNIOR, Onofre Alves. *Transações Administrativas*: Um contributo ao estudo do contrato administrativo como mecanismo de prevenção e terminação de litígios e como alternativa à atuação administrativa autoritária, no contexto de uma Administração Pública mais democrática. São Paulo: Quartier Latim, 2007, p. 512.

de arbitragem, mas sem se limitar a eles. Pela interpretação sistemática da legislação, reconhece-se a possibilidade da celebração de acordos substitutivos de sanção administrativa no âmbito dos contratos administrativos, denominados pela Lei nº 13.655, de 2018, como termos de compromisso.

Desse modo, a possibilidade de celebração do acordo substitutivo de sanção administrativa em contratos administrativos está demonstrada tanto do ponto de vista da substância (aplicabilidade à sanção administrativa) quanto do ponto de vista do meio a ser empregado (acordo substitutivo).

Outra característica importante no que se refere ao caráter pragmático da Lei nº 14.133, de 2021, está na previsão do art. 147, que trata da nulidade dos contratos administrativos. Nele, a nulidade é tratada como uma excepcionalidade, devendo a preservação do pacto ser considerada a regra. Para que a nulidade ocorra, é necessário que sejam observados diversos aspectos da realidade fática, tais como a motivação social do contrato, as perdas decorrentes da deterioração das parcelas já executadas, custo para realização de nova licitação e novo contrato, fechamento de postos de trabalho, dentre outros.

Pode-se defender que raciocínio idêntico pode ser empregado no caso da rescisão dos contratos administrativos decorrente de aplicação de penalidades. Ora, se o art. 147 admite inúmeros critérios para se manter o contrato diante da ocorrência de nulidade, interpretação idêntica deverá ser dada no caso de infrações contratuais de menor impacto para o interesse público, hipótese em que certamente o acordo poderá ser uma boa alternativa para o adequado atendimento do interesse público.

3 Conclusão

De igual modo ao que se pode observar nos acordos de leniência da Lei nº 12.846, de 2013, os acordos substitutivos de sanções contratuais podem se mostrar como importantes instrumentos de atingimento do interesse público, levando em conta os princípios do pragmatismo jurídico e da consensualidade. Ora, a aplicação de sanção é, sem dúvida, medida necessária em diversas hipóteses da relação contratual entre Administração e particulares. Todavia, não pode e não deve ser o único caminho possível. É preciso que, em nome da eficiência, a Administração tenha instrumentos, inclusive de cunho pragmático, que lhe permitam decidir entre o ato unilateral ou a celebração do acordo, numa perspectiva integradora de ganha-ganha.

A operação sancionatória no âmbito do contrato é decisão administrativa que impacta diretamente a execução do objeto e o bom andamento da relação entre as partes. Outrossim, o contrato é o espaço adequado para a bilateralidade e é preciso que a Administração tenha à sua disposição outras formas de solucionar a controvérsia oriunda de descumprimento contratual. Muitas vezes, a solução da penalização pode ser uma via que levará, fatalmente, ao encerramento do contrato, o que pode comprometer seriamente os princípios da eficiência e da economicidade, levando-se em conta que o objeto não será entregue no tempo e modo esperados. Portanto, imaginar que tais controvérsias somente podem ser resolvidas tendo como resultado a sanção administrativa unilateral é limitar significativamente o poder da Administração em tomar decisões frente ao caso concreto.

Deste modo, as leis aqui tratadas – Lei nº 12.846, de 2013, Lei nº 13.655, de 2018 (que altera o Decreto-Lei nº 4.657, de 1942) e a Lei nº 14.133, de 2021 – incorporam instrumentos do novo Direito Administrativo. Ao adotarem mecanismos de natureza consensual, viabilizam que a decisão administrativa se dê de forma acordada, eliminando a ideia de que a única alternativa da Administração é o ato administrativo unilateral. Além disso, sedimentam a premissa de que a tomada de decisões deve levar em conta as consequências práticas. Anular o contrato, rescindi-lo ou valer-se de penalidades unilaterais pode levar à extinção do vínculo e paralisação de serviços e políticas públicas fundamentais.

Assim, tanto o acordo de leniência da Lei nº 12.846, de 2013, quanto o acordo substitutivo de sanção unilateral previsto no art. 151 da Lei nº 14.133, de 2021, c/c art. 26 do Decreto-Lei nº 4.657, de 1942, são poderosos instrumentos de integração entre Administração-contratante e particular-contratado. Se bem utilizados, podem render bons frutos para o alcance do interesse público, deixando o processo sancionatório de ser apenas um mero instrumento de aplicação de penalidades para se tornar, também, um meio de se alcançar eficiência na solução de controvérsias.

Referências

BATISTA JÚNIOR, Onofre Alves. *Transações Administrativas:* Um contributo ao estudo do contrato administrativo como mecanismo de prevenção e terminação de litígios e como alternativa à atuação administrativa autoritária, no contexto de uma Administração Pública mais democrática. São Paulo: Quartier Latin, 2007.

BRASIL. Decreto-Lei nº 4.657, de 4 de setembro de 1942. *Diário Oficial da União*, Rio de Janeiro, 1942. Disponível em: https://www.planalto.gov.br/ccivil_03/Decreto-Lei/Del4657.htm Acesso em: 20 abr. 2023.

BRASIL. Lei nº 12.846, de 01 de agosto de 2013. *Diário Oficial da União*, Brasília, 2013. Disponível em https://www.planalto.gov.br/ccivil_03/_ato2011-2014/2013/lei/l12846.htm Acesso em: 20 abr. 2023.

BRASIL. Lei nº 13.655, de 25 de abril de 2018. *Diário Oficial da União*, Brasília, 2018. Disponível em: https://www.planalto.gov.br/ccivil_03/_Ato2015-2018/2018/Lei/L13655.htm. Acesso em: 20 abr. 2023.

BRASIL. Lei nº 14.133, de 01 de abril de 2021. *Diário Oficial da União*, Brasília, 2021. Disponível em: https://www.planalto.gov.br/ccivil_03/_Ato2019-2022/2021/Lei/L14133.htm Acesso em: 20 abr. 2023.

DANIEL, Felipe Alexandre Santa Anna Mucci. *O Direito Administrativo Sancionador Aplicado aos Contratos da Administração Pública e os acordos substitutivos de sanção.* Curitiba: Editora Íthala, 2022.

DI PIETRO, Maria Sylvia Zanella. *Direito Administrativo.* 28. ed. São Paulo: Atlas, 2015.

FERRAZ, Luciano. *Controle e consensualidade.* Fundamentos para o controle consensual da Administração Pública. (TAG, TAC, SUSPAD, acordos de leniência, acordos substitutivos e instrumentos afins). Belo Horizonte: Fórum, 2019.

FORTINI, Cristiana. Comentários ao art. 17. *In*: DI PIETRO, Maria Sylvia Zanella; MARRARA, Thiago. *Lei anticorrupção comentada.* Belo Horizonte: Fórum, 2017.

JUSTEN FILHO, Marçal. *Comentários à Lei de Licitações e Contratações Administrativas.* São Paulo: Revista dos Tribunais, 2021.

MARQUES NETO, Floriano de Azevedo; CYMBALISTA, Tatiana Matiello. Os acordos substitutivos do procedimento sancionatório e da sanção. *Revista Eletrônica de Direito Administrativo Econômico*, Salvador, n. 27, ago./set./out. 2011. Disponível na internet: http://www.direitodoestado.com.br/revista/redae-27-agosto-2011-floriano-azevedo-tatiana-matiello.pdf. Acesso em: 10 abr. 2023.

MARRARA, Thiago. Infrações, Sanções e Acordos na Nova Lei de Licitações. *In*: DI PIETRO, Maria Sylvia Zanella. *Licitações e contratos administrativos*: Inovações da Lei 14.133, de 1º de abril de 2021. Rio de Janeiro: Forense, 2021.

MELLO, Celso Antônio Bandeira de. *Curso de Direito Administrativo.* 35. ed. São Paulo: Malheiros, 2021.

Informação bibliográfica deste texto, conforme a NBR 6023:2018 da Associação Brasileira de Normas Técnicas (ABNT):

DANIEL, Felipe Alexandre Santa Anna Mucci. Consensualidade e pragmatismo: os novos caminhos do Direito Administrativo no Brasil e seus reflexos para o regime sancionatório da Lei Anticorrupção Empresarial e da Nova Lei de Licitações e Contratos Administrativos. *In*: FORTINI, Cristiana; PIRES, Maria Fernanda Veloso; CAVALCANTI, Caio Mário Lana (coord.). *Integridade e contratações públicas*: reflexões atuais e desafios. Belo Horizonte: Fórum, 2024. p. 173-190. ISBN 978-65-5518-708-3.

DESAFIOS DOS MUNICÍPIOS NA NOVA LEI DE LICITAÇÕES: A GOVERNANÇA DAS CONTRATAÇÕES

GREYCIELLE DE FÁTIMA PERES AMARAL

LUISA ROSADO

I Considerações iniciais

A Lei nº 14.133/21 não representa uma ruptura com o modelo de contratação pública adotado no Brasil, mas traz aspectos importantes porque estabelece linhas condutoras, como a necessidade de profissionalismo dos agentes envolvidos com o metaprocesso, as ideias de planejamento e governança, consolidando normativamente práticas consideradas positivas para a Administração, frutos de entendimentos difundidos por organismos internacionais e por posições do Tribunal de Contas da União.

A importante diretriz na nova lei voltada às práticas contínuas e permanentes sobre governança e gestão de riscos,[1] que visam ao planejamento e à organização pelos agentes públicos na realização dos trâmites de contratação pública.

Na observação de Carvalho e Cabral (2021),[2] "há, inegavelmente, uma preocupação do legislador quanto ao controle preventivo,

---

[1] Artigos 169 a 173 da Lei nº 14.133/2021. BRASIL. Lei nº 14.133/2021. Disponível em: https://www.planalto.gov.br/ccivil_03/_ato2019-2022/2021/lei/L14133.htm?origin=instituicao Acesso em: 30 mar. 2023.

[2] CARVALHO, Guilherme; CABRAL, Flávio Garcia. Controle das contratações públicas: diversas linhas de frente. *Consultor Jurídico*. Disponível em: https://www.conjur.com.br/2021-set-03/licitacoes-contratos-controle-contratacoes-publicas-diversas-linhas-frente. Acesso em: 21 mar. 2023.

evitando a deflagração de contratações públicas indesejadas e, até mesmo, ineficientes, razão pela qual a gestão de riscos, naturalmente preponderante quando do planejamento do objeto licitado, deve ocorrer durante toda a fase de contratação pública".

A Lei nº 8.666/93 ampara em diversos artigos o controle externo das contratações públicas e relacionava a ideia de controle quase sempre ao Tribunal de Contas,[3] diferente da Lei nº 14.133/21,[4] que, além de normatizar o controle externo, inclui diversos mecanismos e diretrizes para a estruturação do controle interno na Administração.[5]

No âmbito da União e dos Estados o novo diploma exige relativamente poucas medidas de adaptação, visto que traz em seu bojo entendimentos do Tribunal de Contas da União e regras contidas em atos normativos preexistentes de aplicação no âmbito da Administração Pública federal e estadual.

Vislumbra-se, entretanto, a necessidade de importantes ações em adaptações de procedimentos e práticas de gestão[6] a fim de viabilizar a adoção da nova lei em âmbito municipal.

---

[3] Exemplo os artigos 102 e 113, *caput*, e §2º da Lei nº 8.666/93. Disponível em: https://www.planalto.gov.br/ccivil_03/LEIS/L8666cons.htm. Acesso em: 28 mar. 2023.

[4] Referências: controle (art. 170, *caput*); controle(s) interno(s) (art. 7º, §2º, art. 8º, §3º, art. 11, parágrafo único, art. 19, inciso IV, art. 116, §3º, art. 140, §1º, art. 168, incisos II e III); órgão de controle externo (art. 24, inciso I); controle prévio (art. 52, *caput* e §4º); controle(s) preventivo(s) (art. 168, *caput*, e §3º, inciso I); órgãos de controle (art. 59, inciso IV, art. 141, §2º, art. 155, §1º, inciso V, art. 170, §2º, art. 169, *caput*, §§2º e 3º, art. 171); órgãos de controle interno (art. 24, inciso I, art. 170, §4º) e controle social (art. 169, *caput*). BRASIL. Lei nº 14.133/2021. Disponível em: https://www.planalto.gov.br/ccivil_03/_ato2019-2022/2021/lei/L14133.htm?origin=instituicao. Acesso em: 30 mar. 2023.

[5] Isso indica como o legislador, acertadamente, compreendeu a relevância estratégica da atuação do controle interno para que sejam alcançados os objetivos do processo licitatório, como assegurar a seleção da proposta apta a gerar o resultado de contratação mais vantajoso para a Administração Pública e evitar contratações com sobrepreço ou com preços manifestamente inexequíveis e superfaturamento na execução dos contratos. LIMA, Luiz Henrique. A nova Lei de Licitação e o Controle Interno. Disponível em: https://irbcontas.org.br/artigos/a-nova-lei-de-licitacoes-e-o-controle-interno/. Acesso em: 14 jul. 2023.

[6] "A denominada instância de governança é composta pela alta administração, que tem uma visão macro da organização, sendo capaz de direcionar, avaliar e monitorar – como vimos no conceito apresentado – a efetiva execução de ações e políticas públicas na instância de gestão, aqui considerados como os níveis tático e operacional dos órgãos e entidades. A materialização destas últimas – ações e políticas – dá-se por intermédio de processos de trabalho finalísticos, aqui compreendidos como uma sequência de atividades que visam a entregar serviços e outros benefícios aos cidadãos-clientes. Tais processos, executados pela gestão, para serem eficientes, eficazes e efetivos, precisam de direcionamento, além de um acompanhamento constante quanto ao seu desempenho, papéis estes da governança". CARDOSO, Lindineide Oliveira; ALVES, Paulo Ribeiro. *A nova Lei de Licitações Públicas e a inexorável chegada da governança das contratações*. Salvador, BA; Brasília, DF: Editora Mente Aberta; Rede Governança Brasil, 17 de setembro de 2021 [E-book].

A implantação da nova Lei pelos Municípios passa pela compreensão do que é governança, sistema de controle interno e gestão de riscos, pelo aprimoramento do planejamento, pela identificação dos atores responsáveis e respectiva capacitação, bem como pela edição de normativos a fim de adaptarem-se ao novo regime.

Segundo Fortini e Amorim,

> (...) a compreensão da importância da governança das contratações públicas decorre do considerável acúmulo, nos últimos 100 anos, de conhecimento e experiências, os quais demonstram que, na aplicação do mesmo diploma legal, órgãos e entidades públicas alcançam, muitas vezes, na destinação de recursos públicos significativos, resultados completamente diferentes, o que tem correlação direta com os respectivos níveis de maturidade da governança e da gestão das contratações públicas.[7]

Falhas nessas tarefas podem implicar graves prejuízos para o interesse público, a depender do caso concreto, com a responsabilização de agentes públicos, sobretudo daqueles que compõem a Alta Administração, a quem a nova lei[8] conferiu a missão de criar mecanismos, fluxos e estruturas hábeis a promover o atendimento da demanda.

II Os instrumentos de governança na nova lei de licitação aplicados à realidade dos municípios

A governança nas contratações públicas é um tema de relevância crescente, e a Portaria SEGES nº 8.678/2021 traz diretrizes fundamentais nesse contexto. A norma estabelece orientações para a implementação de práticas de governança, gestão de riscos e controles internos, reconhecendo que esses elementos são distintos, mas se entrelaçam no âmbito das contratações públicas.

No campo da governança, a Portaria SEGES destaca a importância de estabelecer mecanismos de tomada de decisão transparentes, participativos e responsáveis. Essa abordagem visa promover a eficiência, a ética e a integridade nos processos de contratação, garantindo a busca pelo interesse público e a mitigação de possíveis desvios.

---

[7] FORTINI, Cristiana; AMORIM, Rafael. *Um novo olhar para a futura lei de licitações e contratos administrativos*: a floresta além das árvores, 2021. Disponível em: http://www.licitacao econtrato.com.br/assets/artigos/artigo_download_85.pdf. Acesso em: 30 mar. 2023.

[8] Parágrafo único do art. 11.

Importante, antes de prosseguir com a discussão, estabelecermos alguns conceitos e perspectivas sobre a governança corporativa e a aplicada ao setor público, *compliance*, programa de integridade, gestão de riscos e controle interno.

A governança corporativa é sistema de gestão que compreende a criação de estratégias visando à boa gestão,[9] por meio de *compliance*, cujo principal foco é garantir a conformidade da empresa com as legislações, "em sua essência, significa a observância das normas legais e regulamentares aplicáveis, bem como os valores éticos gerais, dos códigos de conduta específicos de determinado ramo de atividade e das expectativas legítimas da sociedade"[10] (BARROSO, 2020).

A governança pública não se constitui de simples adoção da governança corporativa, pois, além de não ser corporativa, é regida por leis de Direito Público, desde a Constituição Federal até portarias de Ministros de Estado, passando por leis complementares, leis ordinárias e regulamentos emanados dos chefes do Executivo, por exemplo.

Ambas se assemelham na utilização do *compliance* e programas de integridade, voltados às necessidades dos entes federados e as peculiaridades inerentes à gestão pública. Portanto, gestão e governança são funções complementares. Enquanto aquela faz o manejo dos recursos (em sentido amplo) e busca o alcance dos interesses públicos estabelecidos, esta provê direcionamento, avalia e monitora a atuação da gestão, com vistas ao atendimento das necessidades dos cidadãos e demais partes interessadas[11] (BARROSO, 2020).

Evidente até o momento é que a adoção do *compliance* na Administração Pública pressupõe também a implementação de programas de integridade, os quais se entrelaçam e fortalecem as iniciativas relacionadas à governança.

---

[9] O princípio da boa administração, inserido dentre aqueles que devem orientar todas as atividades do Poder Público, era concebido como uma mera garantia de eficiência da Administração Pública diante da necessária tutela do interesse público. Com o tempo, a boa administração evoluiu para um instrumento de tutela dos direitos dos cidadãos e, assim, a governança com reflexos diretos nos direitos e deveres dos cidadãos. *In*: ZENKNER, Marcelo. *Integridade governamental e empresarial*: um espectro da repressão e da prevenção à corrupção no Brasil e Portugal. Belo Horizonte: Fórum, 2019, p. 240-241.

[10] CONSULTOR JURÍDICO. Livro reúne o que há de mais importante sobre *compliance*, diz ministro Barroso. *Revista Eletrônica Consultor Jurídico*. Disponível em: https://www.conjur.com.br/2018-out-15/livro-reune-importante-compliance. Acesso em: 4 ago. 2023.

[11] BARROSO, Bruno Sampaio. A importância do *compliance* nos Municípios Brasileiros. *Revista do Ministério Público de Contas do Estado do Paraná*, 2020. Disponível em: https://revista.mpc.pr.gov.br/index.php/RMPCPR/article/view/10/8. Acesso em: 6 ago. 2023.

A distinção entre os programas de *compliance* e integridade é vantajosa. Normalmente, o programa de *compliance* busca assegurar a conformidade com as leis vigentes, enquanto também proporciona aos gestores públicos maior controle sobre aspectos éticos e legais dentro das organizações. Em contrapartida, os mecanismos de integridade têm como objetivo evitar a ocorrência dos atos prejudiciais em si.

Então, a governança aplicada à gestão pública nos Municípios, para elaborarem os sistemas de *compliance* e programas de integridade, deve avaliar as regularidades dos procedimentos inerentes à atividade que o órgão e/ou ente federado assume na busca em atingir a boa governança pública.

É inerente nesse sentido a avaliação dos riscos. A gestão de riscos foi definida pela Organização Internacional de Padronização (*International Organization for Standardization – ISO*) como a identificação, a análise, a avaliação, o tratamento (controle), o monitoramento, a avaliação e a comunicação de riscos.

Pautando-se em diminuir os custos de atividades incertas e aumentar os benefícios sociais e econômicos, o governo lida com os riscos por meio de diversas funções, como, por exemplo, a função de assistência social, da saúde e da educação, a criação de condições para a estabilidade e prosperidade econômica, a proteção do meio ambiente, dentre outros serviços públicos prestados[12] (ÁVILA, 2016).

Além disso, a gestão de riscos ganha destaque na Portaria SEGES, que recomenda a identificação, avaliação e tratamento adequado dos riscos inerentes às contratações. A norma enfatiza a importância de desenvolver estratégias de prevenção e mitigação, visando à maximização dos resultados e à minimização dos impactos negativos em relação aos objetivos do contrato.

No entanto, é importante destacar que governança e programa de integridade estão interligados e se complementam. Um programa de integridade robusto faz parte das práticas de governança adequadas, garantindo a conformidade com leis e regulamentações, a ética nos negócios e a prevenção de riscos de corrupção.

As ações que integram o sistema dos controles internos também são abordadas na Portaria SEGES como parte essencial da governança nas contratações públicas. A norma recomenda a implementação de

---

[12] ÁVILA, Marta Dulcélia Gurgel. *Gestão de Riscos no Setor Público*. Disponível em: https://doi.org/10.32586/rcda.v12i2.110. Acesso em: 18 ago. 2023.

mecanismos de controle eficazes, que garantam o cumprimento das normas legais e regulamentares, a transparência dos processos e a prestação de contas adequada.

Assim, a Portaria SEGES nº 8.678/2021 estabelece diretrizes para a governança nas contratações públicas, reconhecendo a importância de uma abordagem integrada que envolva governança, gestão de riscos e controles internos.

Ao seguir essas orientações, os órgãos e entidades públicas podem fortalecer a transparência, a eficiência e a integridade em suas práticas de contratação, contribuindo para uma gestão pública mais eficaz e alinhada aos princípios da Administração Pública.

São regras que se consubstanciam como uma bússola da essência da governança no setor público, a Resolução CNJ nº 347/2020, que institui a política de governança das contratações públicas dos órgãos do Poder Judiciário, e a Portaria SEGES/ME nº 8.678/2021, que dispõe sobre o mesmo tema no âmbito da Administração Pública Federal Direta, Autárquica e Fundacional, estabelecem a obrigação de implementação e manutenção de instâncias, mecanismos e instrumentos de governança das contratações públicas em suas estruturas administrativas.

A governança em organizações do setor público enfrenta o desafio de determinar o nível aceitável de risco na busca pelo melhor valor para os cidadãos e outras partes interessadas, ou seja, fornecer serviços de interesse público da maneira mais eficiente possível (INTOSAI, 2007).[13] A gestão de riscos é o instrumento utilizado para enfrentar esse desafio e gerenciar efetivamente os riscos envolvidos nas operações da organização pública.

No âmbito dos Municípios, é fundamental contar com ações, procedimentos e normas decretos que regulamentem as ferramentas necessárias para salvaguardar o interesse público.

Para basear os procedimentos e regulamentos do ente municipal, é fundamental adotar boas práticas, tais como:

> (i) Estabelecer um sistema de gestão de riscos e controle interno que identifique os riscos críticos da organização ou setor, e indique medidas a serem tomadas para mitigá-los.

---

[13] INTOSAI. International Organization of Supreme Audit Institutions. INTOSAI GOV 9130, 2007. Disponível em: http://www.intosai.org/issai-executive-sum-maries/view/article/intosai-gov-9130-guidelines-for-internal-control-standar-ds-for-the-public-sector-further-inf.html. Acesso em: mar. 2023.

(ii) Monitorar e avaliar constantemente o sistema de gestão de riscos e controle interno, assegurando sua eficácia e contribuição para a melhoria do desempenho organizacional.

Tais instrumentos fortalecem o controle dos atos administrativos e representam um processo integrado e planejado nas unidades administrativas do Estado, delineado por meio de normas, rotinas e procedimentos que visam avaliar a adequação do comportamento em relação à lei e ao Direito, contribuindo para aprimorar a qualidade do serviço público.[14]

Para garantir a conformidade e integridade das atividades da Administração Pública, os programas de *compliance* devem incluir rotinas e procedimentos avaliados em relação a dois aspectos principais: (i) a adoção dos mecanismos previstos na Lei Anticorrupção, que exigem a estruturação de processos administrativos para investigar a responsabilidade de ações e (ii) a implementação de programas de integridade, que visam ao aprimoramento da gestão municipal, direcionando comportamentos, reduzindo o risco de irregularidades e aplicando as medidas necessárias para correção de rumos.

Este último é o desafio dos Municípios ao aplicarem a Lei nº 14.133/2021: preservar os objetivos da contratação, essencialmente ao que se refere ao sistema de controle interno de cada órgão e entidade.

A Lei nº 14.133/2021 enfatiza a importância de considerar tanto os aspectos objetivos quanto subjetivos do arranjo institucional antes de abordar as especificidades técnicas da modelagem de licitações e contratos administrativos. Isso inclui a estrutura organizacional, recursos humanos, processos de trabalho, planejamento, recursos de tecnologia da informação e práticas de gestão de risco e controle interno.[15]

Pontos importantes relacionados à estruturação do sistema de gestão de riscos e controle interno estão destacados no novo diploma, tais como medidas de integridade para os agentes públicos (art. 7º,

---

[14] MESSA, Alcione Aparecida; MESSA, Ana Flávia. Fundamentos da transparência no controle interno. *In*: FERRAZ, Leonardo de Araújo. LOBO, Luciana Mendes; MIRANDA, Rodrigo Fontenelle de A. (coord.). *Controle Interno Contemporâneo*. Belo Horizonte: Fórum, 2021. p. 463.

[15] FORTINI, Cristiana; AMORIM, Rafael Amorim de. Novo olhar para as contratações públicas: precedentes e perspectivas da Lei nº 14.133/2021. *In*: MATOS, Marilene Carneiro; ALVES, Felipe Dalenogare; AMORIM, Rafael Amorim de (org.). *Nova Lei de Licitações e Contratos* – Lei nº 14.133/2021: debates, perspectivas e desafios. Brasília: Câmara dos Deputados, 2023. p. 126.

III, e §1º; art. 9º), gestão por competência (art. 7º, I e II), matriz de responsabilidade (art. 8º), segregação de funções (art. 7º, §1º), plano de capacitação (art. 18, §1º, X; art. 169, §3º, I; art. 173) e definição de funções (art. 8º, §§3º e 4º).[16]

Intencionalmente, o legislador deixa claro que as contratações deverão submeter-se a práticas contínuas e permanentes de gestão de risco e de controle preventivo, observadas as linhas de defesa expostas no artigo 169[17] e seus incisos.

O legislador enfatizou que a defesa do interesse público, no que toca à existência de um metaprocesso regular e capaz de, ao fim do dia, garantir o atendimento da demanda administrativa, deve ocorrer por meio de controles preventivos e não apenas repressivos.

A defesa há de ser estruturada em três linhas, formadas por distintos órgãos e agentes, cuja ação criaria ao final uma teia de proteção. O olhar de um, somado ao olhar de outro. A implementação dessas práticas será objeto de regulamentação específica, sob a responsabilidade da alta administração do órgão ou entidade.[18]

Nesse processo, é necessário considerar os custos e benefícios decorrentes da sua implementação, optando-se por medidas que promovam relações íntegras e confiáveis para todos os envolvidos, garantindo a eficiência, eficácia e efetividade nas contratações públicas e produzindo resultados vantajosos para a Administração.[19]

Os preceitos que defendem a integridade e boa governança devem ser aplicados na gestão de riscos[20] dos procedimentos internos

---

[16] CAMARÃO, Tatiana. Título II – Das licitações Capítulo I – Do processo licitatório. In: MATOS, Marilene Carneiro; ALVES, Felipe Dalenogare; AMORIM, Rafael Amorim de (org.). *Comentários à Lei de Licitações e Contratos Administrativos*: Lei nº 14.133, de 1º de abril de 2021. Belo Horizonte: Fórum, 2022. p. 205.

[17] "A coordenação entre as linhas de defesa se dá principalmente por intermédio da gestão de risco: a identificação, análise e tratamento de incidentes com potencial lesivo à organização, com o propósito de impedir a implementação dos riscos e minimizando os seus impactos." BRASIL. Tribunal de Contas da União. Referencial de combate à fraude e corrupção aplicável a órgãos e entidades da Administração Pública. 2. ed. Brasília: 2018. p. 22.

[18] INSTITUTE OF INTERNACIONAL AUDITORS. Modelo das Três Linhas do IIA 2020: uma atualização das três linhas de defesa. Lake Mary: IIA, 2020. Disponível em: https://iiabrasil.org.br/korbilload/upl/editorHTML/uploadDireto/20200758glob-th-editorHTML-00000013-20082020141130.pdf, acesso em: 30 mar. 2023.

[19] TORRES, Ronny Charles Lopes de. *Leis de Licitações Públicas Comentadas*. 13. ed. São Paulo: Juspodivm, p. 803.

[20] "A gestão de riscos envolve, portanto, decisões sobre se determinados riscos serão evitados, mitigados, sendo seus impactos alvo de regulação ou mesmo aceitos, o que depende de um plano de contingência e resposta à materialização dos eventos prováveis

da contratação pública. A gestão municipal enfrenta grandes desafios ao buscar estruturar o controle interno das contratações públicas, de acordo com o artigo 11, parágrafo único, e o artigo 169 da Lei nº 14.133/2021. O Tribunal de Contas do Estado de Minas Gerais, por sua vez, materializou o conceito de sistema de controle interno na Administração Pública, através da Resolução nº 10, de 2 de dezembro de 1998, indicando que "o sistema de controle interno compreende as políticas e procedimentos estabelecidos pela Administração de um órgão/entidade para ajudar a alcançar os objetivos e metas propostas e assegurar, enquanto for praticável, o desenvolvimento ordenado e eficiente" (CASTRO, 2008).[21]

A discussão até aqui alinhavada refere-se à estruturação do sistema de controle interno, indicado como a estrutura que a direção de cada organização governamental (Administração Direta Municipal e seus órgãos e entidades) crie e assegure um controle interno que possa definir planos gerenciais, métodos e procedimentos e medidas que proporcionem os objetivos de eficiência, transparência e adequada aplicação dos recursos financeiros públicos.

Uma das principais dificuldades diz respeito aos recursos limitados disponíveis para implementar um sistema efetivo de controle interno. Municípios menores muitas vezes possuem orçamentos mais restritos, o que pode dificultar o investimento em tecnologias e profissionais capacitados para realizar auditorias e monitorar os processos de contratação.

Além disso, a falta de capacitação dos servidores municipais também é uma barreira para a efetivação do controle interno. Muitos municípios enfrentam dificuldades em desenvolver e implementar programas de capacitação e treinamento adequados, o que limita a compreensão e aplicação das normas e diretrizes relacionadas às contratações públicas.

Outro desafio está na complexidade dos procedimentos licitatórios e na interpretação das normas legais. A nova Lei de Licitações

---

ou certos de acontecer. Assim, a gestão de riscos também depende do chamado, na ciência da administração, enfoque contingencial, conforme a *contingency theory*, que aborda variáveis como: ambiente, recursos humanos, recursos materiais, tecnologia e tarefa a ser realizada". MAXIMIANO, Antônio Cesar Amaru; NOHARA, Irene Patrícia. *Gestão Pública*: abordagem integrada da administração e do direito administrativo. São Paulo: Atlas, 2017. p. 39.

[21] CASTRO, Rodrigo Pironti Aguirre. *Sistema de Controle Interno*: uma perspectiva do modelo de gestão pública gerencial. Belo Horizonte: Fórum, 2008, p. 150.

trouxe algumas mudanças em relação à legislação anterior, o que pode exigir uma curva de aprendizado para os gestores municipais. A interpretação correta das disposições legais é essencial para evitar irregularidades e garantir a conformidade dos processos de contratação.

Ademais, a descentralização e diversidade de demandas e necessidades nos municípios também são desafios enfrentados pela gestão municipal. Cada cidade possui características e particularidades próprias, o que exige uma adaptação das práticas de controle interno para atender às especificidades locais.

Diante dessas dificuldades, é fundamental que os municípios busquem superar os desafios por meio da adoção de medidas estratégicas, como o fortalecimento da capacitação dos servidores, a implementação de sistemas de tecnologia da informação e a busca por parcerias e cooperação entre os entes federativos. A efetiva estruturação do controle interno contribui para a transparência, eficiência e integridade nas contratações públicas, promovendo uma gestão municipal mais responsável e alinhada aos princípios da Administração Pública.

Esses dispositivos – artigo 11, parágrafo único, e artigo 169 da Lei nº 14.133/2021 – estão interligados na elaboração da gestão de riscos, boas práticas e integridade, e a Municipalidade deve considerá-los.

Como bem pontua Rafael Amorim,[22] o art. 169 da NLLCA não pode, de início, ser dissociado do art. 11 do novo diploma legal, pois é logo no início do diploma legal que ocorre a demarcação da prevenção como eixo estruturante do novo marco e que repercute em todo o Capítulo III do Título IV (art. 169 a 173), referente ao controle das licitações e contratos.

Como indicado nos artigos mencionados, a alta administração precisa se atentar para sua missão singular de prover a governança.

A regulamentação dessas boas práticas permanentes deve estar alinhada com a realidade da Municipalidade, o que representa um desafio, porque os municípios são entes distintos.

De acordo com o censo de 2010 do IBGE, cerca de 1.313 municípios respondiam por apenas 1% do PIB, enquanto aproximadamente 1.832 (ou seja, 32% do total) dependiam da Administração Pública e da previdência social para mais de um terço de sua economia. Isso indica

---

[22] AMORIM, Rafael Amorim de. Capítulo III – Do controle das contratações. *In*: MATOS, Marilene Carneiro; ALVES, Felipe Dalenogare; AMORIM, Rafael Amorim de (org.). *Comentários à Lei de Licitações e Contratos Administrativos*: Lei nº 14.133, de 1º de abril de 2021. Belo Horizonte: Fórum, 2022. p. 559.

que esses municípios não têm como sustentar estruturas administrativas mais complexas.²³

Nas palavras de Irene Nohara (p. 409, 2020), para que a gestão de riscos saia dos textos normativos e passe a ser realidade nas Administrações Públicas, é necessário que haja a adaptação da cultura organizacional às novas diretrizes de governança pública.

À vista disso, o escopo da governança precisa ser condizente com a realidade do município, considerando os riscos existentes e o porte da entidade. Não basta apenas criar normas para afirmar a existência de programas de integridade, é preciso que eles sejam incorporados no dia a dia e que seus mecanismos sejam aplicados com resultados práticos.

II.I A governança nas contratações públicas e o programa de *compliance* nos municípios

É fundamental fazer uma breve digressão sobre a importância de implementar programas de integridade e *compliance* nas contratações públicas.

Para que a governança pública seja efetiva, é imprescindível a existência de um Estado de Direito, de uma sociedade civil participativa nos assuntos públicos, de uma burocracia com ética profissional, de políticas planejadas de forma previsível, aberta e transparente e de um braço executivo que se responsabilize por suas ações (WORLD BANK, 2007).

Além disso, de acordo com o Banco Mundial, os princípios fundamentais da boa governança incluem a legitimidade, a equidade, a eficiência, a probidade, a transparência e a *accountability*.²⁴

A governança migra para a esfera pública no contexto da denominada Teoria da Agência ou Relação Principal-Agente, que se revela

---

[23] NOHARA, Irene Patrícia. O princípio da realidade da LINDB aplicado à exigência de *compliance* nos municípios brasileiros. *In:* ZENKNER, Marcelo; CASTRO, Rodrigo Pironti Aguirre de (coord.). *Compliance no Setor Público*. Belo Horizonte: Fórum, 2022. p.94.

[24] É importante destacar que a preocupação com a governança pública teve início com o movimento de Reforma Administrativa na década de 90 no Brasil. Como resultado dessa reforma, a eficiência foi positivada como um dos princípios jurídicos constitucionais da Administração Pública. Foi por meio do Plano Diretor de Reforma do Aparelho do Estado que foram anunciados os passos reformadores e a inclusão do tema *accountability* na pauta do desempenho do Estado. NOHARA, Irene Patrícia. Governança pública e gestão de riscos: transformações no Direito Administrativo. *In:* DE PAULA, Marco Aurélio Borges; DE CASTRO, Rodrigo Pironti Aguirre (coord.). *Compliance, Gestão de riscos e combate à corrupção*: integridade para o desenvolvimento. Belo Horizonte: Fórum, 2020.

quando os interesses daqueles que têm direitos não são adequadamente atendidos pelos agentes incumbidos de respeitá-los e atendê-los.[25]

A formalização de instrumentos e diretrizes que orientam o gestor precisa estabelecer objetivos e ações estratégicas, além de metas e indicadores que permitam a mensuração do seu desempenho. Caberá ao agente público responsável a "obrigação de assumir responsabilidades por suas decisões e pela prestação de contas de forma voluntária, assumindo integralmente a consequência de seus atos e omissões".[26]

Após a vigência de dois anos da Lei nº 14.133/2021, é possível que alguns municípios tenham criado seus regulamentos, porém essa criação pode ter sido vista apenas como um procedimento formal, sem representar uma mudança efetiva no modelo de governança e integridade.

Ora, os programas de integridade pública nada mais são do que um instrumento eficaz de aplicação da governança pois visam aumentar a eficiência, eficácia e efetividade da Administração Pública e corroboram com a política anticorrupção, na medida em que estabelecem mecanismos de controle que melhoram a imagem pessoal e institucional dos gestores públicos; reduzem a distância entre sociedade e os órgãos de Estado; colaboram com o aumento da transparência e corroboram a disseminação da cultura de integridade.

Dessa forma, não podemos negligenciar a análise da realidade e a adaptação dos municípios às exigências da NLLC, pois a implementação dessas exigências deve ser interpretada de acordo com o artigo 22, *caput*, da LINDB. Nessa interpretação, deve-se considerar os obstáculos e dificuldades reais enfrentados pelo gestor público, bem como as exigências das políticas públicas sob sua responsabilidade, sem prejudicar os direitos dos administrados.

A CGU – Controladoria-Geral da União, no guia de Sugestões de Decretos para a Regulamentação da Lei Anticorrupção em Municípios,[27]

---

[25] BRASIL. Tribunal de Contas da União. Referencial básico de governança aplicável a organizações públicas e outros entes jurisdicionados ao TCU. Disponível em: https://portal.tcu.gov.br/lumis/portal/file/fileDownload.jsp?fileId=8A81881F7595543501762EB9 2E957799. Acesso em: 4 abr. 2023.

[26] Art. 2º, I, da Instrução Normativa Conjunta CGU/MP nº 1/20168 apresenta conceito para *accountability*, palavra de língua inglesa que não encontra paralelo preciso no vocabulário brasileiro.

[27] MINISTÉRIO DA TRANSPARÊNCIA, FISCALIZAÇÃO E CONTROLADORIA-GERAL DA UNIÃO. Sugestões de Decretos para a Regulamentação da Lei Anticorrupção em Municípios. Disponível em: 1_cartilha_de_decretos_para_regulamentacao.pdf (cgu.gov.br). Acesso em: 13 jun. 2023.

estabeleceu um importante paralelo entre a realidade e a aplicação de legislação:

> Não há critérios absolutos para a recomendação acerca de qual modelo deve ser adotado por determinado município. Entende-se, por exemplo, que considerar apenas as condições demográficas ou dimensões territoriais não seria suficiente. Devendo ser considerados as necessidades e a complexidade da Administração Pública local, além da estrutura das unidades que estarão com missão de atuar na condução de processos de responsabilização de pessoas jurídicas.

É essencial levar em conta as particularidades de cada contexto ao aplicar a preocupação com o gerenciamento da integridade das normas federais à administração municipal. Isso requer a promoção de adaptações que estejam alinhadas com o princípio da realidade, conforme estabelecido no artigo 22, *caput*, da LINDB. É necessário avaliar os obstáculos e dificuldades reais enfrentados pelos gestores, juntamente com as demandas das políticas públicas sob sua responsabilidade, sem negligenciar os direitos dos administrados.

Sem descurar-se de analisar a construção e a aplicação da cultura de gestão de risco na organização, considerando dois prismas: a organizacional, que tem foco na estrutura das unidades que compõem o ente; e a processual, que tem o foco nos processos de trabalho.

Portanto, a palavra de ordem é *"planejamento"*, com o qual toda organização deve contar, um planejamento de seus objetivos e metas, adotando indicadores e uma matriz de implementação. É através dessa função administrativa de *"planejar"* que os administradores definem para onde querem ir e como chegarão.

No âmbito da Administração Pública, um programa de *compliance* deverá abarcar os mesmos assuntos, porém com uma ênfase um pouco diversa, como, por exemplo, no aspecto da transparência de gestão, pois talvez seja necessário limitar o acesso às informações por questões de segurança nacional. Outra diferença seria a análise do mérito das medidas tomadas pelo gestor público, que devem sempre atender aos ditames do interesse público e, na sua maior parte, serem motivadas (PEREZ FILHO, 2019).[28]

---

[28] PEREZ FILHO, Augusto Martinez. *O compliance na Administração Pública*: combate à corrupção e efetivação do direito à boa administração. São Paulo: J. H. Mizuno, 2019. p. 101-102.

O papel desempenhado pelo *compliance* consiste em efetivamente fomentar o controle das operações na esfera da Administração Pública, bem como estimular a adoção de inovações tecnológicas, transparência e disseminação de informações de maneira geral. A falta de supervisão e transparência afeta de forma mais acentuada os municípios mais afastados e de menor porte, onde a ausência de monitoramento é mais notória.

Uma das principais virtudes do *compliance* é sua aptidão para amalgamar elementos relativos à auditoria, integridade e estratégia desde o estágio de formulação dos atos administrativos. Isso contribui para a edificação de um histórico consistente sobre o tópico e para a alocação de recursos voltados às políticas públicas. Adicionalmente, o *compliance* também desempenha um papel proativo no enfrentamento à corrupção no âmbito da Administração Pública, visto que estimula a promoção de ações transparentes.

A possibilidade de o público em geral ter acesso às informações necessárias para cumprir os requisitos delineados por leis e regulamentos administrativos é simplificada, minimizando redundâncias e resultando em ganhos de eficiência.

III Dos instrumentos de planejamento na contratação pública

Embora o planejamento na contratação pública não seja obrigatório para municípios, é importante considerar os benefícios que podem ser obtidos ao implementar esse tipo de plano. Embora os municípios pequenos possam enfrentar desafios adicionais devido a recursos limitados e capacidade administrativa reduzida, a adoção de um plano de contratação pública pode trazer vantagens significativas.

Primeiramente, um planejamento adequado na contratação pública permite uma gestão mais eficiente dos recursos disponíveis, maximizando o valor das aquisições e reduzindo possíveis desperdícios. Além disso, um plano estruturado pode contribuir para a transparência e prevenção de práticas inadequadas, como a corrupção.

Mesmo que os municípios pequenos possam enfrentar menos demanda em termos de contratações, a criação de um plano de contratação pública pode ajudar a estabelecer diretrizes claras, procedimentos consistentes e garantir uma abordagem mais profissional na gestão desses processos. Isso pode resultar em maior eficiência, qualidade e conformidade com a legislação.

Portanto, embora não seja obrigatório, os municípios pequenos podem se beneficiar ao criar planos de contratação pública, pois esses planos podem melhorar a gestão dos recursos, promover a transparência e prevenir práticas inadequadas, mesmo em um contexto com menos demanda de contratações.

A nova Lei de Licitações, Lei nº 14.133/2021, traz consigo um cenário de busca e aprimoramento da governança pública, com o objetivo de melhorar o processo de contratação pública para atender às necessidades da sociedade.

Com o atual cenário que valoriza cada vez mais o planejamento e o controle nas aquisições, é importante salientar que o uso de ferramentas como o Plano Anual de Contratações (PAC) torna o processo de gestão mais objetivo e eficiente. O planejamento, quando alinhado às estratégias da organização, possibilita traçar um caminho claro e efetivo para alcançar objetivos.

Afinal, a estratégia está diretamente ligada ao resultado e à forma eficaz de alcançá-lo. Portanto, é fundamental que o PAC esteja completamente integrado ao planejamento estratégico do órgão, seja de forma direta ou indireta.

Por todo o exposto até aqui, sob a ótica das compras públicas, a governança traz um conjunto de ferramentas que asseguram, entre outras, a correta utilização dos recursos públicos com eficiência, a mitigação dos riscos inerentes ao processo de compras, uma visão mais responsável da aquisição e seu alinhamento com os objetivos estratégicos do órgão e uma maior *accountability* do processo como um todo.

No contexto de estratégia, gestão de riscos e responsabilidade, a Lei nº 14.133/21 apresenta, em seu artigo 12, inciso VII, a possibilidade de elaboração de um Plano de Contratações Anual, permitindo que cada ente federativo possa, por meio de regulamentação, desenvolver seu próprio plano.

Dessa forma, os municípios devem planejar suas contratações de acordo com suas necessidades e capacidade econômica. É importante ressaltar a importância do planejamento para a gestão eficiente dos recursos públicos e o cumprimento dos objetivos institucionais, garantindo a entrega de serviços de qualidade à sociedade.

Quando uma contratação é bem planejada, o gestor enfrenta menos surpresas durante a sua vigência. Quanto mais abrangente o planejamento, maior é a capacidade de prever uma variedade de situações, possibilitando a implantação de soluções antes mesmo de ocorrer o problema. Além disso, o planejamento ajuda no monitoramento e controle dos riscos, permitindo que sejam previstas ações preventivas e corretivas.

O PAC – Planejamento Anual de Contratação, presente na instrução do processo licitatório, ou seja, na fase instrutória, precisa ser compatibilizado com o planejamento estratégico.

O planejamento das contratações anual não deve ser o fim em si, pois é nele que se irradiam todos os princípios norteadores da contratação pública e os eixos estruturantes da governança no sentido de gestão de riscos e programas de integridade e *compliance*.

Nesse diapasão, Tatiana Camarão[29] destaca que a governança é o cerne da nova Lei de Licitações e Contratos, mas a sua eficácia dependerá da aplicação e maturidade do planejamento, e sustenta

> (...) o nosso ver, não há resposta certa para essa questão. A Lei traz à tona várias colorações de procedimentos que podem, sim, tornar eficaz e eficiente os processos licitatórios no país sob os aspectos das boas práticas de governança. Entretanto, pender para o 'avanço' ou para o 'mais do mesmo', dependerá da lente posta sobre a Lei. Melhor dizendo, o que o órgão ou entidade pública absorverá da Lei está intimamente ligado ao grau de maturidade em governança da organização.

Portanto, o sucesso do processo de planejamento dependerá da consciência sobre o nível de maturidade de cada ente federado.

Sem dúvida isso requererá grande esforço, envolvimento e comprometimento dos gestores municipais, principalmente aqueles municípios que possuem um grau inicial ou inexistente de maturidade da governança.

O esforço dos gestores deve concentrar-se em superar o gargalo na elaboração do Plano Anual de Contratação, no que diz respeito à comunicação entre os níveis estratégico, tático e operacional.

Nesse sentido, Angelina Leonez (2020) esclarece:

> (...) é possível perceber que a responsabilidade de "emplacamento" do PAC não é só de responsabilidade da alta administração, pois para ela a relevância está nos resultados produzidos que impactarão nos objetivos estratégicos. O nível intermediário possui maior responsabilidade

---

[29] CAMARÃO, Tatiana. *A nova Lei de Licitações*: Avanços ou mais do mesmo? Disponível em: https://www.tatianacamarao.com.br/a-nova-lei-de-licitacoes-avancos-ou-mais-do-mesmo/. Acesso em: 2 abr. 2023.

sobre a viabilidade de implantação e controle do plano, pois são os gestores os responsáveis pela coordenação das atividades para que os objetivos sejam alcançados, é a espinha dorsal do controle gerencial, os responsáveis pela transferência das informações entre nível operacional ao nível estratégico.

Nessa condução de informação do nível operacional para o estratégico, em alguns casos, não se é transmitido o que de fato é necessário para a concretização das atividades de forma eficaz. O nível tático, seja por inépcia, falta de visão, propositalmente ou até por falta de conhecimento, pode deixar de fazer essa ligação entre a alta administração e o nível técnico operacional, e isso, para fins de elaboração, execução e controle do PAC, há grande impacto negativo, pois gera uma ruptura entre o PAC com os objetivos estratégicos, e assim perde-se a visão do que está acontecendo no nível operacional para que esses objetivos sejam atingidos.[30]

A maturidade do órgão em realizar o planejamento, e consequentemente realizar a gestão de riscos e a efetividade dos programas de integridade e *compliance* na gestão municipal, perpassa pelos seguintes pontos, segundo Fortini e Amorim (p. 133, 2023):

(i) a conformação das variáveis decisivas para bom funcionamento do sistema de contratação pública (estrutura, processo, pessoas)

(ii) a definição da estratégia a ser observada pela área de contratação públicas, incluindo objetivos, indicadores e metas a serem alcançadas

(iii) a compatibilização da atuação da área de contratação pública às demais áreas do órgão ou entidade pública, de modo a contribuir, ao prover bens e serviços de forma célere, integra, econômica, eficiente e sustentável, para a materialização das políticas públicas.[31]

Concordamos com a perspectiva apresentada por Angelina Leonez,[32] estendendo sua conclusão como solução para a gestão municipal

---

[30] LEONEZ, Angelina. Aspectos relevantes sobre a aplicabilidade do PAC. *Sollicita*, 16 dez. 2020. Disponível em: https://sollicita.com.br/Noticia/?p_idNoticia=17210. Acesso em: 2 abr. 2023.

[31] FORTINI, Cristiana; AMORIM, Rafael de Amorim. Novo olhar para as contratações públicas: precedentes e perspectivas da lei nº 14.133/2021. *In*: MATOS, Marilene Carneiro; ALVES, Felipe Dalenogare; AMORIM, Rafael Amorim de (org.). *Nova Lei de Licitações e Contratos – Lei nº 14.133/2021*: debates, perspectivas e desafios. Brasília: Câmara dos Deputados, 2023.

[32] LEONEZ, Angelina. A Lei nº 14.133/21 e implementação do planejamento das contratações anual. Portal L&C. Disponível em: https://repositorio.ufsc.br/bitstream/item/ce5e450c-fab6-426d-ac30-c686ddae8abe/A%20Lei%20n%C2%BA%2014.133_21%20

que não possui estruturado seu planejamento e consequentemente o programa de integridade e *compliance* da fase interna das contratações públicas:

> imprescindível que as organizações realizem a gestão por competência para auxiliar no processo de maturação da governança e do planejamento do órgão. Para tanto, é necessário que os gestores entendam a visão da gestão por competência, a qual substitui o levantamento de necessidades e carência de treinamento, por uma visão das necessidades futuras do órgão para atingimento dos objetivos estratégicos, e de como os agentes públicos poderão agregar valor nesse processo.

Assim, vê-se com clareza o princípio da segregação de funções, que nada mais é do que "o princípio básico do sistema de controle interno que consiste na separação de funções, nomeadamente de autorização, aprovação, execução, controle e contabilização de operações".

Corroborando com tal definição e relevância, o Acórdão TCU nº 2.829/2015 – Plenário, indica que:

> A segregação de funções, princípio básico de controle interno que consiste na separação de atribuições ou responsabilidades entre diferentes pessoas, deve possibilitar o controle das etapas do processo de pregão por setores distintos e impedir que a mesma pessoa seja responsável por mais de uma atividade sensível ao mesmo tempo.

Na nova Lei de Licitações e Contratos Administrativos – Lei nº 14.133/21, o princípio da segregação de função está posto no art. 5º:

> Art. 5º Na aplicação desta Lei, serão observados os princípios da legalidade, da impessoalidade, da moralidade, da publicidade, da eficiência, do interesse público, da probidade administrativa, da igualdade, do planejamento, da transparência, da eficácia, da segregação de funções, da motivação, da vinculação ao edital, do julgamento objetivo, da segurança jurídica, da razoabilidade, da competitividade, da proporcionalidade, da celeridade, da economicidade e do desenvolvimento nacional sustentável, assim como as disposições do Decreto-Lei nº 4.657, de 4 de setembro de 1942 (Lei de Introdução às Normas do Direito Brasileiro).

---

e%20a%20implementa%C3%A7%C3%A3o%20do%20Planejamento%20das%20 Contrata%C3%A7%C3%B5es%20Anual.pdf?sequence=1. Acesso em: 5 abr. 2023.

Dessa forma, a escolha do legislador pela aplicação do citado princípio básico de controle interno é o reconhecimento de que o alcance dos objetivos da licitação resta prejudicado se uma determinada pessoa ficar responsável por mais de uma função sensível do procedimento.

Para além, não baseando a análise do Plano Anual de Contratação somente na perspectiva do controle interno, mas incluindo uma análise do sistema de controle interno do órgão da Administração Municipal, é importante ressalvar o aspecto de planejamento inerente com a Nova Lei de Licitações.

O conceito de planejamento estratégico não se confunde com o de planejamento a longo prazo, já que o último consiste em uma metodologia desenvolvida nos Estados Unidos na década de 50, tornando-se projeção para cerca de dez anos ou mais, ao passo que o primeiro é uma metodologia que interage mais com o ambiente e cuja direção engloba itens como âmbito de atuação, macropolíticas, estratégias funcionais, macro-objetivos e objetivos funcionais.[33]

Dentre os princípios gerais do Direito Administrativo, André Saddy[34] destaca que o princípio do planejamento é o primeiro sustentáculo para que o Estado alcance o interesse público, com o propósito de identificar os objetivos e metas prioritárias e definir o *modus operandi* que garanta a estrutura e os recursos necessários para a execução de ações relevantes ao interesse público como atividade de rotina para a racionalização administrativa e garantia de resultados.

O planejamento de compras é o instrumento de gestão, que, ao ser desenvolvido e empregado de forma estratégica, tem a capacidade de aperfeiçoar a qualidade dos gastos com bens e serviços por meio da apropriada gestão da cadeia de suprimentos. No entendimento do economista Philip Kotler (2000, p. 116), planejamento estratégico "[...] é o processo gerencial de desenvolvimento e manutenção de uma adequação viável entre objetivos, habilidades e recursos da organização e suas oportunidades em um mercado em constante mudança" (FRANKLIN, 2022).[35]

---

[33] RODRIGUES, E. A. O princípio do planejamento nas licitações e contratações públicas. *Revista da EMERJ*, [s.l.], v. 25, n. 1, p. 11-39, 2022. Disponível em: https://ojs.emerj.com.br/index.php/revistadaemerj/article/view/464. Acesso em: 28 ago. 2023.

[34] SADDY, André. *Formas de Atuação e Intervenção do Estado Brasileiro na Economia*. 2. ed. Rio de Janeiro: Lumen Juris, 2016, p. 282

[35] FRANKLIM, Danielle Silva Oliveira. A Importância do Planejamento de Compras na Lei nº 14.133/2021 para a eficiência da execução orçamentária. *Revista do Tribunal de Contas de Minas Gerais*, v. 40, p. 15, jul./dez. 2022. Disponível em: https://revista.tce.mg.gov.br/revista/index.php/TCEMG/article/view/560/0. Acesso em: 20 ago. 2023.

Planejar consiste em identificar, analisar, coordenar missões, propósitos, objetivos, desafios, metas, estratégias, políticas internas e externas, programas, projetos e atividades, com a finalidade de alcançar o máximo de desenvolvimento possível, com a mais adequada concentração de esforços.

Com o plano, é possível fazer uma previsão dos gastos e das contratações necessárias para o ano seguinte e, assim, garantir a execução das políticas públicas, planejando em conformidade com a legislação vigente.

No entanto, uma análise completa do Plano Anual de Contratação deve considerar não apenas o controle interno, mas também a interação com o sistema de controle interno da Administração Municipal. O alinhamento entre o planejamento estratégico e as metas prioritárias do interesse público, conforme destacado pelo princípio do planejamento, é crucial para garantir a eficácia das ações implementadas.

A implementação de um Plano Anual de Contratação permite antecipar gastos e contratações necessárias, alinhando-se às políticas públicas e às leis vigentes. Portanto, a combinação desses princípios – segregação de funções, planejamento estratégico e implementação de *compliance* – representa um conjunto abrangente e eficaz para fortalecer a governança das contratações públicas em nível municipal, promovendo a transparência, eficiência e alcance dos objetivos do interesse público.

IV Considerações finais

Diante do contexto apresentado, torna-se evidente a importância da governança na Administração Pública, especialmente no processo de aquisições. É fundamental observar que as instituições ainda estão em estágios iniciais de maturação do tema. Enquanto a alta administração não focar na função social de gerar valor público para a sociedade e deixar de pensar no órgão de forma autocentrada, o nível de amadurecimento será prejudicado.

Portanto, é necessário evoluir, estudar e buscar as melhores estratégias para aprimorar a governança do órgão. É crucial identificar os pontos fracos e fortes, assim como as oportunidades e ameaças, a fim de implementar os mecanismos adequados para cada realidade, visando gradativamente utilizar as ferramentas trazidas pela nova Lei de Licitações, principalmente no que se refere à governança e ao planejamento.

Os municípios que não possuem servidores suficientes enfrentam desafios adicionais na implementação da governança das contratações públicas, especialmente diante da nova Lei de Licitações. Nesses casos, é necessário buscar soluções adaptadas à realidade local para profissionalizar os agentes municipais e exigir práticas de governança.

Uma forma de lidar com a falta de servidores é investir em capacitação e treinamento específico, buscando parcerias com instituições de ensino, entidades especializadas ou até mesmo com outros municípios que possuam experiência na área.

Além disso, é importante contar com o apoio de órgãos de controle externo, que podem auxiliar na orientação e fiscalização dos processos de contratação. Esses órgãos podem oferecer suporte técnico, realizar auditorias ou fornecer diretrizes específicas para garantir a governança e a conformidade com a legislação vigente, em situações que o fator impeditivo é a insuficiência de servidores no município.

No que diz respeito à segregação de funções, é importante adotar estratégias que possam mitigar riscos, mesmo em situações em que há apenas um servidor envolvido. Isso pode incluir a revisão por outros órgãos ou servidores, a participação de comissões de avaliação externas ou a contratação de consultorias especializadas para auxiliar na análise dos processos e na tomada de decisões.

Uma alternativa é buscar soluções tecnológicas que possam automatizar e otimizar os processos de contratação, reduzindo a dependência de recursos humanos e aumentando a eficiência e a transparência. Essas soluções podem incluir sistemas de gestão de contratos, plataformas eletrônicas de licitação ou ferramentas de monitoramento e controle.

Em resumo, os municípios com recursos humanos limitados devem buscar soluções adaptadas à sua realidade, como parcerias, capacitação específica e o apoio de órgãos de controle externo. A tecnologia também pode ser uma aliada na busca por eficiência e transparência nas contratações públicas. Com esforço e estratégias adequadas, é possível superar os desafios e implementar a governança das contratações mesmo com recursos humanos reduzidos.

Referências

AMORIM, Rafael Amorim de. Capítulo III – Do controle das contratações. *In*: MATOS, Marilene Carneiro; ALVES, Felipe Dalenogare; AMORIM, Rafael Amorim de (org.). *Comentários à Lei de Licitações e Contratos Administrativos*: Lei nº 14.133, de 1º de abril de 2021. Belo Horizonte: Fórum, 2022. p. 559.

ÁVILA, Marta Dulcélia Gurgel. *Gestão de Riscos no Setor Público*. Disponível em: https://doi.org/10.32586/rcda.v12i2.110. Acesso em: 18 ago. 2023.

BARROSO, Bruno Sampaio. A importância do compliance nos Municípios Brasileiros. *Revista do Ministério Público de Contas do Estado do Paraná*, 2020. Disponível em: https://revista.mpc.pr.gov.br/index.php/RMPCPR/article/view/10/8. Acesso em: 6 ago. 2023.

BRASIL. Constituição Federal, de 5 de outubro de 1988. Disponível em: http://www.planalto.gov.br/ccivil_03/constituicao/constituicaocompilado.htm. Acesso em: 6 abr. 2023.

BRASIL. *Lei nº 13.655*, de 24 de abril de 2018. Disponível em: http://www.planalto.gov.br/ccivil_03/_ato2015-2018/2018/lei/l13655.htm. Acesso em: 12 abr. 2022.

BRASIL. *Lei nº 8.666*, de 21 de junho de 1993. Disponível em: http://www.planalto.gov.br/ccivil_03/LEIS/L8666cons.htm. Acesso em: 6 abr. 2023.

BRASIL. *Lei nº 14.133*, de 1º de abril de 2021. Disponível em: http://www.planalto.gov.br/ccivil_03/_ato2019-2022/2021/lei/L14133.htm#art8. Acesso em: 12 abr. 2022.

BRASIL. *Portaria SEGE/ME nº 8.678*, de 19 de julho de 2021. Disponível em: https://www.in.gov.br/en/web/dou/-/portaria-seges/me-n-8.678-de-19-de-julho-de-2021-332956169. Acesso em: 12 abr. 2022.

BRASIL. Guia da Política de Governança Pública. 2018. Disponível em: https://www.cgu.gov.br/noticias/2018/12/governo-federal-lanca-guia-sobre-a-politica-de-governanca-publica/guia-politica-governanca-publica.pdf. Acesso em: 6 abr. 2023.

BRASIL. Governo Federal lança guia sobre a Política de Governança Pública – CGU. Disponível em: https://www.cgu.gov.br/noticias/2018/12/governo-federal- lanca-guia-sobre-a-politica-de-governanca-publica. Acesso em: 6 abr. 2023.

BRASIL. Referencial Básico de Governança Aplicável a Órgãos e Entidades da Administração Pública. 2014. Disponível em: https://portal.tcu.gov.br/lumis/portal/file/fileDownload.jsp?inline=1&fileId=8A8182A24F0A728E014F0B34D331418D. Acesso em: 6 abr. 2023.

BRASIL. Tribunal de Contas da União. Referencial básico de governança aplicável a organizações públicas e outros entes jurisdicionados ao TCU. Disponível em: https://portal.tcu.gov.br/lumis/portal/file/fileDownload.jsp?fileId=8A81881F7595543501762EB92E957799. Acesso em: 4 abr. 2023.

BRASIL. Tribunal de Contas da União. Referencial de combate à fraude e corrupção aplicável a órgãos e entidades da Administração Pública. 2. ed. Brasília: 2018. p. 22.

CAMARÃO, Tatiana. Título II – Das licitações. Capítulo I – Do processo licitatório. *In*: MATOS, Marilene Carneiro; ALVES, Felipe Dalenogare; AMORIM, Rafael Amorim de (org.). *Comentários à Lei de Licitações e Contratos Administrativos*: Lei nº 14.133, de 1º de abril de 2021. Belo Horizonte: Fórum, 2022. p. 205.

CAMARÃO, Tatiana. *A nova Lei de Licitações*: Avanços ou mais do mesmo? Disponível em: https://www.tatianacamarao.com.br/a-nova-lei-de-licitacoes-avancos-ou-mais-do-mesmo/. Acesso em: 2 abr. 2023.

CARDOSO, Lindineide Oliveira; ALVES, Paulo Ribeiro. *A nova Lei de Licitações Públicas e a inexorável chegada da governança das contratações*. Salvador, BA; Brasília, DF: Editora Mente Aberta; Rede Governança Brasil, 17 de setembro de 2021 [E-book].

CARVALHO, Guilherme; CABRAL, Flávio Garcia. Controle das contratações públicas: diversas linhas de frente. *Consultor Jurídico*. Disponível em: https://www.conjur.com.

br/2021-set-03/licitacoes-contratos-controle-contratacoes-publicas-diversas-linhas-frente. Acesso em: 21 mar. 2023.

CASTRO, Rodrigo Pironti Aguirre. *Sistema de Controle Interno*: uma perspectiva do modelo de gestão pública gerencial. Belo Horizonte: Fórum, 2008.

CONSULTOR JURÍDICO. Livro reúne o que há de mais importante sobre *compliance*, diz ministro Barroso. *Revista Eletrônica Consultor Jurídico*. Disponível em: https://www.conjur.com.br/2018-out-15/livro-reune-importante-compliance. Acesso em: 4 ago. 2023.

DE PAULA, Marco Aurélio Borges; DE CASTRO, Rodrigo Pironti Aguirre (coord.). *Compliance, gestão de riscos e combate à corrupção*: integridade para o desenvolvimento. Belo Horizonte: Fórum, 2020.

FERRAZ, Leonardo de Araújo; LOBO, Luciana Mendes; MIRANDA, Rodrigo Fontenelle de A. (coord.). *Controle Interno Contemporâneo*. Belo Horizonte: Fórum, 2021.

FORTINI, Cristiana; AMORIM, Rafael Amorim de. *Um novo olhar para a futura lei de licitações e contratos administrativos*: a floresta além das árvores. 2021. Disponível em: http://www.licitacaoecontrato.com.br/artigo_detalhe.html. Acesso em: 2 abr. 2023.

FORTINI, Cristiana; AMORIM, Rafael de Amorim. Novo olhar para as contratações públicas: precedentes e perspectivas da lei nº 14.133/2021. In: MATOS, Marilene Carneiro; ALVES, Felipe Dalenogare; AMORIM, Rafael Amorim de (org.). *Nova Lei de Licitações e Contratos* – Lei nº 14.133/2021: debates, perspectivas e desafios. Brasília: Câmara dos Deputados, 2023.

FRANKLIM, Danielle Silva Oliveira. A Importância do Planejamento de Compras na Lei nº 14.133/2021 para a eficiência da execução orçamentária. *Revista Tribunal de Contas de Minas Gerais*, v. 40, p. 15, jul./dez. 2022. Disponível em: https://revista.tce.mg.gov.br/revista/index.php/TCEMG/article/view/560/0. Acesso em: 20 ago. 2023.

INSTITUTE OF INTERNACIONAL AUDITORS. Modelo das Três Linhas do IIA 2020: uma atualização das três linhas de defesa. Lake Mary: IIA, 2020. Disponível em: https://iiabrasil.org.br/korbilload/upl/editorHTML/uploadDireto/20200758glob-th-editorHTML-00000013-20082020141130.pdf, acesso em: 30 mar. 2023.

INTOSAI. International Organization of Supreme Audit Institutions. INTOSAI GOV 9130, 2007. Disponível em: http://www.intosai.org/issai-executive-sum-maries/view/article/intosai-gov-9130-guidelines-for-internal-control-standar-ds-for-the-public-sector-further-inf.html. Acesso em: mar. 2023.

LEONEZ, Angelina Souza. Aspectos relevantes sobre a aplicabilidade do PAC. *Sollicita*, 16 dez. 2020. Disponível em: https://sollicita.com.br/Noticia/?p_idNoticia=17210. Acesso em: 2 abr. 2023.

LEONEZ, Angelina Souza. O Plano Anual de Contratações e os Impactos nas Contratações Públicas. *Boletim Governet de Administração Pública e Gestão Municipal*, v. 1, p. 348-353, 2021.

LEONEZ, Angelina Souza. O Plano de Contratações Anual na nova Lei de Licitações e Contratos Administrativos – nº 14.133/2021 – Implementar ou não? Governet. *Boletim de licitações e contratos*, v. 1, p. 737-740, 2021.

LEONEZ, Angelina Souza. A Lei nº 14.133/21 e implementação do planejamento das contratações anual. *Portal L&C*. Disponível em: https://repositorio.ufsc.br/bitstream/item/ce5e450c-fab6-426d-ac30-c686ddae8abe/A%20Lei%20n%C2%BA%2014.133_21%20e%20a%20implementa%C3%A7%C3%A3o%20do%20Planejamento%20das%20Contrata%C3%A7%C3%B5es%20Anual.pdf?sequence=1. Acesso em: 5 abr. 2023.

LIMA, Luiz Henrique. A nova Lei de Licitação e o Controle Interno. Disponível em: https://irbcontas.org.br/artigos/a-nova-lei-de-licitacoes-e-o-controle-interno/. Acesso em: 14 jul. 2023.

MATOS, Marilene Carneiro; ALVES, Felipe Dalenogare; AMORIM, Rafael Amorim de (org.). *Nova Lei de Licitações e Contratos* – Lei nº 14.133/2021: debates, perspectivas e desafios. Brasília: Câmara dos Deputados, 2023.

MAXIMIANO, Antônio Cesar Amaru; NOHARA, Irene Patrícia. *Gestão Pública*: abordagem integrada da administração e do direito administrativo. São Paulo: Atlas, 2017.

MESSA, Alcione Aparecida; MESSA, Ana Flávia. Fundamentos da transparência no controle interno. *In*: FERRAZ, Leonardo de Araújo. LOBO, Luciana Mendes; MIRANDA, Rodrigo Fontenelle de A. (coord.). *Controle Interno Contemporâneo*. Belo Horizonte: Fórum, 2021. p. 463.

MINISTÉRIO DA TRANSPARÊNCIA, FISCALIZAÇÃO E CONTROLADORIA-GERAL DA UNIÃO. Sugestões de Decretos para a Regulamentação da Lei Anticorrupção em Municípios. Disponível em: 1_cartilha_de_decretos_para_regulamentacao.pdf (cgu.gov.br). Acesso em: 13 jun. 2023.

NOHARA, Irene Patrícia. Governança pública e gestão de riscos: transformações no Direito Administrativo. *In*: DE PAULA, Marco Aurélio Borges; DE CASTRO, Rodrigo Pironti Aguirre (coord.). *Compliance, Gestão de riscos e combate à Corrupção*: integridade para o desenvolvimento. Belo Horizonte: Fórum, 2020.

NOHARA, Irene Patrícia. O princípio da realidade da LINDB aplicado à exigência de *compliance* nos municípios brasileiros. *In*: ZENKNER, Marcelo; CASTRO, Rodrigo Pironti Aguirre de (coord.). *Compliance no Setor Público*. Belo Horizonte: Fórum, 2022. p. 94.

PEREZ FILHO, Augusto Martinez. *O compliance na Administração Pública*: combate à corrupção e efetivação do direito à boa administração. São Paulo: J. H. Mizuno, 2019. p. 101-102.

RODRIGUES, E. A. O princípio do planejamento nas licitações e contratações públicas. *Revista da EMERJ*, [s.l.], v. 25, n. 1, p. 11-39, 2022. Disponível em: https://ojs.emerj.com.br/index.php/revistadaemerj/article/view/464. Acesso em: 28 ago. 2023.

SADDY, André. *Formas de Atuação e Intervenção do Estado Brasileiro na Economia*. 2. ed. Rio de Janeiro: Lumen Juris, 2016.

TORRES, Ronny Charles Lopes de. *Leis de Licitações Públicas Comentadas*. 13. ed. São Paulo: Juspodivm, 2022.

ZENKNER, Marcelo. *Integridade governamental e empresarial*: um espectro da repressão e da prevenção à corrupção no Brasil e Portugal. Belo Horizonte: Fórum, 2019.

Informação bibliográfica deste texto, conforme a NBR 6023:2018 da Associação Brasileira de Normas Técnicas (ABNT):

AMARAL, Greycielle de Fátima Peres; ROSADO, Luisa. Desafios dos municípios na nova lei de licitações: a governança das contratações. *In*: FORTINI, Cristiana; PIRES, Maria Fernanda Veloso; CAVALCANTI, Caio Mário Lana (coord.). *Integridade e contratações públicas*: reflexões atuais e desafios. Belo Horizonte: Fórum, 2024. p. 191-214. ISBN 978-65-5518-708-3.

DISFUNÇÕES E RISCOS NAS POLÍTICAS DE TOLERÂNCIA ZERO EM LICITAÇÕES DE ESTATAIS: POR UM CONTROLE EQUILIBRADO DO *DUE DILIGENCE*

IRENE PATRÍCIA NOHARA

MARÍLIA MOREIRA PIRES

Considerações introdutórias

A Emenda Constitucional nº 19/98 estabeleceu regime licitatório específico para as empresas públicas e sociedades de economia mista, diferente do regime geral exposto na lei de licitações.

A Petrobras, na qualidade de sociedade de economia mista, tem o dever de observar o regramento das estatais e realizar os processos de aquisição de bens e serviços por licitação de acordo com regramento interno próprio.

Em razão da Operação Lava Jato, a Petrobras implementou um setor específico de governança, qual seja: a Diretoria de Governança e Conformidade e procedimentos específicos para o combate a corrupção com a intenção de mitigar riscos nas suas atividades, especialmente nas contratações públicas e nomeações dos dirigentes.

Assim, além do regramento interno de licitações e contratos, a estatal criou diversos documentos que estabelecem parâmetros para o relacionamento com os fornecedores, como, por exemplo, o Programa de *Compliance*, o Guia de Conduta Ética para Fornecedores, a Política de Conformidade e o Programa Petrobras de Prevenção à Corrupção.

A estatal passou a criar e implementar critérios rigorosos de governança corporativa e *compliance*. Dentre os mecanismos criados, destaca-se a Diligência de Integridade, que tem por objetivo avaliar a credibilidade e conformidade ética e legal de empresas com as quais a Petrobras pretende estabelecer ou renovar relações comerciais ou contratuais.

A estatal passou a incentivar que os seus fornecedores implementem programas de *compliance*, estabelecendo e aperfeiçoando continuamente a governança, os processos e controles, de forma a garantir o cumprimento das leis, normas e procedimentos aplicáveis às suas atividades.

Mediante o levantamento e solicitação de informações, a Petrobras verifica a idoneidade das empresas e atribui a classificação do Grau de Risco de Integridade – que poderá ser baixo, médio ou alto – à empresa interessada na relação comercial ou contratual.

A medida se mostra uma conduta intervencionista, pois de certa forma criou-se uma etapa no processo licitatório que tem a força para enquadrar a empresa como inidônea, sem qualquer possibilidade de contraditório e ampla defesa. Além disso, de acordo com a classificação do risco de integridade, a empresa interessada em fornecer para a Petrobras pode ser impedida de participar da licitação.

Nesse contexto, o presente escrito procura refletir acerca das disfunções e dos riscos nas políticas de tolerância zero em licitações nas estatais. Espera-se propugnar por um controle equilibrado nas tarefas de *due diligence* a fim de evitar que haja impedimentos arbitrários às contratadas, baseados em critérios subjetivos e unilateralmente apurados.

1 Lava Jato, Lei das Estatais e mudanças no controle e fiscalização das estatais

A Operação Lava Jato, iniciada em 2014, representou uma investigação criminal que evidenciou a corrupção entre agentes políticos e empreiteiras no Brasil. Independentemente da visão que se tenha, dada a polarização provocada pelos desdobramentos controvertidos dos atores envolvidos e suas intenções políticas e persecutórias, trata-se de investigação que levantou fraudes e irregularidades nas contratações de empreiteiras com a Petrobras.

Houve aparelhamento político das estatais, evidenciando a formação de cartel de empreiteiras, que atuaram em conjunto com agentes públicos, operadores financeiros e parlamentares, com a finalidade de fraudar licitações e contratos, gerar aditivos contratuais superfaturados que superavam os custos iniciais do projeto.

Naquela oportunidade, verificou-se que a corrupção não era exclusividade do setor de petróleo, gás e biocombustíveis, a situação enveredou para denúncias relacionadas a obras no setor elétrico e de transporte no país, obras da Copa do Mundo, dentre outros setores. A realidade é que, desde a década de 70, em virtude da ausência ou do baixo controle interno e externo, há registros de atuação política e de civis com a finalidade de desvio de recursos públicos, pagamento de propinas e tentativas de fraudes nas eleições.[1][2]

A preocupação com controles internos e com a ética empresarial é mais recente justamente pelo envolvimento de grandes companhias brasileiras em fraudes e corrupção. Os escândalos de corrupção impactaram na política e na economia brasileiras, impulsionando mudanças legislativas e a criação de regulamentações.

Notadamente em razão da Operação Lava Jato, as entidades da Administração Pública Indireta estavam em destaque e com a imagem maculada perante o público geral, principalmente pelas evidências de condutas antiéticas e ímprobas, falhas nos processos internos, ausência de governança corporativa, entre outros aspectos. Havia uma cobrança geral por mais transparência na gestão empresarial.

Nesse contexto, surgiu a necessidade de uma alteração do regime das estatais, que já aguardava regulamentação deste a Emenda Constitucional nº 19/1998, que desencadeou no processo de edição da Lei nº 13.303, de 30 de junho de 2016, conhecida como a lei das estatais.

> Uma das preocupações centrais da nova legislação foi a previsão de um sistema de governança corporativa que intensificasse a transparência e o controle das estatais, para minimizar as possíveis falhas de integridade na conduta da alta gestão das empresas.[3]

A governança corporativa é um conjunto de valores, princípios, propósitos, papéis, regras e processos que rege o sistema de poder e os

---

[1] A título de exemplo: o caso de empréstimo de dinheiro público para sociedade em situação de falência, em 1977; o caso da General Electric no Brasil, na década de 1976, revelou o pagamento de propina a funcionários para vender locomotivas à estatal Rede Ferroviária Federal; o caso Proconsult foi uma tentativa de fraude nas eleições para governador do Rio de Janeiro de 1982.

[2] MAEDA, B. C. Programas de compliance anticorrupção: importância e elementos essenciais. *Temas de anticorrupção e compliance*, São Paulo, 2013, p. 191-224.

[3] NOHARA, Irene Patrícia. Mudanças promovidas pela nova Lei das Estatais: pontos fortes e fracos. Disponível em: https://direitoadm.com.br/mudancas-promovidas-pela-nova-lei-das-estatais/. Acesso em: 20 abr. 2023.

mecanismos de gestão das empresas. As práticas envolvem, em síntese, estar em conformidade com as normas (*compliance*); prestação de contas (*accountability*), transparência (*disclosure*) e senso de justiça (*fairness*).[4]

Considera-se, portanto, a Lei Federal nº 13.303/2016 como o marco normativo das estatais, que implementou um sistema de governança nessas entidades como uma maneira de proporcionar um ambiente de atuação condizente com a sua função social, qual seja, a realização do interesse coletivo.[5]

O estatuto das entidades da Administração Indireta e de suas subsidiárias deverá observar regras de governança corporativa, de transparência e de estruturas, práticas de gestão de riscos e de controle interno, composição da administração e, havendo acionistas, mecanismos para sua proteção.[6]

Outrossim, a lei trouxe mudanças importantes na fiscalização das empresas estatais. Com efeito, o monitoramento é realizado por diversos órgãos, entre eles o Tribunal de Contas da União (TCU), o Ministério Público Federal (MPF), a Controladoria-Geral da União (CGU) e a Comissão de Valores Mobiliários (CVM), dependendo do tipo de empresa e de sua atuação no mercado. Esses órgãos têm a função de verificar se as empresas estão em conformidade com a legislação que rege a matéria, se estão gerando resultados positivos para a sociedade e se estão utilizando os recursos de forma eficiente.

Além da fiscalização externa, as empresas estatais também devem implementar órgão interno de auditoria, que tem como função avaliar o controle interno, identificar e mitigar possíveis riscos e verificar oportunidades de melhoria.

Com a finalidade de garantir que os órgãos de controle e a sociedade em geral tenham informações sobre a gestão das empresas, a lei criou regras mais rigorosas para a divulgação de informações sobre as empresas estatais, como seus resultados financeiros e a remuneração de seus dirigentes e conselheiros.

O artigo 8º da lei estabelece requisitos mínimos de transparência, como, por exemplo, a divulgação, em nota explicativa, das demonstrações

---

[4] ANDRADE, A.; ROSSETTI, J. P. *Governança Corporativa*: Fundamentos Desenvolvimento e Tendências. 6. ed. São Paulo: Atlas, Associação Brasileira de Bancos (ABBC), 2012.

[5] Artigo 27 da Lei Federal nº Lei 13.303, de 30 de junho de 2016. A empresa pública e a sociedade de economia mista terão a função social de realização do interesse coletivo ou de atendimento a imperativo da segurança nacional expressa no instrumento de autorização legal para a sua criação.

[6] Artigo 6º da Lei Federal nº 13.303, de 30 de junho de 2016.

financeiras, dos dados operacionais e financeiros das atividades relacionadas à consecução dos fins do interesse coletivo ou de segurança nacional e ampla divulgação, ao público em geral, de carta anual de governança corporativa em um único documento escrito, em linguagem clara e direta.

Verifica-se, portanto, em meio a um cenário de fraudes e corrupção, e às pressas, que surgiu a Lei Federal nº 13.303/16, como um movimento legislativo positivo, com vistas a propiciar a eficiência e transparência das estatais, o fortalecimento dos órgãos de controle externo e interno e a limitação da interferência política nas nomeações de dirigentes e conselheiros.

2 Mudanças nas práticas de governança das contratações nas estatais

Não obstante a lei esteja organizada em três títulos, é possível dizer que a legislação em exame está estruturada em duas partes: na primeira há normas sobre governança corporativa, transparência na gestão e mecanismos de controle da atividade empresarial, e na segunda regramento sobre licitação e contratação a ser observado pelas empresas estatais. A primeira e a segunda parte "tratam de temas distintos entre si, mas que não deixam de se relacionar".[7]

"A partir das orientações de governança corporativa, o risco é um elemento central de qualquer política que objetiva a conformidade empresarial".[8] Em que pese o processo licitatório das estatais não precise observar a rigidez da legislação voltada para as pessoas jurídicas de Direito Público interno, há uma série de etapas, somadas a uma complexidade de normas e regras, que tornam o processo suscetível aos mais diversos tipos de riscos.

Inicialmente, existe o planejamento da licitação, com a definição do objeto da licitação, o modo de disputa, critérios de julgamento e das regras que vão reger a licitação, consubstanciadas no edital e no instrumento contratual.

Em seguida, há a divulgação do edital para que o setor privado tenha ciência e possa se interessar em participar da licitação. Ato

---

[7] ZYMLER, Benjamin. Considerações sobre o estatuto jurídico das empresas estatais (Lei 13.303/2016). *Interesse Público – IP*, Belo Horizonte, ano 19, n. 102, p. 19, mar./abr. 2017.

[8] ZIMMER JR., Aloísio; NOHARA, Irene Patrícia. *Compliance Anticorrupção e das Contratações Públicas*. São Paulo: Thomson Reuters Brasil, 2021.

contínuo, as empresas interessadas apresentam as propostas comerciais, conforme o modo aberto ou fechado de disputa, que serão alvo de análise e julgamento, com posterior exame dos documentos de habilitação a fim de demonstrar a sua idoneidade para participar do certame, e, após a negociação e o esgotamento da sede recursal administrativa, o processo deverá ser submetido à autoridade competente para homologação e adjudicação.

Como exceção à regra, a dispensa e inexigibilidade são instrumentos de contratação direta e que, portanto, não exigem o processo convencional de uma licitação. Entretanto, o fato de não existir a licitação em si não significa que a Administração Pública contratante está isenta da elaboração de qualquer procedimento prévio. Para que a contratação direta aconteça é necessária a abertura de um processo, com a documentação e a proposta comercial, que, se aprovada, também será submetida ao crivo da autoridade superior.

Somente após a fase interna e externa da licitação, ou do devido processo administrativo que justifique a contratação direta, o contrato com a Administração Pública é celebrado.

A contratação de fornecedor é atividade extremamente vulnerável a corrupção, pois são diversos tipos de riscos que podem surgir, quais sejam: cartéis, conluio entre os participantes para ajustar preços ou apresentar propostas falsas; suborno de servidores públicos para favorecer determinada empresa; fraude na documentação para participação no processo licitatório; jogo de planilhas; ausência do devido procedimento para inexigibilidade e dispensa de licitação, superfaturamento ou sobrepreço e adjudicação impossível em razão de propostas com preços excessivos ou inexequíveis.

A questão do preço é sensível nas contratações e é uma possibilidade de fonte para diversos tipos de fraudes e ilícitos. Assim, é extremamente importante que a Administração Pública tenha instrumentos internos eficazes para análise e controle de preços. Um órgão ou entidade sem um bom sistema de referência de custo adequado e específico para os principais tipos de obras, serviços e bens está sujeito ao risco de superfaturamento e sobrepreço.

O sobrepreço acontece quando os preços orçados para a licitação ou os preços contratados são expressivamente superiores aos preços referenciais de mercado, podendo referir-se ao valor unitário ou global.

O superfaturamento ocorre quando há dano ao patrimônio da empresa pública ou da sociedade de economia mista caracterizado, por exemplo: pela medição de quantidades superiores às efetivamente executadas ou fornecidas; pela deficiência na execução de obras e serviços de engenharia que resulte em diminuição da qualidade, da vida útil ou da segurança; por alterações no orçamento de obras e de serviços de engenharia que causem o desequilíbrio econômico-financeiro do contrato em favor do contratado; e por outras alterações de cláusulas financeiras que gerem recebimentos contratuais antecipados, distorção do cronograma físico-financeiro, prorrogação injustificada do prazo contratual com custos adicionais para a empresa pública ou a sociedade de economia mista ou reajuste irregular de preços.

A fim de assegurar a moralidade administrativa, a Lei positivou rigorosas hipóteses de impedimento à participação da licitação. Verifica-se no artigo 38 que a empresa constituída por sócio de empresa suspensa, impedida ou declarada inidônea está impedida de licitar, bem como a empresa cujo administrador tenha sido sócio ou administrador de empresa suspensa, impedida ou declarada inidônea, no período dos fatos que deram ensejo à sanção.

É importante destacar que a participação de empresas ou de pessoas físicas inidôneas em licitações pode acarretar prejuízos aos cofres públicos, bem como comprometer a eficiência e a qualidade dos serviços prestados. Assim, por via de consequência, as regras especificadas no referido dispositivo são rigorosas, mas têm como objetivo garantir a lisura e a transparência nos processos licitatórios, bem como a proteção do patrimônio público.

Com a intenção de mitigar o risco de aparelhamento político nas estatais, o legislador preocupou-se com o rigor no que diz respeito à indicação de dirigentes. Com a intenção de promover nomeações mais técnicas e de evitar o cometimento de arbitrariedades pautadas por orientações políticas, o artigo 17 da lei impõe critérios e restrições para a designação de dirigentes e conselheiros das empresas estatais.

O art. 32 da Lei nº 13.303/16 elenca as diretrizes a serem observadas nas licitações promovidas pelas estatais, e seus respectivos contratos, dentre as quais consta, em seu inciso V, a "observação da política de integridade nas transações com partes interessadas".

Para contratação de obras, serviços, compras e alienações, as estatais têm o dever de observar os princípios da Administração Pública, o regramento geral constante na Lei Federal nº 13.303/16 e o regimento interno da empresa, bem como os programas de *compliance* e demais programas relacionados à integridade e combate à fraude.

Os programas de *compliance* se apresentam para as estatais, assim, como um requisito de reforço da moralidade exigida pela Constituição Federal (artigo 37, *caput*) para a atuação dos agentes públicos e podem, desde que adaptados à realidade da Administração Pública, serem valiosos instrumentos para a transformação de procedimentos e práticas que a elas sejam prejudiciais.[9]

Na ideia de incentivar a cultura do *compliance* nas estatais, o artigo 9º traz regramento sobre a exigência de elaboração e divulgação do Código de Conduta e Integridade. É o documento que deve conter os princípios, valores e missão da entidade pública; indicação das instâncias internas responsáveis pela atualização e aplicação do Código de Conduta e Integridade; canal de denúncias que possibilite o recebimento de denúncias internas e externas relativas ao descumprimento do Código de Conduta e Integridade e das demais normas internas de ética e obrigacionais, com a segurança da existência de mecanismos de proteção que impeçam qualquer espécie de retaliação a pessoa que utilize o canal de denúncias; sanções aplicáveis em caso de violação às regras do Código de Conduta e Integridade; e previsão de treinamento periódico, no mínimo anual, sobre Código de Conduta e Integridade, para empregados e administradores, e sobre a política de gestão de riscos, para administradores.

A lei inovou ao estabelecer exigência de Comitê de Auditoria Estatutária na estrutura societária da estatal, que será órgão auxiliar do Conselho da Administração. O Comitê de Auditoria Estatutário deverá possuir autonomia operacional e dotação orçamentária para consultas, avaliações e investigações dentro do escopo de suas atividades, inclusive com a contratação e utilização de especialistas externos independentes.[10]

Verifica-se, portanto, que a fiscalização e governança são os pilares da legislação, sobretudo para garantir segurança, transparência e mitigar corrupção, fraudes e crimes. A lei representou uma importante mudança para melhor implementação e eficiência do programa de *compliance* e integridade nas estatais.

---

[9] NOHARA, Irene Patrícia; Gonçalves, Gabriel Vinícius Carmona. *Governança e Compliance nas Estatais*. São Paulo: Thomson Reuters Brasil, 2021. p. 149.

[10] NOHARA, Irene Patrícia; Gonçalves, Gabriel Vinícius Carmona. *Governança e Compliance nas Estatais*. São Paulo: Thomson Reuters Brasil, 2021. p. 61.

3 Case da Petrobras

A principal estatal brasileira é a Petróleo Brasileiro S.A., conhecida como Petrobras. Trata-se de empresa de capital aberto que atua no setor de petróleo, gás e energia. Fundada em 1953 pelo governo brasileiro, tem papel estratégico no Brasil e é responsável por uma parcela significativa de petróleo e gás natural no País.

Ao longo dos anos, a Petrobras buscou se adequar às leis nacionais e internacionais no combate à corrupção, com destaque para: a Lei Federal nº 8.429/1992 (Lei de Improbidade Administrativa), Lei Federal nº 12.846/2013 (Lei Anticorrupção), a *Foreign Corrupt Pratice Act* (FCPA) – lei americana de 1977, e a "Convenção sobre o Combate da Corrupção de Funcionários Públicos Estrangeiros em Transações Comerciais Internacionais" da Organização para a Cooperação e Desenvolvimento Econômico – OCDE.

Em que pese buscar a conformidade com as legislações, a estatal não possuía um setor voltado para a governança. Como resultado das questões relacionadas à corrupção, a empresa teve a imagem abalada, tendo de pagar multas bilionárias e implementar medidas de governança severas.

Em 25 de novembro de 2014, foi criada a diretoria executiva de governança e conformidade da Petrobras, que é responsável pelo programa de *compliance* da companhia, sendo a guardiã do sistema de integridade.

Desde então, a empresa tem se esforçado para recuperar sua confiança e melhorar sua posição financeira, com o objetivo de continuar a contribuir para o desenvolvimento do Brasil e se consolidar como uma das principais empresas do setor de energia no mundo.

A Petrobras investiu em diversas iniciativas para fortalecer seu programa de *compliance*, como a criação de um canal de denúncias, a realização de treinamentos e ações de conscientização sobre ética e integridade e a adoção de auditorias internas e externas para avaliar os processos e procedimentos da empresa.

O programa de *compliance* é composto por três pilares, quais sejam: prevenção, detecção e remediação. Na prevenção, o objetivo é a identificação e mitigação do risco de conformidade, incluindo riscos relacionados à corrupção, fraude e lavagem de dinheiro. Na detecção, há mecanismos capazes de interromper eventual conduta antiética, que não foi possível de ser devidamente mitigada na prevenção. Por fim, a remediação busca a responsabilização dos envolvidos, aperfeiçoamento dos pontos sensíveis que originaram e/ou contribuíram para o desvio e recuperar eventuais prejuízos.

A política de *compliance* descreve os compromissos assumidos pela companhia para a promoção da ética, da integridade e da transparência. A política deve ser compreendida dentro do universo de regramentos da estatal, ou seja, deverá ser interprestada e aplicada em conjunto com outras normas e procedimentos internos que devem ser considerados no cotidiano da estatal, como, por exemplo, o Código de Conduta Ética, o Guia de Conduta Ética para Fornecedores, Diretrizes de *Compliance* Concorrencial, Programa Petrobras de Prevenção da Corrupção, entre outros documentos que contribuem para o fortalecimento do *compliance* na companhia.

Uma das características marcantes do *compliance* da Petrobras é a política de tolerância zero a toda forma de corrupção e fraude, tanto internamente quanto em toda a sua cadeia de fornecedores.

Por um lado, a política de tolerância zero é uma medida importante para prevenir e punir ilegalidades na empresa, de forma a buscar a integridade dos negócios e a proteção dos interesses da companhia e de seus *stakeholders*.

Por outro lado, a aplicação da política de tolerância zero pode gerar algumas disfunções ou excessos, como a possibilidade de punir de forma injusta funcionários ou fornecedores que não cometeram violações éticas, além disso, pode haver o risco de punição desproporcional às circunstâncias ou à gravidade da violação cometida.

Conforme o Programa Petrobras de Prevenção à Corrupção (PPPC), lançado em dezembro de 2014 e atualizado em dezembro 2015, a Petrobras implementou o mecanismo de "*Due Diligence* de Integridade – DDI", que trouxe mais rigor em atos licitatórios para subsidiar a tomada de decisão com relação a todos os que estejam em processos negociais iniciais ou em estágio de renovação com a Petrobras, seja por contrato, convênio, termo de cooperação ou outro instrumento.

Em consonância com o PPPC, o artigo 4º, parágrafo 2º, do Regulamento de Licitações e Contratos da Petrobras, estabelece que "as partes interessadas em iniciar e manter relacionamento com a Petrobras serão submetidas a diligências apropriadas, à luz do Programa de Prevenção à Corrupção".

Em seguida, o Regulamento impõe o afastamento das empresas que tiverem grau de risco de integridade alto em procedimento de contratação com a Petrobras, salvo exceções previstas em lei para os casos de contratação direta e alienação de bens.

Significa, portanto, que a Petrobras avalia empresas e as classifica mediante análise de evidências de risco significativo em relação à integridade. Essa avaliação é importante para garantir que a empresa esteja trabalhando com parceiros éticos e transparentes, evitando assim a ocorrência de práticas ilícitas.

Nesse sentido, a Controladoria-Geral da União elaborou um guia de implantação de programa de integridade nas empresas estatais a ser utilizado como apoio ao entendimento dos parâmetros, terminologias, papéis e responsabilidades referentes ao programa de integridade contidos na Lei nº 12.846/2013, Decreto nº 8.420/2015 e Portaria CGU nº 909/2015, que sugere que:

> Nesse contexto, as empresas estatais devem adotar verificações prévias (*due diligence*) à contratação e medidas visando a supervisão de terceiros contratados, principalmente em situações de elevado perfil de risco à integridade. Essas medidas devem possibilitar, à estatal, reunir informações sobre a empresa que pretende ser contratada, bem como sobre seus representantes, incluindo sócios e administradores, de modo a certificar-se de que não há situações impeditivas à contratação, bem como a determinar o grau de risco do contrato, como veremos adiante, para realizar a supervisão adequada.[11]

A partir do levantamento e análise de dados e informações, como, por exemplo, "a localização geográfica da empresa e da execução dos negócios, seu histórico e reputação, interação com agentes públicos; efetividade do programa de integridade",[12] entre outros, é gerado o "Grau de Risco de Integridade – GRI", com o objetivo de analisar a reputação e idoneidade da empresa.

A partir do resultado da análise das informações e classificação do risco, há três possibilidades: "a) a formalização do contrato, por inexistência de riscos; b) a formalização de contrato com procedimentos de controle, em razão de riscos de baixa intensidade; c) a rejeição da contratação por força de riscos de alta intensidade".[13]

---

[11] CGU, Controladoria-Geral da União. Guia de implantação de programa de integridade nas empresas estatais: Orientações para a gestão da integridade nas empresas estatais federais, 2015, p. 61. Disponível em: https://www.gov.br/cgu/pt-br/centrais-de-conteudo/publicacoes/integridade/arquivos/guia_estatais_final.pdf.
[12] Programa Petrobras de Prevenção a Corrupção, 2015, p. 13. https://canalfornecedor.petrobras.com.br/media/filer_public/4c/29/4c29d0f4-cb07-4756-8740-8323494c52fd/programa-petrobras-prevencao-corrupcao-port.pdf. Acesso em: 26 abr. 2023.
[13] ZENKNER, M. *Integridade governamental e empresarial*: um espectro da repressão e da prevenção à corrupção no Brasil e em Portugal. Belo Horizonte: Fórum, 2019, p. 386.

A tomada de decisão com base no GRI tem como premissa a intenção de afastar o risco de as empresas contratadas, que estarão na qualidade de fornecedores da Petrobras, se envolverem em contextos fáticos ilegais ou antiéticos capazes de gerar danos à imagem da entidade ou até mesmo responsabilidade por eventuais prejuízos e danos.

Ao realizar uma aplicação conjugada da política de tolerância zero com a diligência conforme o Programa de Prevenção à Corrupção, é importante observar que o procedimento de catalogação de riscos é realizado de forma unilateral, pois em nenhum dos regramentos há menção desta análise como um processo, que assegura contraditório e ampla defesa específica para o momento da diligência prévia.

Em razão disso, a interpretação e aplicação dos regramentos internos merecem um olhar crítico, na medida em que as exigências estabelecidas pela Petrobras – especialmente os mecanismos de *due diligence* e Grau de Risco de Integridade – poderão são excessivas e excludentes, dificultando a participação de empresas que, apesar de não atenderem a todos os critérios, poderiam ser parceiros controlados e éticos, que não tiveram a devida oportunidade do contraditório e ampla defesa na classificação do GRI.

São inegáveis a importância e a necessidade da criação de mecanismos e instrumentos que favoreçam o *compliance*, a prestação de contas, transparência e senso de justiça, entretanto, ainda que se reconheça o benefício, é fundamental que o ordenamento jurídico seja considerado em seu todo, especialmente no que diz respeito às garantias de defesa e de decisões.

Veja que o art. 38 da Lei nº 13.303/2006 não apresenta o Grau de Risco de Integridade como fator impeditivo para participar de licitações e/ou contratar com entidades. O que dispõe este artigo é a vedação expressa das empresas que foram "suspensas pela empresa pública ou sociedade de economia mista" (inciso II) ou quando houver sido ela "declarada inidônea pela União, por Estado, pelo Distrito Federal ou pela unidade federativa a que está vinculada a empresa pública ou sociedade de economia mista, enquanto perdurarem os efeitos da sanção" (inciso III).

Sob o fundamento supracitado, houve um intenso movimento no Judiciário de empresas que questionaram a legalidade do afastamento da licitação fundamentado no programa de integridade com base na *Due Diligence* da Petrobras. As ações buscaram evidenciar que a Petrobras estabeleceu critérios que não estão previstos na Lei das Estatais e, portanto, não atendiam ao princípio da legalidade. A maioria das decisões judiciais entendeu pela legalidade do afastamento em virtude do Grau de Risco de Integridade para fins de contratação, e mencionou-se o artigo 32, inciso V, da Lei das Estatais, que elenca como diretriz das licitações a observação da política de integridade nas transações com partes interessadas.[14]

No presente artigo, não se discute a legalidade do regramento, pois, embora o procedimento do *Due Diligence* de Integridade da Petrobras não esteja expressamente previsto em outras leis, "trata-se de uma governança de multiníveis, que permite ao *compliance* público uma justificação no campo democrático fundamentada na eficiência".[15] O que se propõe é a necessidade de uma visão sistêmica que considere e busque mitigar os riscos de exclusões imotivadas ou arbitrárias em virtude de um *due diligence* sem um *due process*.

4 Garantias no controle do *due diligence* e ponderação consequencial

A expressão *"due diligence"* é de origem anglo-saxônica, que, se traduzida literalmente, denota devida cautela ou diligência. "Este é um procedimento que se volta ao mapeamento e avaliação dos riscos de se estabelecer relacionamento com terceiros".[16]

No contexto de contratações com fornecedores, a *due diligence* tem como principal foco o levantamento de informações sobre a probidade e ética da atuação empresarial, com a consequente verificação da existência, implementação e efetividade dos programas de integridade das empresas com as quais a Petrobras pretende estabelecer relações comerciais.

A avaliação considera os parâmetros previstos no Decreto nº 8.420/15, que regulamentou a Lei nº 12.846/13, a Portaria CGU nº 909/15 e a Portaria Interministerial nº 2.279/15, assim como o Guia

---

[14] Tribunal Regional Federal da 2ª Região, Apelação Cível nº 0035486-74.2018.4.02.5101; Tribunal de Justiça do Estado do Rio de Janeiro TJ/RJ, Apelação Cível nº 0035486-47.2018.4.02.5101; TJ/RJ, Apelação Cível nº 5066469-07.2019.4.02.5101; TJ/RJ, Apelação Cível nº 5026062-56.2019.4.02.5101; Remessa Necessária Cível nº 0059651-61.2018.4.02.5101.

[15] MESQUITA, Camila Bindilatti Carli de. O que é *compliance* público? Partindo para uma Teoria Jurídica da Regulação a partir da Portaria nº 1089 da Controlaria-Geral da União (CGU). *Journal of Law and Regulation*, [S. l.], v. 5, n. 1, p. 16, 2020.

[16] ZIMMER JR., Aloísio; NOHARA, Irene Patrícia. *Compliance Anticorrupção e das Contratações Públicas*. São Paulo: Thomson Reuters Brasil, 2021. p. 343.

"Programa de Integridade: Diretrizes para Empresas Privadas" ou, quando aplicável, a Cartilha "Integridade para Pequenos Negócios da Controladoria-Geral da União".

O procedimento de *Due Diligence* de Integridade prevê três etapas relevantes. A primeira etapa consiste na aplicação do questionário, oportunidade em que são coletadas informações relacionadas ao perfil e porte da empresa e pessoas jurídicas interligadas ao grupo; relacionamentos com agentes públicos e políticos; histórico e reputação; utilização de terceiros para angariar negócios e os mecanismos de prevenção, detecção e correção de irregularidades e atos lesivos.

A segunda etapa trata das pesquisas em fontes abertas, momento em que a Petrobras utiliza informações púbicas disponíveis em bancos de dados especializados, *website*, portal de transparência, lista de impedimentos e sanções.

Por fim, há avaliação e classificação do grau de risco de integridade, etapa que realiza uma ponderação entre as informações levantadas e a existência e implementação de mecanismos que compõem o seu programa de integridade. "Quanto mais robustas forem as evidências com relação ao programa de integridade, melhor será a ponderação dos fatores de riscos, por conseguinte, melhor acurácia na atribuição do GRI pela Petrobras".[17]

Dentre os fatores de risco analisados, destacam-se os seguintes critérios: perfil da contraparte; relacionamento com o Poder Público; relacionamento com terceiros; histórico e reputação e programa de integridade.[18]

---

[17] PETROBRAS, Procedimento de *Due Diligence* de Integridade (DDI). Disponível em: https://canalfornecedor.petrobras.com.br/media/filer_public/8a/ee/8aee042a-57b7-469d-8921-ed56929935df/procedimento_de_ddi_-_nova_versao.pdf. Acesso em: 27 abr. 2023, p. 1.

[18] Perfil da contraparte: quantidade de funcionários; empregados e colaboradores; complexidade da hierarquia interna e quantidade de departamentos, diretorias ou setores; utilização de agentes intermediários, como consultores ou representantes comerciais; setor do mercado em que atua; países em que atua, direta ou indiretamente; beneficiários finais; quantidade e localização das pessoas jurídicas interligadas à contraparte que integram o mesmo grupo econômico; relacionamento contratual com a Petrobras e outros dados correlatos.
Relacionamento com o poder público: grau de influência do setor público nos negócios da contraparte e das demais sociedades do mesmo grupo econômico, assim como o relacionamento de membros da alta direção e sócios com agentes públicos e políticos.
Relacionamento com terceiros: utilização de agentes intermediários, como consultores ou representantes comerciais e/ou outros tipos de intermediários, com o objetivo de angariar novos negócios com a Petrobras, no Brasil ou no exterior.
Histórico e reputação: histórico de envolvimento da contraparte e das demais sociedades do mesmo grupo econômico, assim como os membros da alta direção e sócios, em casos

O GRI poderá ser baixo, médio ou alto. Se há riscos identificados, a empresa receberá o GRI médio ou alto, a depender dos fatores de riscos existentes e do seu perfil. Caso a empresa esteja sem fatores de risco identificados, ela poderá ser classificada com o GRI baixo. Em um segundo momento, serão analisados em conjunto com os riscos identificados, com as evidências de existência e implementação dos mecanismos de integridade. Se a empresa não apresentou fatores de riscos identificados e não só possui como também aplica os mecanismos de integridade, o GRI será baixo; mas se possui o programa de integridade, e não aplica os mecanismos de integridade, o GRI poderá ser médio, a depender do seu perfil.

À vista disso, é possível observar que o procedimento não prevê etapa de apresentação de defesa, pedido de reconsideração ou recurso com relação à *due diligence*. Assim como, embora existam informações claras sobre os tipos de informações que serão levantadas ou solicitadas no procedimento de diligência prévia, não existem critérios bem definidos para a classificação das empresas.

Nesse contexto cria-se margem e abertura para exclusões unilaterais em catalogações arbitrárias, como, por exemplo, uma exclusão com base em uma notícia tendenciosa da imprensa, onde não se apontam sequer os aspectos de culpabilidade.

É evidente que as políticas e mecanismos criados pela Petrobras são importantes para garantir a integridade dos negócios e proteger a empresa de riscos associados a crimes e ilícitos. Acontece que a conduta tem caráter preventivo e repressivo.

A esfera preventiva consiste na avaliação dos riscos de integridade de empresas que desejam fazer negócios com a Petrobras. Nessa fase, a empresa avalia diversos critérios, tais como histórico de envolvimento em práticas ilícitas, conformidade com leis e regulamentações, entre outros. Com base nessa avaliação, a Petrobras pode decidir não fazer negócios com empresas que apresentem um risco significativo de envolvimento em práticas ilícitas.

---

de desvios éticos, fraude, corrupção, trabalho análogo ao de escravo, trabalho infantil e crime ambiental.
Programa de integridade: Existência e aplicação de mecanismos de prevenção, detecção e correção de irregularidades e atos de corrupção, compatíveis ao porte da empresa. A avaliação considera os parâmetros previstos no art. 42 do Decreto nº 8.420/15, que regulamentou a Lei 12.846/13, a Portaria CGU nº 909/15 e a Portaria Interministerial nº 2.279/15, assim como o Guia "Programa de Integridade: Diretrizes para Empresas Privadas" ou, quando aplicável, a Cartilha "Integridade para Pequenos Negócios", ambos publicados pela Controladoria-Geral da União (CGU), e as demais orientações e práticas nacionais e internacionais.

Já a esfera repressiva consiste, na prática e de uma maneira análoga, à aplicação de uma penalidade de inidoneidade às empresas que supostamente violam as políticas de integridade da Petrobras. É uma situação diferente daquela constante na Lei Geral de Licitações e Contratos Administrativos, que impõe a declaração de inidoneidade como uma sanção extremamente grave.

Justamente pela gravidade, a aplicação da penalidade é precedida de um processo administrativo, que ensejará uma decisão devidamente fundamentada. Dessa maneira, antes de a empresa ser penalizada, existe a ciência sobre quais condutas estão sob análise, com a indicação de quais normas e regulamentos são violados e a empresa tem a oportunidade de apresentar os seus fatos e documentos.

Todavia, esse mesmo percurso, com oportunidade de defesa, não ocorre no âmbito do *due diligence* da Petrobras pela sua característica de procedimento unilateral. Embora essa avaliação seja uma atividade interna da Petrobras, é importante que os princípios do contraditório e da ampla defesa sejam respeitados, uma vez que a avaliação pode ter impacto direto nas relações comerciais ou contratuais da empresa avaliada.

Nesse sentido, é importante pensar em um cenário em que a empresa apresente sua versão dos fatos, documentos e informações relevantes para a avaliação da integridade.

Ao inserir os princípios de contraditório e ampla defesa no âmbito do *compliance*, essas garantias surgem como uma forma de calibrar as exigências de conformidade com as normas e regulamentações aplicáveis, com a intenção de afastar medidas que se tornem excessivamente rigorosas e possam comprometer a defesa dos direitos e interesses das partes envolvidas e, consequentemente, limitar a competitividade, afastando bons atores da disputa.

Conclusões

Lastreada na diretriz constante no artigo 32, inciso V, da Lei Federal nº 13.303/16, e com a intenção de implementar governança e *compliance*, a Petrobras criou o Programa Petrobras de Prevenção à Corrupção (PPPC), com base no qual aprovou o Regulamento de Licitações e Contratos da Petrobras (RLCP, cujo art. 4º, §3º, veda a participação de procedimentos de contratação com a Petrobras de partes interessadas às quais seja atribuído Grau de Risco de Integridade (GRI) alto.

A classificação do GRI aos fornecedores da Petrobras acontece como uma das etapas do chamado *Due Diligence* de Integridade, procedimento de avaliação dos riscos de integridade aos quais a Petrobras pode estar exposta nos seus relacionamentos comerciais. Trata-se de um critério de seleção de fornecedores para participar de licitações na Petrobras.

Nesse cenário, nota-se a possibilidade de classificações definidas em informações que não evidenciam necessariamente a realidade ou que não foram efetivamente comprovadas e que, para serem desconstituídas, necessitam de ampla dilação probatória. Existem situações fáticas que afastam uma empresa, por exemplo, pela simples existência de informações veiculadas através da mídia citando o envolvimento de sua controladora em investigação criminal ou cível.

Num primeiro momento, a garantia do processo administrativo e do Direito Administrativo e o *compliance*, neste contexto representado pelo procedimento de diligência prévia, podem parecer conflitantes, já que o cumprimento das normas de *compliance* pode tanto diminuir a discricionariedade da administração pública na tomada de decisões quanto afetar direitos do setor privado de se relacionar com a entidade.

Entretanto, as garantias de processo e de ampla defesa existem para proteger direitos e interesses dos cidadãos frente à atuação estatal, de forma a garantir a legalidade, motivação e transparência das atividades e decisões administrativas, portanto, são importantes para calibrar as exigências de *compliance*, evitando-se sobreposições indesejáveis.

Do ponto de vista econômico, são muitos os interessados em celebrar contratos com a Petrobras, sendo injusto que as políticas de tolerância zero acabem afastando, unilateralmente e sem oportunidade de defesa, potenciais contratantes por fatos ocorridos com seus fornecedores ou empresas com as quais se associam, sendo imprescindível que haja uma ponderação, isto é, um controle equilibrado do *due diligence* da estatal, para que não haja disfunções e excessos.

Referências

ANDRADE, A.; ROSSETTI, J. P. *Governança Corporativa:* fundamentos, desenvolvimento e tendências. 6. ed. São Paulo: Atlas/Associação Brasileira de Bancos (ABBC), 2012.

MESQUITA, Camila Bindilatti Carli de. O que é *compliance* público? Partindo para uma Teoria Jurídica da Regulação a partir da Portaria nº 1.089, da Controladoria-Geral da União (CGU). *Journal of Law and Regulation*, [S. l.], v. 5, n. 1, p. 16, 2020.

CGU, Controladoria-Geral da União. *Guia de implantação de programa de integridade nas empresas estatais*: orientações para a gestão da integridade nas empresas estatais federais. 2015. Disponível em: https://www.gov.br/cgu/pt-br/centrais-de-conteudo/publicacoes/integridade/arquivos/guia_estatais_final.pdf. Acesso em: 27 abr. 2023.

MAEDA, B. C (coord.). *Temas de anticorrupção e compliance*. São Paulo: Campus, 2013.

NOHARA, Irene Patrícia. *Mudanças promovidas pela nova Lei das Estatais*: pontos fortes e fracos. Disponível em: https://direitoadm.com.br/mudancas-promovidas-pela-nova-lei-das-estatais/. Acesso em: 28 abr. 2023.

NOHARA, Irene Patrícia; GONÇALVES, Gabriel Vinícius Carmona. *Governança e Compliance nas Estatais*. São Paulo: Thomson Reuters Brasil, 2021.

PETROBRAS. *Regulamento de Licitações e Contratos da Petrobras*. 2020. Disponível em: https://petrobras.com.br/lumis/portal/file/fileDownload.jsp?fileId=8AE99E9E8181B09D0181AC0182117FFB. Acesso em: 20 abr. 2023.

PETROBRAS, *Procedimento de Due Diligence de Integridade (DDI)*. Disponível em: https://canalfornecedor.petrobras.com.br/media/filer_public/8a/ee/8aee042a-57b7-469d-8921-ed56929935df/procedimento_de_ddi_-_nova_versao.pdf. Acesso em: 23 abr. 2023.

PETROBRAS, *Programa Petrobras de Prevenção a Corrupção*, 2015. Disponível em: https://canalfornecedor.petrobras.com.br/media/filer_public/4c/29/4c29d0f4-cb07-4756-8740-8323494c52fd/programa-petrobras-prevencao-corrupcao-port.pdf. Acesso em: 24 abr. 2023.

REISDORFER, Guilherme F. Dias. O novo regulamento da Petrobras para licitações e Contratos. *Informativo Justen, Pereira, Oliveira e Talamini*, Curitiba, n. 132, fev. 2018. Disponível em: www.justen.com.br/informativo. Acesso em: 22 abr. 2023.

ZENKNER, M. *Integridade governamental e empresarial*: um espectro da repressão e da prevenção à corrupção no Brasil e em Portugal. Belo Horizonte: Fórum, 2019.

ZIMMER JR., Aloísio; NOHARA, Irene Patrícia. *Compliance Anticorrupção e das Contratações Públicas*. São Paulo: Thomson Reuters Brasil, 2021.

ZYMLER, Benjamin. Considerações sobre o estatuto jurídico das empresas estatais (Lei 13.303/2016). *Interesse Público – IP*, Belo Horizonte, ano 19, n. 102, p. 15-26, mar./abr. 2017.

Informação bibliográfica deste texto, conforme a NBR 6023:2018 da Associação Brasileira de Normas Técnicas (ABNT):

NOHARA, Irene Patrícia; PIRES, Marília Moreira. Disfunções e riscos nas políticas de tolerância zero em licitações de estatais: por um controle equilibrado do *due diligence*. *In*: FORTINI, Cristiana; PIRES, Maria Fernanda Veloso; CAVALCANTI, Caio Mário Lana (coord.). *Integridade e contratações públicas*: reflexões atuais e desafios. Belo Horizonte: Fórum, 2024. p. 215-232. ISBN 978-65-5518-708-3.

DIREITO ADMINISTRATIVO SANCIONADOR ANTICORRUPÇÃO. INTERAÇÃO ENTRE A LEI Nº 14.133/2021 E A LEI Nº 12.846/2013

JOSÉ ROBERTO PIMENTA OLIVEIRA

1 Introdução

Em 2021, foi aprovada e promulgada a Lei nº 14.133, que entrou em vigor neste ano como a nova e única Lei Geral de Licitações e Contratos Administrativos (LGLC), revogando definitivamente a legislação em vigor (Lei nº 8.666/1993, Lei nº 10.520/2002, arts. 1º a 47-A da Lei nº 12.462/2011). Dentre as alterações sensíveis no regime de normas gerais nacionais na matéria está o regime jurídico-administrativo sancionador, cujas balizas são encontradas nos seus artigos 155 a 163.

A nova LGLC traz objetivos claros em seu art. 11: (i) assegurar a seleção da proposta apta a gerar o resultado de contratação mais vantajoso para a Administração Pública, inclusive no que se refere ao ciclo de vida do objeto; (ii) assegurar tratamento isonômico entre os licitantes, bem como a justa competição; (iii) evitar contratações com sobrepreço ou com preços manifestamente inexequíveis e superfaturamento na execução dos contratos; e (iv) incentivar a inovação e o desenvolvimento nacional sustentável.

Fundada no artigo 37, inc. XXI, da CF, a disciplina legal está amparada em relevante matriz principiológica, constituída pelos princípios da legalidade, da impessoalidade, da moralidade, da publicidade, da eficiência, do interesse público, da probidade administrativa, da igualdade, do planejamento, da transparência, da eficácia, da segregação de funções, da motivação, da vinculação ao edital, do julgamento objetivo, da segurança jurídica, da razoabilidade, da competitividade, da proporcionalidade, da celeridade, da economicidade e do desenvolvimento nacional sustentável. Além de elencar esta rede principiológica, o art. 5º insere no sistema legal nacional as disposições da LINDB, destacadamente os dispositivos nesta inseridos pela Lei nº 13.655/2018.

Interessa ao presente trabalho compreender como está estruturado o sistema de responsabilização administrativa da nova LGLC, no tocante à previsão de infrações e sanções administrativas licitatórias e contratuais, e seu relacionamento com a tutela da probidade administrativa, própria da Lei nº 12.846/2013, a propalada "Lei Anticorrupção", que consagra uma lei especial de improbidade aplicável a pessoas jurídicas (LIPJ). Justifica-se este esforço doutrinário, pois o art. 155, inc. XII, da nova LGLC tipifica a conduta de "praticar ato lesivo previsto no art. 5º da Lei nº 12.846" como infração administrativa, correlacionando-a à sanção mais grave de declaração de inidoneidade, nos termos do art. 156, inc. IV. Não bastasse esta imputação, a nova LGLC, em seu art. 158, §4º, erige a celebração de acordo de leniência, previsto nos arts. 16 e 17 da LIPJ, como causa de suspensão da pretensão punitiva administrativa.

Inúmeros questionamentos podem ser apresentados com base no novo regime geral da Lei nº 14.133. Por suas limitações, o presente estudo não pretenderá esgotá-los. Todavia, busca oferecer contribuição para a interpretação sistemática dos dois diplomas citados, no que concerne ao Direito Administrativo Sancionador Anticorrupção, vez que tratam de sistemas centrais no enfrentamento de práticas ilícitas corruptivas no campo dos processos licitatórios e contratuais do Poder Público.

Para tanto, a análise percorrerá a seguinte trajetória. Inicialmente, são sublinhadas as bases do Sistema Brasileiro Anticorrupção e a localização, em seu interior, da responsabilização perseguida pelas LGLC e LIPJ. Na sequência, cada sistema é brevemente abordado. Empreendida esta análise panorâmica, elegem-se pontos essenciais sobre o relacionamento normativo entre ambos, com o objetivo de sistematizar a interpretação e aplicação dos comandos legais. Ao final, são sumarizadas conclusões, com referências bibliográficas.

2 Direito Administrativo Sancionador Anticorrupção

O Estado Brasileiro está submetido ao dever jurídico de prevenir e reprimir atos de corrupção, seja por princípios e regras constitucionais, seja por princípios e regras extraídas de convenções internacionais contra a corrupção internalizadas no ordenamento pátrio (destacadamente, OCDE, OEA e ONU).

A Constituição Federal submete a Administração Pública aos princípios da legalidade, moralidade, publicidade, impessoalidade e eficiência (art. 37, *caput*). A União Federal tem competência legislativa exclusiva para dispor sobre "normas gerais de licitação e contratação, em todas as modalidades, para as administrações públicas diretas, autárquicas e fundacionais da União, Estados, Distrito Federal e Municípios, obedecido o disposto no art. 37, XXI, e para as empresas públicas e sociedades de economia mista, nos termos do art. 173, §1º, III" (art. 22, XXVII, da CF). De um lado, conforme o art. 37, inc. XXI, "ressalvados os casos especificados na legislação", contratações públicas dependem de "processo de licitação pública que assegure igualdade de condições a todos os concorrentes", nos termos da lei, que "somente permitirá as exigências de qualificação técnica e econômica indispensáveis à garantia do cumprimento das obrigações". De outro, o art. 173, §1º, III, impõe ao Estatuto das Estatais dispor sobre "licitação e contratação de obras, serviços, compras e alienações, observados os princípios da administração pública". Pela elevada suscetibilidade de práticas corruptivas nesta temática, justifica-se plenamente a reprovação constitucional de "atos de improbidade administrativa", que implicam sanções constitucionais e legais (art. 37, §4º).

A atividade licitatória e contratual da Administração Pública subordina-se aos princípios de Direito Público, como corolário do princípio republicano, sob a égide do Estado Democrático de Direito, que submete o exercício dessa função administrativa instrumental à isonomia (art. 5º, *caput*), ao devido processo legal, adjetivo e substantivo (art. 5º, inc. LIV), à tutela do patrimônio público e da moralidade administrativa (art. 5º, inc. LXXIII; art. 23, inc. I; art. 37, §4º, e art. 129, inc. III).

A relevância institucional da legislação licitatória e contratual, para efeito de enfrentamento preventivo da patologia da corrupção na organização do Estado, também possui expressa previsão nas convenções internacionais contra a corrupção citadas (OCDE, OEA e ONU), que pontuam a relação direta entre esta disciplina normativa e o necessário arcabouço preventivo de práticas corruptivas. Essa legislação doméstica deve ser instrumento efetivo de prevenção, dissuasão e repressão de condutas corruptivas, passíveis de serem praticadas por agentes públicos e terceiros (pessoas físicas e jurídicas), em detrimento de bens jurídicos constitucionais.

Diferentemente da Convenção da OCDE – que concentra forças no dever de criminalização de práticas corruptivas em transações ou negócios internacionais por funcionário público estrangeiro, tutelando-se a competitividade –, a Convenção da OEA adota perspectiva ampla no enfrentamento da corrupção, e suas disposições visam, expressamente, "promover e fortalecer o desenvolvimento, por cada um dos Estados Partes, dos mecanismos necessários para prevenir, detectar, punir e erradicar a corrupção" (art. 2º, item 1). Em termos de prevenção, a Convenção de Caracas destaca a disciplina estatal de sistemas "de aquisição de bens e serviços por parte do Estado de forma a assegurar sua transparência, equidade e eficiência" como medida essencial de prevenção (art. 3º, item 5).

Na Convenção da ONU (Decreto nº 5.687/2006), os Estados assumem o compromisso de formular e aplicar ou manter em vigor "políticas coordenadas e eficazes contra a corrupção que promovam a participação da sociedade e reflitam os princípios do Estado de Direito, a devida gestão dos assuntos e bens públicos, a integridade, a transparência e a obrigação de render contas" (art. 5º). A Convenção de Mérida, definitivamente, impõe aos Estados a *formulação de política pública adequada* no enfrentamento da corrupção, quer no setor público, quer no setor privado, consignando amplo rol de medidas de prevenção e de criminalização na matéria.

Em Mérida, formula-se a seguinte medida de prevenção, em tema de contratação pública, que merece reprodução:

> Artigo 9º. Contratação pública e gestão da fazenda pública
>
> 1. Cada Estado Parte, em conformidade com os princípios fundamentais de seu ordenamento jurídico, adotará as medidas necessárias para estabelecer sistemas apropriados de contratação pública, baseados na transparência, na competência e em critérios objetivos de adoção de decisões, que sejam eficazes, entre outras coisas, para prevenir a corrupção. Esses sistemas, em cuja aplicação se poderá ter em conta valores mínimos apropriados, deverão abordar, entre outras coisas:
>
> a) A difusão pública de informação relativa a procedimentos de contratação pública e contratos, incluída informação sobre licitações e informação pertinente ou oportuna sobre a adjudicação de contratos, a fim de que os licitadores potenciais disponham de tempo suficiente para preparar e apresentar suas ofertas;

b) A formulação prévia das condições de participação, incluídos critérios de seleção e adjudicação e regras de licitação, assim como sua publicação;

c) A aplicação de critérios objetivos e predeterminados para a adoção de decisões sobre a contratação pública a fim de facilitar a posterior verificação da aplicação correta das regras ou procedimentos;

d) Um mecanismo eficaz de exame interno, incluindo um sistema eficaz de apelação, para garantir recursos e soluções legais no caso de não se respeitarem as regras ou os procedimentos estabelecidos conforme o presente parágrafo;

e) Quando proceda, a adoção de medidas para regulamentar as questões relativas ao pessoal encarregado da contratação pública, em particular declarações de interesse relativo de determinadas contratações públicas, procedimentos de pré-seleção e requisitos de capacitação. [...].

A Convenção de Mérida também ganha relevância pela ênfase dada à responsabilização necessária pelo descumprimento da lei, no âmbito dos Estados. Além de medidas de criminalização que devem incidir sobre condutas de indivíduos (art. 26, item 3), a Convenção ressalta a responsabilização de pessoas jurídicas, que "poderá ser de índole penal, civil ou administrativa" (art. 26, item 2), exigindo "sanções penais ou não-penais eficazes, proporcionadas e dissuasivas, incluídas sanções monetárias" (art. 26, item 3).

A aprovação de convenções internacionais contra a corrupção torna incontestável o dever estatal de estabelecimento de sistema jurídico-institucionalizado que, em nível de cada ordem jurídica estatal, viabilize o atingimento das finalidades públicas perseguidas pela política pública anticorrupção. Esta modelagem institucional somente é alcançada quando o fenômeno da corrupção e suas consequências jurídicas recebem a devida compreensão sistemática no campo do Direito. Nesta perspectiva, é incomensurável tratar adequadamente do Sistema Brasileiro Anticorrupção.

Sob as lentes da Ciência Jurídica, é possível depreender a existência de *Sistema Internacional Anticorrupção*, do qual fazem parte as convenções internacionais anticorrupção (no caso brasileiro, destaque para as Convenções da OCDE, OEA e ONU), e do *Sistema Brasileiro Anticorrupção*, que é composto por normas constitucionais, supralegais, legais e infralegais, atinentes à prevenção, detecção, dissuasão e repressão de práticas de corrupção, tomando-se este conceito dentro do espectro semântico amplo adotado em Mérida.

A estrutura deste sistema normativo brasileiro compreende a organização jurídico-institucional de diversos segmentos normativos, dentre os quais, o *Sistema Político-Constitucional Anticorrupção*, relacionado com a prevenção e repressão de "crime de responsabilidade", relacionado com a matéria; o *Sistema Político-Legislativo Anticorrupção*, concentrado na infração parlamentar, relacionada com a matéria; o *Sistema Penal Anticorrupção*, composto por normas de Direito Penal e Processual Penal (CP, CPP, legislações penais e processuais penais extravagantes, incluindo crimes de lavagem de dinheiro e organizações criminosas), relacionadas com a matéria; o *Sistema Civil Anticorrupção*, marcado por normas de Direito Público atinentes à indenização de danos materiais e imateriais derivados de práticas corruptivas; o *Sistema Eleitoral Anticorrupção*, marcado por normas materiais e processuais de Direito Eleitoral, relacionadas com a matéria (Código Eleitoral, legislação eleitoral extravagante, incluindo Lei de Eleições e Lei de Inelegibilidades), e o *Sistema de Direito Administrativo Sancionador (DAS) Anticorrupção*.

Por sua vez, o Sistema de DAS Anticorrupção compreende, no mínimo, as seguintes três parcelas estruturais:

(i) *Sistemas de responsabilização administrativa*, movimentados por diversos órgãos e entidades da Administração Pública, no campo do (i.1) DAS disciplinar (*v.g.*, Lei nº 8.112/1990), relacionado com a matéria; (i.2) *DAS licitatório e contratual (destacadamente, Leis nº 8.666/1993, nº 10.520/2002, nº 12.462/2011 e Lei nº 13.303/2016, inclusive a nova LGLC, Lei nº 14.133/2021), relacionado com a matéria*; (i.3) DAS econômico, operado pelo CADE (Lei nº 12.529/2011), relacionado com a matéria; (i.4) DAS de lavagem de dinheiro, operado pelo COAF (Lei nº 9.613/1998), relacionado com a matéria; (i.5) DAS do sistema financeiro, operado pelo BACEN (Lei nº 13.506/2017), relacionado com a matéria; (i.6) DAS do mercado de valores mobiliários, operado pela CVM (Lei nº 13506/2017), relacionado com a matéria; (i.7) DAS de profissões regulamentadas, operado por inúmeros Conselhos de Fiscalização Profissional, relacionado com a matéria; (i.8) DAS tributário, operado pelas autoridades tributárias competentes (destacadamente, com base no CTN e legislação tributária), relacionado com a matéria;

(ii) *Sistema de responsabilização pela prática de atos de improbidade*, moldado pela Lei nº 8.429/1992 (Lei Geral de Improbidade Administrativa, alterada pela Lei nº 14.230/2021) e *Lei nº 12.846/2013*; e

(iii) *Sistema de responsabilização perante os Tribunais de Contas* (TCU, TCEs, TCMs, TCM de SP e TCM do RJ), relacionado com a matéria.

O DAS molda-se pela existência e coexistência de *sistemas de responsabilização*. A ordem jurídica os constitui quando estabelece conjuntos normativos sancionatórios, de forma unitária e coerente, a partir do regramento dos elementos que os definem (*bem jurídico, ilícito, sanção e processo*).

Não existe Estado de Direito sem o cumprimento efetivo do ordenamento jurídico, sem a regular execução de normas jurídicas aplicáveis, seja pelos agentes públicos, seja pelo setor privado (com ou sem fins lucrativos). A atividade sancionadora é instrumento para alcançar esta efetividade e conformidade. Transforma interesses públicos em bens jurídicos tutelados. Instauram-se *sistemas de responsabilidade restaurativa* (recomposição de ilegalidade), *responsabilidade patrimonial* e *responsabilidade sancionadora*. A partir do quadro institucional fundamental ordenado pela Constituição (e complementado ao nível legal), o Direito organiza *instituições* ao derredor das quais se estruturam os sistemas de responsabilização. Há uma lógica nesta matéria: *quanto mais relevante(s) o(s) bem/bens jurídico(s) afetado(s) por ilícitos, maior a desenvoltura institucional do ordenamento na sua tutela*.

O Estado Democrático de Direito, com o paradigma de Estado Material de Direito, exige *formas institucionalmente alargadas* para assegurar a efetiva execução da lei. No cenário atual, no mundo globalizado, vinculados aos sistemas domésticos, o Direito avança em *sistemas de responsabilidade internacional*, igualmente plasmados pela relevância de certos bens jurídicos ao nível internacional e doméstico.

Ao Direito Administrativo Sancionador cabe moldar os sistemas de responsabilização correlacionados com a fiscalização do cumprimento de diversos regimes administrativos sancionadores agasalhados em seu interior, como instrumento de promoção de efetividade e de conformidade. No presente tempo histórico, é inconcebível ainda que se estipulem normas de Direito Administrativo (*normas primárias*), sem as correlatas *normas secundárias*, que devem ser agregadas nestes sistemas responsabilizantes. Isto vale para todos os vastíssimos campos de *responsabilidade sancionadora no Direito Administrativo*, dirigidas ao cumprimento da lei em atividades-meio e atividades-fim.

Fiscalização de condutas intersubjetivas, vista com amplo significado, que é constituído por normas sobre *monitoramento*, normas sobre *orientação* (incluindo respostas a consultas, com efeitos administrativos vinculantes), normas sobre *precaução* e normas sobre *repressão*. Não há sistema de responsabilização, em sua completude lógico-jurídica, sem esta segmentação normativa: por meio delas, busca-se o *enforcement* (execução do Direito posto), em que se objetiva aderência entre o plano do *dever-ser* e plano do *ser*. Este amplo arranjo institucionalizado exige planejamento contínuo (avaliação, diagnóstico, prognóstico, reavaliação), em caráter permanente.

O *monitoramento* consiste no acompanhamento e controle sistemático (por ciclos e matérias) de informações sobre o sistema de responsabilização, assegurando seu regular funcionamento, com levantamentos essenciais à obtenção de melhores resultados. A *orientação* é a atividade estatal dirigida à conscientização e educação de todos os agentes e sujeitos que estão vinculados ao sistema de responsabilização, o que se perfaz com diversos produtos (guias, treinamentos, cursos, divulgação de boas práticas, recomendações etc.).

Nesta vertente, pode-se incluir a atividade específica de recebimento e apreciação de consultas sobre a aplicação do sistema de responsabilização, conforme possibilidades constitucionais e legais, não raro com efeitos vinculantes para a autoridade sancionadora. Do mesmo modo, a aprovação de súmulas e precedentes segue com a mesma finalidade orientativa.

A *precaução* marca-se como atividade estatal vocacionada a evitar o irromper de condutas ilícitas, e, mesmo que estas venham a ocorrer, impulsionar a célere recondução de agentes à conformidade sistêmica e lograr a não reiteração de atos. A *prevenção* também pode concretizar-se por diversas formas de ação estatal (divulgação de informações, alertas/avisos, solicitação de regularização, tratativas de conformidade etc.). A precaução e prevenção devem moldar-se por ação dialógica, cooperativa ou colaborativa entre quem opera o sistema de responsabilidade e quem está submetido às respectivas engrenagens.

A *punição* é atividade inserida na fiscalização com caráter repressivo, desencadeante de provimentos sancionatórios, com variação de conteúdo, em razão de tipologias de condutas ilícitas. Por regra, produz-se mediante provimentos unilaterais (notificações, determinações, sanções etc.). Por exceção, pode ser movimentada por formas consensualizadas (envolvendo igualmente adesão e persuasão), quando está associada à atividade estatal de dissuasão. Independente da forma, a punição deve gerar prevenção e repressão, reverberando atividade fundamental e funcional para a integridade e credibilidade do sistema de responsabilização.

No DAS, *responsabilizar, por conseguinte, pressupõe monitorar, orientar, precaver, prevenir, dissuadir e reprimir, como núcleos de competências* estatais desenhadas no plano normativo para tutela de determinados bens jurídicos.

Os sistemas de responsabilização também podem disciplinar formas de reparação ou recomposição de danos (materiais ou imateriais) causados por condutas ilícitas; podem abrigar a instituição de medidas acautelatórias (sempre unilaterais) de interesses públicos em cena, vez que o ordenamento jurídico pode e deve desenhar meios institucionais de cautelaridade administrativa e seus pressupostos de válida utilização.

Esses sistemas devem ser moldados em harmonia com o princípio da legalidade. Em razão de infrações cometidas, caberá à lei indicar as alternativas admissíveis, afastando a imposição imediata da sanção prevista. Daniel Ferreira registra esta tendência, e pontua que deve visar "os princípios constitucionais da razoabilidade, da proporcionalidade e da dignidade da pessoa humana (sem afastar o viés econômico envolvido) com os da certeza do direito e da segurança jurídica em processos administrativos sancionadores".[1]

Alice Voronoff oferece reflexões sobre a construção de modelos sancionadores conscientes, conferindo destaque à teoria da regulação responsiva, teoria da regulação realmente responsiva e teoria da regulação baseada em riscos.[2]

Os sistemas de responsabilização inseridos no DAS devem, enfim, encontrar fundamentação constitucional, seja porque a própria Constituição já traceja regras sobre os seus elementos estruturais (bem jurídico, ilícito, sanção e processo), seja porque o Texto Constitucional estabelece a fonte de legitimação de sua criação legislativa e colaboração regulamentar na sua modelagem.

Um dos maiores desafios atuais está na estruturação integrada dos sistemas de responsabilização do DAS e do Direito Penal, duas competências sancionadoras estatais essenciais à tutela dos mais relevantes bens jurídicos (plasmados na Constituição e nas leis).[3] Isto envolve uma compreensão adequada da forma de convivência de sistemas dentro do próprio DAS, e igualmente fora dele, quando avaliada a relação com sistemas criminais (geral e especiais).

---

[1] FERREIRA, Daniel. *Teoria geral da infração administrativa*. A partir da Constituição Federal de 1988. Belo Horizonte: Fórum, 2009, p. 368.

[2] VORONOFF, Alice. *Direito Administrativo Sancionador no Brasil*. Belo Horizonte: Fórum, 2018, p. 129-196.

[3] GARCIA, Senilton Fernandes. A Sociedade de Risco sob a tutela do Direito Administrativo Sancionador e do Direito Penal. *Revista de Estudos & Informações*, v. 24, p. 34-41, 2009.

Como já desenhado, resta patente a complexidade estrutural do DAS Anticorrupção. Esta característica, em rigor, é uma decorrência da gravidade jurídico-institucional de práticas corruptivas e suas consequências para a organização do Estado, bem como para o desenvolvimento econômico, social, político e cultural da sociedade e dos indivíduos.

O enfrentamento de práticas de corrupção no ordenamento brasileiro – em rigor desde o advento da atual Constituição, e não apenas por força das convenções internacionais anticorrupção – exige uma concepção sistemática do conjunto normativo que incide sobre este tipo de desvio ético-jurídico na organização do Estado.

Como bem se reflete na Convenção da ONU, a corrupção compreende todas as formas pelas quais a atividade e a organização do Estado são utilizadas para a obtenção de quaisquer proveitos ilícitos, seja de quem empreende a prática corruptiva dentro do aparelho estatal e/ou no desempenho de suas funções (agentes corrompidos), seja de quem custeia, participa, beneficia-se na outra ponta desta ilicitude (os agentes corruptores).

Dentro do contexto do DAS Anticorrupção, o cumprimento de normas licitatórias e contratuais encontra relevante espaço normativo no desenvolvimento de sistemas de responsabilização, antes indicados. Neste específico *enforcement* legislativo, o DAS não perde sua complexidade, pois há multiplicidade sistêmica na persecução desta finalidade.

Para os fins da presente abordagem, interessa tão somente tratar de ilícitos licitatórios e contratuais, no campo do sistema de responsabilidade administrativa, tal como emoldurado pela Lei nº 14.133/2021, e averiguar sua estática e dinâmica normativa em comparação ao modelo estabelecido na Lei nº 12.846/2013.

3 Sistema de responsabilização administrativa da nova LGLC (Lei nº 14.133/2021)

Seguindo a tradição brasileira, a nova LGLC disciplina a competência administrativa sancionadora na matéria de seus artigos 155 a 163. Os dispositivos dão ensejo a *regime geral* no tocante à elaboração, interpretação, aplicação e execução de sanções administrativas na área instrumental de licitações e contratações. Segue, portanto, na esteira do art. 136 do Decreto-Lei nº 200/1967, artigos 71 a 74 do Decreto-Lei nº 2.300/1986, artigos 86 a 88 da Lei nº 8.666/1993 (LGLC em vigor),[4] artigo 7º da Lei nº 10.520/2002 (Pregão) e artigos 47 e 47-A da Lei nº 12.462/2011 (RDC), os três últimos regimes que foram revogados pela Lei nº 14.133.

Esta unificação do regime geral sancionador, por si só, já reflete avanço na disciplina legal, o que propicia e atende à segurança jurídica (certeza e previsibilidade do direito), sob a perspectiva da unidade e uniformidade de normas jurídicas nacionais aplicáveis. Ao lado desse sistema administrativo sancionador geral, haverá os *sistemas especiais*, como o contemplado pela Lei nº 13.303/2016, atual Estatuto Jurídico das Empresas Estatais, que trata da matéria em seus artigos 82 a 84.

Este sistema de responsabilização está governado pelos princípios materiais e formais, derivados da Constituição Federal, como corolário do paradigma de Estado Democrático de Direito. São *princípios materiais*, vez que incidem diretamente na relação jurídica sancionadora: eficiência, legalidade, tipicidade, irretroatividade de norma mais prejudicial, retroatividade da norma mais favorável (conforme justificação ponderada acolhida em lei), imputação adequada (responsabilidade subjetiva, como regra, e responsabilidade objetiva, como exceção), pessoalidade, proporcionalidade e razoabilidade, segurança jurídica, prescritibilidade e *non bis in idem* (vertente material).

São *princípios formais*, visto que incidem diretamente na relação jurídico-processual que objetiva a produção do ato sancionador no exercício da função administrativa: devido processo legal, contraditório, ampla defesa, proporcionalidade (vertente processual), segregação de funções no processo, boa-fé, oficialidade, presunção de inocência, garantia da não autorresponsabilização, inadmissibilidade de provas ilícitas, imparcialidade, motivação, recorribilidade, definição *a priori* do órgão/ente sancionador, *non bis in idem* (vertente processual), *non reformatio in pejus* e duração razoável do processo.

Esta principiologia encontra fundamento constitucional e, por conseguinte, não se esvai ante a insuficiência ou deficiência do tratamento legislativo (e regulamentar) da matéria. Responde pelos alicerces axiológicos da atividade administrativa sancionadora, plasmando a funcionalidade que se pretende atingir com o regime

---

[4] Conferir: HARB, Karina Houat. Infrações e sanções administrativas na Lei nº 8.666/1993. *In*: OLIVEIRA, José Roberto Pimenta (coord.). *Direito Administrativo Sancionador. Estudos em homenagem ao professor emérito da PUC-SP Celso Antônio Bandeira de Mello*. São Paulo: Malheiros, 2019; ZARDO, Francisco. *Infrações e Sanções em Licitações e Contratos Administrativos*. 1. ed. São Paulo: RT - Thomson Reuters, 2014.

de DAS, todos reconduzíveis às balizas constitucionais do regime jurídico-administrativo, constituído para a tutela de interesses públicos, com a proteção e observância de direitos e garantias fundamentais constitucionais.

Tal como os modelos legais anteriores, o sistema da nova LGLC também não está isento de *críticas gerais*, apesar do inegável avanço na disciplina legal do tema, dentre outras: (i) a competência administrativa sancionadora foi tratada em conjunto com temática aderente ao controle de legalidade, bem como a temática recursal geral em processos administrativos regulados pela lei (Título IV), e mereceria tratamento próprio e sistemático; (ii) deslocou-se a disciplina criminal para o Código Penal (art. 178), prejudicando a interpretação sistemática e geral da atividade sancionadora estatal; (iii) o Capítulo II do Título IV não reúne a disciplina geral de infrações e sanções administrativas, insculpido na LGLC, porquanto há relevantes disposições sancionadoras atinentes à tipificação e efeitos, espalhadas no texto legal; (iv) não se contemplaram normas nacionais para a concretização adequada de relevantes princípios materiais do DAS (*supra* arrolados) na matéria, destacadamente o da irretroatividade de normas mais gravosas, retroatividade de normas mais favoráveis, imputação devida, pessoalidade e *non bis in idem*; (v) manteve-se deficiente densificação de outros, como o da culpabilidade, tipicidade, proporcionalidade e razoabilidade; (vi) a nova LGLC não associa expressamente a utilização de "meios alternativos de resolução de controvérsias" (Título III) ao regime sancionador (Título IV, capítulo II); (vii) a nova LGLC também não é deveras sintética no desdobramento de princípios formais do DAS (já elencados), essenciais ao perfazimento do devido processo legal neste sistema de responsabilização; e (viii) ausência de utilização rigorosa de conceitos legais, no *descumprimento da lei*, com o uso não rigoroso de conceitos, seja sobre fatos jurídicos ilícitos ("ilícito", "irregularidade", "infração", "fraude"), seja sobre suas consequências sancionadoras ("sanção", "penalidade").

São disposições sancionatórias relevantes que não estão inseridas no Capítulo específico dedicado ao regime de DAS: (i) art. 10, §1º, inc. II, que trata de atuação extraordinária da advocacia pública em defesa de agentes públicos, no caso de prática de atos ilícitos; (ii) art. 14, inc. III, §1º, que trata da efetividade das sanções administrativas produzidas, em processos licitatórios e contratuais; (iii) art. 25, §4º, que trata da obrigatoriedade de implantação de programas de integridade, cujo inadimplemento exige penalidades específicas; (iv) art. 50, *caput*, que institui infração específica resultando na produção de multa; (v) art. 67, §12, que institui sanção administrativa em desfavor de profissionais que deem causa às sanções previstas no art. 156, incs. III e IV; (vi) art. 73, que explicita elementos subjetivos ("dolo, fraude ou erro grosseiro"), em infrações envolvendo contratação direta indevida; (vii) art. 88, que disciplina cadastros a conter informações sobre avaliação de contratados no cumprimento de obrigações, incluindo penalidades aplicadas; (viii) art. 90, §5º, que impõe penalidades no caso de recusa injustificada do adjudicatário em celebrar o contrato; (ix) art. 97, que impõe ao seguro-garantia o objetivo de garantia de multas punitivas; arts. 147 e 148, que tratam da relação normativa entre penalidades e suspensão contratual ou nulidade contratual; e (x) arts. 166 e 167, que disciplinam tema de recursos administrativos específicos em processos sancionadores.

É fundamental reavivar que não se trata de sistema de responsabilização patrimonial ou civil, movimentado na esfera administrativa, mas de *sistema de responsabilização sancionadora*, o que é descortinado no art. 156, §9º, pelo qual a aplicação de sanções "não exclui, em hipótese alguma, a obrigação de reparação integral do dano causado à Administração Pública".

Pode-se dogmaticamente compreender o sistema de responsabilização da nova LGLC, seus avanços, deficiências, limites e possibilidades, a partir de análise pautada pela força estruturante de seus próprios componentes (bem jurídico, ilícito, sanção e processo).

Sobre a perspectiva de *bens jurídicos protegidos*, o sistema aponta uma multiplicidade axiológica. O cumprimento da legislação administrativa licitatória e contratual se conduz como atividade administrativa em homenagem aos "princípios" (art. 5º): (i) da legalidade e vinculação ao edital; (ii) do interesse público e impessoalidade; (iii) da igualdade, competitividade e julgamento objetivo; (iv) da moralidade e probidade administrativa; (v) da publicidade e transparência; (vi) da eficiência, eficácia, economicidade, planejamento, segregação de funções e celeridade; (vii) da razoabilidade, proporcionalidade e motivação; (viii) da segurança jurídica; e (ix) do desenvolvimento nacional sustentável. Por fim, toda a normatização geral na matéria é condensação direta do dever constitucional de proteção ao erário ou patrimônio público.

São todos valores considerados – sob a ótica constitucional e legal – como essenciais à integridade de licitações e contratações, que o Direito Administrativo resguarda com a previsão de infrações e sanções, arquitetando sistema próprio de responsabilidade para guarnecer a sua integridade.

Estes princípios transformam-se em bens jurídicos que o sistema de responsabilização administrativa deve tutelar. Isto se reconhece pela tipicidade inscrita no artigo 155, incontestavelmente abrangente de todo o quadro jurídico-institucional plasmado na lei, na regência de licitações e de contratações (art. 155, *caput*). Ao lado desses princípios, também é certa a relevância material de interesses públicos atendidos pela licitação/contratação instrumentalmente realizada. Este amplo catálogo de bens jurídicos é próprio do Estado Democrático de Direito, e suas projeções normativas nas atividades administrativas regradas na LGLC.

Tanto aqueles quanto estes moldam o juízo de ofensividade ou lesividade material relevante que deve estar subjacente ao enquadramento da infração administrativa, iluminando a correta interpretação, aplicação e execução do modelo administrativo sancionador.

A compreensão adequada de bens tutelados em cada caso é que indicará (ou não) a sua relevância dentro do sistema de responsabilização, a efetividade de lesão ocorrida com uma prática ilegal e a necessidade de sanção administrativa, exigindo-se uma análise contextual e sistêmica.

Cumpre atentar que, de forma explícita, o art. 155 contempla infrações cometidas no *plano da licitação* e no *plano da contratação*, o que se diferencia do quadro do art. 87 da Lei nº 8.666/1993, que se limita ao último. Houve uma generalização e alargamento da tutela administrativa dentro do campo licitatório, a ponto de o referido dispositivo indicar diretamente condutas ilícitas só aperfeiçoadas em processos licitatórios a gerar graves sanções administrativas.

Pode-se, nesta perspectiva, vislumbrar na nova LGLC aprimoramento institucional do bem jurídico tutelado, sob o ponto de vista objetivo (atividade) e do ponto de vista axiológico (valorativo). Ao derredor dos bens jurídicos tutelados, compreender-se-ão as *infrações administrativas* tipificadas no art. 155, as *sanções administrativas* correlatas fixadas no art. 156, bem como os *processos administrativos*, na esteira dos arts. 157 a 161.

Considerando o disposto no art. 155, constituem infrações administrativas licitatórias com *tipificação direta*: (1) deixar de entregar a documentação exigida para o certame; (2) não manter a proposta, salvo em decorrência de fato superveniente devidamente justificado;

(3) apresentar declaração ou documentação falsa exigida para o certame ou prestar declaração falsa durante a licitação; (4) fraudar a licitação (igualmente descrita na Lei nº 12.846); e (5) praticar atos ilícitos com vistas a frustrar os objetivos da licitação. Fora do rol citado, encontra-se na LGLC, mediante *tipificação extravagante*: (6) atuar em substituição a outra pessoa, física ou jurídica, com o intuito de burlar a efetividade da sanção a ela aplicada, inclusive a sua controladora, controlada ou coligada, desde que devidamente comprovado o ilícito ou a utilização fraudulenta da personalidade jurídica do licitante (art. 14, inc. III, §1º);

Além destas, podem ser imputadas outras previstas na Lei nº 12.846/2013 (legislação especial de improbidade aplicável às pessoas jurídicas), as seguintes, mediante *tipificação remissiva*: (7) frustrar ou fraudar, mediante ajuste, combinação ou qualquer outro expediente, o caráter competitivo de procedimento licitatório público; (8) impedir, perturbar ou fraudar a realização de qualquer ato de procedimento licitatório público; (9) afastar ou procurar afastar licitante, por meio de fraude ou oferecimento de vantagem de qualquer tipo; e (10) criar, de modo fraudulento ou irregular, pessoa jurídica para participar de licitação pública.

Considerando o disposto no art. 155, constituem *infrações administrativas pré-contratuais* com *tipificação direta*: (1) não celebrar o contrato; e (2) não entregar a documentação exigida para a contratação, quando convocado dentro do prazo de validade de sua proposta.

Considerando o disposto no art. 155, constituem *infrações administrativas contratuais*, mediante *tipificação direta*: (1) dar causa à inexecução parcial do contrato; (2) dar causa à inexecução parcial do contrato que cause grave dano à Administração, ao funcionamento dos serviços públicos ou ao interesse coletivo; (3) dar causa à inexecução total do contrato; (4) ensejar o retardamento da execução ou da entrega do objeto da licitação sem motivo justificado; (5) apresentar declaração ou documentação falsa exigida para o certame ou prestar declaração falsa durante a execução do contrato; (6) praticar ato fraudulento na execução do contrato (igualmente tipificado na Lei nº 12.846); e (7) comportar-se de modo inidôneo ou cometer fraude de qualquer natureza. Fora do rol analisado, encontra-se, mediante *tipificação extravagante*: (8) descumprimento da obrigatoriedade de implantação de programa de integridade pelo licitante vencedor, no prazo de 6 (seis) meses, contado da celebração do contrato (art. 25, §4º); (9) não comprovação do cumprimento de obrigações trabalhistas e com o Fundo de Garantia do Tempo de Serviço (FGTS), em relação aos empregados diretamente envolvidos na execução do contrato (art. 50, *caput*).

Além destas, com fulcro na LIPJ, mediante *tipificação remissiva*, também são ilícitos administrativos: (10) criar, de modo fraudulento ou irregular, pessoa jurídica para celebrar contrato administrativo; (11) obter vantagem ou benefício indevido, de modo fraudulento, de modificações ou prorrogações de contratos celebrados com a administração pública, sem autorização em lei, no ato convocatório da licitação pública ou nos respectivos instrumentos contratuais; e (12) manipular ou fraudar o equilíbrio econômico-financeiro dos contratos celebrados com a Administração Pública.

A distinção entre tipificação direta, extravagante e remissiva, já destacada, torna-se relevante quando se resgata a *responsabilidade objetiva* expressamente adotada pela Lei nº 12.846/2013, diversa da *responsabilidade subjetiva*, que deve ser considerada a base de imputação infracional no campo da nova LGLC, inexistindo norma específica nela proclamando a objetivação.

Em todas as tipologias (responsabilidade licitatória, responsabilidade pré-contratual e responsabilidade contratual), a tipificação utiliza *tipos gerais ou especiais*, bem como *tipos de dano ou de perigo*, bem ainda *tipos materiais, formais ou de mera conduta*. Apenas na pré-contratual, a responsabilização se pauta exclusivamente na subjetivação. Na licitatória e contratual, a responsabilização ora figura sob o figurino da *culpabilidade*, ora sob o figurino da *responsabilidade objetiva*. Entende-se que a responsabilização objetiva deve ser o modelo preferencial de responsabilização; apenas quando a infração administrativa não se enquadrar em tipos da LIPJ, a atividade sancionadora em face de pessoas jurídicas deve ser norteada por critérios subjetivos adequados ao modelo sancionador da LGLC.

Dentro do panorama legal sistematizado, entende-se que apenas o tipo "comportar-se de modo inidôneo" viola o princípio da segurança jurídica, sedimentado na cláusula do Estado de Direito (art. 1º, da CF) e corolário do devido processo legal (art. 5º, inc. LIV), da CF, pois a nova LGLC não permite extrair desta descrição típica nenhum parâmetro legal da suscitada inidoneidade, que, mesmo constituindo conceito jurídico indeterminado, escapa da margem de tolerabilidade dentro do sistema sancionador moldado na lei. O grau de subjetivismo desta descrição típica é total, inexistindo previsibilidade mínima quanto ao conteúdo proibitivo da conduta infracional nele veiculada aos seus destinatários. Do mesmo vício padece o artigo 88, inc. III, da Lei nº 8.666/1993.

Não é o caso de adentrar nas hipóteses infracionais, previstas na nova LGLC, mas é relevante marcar a sua *irretroatividade*, já que se trata de norma sancionadora. Do mesmo modo, interessante destacar a necessidade de *tipificação formal e material* em cada caso concreto, afastando concurso aparente de normas (solucionado pela especialidade, alternatividade, consunção, conforme o caso) e, de acordo com a situação, reconhecendo a possibilidade normativa de concurso material (várias condutas, vários ilícitos) e formal (uma mesma conduta, vários ilícitos), incluindo a continuidade infracional (ilícitos da mesma espécie, praticados em similares condições de tempo, lugar, maneira de execução e outras semelhantes), que deve repercutir na fixação do conteúdo da sanção devida.

Abordada a *tipificação de ilícitos*, merece destaque também perquirir a disciplina legal do componente estrutural da *sanção* do modelo sancionador na nova LGLC. O art. 156 tipifica as seguintes sanções: (i) advertência; (ii) multa (punitiva); (iii) impedimento de licitar e contratar; e (iv) declaração de inidoneidade para licitar ou contratar. Entende-se que a fixação de sanções somente pode ocorrer ao nível de *norma geral nacional* (art. 22, inc. XXVII), não havendo margem de criação de outros provimentos sancionatórios por entes federativos diversos da União. O novo modelo conseguiu aprimorar o regramento da multa punitiva, impedimento e inidoneidade, mas persistem deficiências. O artigo não contempla multa moratória e multa compensatória, regrada no art. 162, que confusamente trata de "conversão" entre essas multas não punitivas.

A *advertência* constitui sanção administrativa (art. 156, inc. I), não se trata de mero ato de comunicação, porque altera a condição do responsável no sistema de responsabilização, retirando-lhe o *status* da primariedade. Será cabível na hipótese do art. 155, inc. I, quando não se justificar a imposição de penalidade mais grave. Portanto, caberá na infração contratual de inexecução parcial do contrato, sem as descrições típicas qualificadoras dos demais incisos (art. 155, incs. II a XII). Há relevante margem de regulamentação nas diversas contratações regidas pela LGLC, no tocante à especificação da forma de inexecução a justificar a advertência. Revela-se clara *sanção administrativa subsidiária*, o que não lhe retira a natureza sancionatória, exigindo devido processo legal na sua produção.

A *multa punitiva* (art. 156, inc. II) será aplicada a licitantes/contratados por qualquer das infrações administrativas previstas no art. 155 (*tipificação primária ampla*) e "não poderá ser inferior a 0,5%

(cinco décimos por cento) nem superior a 30% (trinta por cento) do valor do contrato licitado ou celebrado com contratação direta" (art. 156, §3º). Supera-se a atual inexistência de tetos legais mínimo e máximo, em atenção à tipicidade constitucional. A multa atrela-se a valores contratuais, e seu teto máximo se mostra adequado, necessário e suficiente para conferir efeito dissuasório a esta sanção, que, no terreno do DAS, é vista como uma das mais relevantes. Assinale-se que há significativa margem de regulamentação, o que é justificado pela variabilidade de tipos de contratações (e correlatos valores envolvidos) no campo da Administração Pública.

A multa punitiva pode ser cumulada com as sanções tipificadas no artigo 156, incs. III e IV (art. 156, §7º). Há notória *contradição normativa* entre este §7º e o já citado §1º, haja vista que, se é cabível multa, não caberá advertência, o que ofende a segurança jurídica. Deve prevalecer o inc. I, pela indisputada conclusão de que multar é mais grave que meramente advertir. Esta cumulatividade suscita sua harmonia com o princípio constitucional do *non bis in idem*: para os mesmos fatos, a nova LGLC mantém duas sanções administrativas, o que é duplicidade sancionatória, que, no caso, é constitucional. A razão objetiva está na diversidade de conteúdo: sanção com conteúdo pecuniário (inc. II) e sanção com conteúdo não pecuniário (incs. III ou IV, e admitido o inc. I).

A natureza instrumental da multa punitiva e a necessidade de garantir sua capacidade dissuasória justificam o modo autoexecutório desta sanção, cujo valor pode ser destacado de "pagamento eventualmente devido pela Administração" ou de "garantia prestada" pelo licitante/contratado, nos termos do art. 156, §7º.

O *impedimento de licitar e contratar* está tipificado no art. 156, inc. III. Mais grave que advertência e multa, a sanção "será aplicada ao responsável pelas infrações administrativas previstas nos incisos II, III, IV, V, VI e VII", como *tipificação primária restrita*. A LGLC estipula que o caso concreto, mesmo a demandar este enquadramento fático infracional, pode deflagrar a competência de produção da inidoneidade (pena mais grave). Mas não trouxe critérios expressos de avaliação desta "gravidade lesiva". Pelo seu conteúdo, "impedirá o responsável de licitar ou contratar no âmbito da Administração Pública direta e indireta do ente federativo que tiver aplicado a sanção, pelo prazo máximo de 3 (três) anos".

Impedimento de *licitar e contratar*, essa conjunção é uma exigência de tutela adequada e plena dos bens jurídicos no sistema sancionador, e assim dissolvem-se possíveis controvérsias. Todavia, impedimento no âmbito da *Administração Pública direta e indireta do ente federativo*, essa conjunção poderá ensejar dúvida interpretativa, pois não está claro o limite subjetivo da sanção: a norma indica o nível federativo no qual ela opera (aquele em que foi produzida), mas não resolve se a proibição deve alcançar administração centralizada *e/ou* descentralizada. Esta ambiguidade deriva da definição legal de Administração Pública, retratada no art. 6º, inc. III. Para previsibilidade objetiva, a sanção deveria limitar-se à Administração Pública "direta *ou* indireta que tiver aplicado a sanção", com oração explicativa clara.

A declaração de inidoneidade está tipificada no art. 156, inc. IV. Deverá ser aplicada na hipótese dos incisos VIII, IX, X, XI e XII do art. 155 (*tipificação primária restrita*), bem como dos seus incisos II, III, IV, V, VI e VII (*tipificação subsidiária*). Nesta última correlação, a infração deve justificar a imposição desta penalidade mais grave, dado que as condutas proibitivas são primariamente atreladas ao impedimento (art. 156, inc. III). Também o art. 156, §5º, não elucida critérios sobre o juízo da "gravidade" na tipificação subsidiária.

As infrações são incontestavelmente graves, no tocante à sua lesividade: apresentar declaração ou documentação falsa exigida para o certame ou prestar declaração falsa durante a licitação ou a execução do contrato (inc. VIII); fraudar a licitação ou praticar ato fraudulento na execução do contrato (inc. IX); comportar-se de modo inidôneo ou cometer fraude de qualquer natureza (inc. X); praticar atos ilícitos com vistas a frustrar os objetivos da licitação (inc. XI) e praticar ato lesivo previsto no art. 5º da LIPJ (inc. XII). Reputa-se inconstitucional a descrição típica "comportar-se de modo inidôneo", sobremodo quando a lei se lhe imputa a mais grave das sanções administrativas. Este rol só abrange *infrações licitatórias e infrações contratuais*.

O conteúdo do ato administrativo sancionador está em que "impedirá o responsável de licitar ou contratar no âmbito da Administração Pública direta e indireta de todos os entes federativos, pelo prazo mínimo de 3 (três) anos e máximo de 6 (seis) anos". Há avanço no seu regramento legislativo: especificam-se prazo mínimo e máximo, mantém-se competência sancionadora no nível mais elevado da organização administrativa (art. 156, §6º) e desenha-se regime processual destacado (art. 158).

Como norma federal, esta *interdição total do direito de licitar e de contratar* surge ao nível legislativo com efeitos estendidos à Administração Pública Federal (art. 136, inc. III, do Decreto-Lei nº 200/1967, posteriormente revogado pelo art. 73, inc. IV do Decreto-Lei nº 2.300/1986). Com a Lei nº 8.666/1993, a título de norma nacional, amplificaram-se os efeitos da inidoneidade para a Administração Pública, com definição ampla (art. 6º, inc. XI). Nesta esteira, a nova LGLC segue a trilha da Lei nº 8.666.

Tal como mantido, o conteúdo da declaração de inidoneidade é, deveras, incisivo, o que legitima a restrição do seu cabimento para *hipóteses infracionais excepcionalíssimas* dentro do modelo sancionador licitatório e contratual, seja nos tipos primários, seja nos tipos subsidiários, com inafastável interpretação restritiva. Nos últimos, há inarredável dever de justificação objetiva do deslocamento da competência sancionadora para a produção da inidoneidade, que deve ser clara, concomitante, suficiente e congruente sob pena de gerar disfuncionalidade na aplicação da lei.

Impressiona a ausência de aprimoramento dessa sanção máxima, em busca de mais abalizado efeito preventivo geral, na medida em que é possível, em tese, modular o conteúdo desta interdição – em outros termos, torná-lo parcial – por diversos critérios objetivos (modalidade de contratação, setor de atividade contratada, tamanho da empresa, alcance territorial dentro de regiões ao nível nacional e ao nível estadual etc.). Mas, passados 30 anos da Lei nº 8.666, segue-se com sanção sem desenho institucional mais acurado e funcional.

A declaração de inidoneidade na LGLC convive com outras sanções de semelhante natureza no campo do DAS, a exemplo da *proibição de contratar* com o poder público, direta ou indiretamente, ainda que por intermédio de pessoa jurídica da qual seja sócio majoritário, a cargo do Poder Judiciário (art. 12 da LGIA; *inidoneidade do licitante* fraudador para participar, por até cinco anos, de licitação na Administração Pública Federal, a cargo do TCU (art. 46 da Lei nº 8.443/1992 – Lei Orgânica do TCU; *proibição de participar de licitação* tendo por objeto aquisições, alienações, realização de obras e serviços, concessão de serviços públicos, na Administração Pública, direta e indireta, por prazo não inferior a cinco anos, a cargo do CADE (art. 38, inc. II, da Lei nº 12.529/2011); *proibição de participar de licitação*, por até de 5 (cinco) anos que tenha por objeto aquisições, alienações, realizações de obras e serviços e concessões de serviços públicos, no âmbito da Administração Pública direta e indireta, a cargo da CVM (art. 11, §11, da Lei nº 6.385/1976 – redação da Lei nº 13.506/2017).

O Direito Administrativo Sancionador brasileiro prestigia a sanção que proclama e constitui a inidoneidade de pessoas jurídicas responsáveis por práticas de corrupção, no campo de licitações e contratações públicas. Esse tipo de sanção está previsto em diversos sistemas de responsabilização que fazem parte do Sistema Brasileiro anticorrupção, em especial, nos sistemas de responsabilização administrativa (i) em licitações e contratos, (ii) na matéria ambiental, (iii) na matéria concorrencial e (iv) no mercado regulado pela CVM. Demais disso, também está contemplada no (v) DAS da improbidade administrativa e (vi) no DAS de controle externo.

Como se extrai de todos esses sistemas de responsabilização, trata-se de sanção administrativa gravíssima (no modelo institucionalizado) e primordial para perseguir prevenção geral e especial, evitando a repetição de graves infrações ao domínio legal de licitações e contratos, com aptidão normativa para dissuadir pessoas jurídicas a não incorrer em prática ilícita, cientes do conteúdo restritivo significativo exarado na sanção, em razão de suas consequências para a atividade empresarial.

A gravidade sancionatória requer capacidade da autoridade administrativa ou judiciária competente para averiguação da situação da pessoa jurídica sancionada, no devido processo legal, na busca da sua devida fixação em cada caso concreto, exigindo proporcionalidade e correlata individualização pelo Estado.

Dada a avalanche consequencialista que se derrama no Direito Público, inspirada pelo art. 20 da LINDB (Lei nº 13.655), as consequências práticas da decisão devem ser consideradas na atividade sancionadora. Com efeito, a Lei nº 12.846 determina avaliação da situação econômica do infrator (art. 7º, inc. VI). A Lei nº 14.133 incorpora a LINDB no regime geral (art. 5º), a ponto de haver possibilidade em tese de não decretação de nulidade de contrato, independente do cometimento de infração a ensejar inidoneidade (arts. 147 e 156). Nesta toada, a Lei de Improbidade assinala que a proibição não deverá extrapolar o ente público lesado, salvo situação excepcional e por motivos justificados, exigindo observância dos impactos econômicos e sociais das sanções, de forma a preservar a função social da pessoa jurídica (art. 12, §4º, inserido pela Lei nº 14.230).

Em sintonia com o Estado de Direito, essa sanção deve observar os princípios constitucionais da eficiência, legalidade, tipicidade, irretroatividade, retroatividade de norma mais favorável (com justificação constitucional e legal), forma de imputação devida (responsabilidade subjetiva ou objetiva), proporcionalidade, prescritibilidade, segurança jurídica e *non bis in idem*.

Para avaliar consequências na mensuração de competências sancionadoras, envolvendo pessoas jurídicas, torna-se indispensável a colaboração plena da empresa para descortinar, de forma aprofundada, a sua situação institucional, em atitude revestida de boa-fé, à luz de cabal transparência e veracidade de informações produzidas. Não basta isto, essa mensuração também exige a demonstração objetiva e processual da efetiva implementação e funcionamento de programas de integridade, que dizem respeito ao aprimoramento de controles internos, com o fim de evitar novas práticas ilícitas. E mais, exige rigoroso monitoramento da execução da sanção, pela autoridade competente, no período de sua vigência temporal, para se apurar a correção dos elementos norteadores do juízo de prognose subjacente a sua fixação.

Em qualquer caso, no entanto, a avaliação de consequências não retira o elevado grau de censura jurídica à prática ilícita sob apuração, que deve desencadear a interdição de direito, em grau minimamente adequado a assegurar a credibilidade do sistema sancionador.

Sob a alegação de cumprimento de função social, o ativismo consequencialista em curso pode abrir margem indevida de tratamentos e decisões ilegais no campo sancionador. A "função social" em nenhuma hipótese fática respalda a prática de corrupção pela pessoa jurídica, por atuação de seus sócios, acionistas, dirigentes e colaboradores.

Consequências econômicas e sociais de sanções estatais na esfera de PJs merecem, incontestavelmente, avaliação fática, contextual e sistemática, sob a égide da proporcionalidade (adequação, necessidade e proporcionalidade em sentido estrito), da razoabilidade, e do *non bis in idem*, princípios que alicerçam os regimes administrativos sancionadores.

Apurar consequências não é blindar ou favorecer indevidamente infratores de sua responsabilidade legal. No enfrentamento da corrupção, a investigação de ilícitos e aplicação de sanções não devem ser influenciadas pela identidade de pessoas físicas ou jurídicas envolvidas, como preconiza a Convenção Anticorrupção da OCDE, forte na defesa da competitividade na esfera das transações comerciais internacionais. Esta diretriz também merece atenção redobrada, no ordenamento pátrio, com as possibilidades abertas pelo pragmatismo.

Imunizar lenitivamente pessoas jurídicas dessas graves sanções de interdição de direitos, no Sistema Brasileiro Anticorrupção, sob razões consequencialistas deficientemente valoradas, constitui prática institucional incentivadora de comportamentos corporativos em total descompasso com a "cultura de rechaço à corrupção" contemporânea que se quer fomentar no setor privado.

Esta enumeração não exaustiva bem demonstra a reiterada utilização de penalidade de interdição de direito no campo licitatório e contatual no DAS brasileiro. A consequência disso é o dever jurídico de aferir possível violação ao *non bis in idem*, como corolário do devido processo legal, quando as sanções tiverem por base o mesmo contexto fático delitivo.

A outorga de discricionariedade está presente no arranjo institucional sancionador da nova LGLC, ora como margem de valoração aberta por conceitos jurídicos indeterminados, ora como margem de eleição da sanção e da correlata fixação de seu conteúdo (multa punitiva, impedimento e inidoneidade). A discricionariedade existe no plano normativo, mas o seu caráter relativo exige avaliação meticulosa do caso concreto. A submissão da Administração Pública aos princípios constitucionais, em especial, a proporcionalidade e a razoabilidade, está na base do dever de individualização da reação sancionadora.

Pelas razões já assinaladas, a nova LGLC acerta na estipulação de norma nacional, mirando a dosimetria do ato sancionador. Consoante o art. 156, §1º, na aplicação das sanções serão considerados: (i) a natureza e a gravidade da infração cometida (prevista na LINDB e LIPJ); (ii) as peculiaridades do caso concreto; (iii) as circunstâncias agravantes ou atenuantes (prevista na LINDB); (iv) os danos que dela provierem para a Administração Pública (prevista na LINDB); e (v) a implantação ou o aperfeiçoamento de programa de integridade, conforme normas e orientações dos órgãos de controle (prevista na LIPJ).

Internalizando comandos da LINDB no sistema da LGLC, o art. 5º, *in fine*, permite acrescentar os seguintes fatores gerais na matéria: (vi) as consequências práticas da decisão (art. 20); (vii) os obstáculos e as dificuldades reais do gestor e as exigências das políticas públicas a seu cargo (art. 22); e (viii) os antecedentes do agente.

Quando aplicável a responsabilidade objetiva da Lei nº 12.846/2013, também devem incidir os fatores de dosimetria insculpidos no seu art. 7º, não abrangidos pela LGLC e LINDB: (ix) a vantagem auferida ou pretendida pelo infrator; (x) a consumação ou não da infração; (xi) o grau de lesão ou perigo de lesão; (xii) o efeito negativo produzido pela infração; (xiii) a situação econômica do infrator; (xiv) a cooperação da pessoa jurídica para a apuração das infrações; (xv) a existência de mecanismos e procedimentos internos de integridade, auditoria e incentivo à denúncia de irregularidades e a aplicação efetiva de códigos de ética e de conduta no âmbito da pessoa jurídica (redação mais ampla da LGLC); e (xvi) o valor dos contratos mantidos pela pessoa jurídica com o órgão ou entidade pública lesados. Entende-se que *estes fatores são gerais* e, logo, aplicáveis em quaisquer processos sancionadores, incluindo os moldados pela responsabilidade subjetiva, sob pena de ofensa à proporcionalidade e isonomia na estruturação do modelo sancionador.

A previsão legislativa de fatores a serem considerados por ocasião da produção do ato sancionado é importante *delimitação da potestade discricionária*. O licitante/contratado tem *direito público subjetivo* de ver apreciados tais fatores, com a adequada fundamentação, o que implica maior racionalidade, razoabilidade e proporcionalidade na apreciação.

Observando os fatores inscritos na LGLC, ganha relevância a avaliação de *programas de integridade*, destinados a detectar, prevenir, dissuadir e reprimir a prática das infrações administrativas no bojo da pessoa licitante/contratada (também referida na LIPJ), o que se coaduna com a apreciação de cooperação processual (prevista na LIPJ) e possibilidade de celebração de acordo de leniência, com regime geral nos artigos 16 e 17 da LIPJ, e causa suspensiva da pretensão punitiva, na nova LGLC (art. 158, §4º, inc. II).

Além dos fatores delimitadores do conteúdo do ato sancionador, outra importante limitação material está na vedação ao *bis in idem*. A quase totalidade das sanções administrativas da nova LGLC convive com a possibilidade de sanções administrativas, a cargo de outras autoridades administrativas e judiciárias competentes, no exercício de competências sancionadoras incidentes sobre o mesmo contexto fáctico ilícito.

A vedação é princípio constitucional do DAS brasileiro, como corolário do devido processo legal (art. 5º, inc. LIV). Isto corrobora a norma geral de processo administrativo federal – e diretriz hermenêutica para outras esferas federativas –, prevista no art. 22, §3º, da LINDB, pelo qual "as sanções aplicadas ao agente serão levadas em conta na dosimetria das demais sanções de mesma natureza e relativas ao mesmo fato". A expressão "levar em conta na dosimetria" é, deveras, obscura ou ambígua, pois pode ser interpretada como mera faculdade do órgão deliberativo ou obrigatoriedade de apreciação (com desconto/dedução/subtração total ou parcial, quantitativa, interferente do conteúdo do ato sancionador).

Na órbita federal, isto exige conhecimento cabal de processos sancionadores já julgados, dos quais resultaram sanções de DAS, para que se possa dimensionar a aplicação correta da interferência de sanções definitivas anteriores ("aplicadas") no processo administrativo sancionador, sob a égide da nova LGLC.

Em seu quarto componente estrutural, o sistema de responsabilização da nova LGLC trata do *processo administrativo sancionador* no art. 158. Forte na segregação de funções, este artigo impõe apreciação de impedimento e inidoneidade em "processo de responsabilização, a ser conduzido por comissão" composta de dois ou mais servidores estáveis, ou dois ou mais empregados públicos, conforme o quadro funcional. Este órgão colegiado terá por finalidade exclusiva presidir a instauração e instrução processual, na medida em que a LGLC trata da fase inaugural e fase probatória.

Se é positiva a segregação de funções registrada, a disciplina legislativa, todavia, é claramente deficiente no regramento dos direitos e garantias fundamentais de acusados no processo sancionador (art. 158). De forma genérica, consagra a inadmissibilidade de provas ilícitas, e ampla defesa e contraditório na instrução (art. 158, §3º), mas sugere condicionamento ao direito de alegações finais (art. 158, §2º). De igual modo, traz tratamento superficial da prescrição da pretensão punitiva (art. 158, §4º).

Institucionalizando processos administrativos sancionadores, em matéria de licitações e contratos, a construção normativa do sistema processual não está restrita à LGLC. Deve ser conduzida pela interpretação sistemática de direitos e garantias fundamentais constitucionais, ao derredor do devido processo legal como matriz axiológica, de normas processuais da Lei nº 9.784/1999, de normas processuais extraídas da LINDB e normas do Código de Processo Civil. Merece que sejam pontuadas eventuais normas gerais em leis gerais de processo administrativo, estaduais/distritais e municipais, que não podem se contrapor, desfavoravelmente, ao regime da LGLC.

4 Sistema de responsabilização da LIPJ (Lei nº 12.846/2013)

A Lei nº 12.846 dispõe sobre a *responsabilidade administrativa e civil* de pessoas jurídicas (art. 1º) pela prática de *atos lesivos* à administração pública nacional e estrangeira. Dentre o rol de atos lesivos, encontra-se tipificação de ilícitos no terreno de licitações e contratos (art. 5º, inc. IV). A finalidade é prevenir, dissuadir e reprimir práticas corruptivas, levadas a efeito no interesse e benefício de pessoas jurídicas (art. 2º), através de modelo amparado em *responsabilidade administrativa* (art. 6º) e *responsabilidade judicial* (art. 19). Na primeira, previsão de multa e publicação extraordinária do ato sancionador. Na segunda, imposição das sanções de perdimento de bens, suspensão/interdição parcial de atividades, dissolução compulsória da pessoa jurídica e interdição de direitos (proibição de receber incentivos, subsídios, subvenções, doações ou empréstimos).

A Lei nº 12.846 dispõe sobre a autonomia do sistema de responsabilização nela prefigurado, nos ternos do art. 29 e 30, cujo inciso II faz expressa referência ao DAS licitatório e contratual (citando a Lei nº 8.666/1993, Lei nº 12.462/2011 e "outras normas"), que não "afeta" as sanções cominadas.

Defende-se que, com o seu conteúdo sancionador, a Lei nº 12.846 constitui autêntica *legislação nacional especial de improbidade*, moldada para disciplinar, sistematicamente, a responsabilidade de pessoas jurídicas, o que não havia na Lei nº 8.429/1992. Daí nominá-la como *Lei de Improbidade de Pessoas Jurídicas*. É certo que a 2ª Turma do STF já mencionou a autonomia concebida no plano legislativo em relevante julgamento,[5] mas a interpretação constitucional exige que seja reconduzido o fundamento da lei ao art. 37, §4º, que reprova atos de improbidade, no âmbito da organização do Estado (critério subjetivo e funcional), incluindo responsabilização de terceiros por práticas corruptivas, com sanções atribuídas ao Poder Judiciário.

Nos termos do art. 37, §4º, "os atos de improbidade administrativa importarão a suspensão dos direitos políticos, a perda da função pública, a indisponibilidade dos bens e o ressarcimento ao erário, na forma e gradação previstas em lei, sem prejuízo da ação penal cabível". Trata-se do sistema de responsabilização de atos de improbidade, regulamentado, a título de *lei geral*, pela Lei nº 8.429/1992, recentemente alterada pela Lei nº 14.230/2021. No bojo desse sistema, a Lei nº 12.846 delineia *regime especial* para imputação de práticas ímprobas por pessoas jurídicas. Não é dado ao legislador nacional criar múltiplos sistemas de DAS Anticorrupção, em detrimento de sistema constitucional especificamente descortinado para tal finalidade pública, como se faz equivocadamente no art. 30 da LIPJ.

De fato, a leitura da LGIA e da LIPJ demonstra a incontestável assimilação das disposições da segunda na primeira, analisando-se

---

[5] STF, MS nº 35.435-DF, 2ª Turma, Rel. Min. Gilmar Mendes, v.u., julgamento 30.03.2021, publicação DJE 02.07.2021.

todos os componentes estruturais do sistema (bem jurídico, ilícito, sanção e processo).

Em rigor, com a previsão do sistema no art. 37, §4º, o Texto Constitucional estabelece um mandamento supralegal de obrigatória jurisdicionalização da reação sancionatória à prática de improbidade, por partes de agentes públicos e particulares (pessoas físicas e jurídicas). Concentrando a titularidade das sanções nas mãos do Poder Judiciário, com competência acusatória reconhecida ao Ministério Público (art. 17 da LGIA), não por menos que este domínio punitivo floresceu ao longo dos últimos 30 anos, erigindo-se a LGIA como *Lei Nacional Anticorrupção*. Uma análise dogmática demonstra que a Lei nº 12.846 está no mesmo plano da LGIA, e sua interpretação deve orientar-se em prol da interação sistêmica de ambas, na política pública anticorrupção do Estado brasileiro.

Em termos de *bem jurídico*, o sistema de improbidade aplicado a pessoas jurídicas (LGIA e LIPJ) tutela, de forma ampla, a probidade na organização do Estado, do qual se depuram diversos outros valores constitucionais que legitimam a tipificação de certas condutas como improbidade. É o que se recolhe do art. 1º da LGIA e do art. 5º, *caput*, da LIPJ. Tutelar a *probidade* na CF (art. 37, §4º) equivale a promover e proteger a *integridade*, de que trata o art. 1º, alínea "c", da Convenção de Mérida.

Em nível de *ilícito*, a LGIA cataloga três categorias de atos de improbidade em seus artigos 9º, 10 e 11 (respectivamente, enriquecimento ilícito, dano ao erário e ofensa aos princípios). A participação dolosa de pessoas jurídicas pode ocorrer em qualquer contexto ímprobo, conforme art. 3º. Esta mesma generalidade está presente no art. 5º da LIPJ, em seu rol de "atos lesivos", sob o manto da responsabilidade objetiva. *Não há tipo objetivo da LIPJ que não possa ser atrelado a tipo inscrito na LGIA*.

A imputação devida em desfavor de pessoas físicas relacionadas com pessoas jurídicas está tanto na LIPJ (art. 3º, §2º, dirigentes ou administradores) quanto na LGIA (art. 3º, §1º, sócios, cotistas, diretores e colaboradores), com o relevante destaque que a LIPJ não admite *responsabilidade conjunta*, mas tão somente regula a responsabilidade da PJ envolvida em práticas corruptivas. A *tipificação objetiva direta unitária* (norma única) a ensejar dupla responsabilidade administrativa ou pré-judicial e judicial oferece maior relevância à censura contida nas descrições típicas. As infrações estão catalogadas no art. 5º da Lei nº 12.846, sobre o qual merecem registro as seguintes observações.

O *caput* do artigo 5º tipifica "atos praticados contra o patrimônio público nacional e estrangeiro", "atos praticados contra princípios da administração pública" e "atos praticados contra os compromissos internacionais assumidos pelo Brasil" – no caso, destacadamente os formalizados nas Convenções da OCDE (Decreto nº 3.678/2000), OEA (Decreto nº 4.410/2002) e ONU (Decreto nº 5.687/2006). De forma enigmática, na sequência a norma define rol de atos ilícitos "praticados por pessoas jurídicas".

A construção legislativa estabelece (1) vedação geral de prática de suborno – com definição abrangente na conduta de promover, oferecer ou dar vantagem indevida – aplicável aos mais diversos campos de atividades e funções estatais (inciso I); e (2) vedação geral de condutas ilícitas no campo instrumental na atividade de licitações e contratos no âmbito da organização do Estado (inciso IV), detalhando neste fragmento tipologias ora dirigidas a atividade licitatória (alíneas "a", "b" e "c"), ora referenciadas a contratos (alíneas "f" e "g"), ora a ambos (alíneas "d" e "e"). Oferecendo máxima proteção ao bem jurídico, o rol legal abrange também (3) condutas proibidas atinentes à sustentação econômica das práticas ilícitas definidas (inc. II); e (4) condutas proibidas demarcando ocultação e dissimulação na prática de ilícitos e obtenção de benefícios deles decorrentes (inc. IV).

Este sistema de tipificação de atos ímprobos imputáveis a pessoas jurídicas exige a sua necessária complementação com o rol de atos de improbidade, previstos na LGIA e outras leis especiais, mantida a estrutura objetiva de responsabilização em todo o terreno da improbidade, fincada no art. 37, §4º, da CF.

É interessante notar que os incisos do art. 5º não se referem ao elemento subjetivo da conduta descrita, o que enseja possibilidade lógico-jurídica de *dolo ou voluntariedade*, devendo-se afastar *culpa*, caso se investigue tal elemento no plano de condutas de indivíduos. Com o veto do art. 19, §2º, não há nenhuma alusão a dolo ou culpa na LIPJ. Só existe referência à *culpabilidade*, expressão ampla no art. 3º, §1º.

Haverá uma contradição normativa irresolúvel se da LIPJ for extraída uma necessária apuração cabal do elemento subjetivo de condutas de indivíduos para deflagração da potestade sancionadora da LIPJ. Não existe este condicionamento. Seria a negação do significado primário do texto normativo, que expressamente alude à responsabilidade objetiva da pessoa jurídica.

Entretanto, a imputação da responsabilidade objetiva não retira o dever estatal de *apuração integral das circunstâncias de cada caso concreto*, voltada para o enquadramento jurídico da ilicitude no art. 5º, bem como para a demonstração de que a ilicitude é imputável à pessoa jurídica acusada, nos termos do art. 2º. Cada descrição típica possui as suas singularidades em termos de investigação estatal prévia a desencadear os processos sancionadores previstos na LIPJ. Certo é que, dificilmente, será fixada a imputação com indícios embasados em declarações ostensivas de práticas corruptivas – que grassam na clandestinidade –, que tenham origem em pessoas integradas aos quadros da pessoa jurídica infratora a merecer responsabilização. A regra é a complexidade organizativa da prática de corrupção.

Por maior que seja a complexidade do contexto fático delitivo, a autoridade competente deverá demonstrar os elementos objetivos que estão na base da imputação do ilícito em desfavor da pessoa jurídica. Isto significa demonstrar a sequência de condutas (comissivas ou omissivas) que perfazem a conduta proibida, avaliando o seu desdobramento objetivo causal, destacando neste *iter* os fatos que autorizam a indispensável conclusão de que a infração atende a *interesse jurídico* ou produz *benefício jurídico* para a PJ.

As expressões *interesse e benefício* foram utilizadas para designar, relativamente à atividade estatal afetada pela ilicitude, o momento *a priori ou a posteriori* da intervenção ilícita da PJ. Com efeito, práticas de corrupção pública ora ocorrem antes ou no curso de processos decisórios, ora ocorrem após sua fase deliberativa ou mesmo executiva. Em ambos os casos, com a prática da corrupção, a atividade estatal será afetada, visto que passará a ser norteada ao atendimento de fins privados da entidade corruptora.

Nesta última perspectiva, é importante registrar que as expressões legais *interesse e benefício* não dizem, em absoluto, respeito a qualquer ânimo subjetivo de quem está envolvido no contexto delitivo, mas reflete essencialmente o vínculo lógico-jurídico (conforme a ordem jurídica posta, logo, objetivo) da atividade estatal alvo da ilicitude e a esfera jurídica da pessoa jurídica corruptora.

As expressões legais *interesse e benefício* também são elementos-chave para a compreensão da imputação, que, em não sendo configurada, ensejará a prática de ilícitos a serem atribuídos a *terceiros* (pessoas físicas ou jurídicas). A norma pressupõe que, no contexto delitivo, a atuação da pessoa jurídica se materialize por condutas de pessoas físicas que demonstrem *vínculo jurídico pessoal* com a primeira, explícito ou implícito, direto ou indireto, formal ou informal, típico ou atípico, permanente ou episódico, remunerado ou não remunerado.

Esta vinculação com a órbita jurídica da pessoa jurídica exige *dimensionamento objetivado*, sob pena de ser arbitrário. Inexistente esta vinculação, não haverá base jurídica para imputação, que deverá ser averiguada em face de *outros sujeitos de direito*.

É óbvio que a lei não admite que a própria pessoa jurídica possa definir o espectro dessas possíveis vinculações. Ele não é demarcado pelo campo pessoal de submissão de pessoas físicas ou jurídicas (relacionadas com a PJ), pelos seus controles internos ou pelo seu programa de integridade. A abertura desta possibilidade implicaria ruptura da objetividade do sistema, pois, caso admitida a hipótese, a responsabilidade dependeria da vontade institucional de quem é passível de responsabilização, e não do regime legal estabelecido pelo Estado.

Não raro o mesmo contexto delitivo em licitações e contratos envolve a prática de ilicitude por diversas pessoas jurídicas. Isto também torna complexa a apuração da prática imputada a determinada pessoa jurídica dentro do panorama geral do desdobramento causal. Esta situação objetiva foi bem contemplada na LIPJ, quando expressamente admite imputação em ilícitos, em situações de "exclusividade" ou "não exclusividade", a depender da gama de sujeitos envolvidos. Este conceito legal (exclusivo ou não) também requer interpretação em face da realidade objetiva dos fatos ilícitos: indica que a infração pode atender, objetivamente, variadas esferas jurídicas.

A objetivação instituída na LIPJ é de alcance máximo. Mesmo em situações em que, de forma absoluta, pessoas físicas vinculadas a pessoa jurídica praticam os ilícitos tipificados no art. 5º com o dolo específico de causar-lhe prejuízo, isto não elimina ou exclui a responsabilidade da entidade, porque estará demonstrado o vínculo lógico-jurídico entre a atividade ilícita praticada e a esfera jurídica da PJ. Também nada se altera quando as mesmas pessoas físicas atuam ilicitamente, produzindo imputação em desfavor de várias pessoas jurídicas, no mesmo contexto delitivo, pois essa hipótese também não desmaterializa o critério de imputação.

Ao nível da sanção, a LIPJ tipifica as sanções de multa e publicação extraordinária do ato sancionador (ato administrativo ou sentença condenatória), indicado na responsabilidade "administrativa", bem como as sanções de perdimento de bens, suspensão/interdição parcial de atividades, dissolução compulsória da pessoa jurídica e interdição de direitos (proibição de receber incentivos, subsídios, subvenções, doações ou empréstimos), ao campo da "responsabilidade judicial".

O art. 18 prescreve que, "na esfera administrativa, a responsabilidade da pessoa jurídica não afasta a possibilidade de sua responsabilização na esfera judicial". O art. 19 constitui ampla legitimação ativa concorrente ou disjuntiva, sublinhando-se a atribuição ao Ministério Público. Todavia, no art. 20, a LIPJ limita a ação civil pública do MP às sanções do art. 19, habilitando as sanções do art. 6º "desde que constatada a omissão das autoridades competentes para promover a responsabilização administrativa".

Essas normas indicam que, no julgamento da responsabilização judicial, o Poder Judiciário é o órgão competente para fixar as sanções definitivas, derivadas do "ato lesivo". Poderá aplicar ou complementar sanções da "responsabilidade administrativa" devidas, na ação civil pública (art. 21), tudo sob a égide do princípio da proporcionalidade, dentro do prazo prescricional exarado no art. 25.

Em rigor, o sentido constitucionalmente adequado deste art. 20 é assegurar o *non bis in idem material*. Em todos os casos que foi regularmente aplicada a multa e publicação extraordinária, não caberá duplicidade sancionadora na esfera judicial, independentemente de quem intentou a ação civil pública.

5 Relacionamento entre os sistemas no DAS Anticorrupção

A Lei nº 14.133/2021 não revogou a Lei nº 12.846/2013. Isto demanda formas de interação entre os sistemas de responsabilidade de DAS nelas estabelecidos a partir da tipificação remissiva no art. 155, inc. XII. Há necessidade de adequada sistematização da aplicação de ambos os diplomas, que pode partir dos seus componentes estruturantes.

Quando nova LGLC e LIPJ tipificam as mesmas condutas, isto confirma que estão a tutelar iguais bens jurídicos como resultado da atividade sancionadora.

Se determinada(s) conduta(s) ilícita(s) configurar(em) infração administrativa licitatória ou contratual, no sistema tipificatório da LGLC, e não implicarem a devida tipificação na LIPJ, o caso são suscitará a inter-relação ora tratada. Seguir-se-á a dinâmica do único sistema de responsabilização aplicável ao caso, ou seja, exclusivamente o sistema da nova LGLC.

Todavia, pode ocorrer que o contexto delitivo receba enquadramento no art. 155, inc. XII, e em outros dispositivos da LGLC, e a questão necessitará ser equacionada, considerando o seu art. 159.

Se determinada(s) conduta(s) ilícita(s) configurarem infração na perspectiva da LIPJ, a situação infracional também estará automaticamente enquadrada no sistema da LGLC. O caso ensejará avaliação da proibição do *non bis in idem*, porque aos mesmos fatos ilícitos e pessoa jurídica responsável deverão ser aplicadas as sanções de multa (art. 156, inc. II, §2º) e inidoneidade (art. 156, inc. IV, §5º), no sistema da LGLC, ao mesmo tempo em que poderão ser aplicadas à PJ responsável as sanções dos arts. 6º (multa e publicação extraordinária) e 19 da LIPJ (perdimento de bens, suspensão/interdição de atividades, interdição de direitos, dissolução compulsória).

Por força da *vedação ao non bis in idem material*, entende-se que será inconstitucional a imposição de duas *multas punitivas*, a da LGLC e da LIPJ, porque pertinentes ao campo do DAS. Mesmo que possuam base legal de cálculo diversa, não caberá duplicar o provimento sancionador pecuniário formalizado na multa. Haverá *bis in idem* quando o contexto fático infracional fizer irromper duas sanções produzidas por órgãos ou entes da Administração Pública com conteúdo semelhante (ou da mesma natureza), em face do mesmo sujeito de direito, para proteger igual bem jurídico, na mesma órbita sancionadora (DAS). Somente poderá ser exarada uma multa.

No tocante à inidoneidade da LGLC, não haverá *bis in idem*, se houver imposição das sanções da LIPJ (art. 6º e art. 19), que não contempla a "inidoneidade para licitar ou contratar" (art. 156, inc. IV, da LGLC). A *proibição de receber incentivos, subsídios, subvenções, doações ou empréstimos*, de que trata a LIPJ (art. 19, inc. IV), possui conteúdo diverso. Em verdade, essas sanções se complementam como reação do DAS, em tese adequada, necessária e proporcional a graves infrações elencadas no art. 5º, inc. IV, da LIPJ e art. 155, inc. XII, da LGLC.

Resolvida a situação, à luz do princípio do *non bis in idem material*, ainda permanece o problema de fixação da competência administrativa na órbita administrativa.

Nos termos do art. 159 da LGLC, os atos previstos como infrações administrativas que também sejam tipificados como atos lesivos na LIPJ "serão apurados e julgados conjuntamente, nos mesmos autos, observados o rito procedimental e a autoridade competente definidos na referida Lei".

Na LGLC, a inidoneidade, quando aplicada por órgão do Poder Executivo, será de competência exclusiva de ministro de Estado, de secretário estadual ou de secretário municipal e, quando aplicada por autarquia ou fundação, será de competência exclusiva da autoridade máxima da entidade e, quando aplicada por órgãos dos Poderes Legislativo e Judiciário, pelo Ministério Público e pela Defensoria Pública no desempenho da função administrativa, será de competência exclusiva de autoridade de nível hierárquico equivalente (art. 156, §6º, incs. I e II). Na LIPJ, em termos de responsabilidade administrativa, "a instauração e o julgamento de processo administrativo para apuração da responsabilidade de pessoa jurídica cabem à autoridade máxima de cada órgão ou entidade dos Poderes Executivo, Legislativo e Judiciário, que agirá de ofício ou mediante provocação, observados o contraditório e a ampla defesa" (art. 8º).

Há convergência normativa no apontamento ou fixação da competência. Incidindo LIPJ e LGLC, as sanções estão no círculo de atribuições da autoridade administrativa, definida na primeira. Se esta deliberar que os fatos ilícitos não se enquadram na LIPJ, não é dado a outra autoridade administrativa decidir em sentido diverso. Neste caso, o processo deve ser remetido para a autoridade competente, conforme a LGLC.

Caberá às autoridades indicadas no art. 8º da LIPJ deliberar pela aplicação das sanções imponíveis (multa, publicação extraordinária e inidoneidade), observando o princípio da proporcionalidade. Entende-se que, em qualquer situação infracional, a multa aplicada a pessoa jurídica deve ser a prevista na LIPJ, pois o regime fixa a competência tomando esta lei como referência.

Sobre o rito procedimental, a LIPJ também estabelece processo administrativo de responsabilização (PAR), conduzido por comissão designada pela autoridade instauradora e composta por 2 (dois) ou mais servidores estáveis (art. 10), com atribuição de indicar medidas administrativas cautelares devidas (art. 10, §2º). O prazo de defesa é de 30 (trinta) dias (art. 11). O prazo de conclusão do PAR é de 180 (cento e oitenta) dias, prorrogáveis, contados da data da publicação do ato que institui a comissão encarregada de apresentar relatório sobre os fatos apurados e eventual responsabilidade da pessoa jurídica, sugerindo de forma motivada as sanções a serem aplicadas (art. 10, §3º). Após o relatório, o processo será remetido à autoridade instauradora (art. 12). Recorde-se que haverá manifestação jurídica elaborada pelo órgão de assistência jurídica, previamente à aplicação da sanção (art. 6º, §2º).

No aspecto procedimental, a nova LGLC também institui similar colegiado. Reduz o prazo de defesa para 15 dias úteis. Em entidades com quadro de pessoal com vínculos empregatícios, admite colegiado com empregados públicos pertencentes aos seus quadros permanentes, preferencialmente com, no mínimo, 3 (três) anos de tempo de serviço no órgão ou entidade. Explicita e condiciona o direito de alegações finais no prazo de 15 (quinze) dias úteis, nos termos do art. 158. O prazo prescricional possui regramento diverso da LIPJ, inclusive sobre efeitos legalmente atribuídos à celebração de acordos de leniência.

Sob o *aspecto do rito procedimental*, por razões de legalidade, configurada situação fática infracional enquadrável na LGLC (art. 155, inc. XI) e LIPJ, deve-se notar as normas de processo administrativo da LIPJ, com a observância plena de direitos e garantias processuais de DAS, construídos em torno do devido processo legal constitucional, vedada a criação de regime procedimental híbrido.

São princípios formais do DAS, visto que incidem diretamente na relação jurídico-processual que objetiva a produção do ato sancionador: devido processo legal, contraditório, ampla defesa, proporcionalidade (vertente processual), segregação de funções no processo, boa-fé, oficialidade, presunção de inocência, garantia da não autorresponsabilização, inadmissibilidade de provas ilícitas, imparcialidade, motivação, recorribilidade, definição *a priori* do órgão/ente sancionador, *non bis in idem* (vertente processual), *non reformatio in pejus* e duração razoável do processo.

Consoante a LGLC, os ilícitos "serão apurados e julgados conjuntamente, nos mesmos autos". Significa que, muito embora se trate de apuração de infrações de DAS distintas, qualificadas a partir dos mesmos fatos, haverá uma única relação jurídico-administrativa processual, não podendo a autoridade julgadora separar os julgamentos, como ocorreria se realizasse apreciação distinta para a LGLC em determinada oportunidade, e uma análise fático-probatória para a LIPJ em outra oportunidade. A aglutinação decisória no exercício da potestade se perfaz em julgamento unitário, com a especificação das sanções cabíveis no caso concreto, filtrados pelo *non bis in idem* e legalidade, à luz da tipificação da LGLC/LIPJ.

Pode ocorrer a tramitação de processos sancionadores distintos, nos quais somente depois de fase inaugural revelem-se as condições de aplicação do art. 159. Neste caso, cumpre suspender a tramitação do processo em curso, regido pela LGLC, para análise e posterior prosseguimento "nos mesmos autos", em processo com tramitação e disciplina própria da LIPJ.

A interação entre LGLC e LIPJ alcança não apenas *processos administrativos sancionadores clássicos*, ou seja, com a produção unilateral de sanção ao seu final, como também *processos sancionadores com admissão de solução consensual*, o que se mostra na celebração de acordos de leniência.

A LIPJ inovou o sistema de responsabilização da improbidade com a introdução do *acordo de leniência*, previsto no seu art. 16. Trata-se de processo colaborativo, do qual, relativamente ao ilícito atribuído a pessoa jurídica, resulta: (i) a identificação dos demais envolvidos na infração (pessoas físicas e/ou jurídicas), quando couber (vez que o ato lesivo pode se restringir à autoria da ilicitude em desfavor do proponente); e (ii) a obtenção célere de informações e documentos que comprovem o ilícito sob apuração. À luz dessa funcionalidade, o acordo de leniência estipulará as condições necessárias para assegurar a efetividade da colaboração e o resultado útil do processo (art. 16, §4º).

O acordo de leniência constitui acordo com finalidade pública primária de *alavancagem informativa ou probatória sobre ilícito descrito no art. 5º da LIPJ*. Exige que a pessoa jurídica seja a primeira a se manifestar sobre seu interesse em cooperar e que ela cesse completamente seu envolvimento na infração investigada a partir da data de propositura do acordo. Também requer admissão da PJ na participação no ilícito, com assunção do dever de plena e permanente cooperação com as investigações, incluindo o processo administrativo em que é parte, até seu encerramento (art. 16, §1º, inc. I, II e III).

A denominação "leniência" se justifica pela *obrigação legal do ente competente em outorgar tratamento jurídico favorável ou lenitivo (mais brando)* à PJ acordante, com isenção de sanções (art. 6º, inc. II - publicação extraordinária, e art. 19, inc. IV - interdição de direito) e redução de multa aplicável (art. 6º, inc. I), em até 2/3 (dois terços). A LIPJ não outorga direito público subjetivo a proponentes, modelando o acordo em irremissível discricionariedade.

A leniência poderá gizar o dever de ressarcimento de dano material causado ao erário, mas não eliminará a obrigação de reparação integral do dano (art. 16, §3º). A tipologia de "atos lesivos" (art. 5º) indica situações ilícitas sem ocorrência de dano material ao erário e outras com provável ou certa configuração de dano, cuja comprovação demanda atividade instrutória das mais simples às mais complexas.

Está na LIPJ a regra de competência para o tratamento jurídico-administrativo lenitivo no sistema de responsabilidade ao nível da LGLC. Nos termos do seu art. 17, autoriza-se leniência para "pessoa jurídica responsável pela prática de ilícitos previstos na Lei nº 8.666, de 21 de junho de 1993, com vistas à isenção ou atenuação das sanções administrativas estabelecidas em seus arts. 86 a 88". Esta previsão não foi alterada pela nova LGLC, que reconhece a celebração de leniência no seu art. 158, §4º, inc. II, como causa suspensiva da prescrição da pretensão punitiva.

É incontestável que o art. 17 da LIPJ possibilita a isenção ou atenuação no campo da produção da multa e inidoneidade previstas na LGLC, em hipóteses de celebração lenitiva ao abrigo do art. 16. Em outros termos, não existe acordo de leniência visando tratamento lenitivo exclusivamente no contexto normativo sancionador da LGLC. O instituto consensual só está previsto neste terreno do DAS quando legitimada a sua celebração no campo da improbidade (LGIA e LIPJ). Esta interação necessária é meio de promover o tratamento sistemático em prol da pessoa jurídica colaboradora, promovendo segurança jurídica na solução consensual, conferindo previsibilidade na *aplicação leniente* da LIPJ e LGLC.

Não apenas o ente público e governamental lesado tem a competência para celebrar acordo de leniência, como quer o legislador (art. 8º da LIPJ). Como decorrência de sua atribuição constitucional de promover a tutela do patrimônio público e social (art. 129, inc. III), o MP competente (federal ou estadual) possui legitimação ativa para celebrar o ajuste lenitivo. A LIPJ não exige homologação judicial como condição de validade ou eficácia da leniência, independentemente de quem a celebra.

Vocacionado para a delação de práticas de corrupção, no âmbito da organização do Estado, o acordo de leniência implica a comunicação de fatos com possíveis consequências criminais para pessoas físicas envolvidas, inclusive agentes públicos. Os efeitos criminais de leniências evidenciam a necessidade de atuação ministerial na sua tratativa, quando não formalizada no *Parquet*, conforme o caso, pela potencial oportunidade de celebração de acordos criminais (*v.g.* colaborações premiadas da Lei nº 12.850/2013). Nesta linha, a LIPJ não veda cooperação interinstitucional de entes lesados com MPs na solução consensual aplicável a práticas de corrupção.

Esta cooperação é incentivada pela Convenção de Mérida, cujo art. 37, item 1, preconiza que "cada Estado Parte adotará as medidas apropriadas para restabelecer as pessoas que participem ou que tenham participado na prática dos delitos qualificados de acordo com a presente Convenção que proporcionem às autoridades competentes informação útil com fins investigativos e probatórios e as que lhes prestem ajuda efetiva e concreta que possa contribuir a privar os criminosos do produto do delito, assim como recuperar esse produto".

6 Conclusões

1. A aprovação de convenções internacionais contra a corrupção torna incontestável o dever estatal de estabelecimento de sistema jurídico-institucionalizado que, em nível de cada ordem jurídica estatal, viabilize o atingimento das finalidades públicas perseguidas pela política pública anticorrupção.

2. Extrai do Direito a existência de Sistema Internacional Anticorrupção e do Sistema Brasileiro Anticorrupção, compreende a organização jurídico-institucional de diversos segmentos normativos, dentre os quais, o Sistema Político-constitucional Anticorrupção, o Sistema Político-Legislativo Anticorrupção, o Sistema Penal Anticorrupção, o Sistema Civil Anticorrupção, o Sistema Eleitoral Anticorrupção e o Sistema de Direito Administrativo Sancionador (DAS) Anticorrupção.

3. Por sua vez, o Sistema de DAS Anticorrupção compreende, no mínimo, as seguintes três parcelas estruturais:

(i) Sistemas de responsabilização administrativa, movimentados por diversos órgãos e entidades da Administração Pública, no campo do (i.1) DAS disciplinar (v.g., Lei nº 8.112/1990), relacionado com a matéria; (i.2) DAS licitatório e contratual (destacadamente, Leis nº 8.666/1993, nº 10.520/2002, nº 12.462/2011 e Lei nº 13.303/2016, inclusive a nova LGLC, Lei nº 14.133/2021), relacionado com a matéria; (i.3) DAS econômico, operado pelo CADE (Lei n] 12.529/2011), relacionado com a matéria; (i.4) DAS de lavagem de dinheiro, operado pelo COAF (Lei nº 9.613/1998), relacionado com a matéria; (i.5) DAS do sistema financeiro, operado pelo BACEN (Lei nº 13.506/2017), relacionado com a matéria; (i.6) DAS do mercado de valores mobiliários, operado pela CVM (Lei nº 13506/2017), relacionado com a matéria; (i.7) DAS de profissões regulamentadas, operado por inúmeros Conselhos de Fiscalização Profissional, relacionado com a matéria; (i.8) DAS tributário, operado pelas autoridades tributárias competentes (destacadamente, com base no CTN e legislação tributária), relacionado com a matéria;

(ii) Sistema de responsabilização pela prática de atos de improbidade, moldado pela Lei nº 8.429/1992 (Lei Geral de Improbidade Administrativa, alterada pela Lei nº 14.230/2021) e Lei nº 12.846/2013; e

(iii) Sistema de responsabilização perante os Tribunais de Contas (TCU, TCEs, TCMs, TCM de SP e TCM do RJ), relacionado com a matéria.

4. O DAS molda-se pela existência e coexistência de sistemas de responsabilização. A ordem jurídica os constitui quando estabelece conjuntos normativos sancionatórios, de forma unitária e coerente,

a partir do regramento dos elementos que os definem (bem jurídico, ilícito, sanção e processo).

5. No DAS, responsabilizar pressupõe monitorar, orientar, precaver, prevenir, dissuadir e reprimir, como núcleos de competências estatais desenhadas no plano normativo para tutela de determinados bens jurídicos.

6. A nova LGLC disciplina a competência administrativa sancionadora na matéria em seus artigos 155 a 163. Os dispositivos dão ensejo a regime geral no tocante à elaboração, interpretação, aplicação e execução de sanções administrativas na área instrumental de licitações e contratações.

7. Tal como os modelos legais anteriores, o sistema da nova LGLC também não está isento de críticas gerais, apesar do inegável avanço na disciplina legal do tema.

8. Pode-se dogmaticamente compreender o sistema de responsabilização da nova LGLC, seus avanços, deficiências, limites e possibilidades, a partir de análise pautada pela força estruturante de seus próprios componentes (bem jurídico, ilícito, sanção e processo).

9. A Lei nº 12.846/2013 constitui autêntica legislação nacional especial de improbidade, moldada para disciplinar, sistematicamente, a responsabilidade de pessoas jurídicas, o que não havia na Lei nº 8.429/1992. Daí nominá-la como Lei de Improbidade de Pessoas Jurídicas.

10. A Lei nº 14.230/2021 não revogou a Lei nº 12.846/2013. Ao contrário, assentou formas de interação entre os sistemas de responsabilidade de DAS nela estabelecidos a partir da tipificação de ilícitos, com tipificação remissiva no art. 155, inc. XII. Há necessidade de adequada sistematização da aplicação de ambos os diplomas a fim de evitar *bis in idem* e assegurar a legalidade e proporcionalidade na atividade sancionadora.

Referências

BANDEIRA DE MELLO, Celso Antônio. *Curso de Direito Administrativo*. 36. ed. Belo Horizonte: Fórum, 2023.

CARDOSO, Raphael de Matos. *A responsabilidade da pessoa jurídica por atos de improbidade e corrupção*. 2. ed. Rio de Janeiro: Lumen Juris, 2023.

COSTA, Helena Regina Lobo da. Direito administrativo sancionador e direito penal: a necessidade de desenvolvimento de uma política sancionadora integrada. *In*: BLAZEK, Luiz Maurício Souza; MARZAGÃO JÚNIOR, Laerte I (coord.). *Direito administrativo sancionador*. São Paulo: Quartier Latin, 2014.

CUNHA, Rogério Sanches; SOUZA, Reneé. *Lei Anticorrupção Empresarial*. Salvador: Juspodivm, 2017.

DIAS, Eduardo Rocha. *Sanções Administrativas aplicadas a licitantes e contratado*. 1. ed. São Paulo: Dialética, 1997.

ENTERRÍA, Eduardo García de; FERNÁNDEZ, Tomás-Ramón. *Curso de Direito Administrativo*. Volume II. Revisor técnico Carlos Ari Sundfeld. São Paulo: RT, 2014.

FEO, Rebecca. *Direito Administrativo Sancionador e os princípios constitucionais penais*. Análise dos processos da Agência Nacional de Petróleo. Rio de Janeiro: Lumen Juris, 2021.

FERREIRA, Daniel. *Sanções Administrativas*. São Paulo: Malheiros Editores, 2001.

FERREIRA, Daniel. *Teoria Geral da Infração Administrativa a partir da Constituição Federal de 1988*. Belo Horizonte: Fórum, 2009.

FERREIRA, Gustavo Costa. *Responsabilidade sancionadora da pessoa jurídica*. Critérios para aferição de sua ação e culpabilidade no direito administrativo sancionador. Belo Horizonte: 2019.

FORTINI, Cristiana; MOTTA, Fabrício. Corrupção nas licitações e contratações públicas: sinais de alerta segundo a transparência internacional. *A&C – Revista de Direito Administrativo & Constitucional*, v. 64, p. 93-112, 2016.

GABARDO, Emerson; CASTELLA, Gabriel Morettini e. A nova lei anticorrupção e a importância do compliance para as empresas que se relacionam com a administração pública. *A&C – Revista de Direito Administrativo & Constitucional*, Belo Horizonte, ano 15, n. 60, p. 129-147, abr./jun. 2015.

GARCIA, Senilton Fernandes. A Sociedade de Risco sob a tutela do Direito Administrativo Sancionador e do Direito Penal. *Revista de Estudos & Informações*, v. 24, p. 34-41, 2009.

GROTTI, Dinorá Adelaide Musetti; OLIVEIRA, José Roberto Pimenta. Consensualidade no Direito administrativo sancionador. Breve análise do Acordo de Não Persecução Cível, na Orientação Normativa nº 10/2020, da 5ª CCR-MPF. *In*: QUEIROZ, Ronaldo Pinheiro de et al. (coord.). *Justiça consensual. Acordos penais, cíveis e administrativos*. Salvador: Juspodivm, 2022, p. 781-846.

HEINEN, Juliano. *Comentários à Lei Anticorrupção*. Lei nº 12.846/2013. Belo Horizonte: Fórum, 2014.

KNOPFHOLZ, Alexandre. Da administrativização do direito penal ao fortalecimento do direito administrativo sancionador. *In*: ZARDO, Francisco (coord.). *Temas de direito sancionador*. São Paulo: RT, 2017.

LANE, Renata. *Acordos na improbidade administrativa*: termo de ajustamento de conduta, acordo de não persecução cível e acordo de leniência. 1. ed. Rio de Janeiro: Lumen Juris, 2021.

LEAL, Rogério Gesta. *Aspectos polêmicos da Lei anticorrupção no Brasil*. Belo Horizonte: Fórum, 2022.

MARRARA, Thiago; DI PIETRO, Maria Sylvia Zanella. *Lei Anticorrupção Comentada*. Belo Horizonte: Fórum, 2019.

MEIRELLES, Hely Lopes. *Direito Administrativo Brasileiro*. 14. ed. atual. pela Constituição de 1988. São Paulo: RT, 1988.

MOREIRA NETO, Diogo de Figueiredo; FREITAS, Rafael Véras de. A juridicidade da Lei Anticorrupção: reflexões e interpretações prospectivas. *Fórum Administrativo – FA*, Belo Horizonte, ano 14, n. 156, p. 9-20, fev. 2014.

MUNHOZ DE MELLO, Rafael. *Princípios constitucionais de direito administrativo sancionador*: as sanções administrativas à luz da CF/88. São Paulo: Malheiros, 2007.

NOBRE JÚNIOR, Edilson Pereira. Sanções administrativas e princípios do Direito Penal. *Revista de Direito Administrativo*, Rio de Janeiro, v. 219, p. 127-151, 2000.

NOBRE JÚNIOR, Edilson Pereira. A Lei nº 12.843/2013 e a responsabilização administrativa (responsabilidade objetiva ou culpabilidade adequada). *Interesse Público – IP*, Belo Horizonte, ano 21, n. 113, p. 37-57, jan./ fev. 2019.

NOHARA, Irene Patrícia. Consensualidade e gestão democrática do interesse público no Direito. *Interesse Público – IP*, Belo Horizonte, ano 15, n. 78, mar./abr. 2013.

OLIVEIRA, José Roberto Pimenta. *Os princípios da razoabilidade e da proporcionalidade no direito administrativo brasileiro*. São Paulo: Malheiros, 2006.

OLIVEIRA, José Roberto Pimenta. *Improbidade administrativa e sua autonomia constitucional*. Belo Horizonte: Fórum, 2009.

OLIVEIRA, José Roberto Pimenta (coord.). *Direito Administrativo Sancionador*. Estudos em homenagem ao professor emérito da PUC-SP Celso Antônio Bandeira de Mello. São Paulo: Malheiros, 2019.

OLIVEIRA, José Roberto Pimenta. Análise do Decreto nº 11129/2022 na regulamentação da Lei n. 12.846/2013. *In*: NETO, Bianor et al. *O futuro do direito administrativo*. Estudos em homenagem ao Prof. Edilson Nobre. 1. ed. São Paulo: Noeses, 2023, p. 77-176

OLIVEIRA, José Roberto Pimenta; GROTTI, Dinorá Adelaide Musetti. Direito administrativo sancionador brasileiro: breve evolução, identidade, abrangência e funcionalidades. *Interesse Público – IP*, Belo Horizonte, ano 22, n. 120, p. 83-126, mar./ abr. 2020.

OLIVEIRA, Régis Fernandes de. *Infrações e Sanções Administrativas*. 2. ed. São Paulo: RT, 2005.

OSÓRIO, Fábio Medina. *Teoria da Improbidade Administrativa*. 5. ed. São Paulo: RT, 2020.

OSÓRIO, Fábio Medina. *Direito Administrativo Sancionador*. 9. ed. São Paulo: Revista dos Tribunais, 2023.

PALMA, Juliana Bonacorsi de. *Sanção e Acordo na Administração Pública*. São Paulo: Malheiros, 2015.

QUEIROZ, Ronaldo Pinheiro de. Responsabilização judicial da pessoa jurídica na lei anticorrupção. *In*: SOUZA, Jorge Munhos; QUEIROZ, Ronaldo Pinheiro de. *Lei anticorrupção*. Salvador: Juspodivm, 2015.

RODRÍGUEZ-ARANA MUÑOZ, Jaime. Sobre el derecho fundamental a la buena administración y la posición jurídica del ciudadano. *A&C – Revista de Direito Administrativo & Constitucional*, Belo Horizonte, ano 12, n. 47, p. 13-50, jan./mar. 2012.

SANTOS, José Anacleto Abduch; BERTONCINI, Mateus; CUSTÓDIO FILHO, Ubirajara. *Comentários à Lei nº 12.846/2013*. Lei anticorrupção. São Paulo: RT, 2014.

SILVEIRA, Mateus Camilo Ribeiro da. *Acordo de não persecução civil no âmbito da Lei de Improbidade Administrativa*. 232 p. Tese (Doutorado em Direito) – Pontifícia Universidade Católica de São Paulo, 2022.

VITTA, Heraldo Garcia. *A Sanção no Direito Administrativo*. São Paulo: Malheiros, 2003.

VORONOFF, Alice. *Direito administrativo sancionador no Brasil*: justificação, interpretação e aplicação. Belo Horizonte: Fórum, 2018.

VORONOFF, Alice. Direito administrativo sancionador: um olhar pragmático a partir das contribuições da análise econômica do direito. *Revista de Direito Administrativo*, Rio de Janeiro, FGV, v. 278, p. 107-140, 2019.

XAVIER, Marília Barros. *Direito administrativo sancionador tributário*. Belo Horizonte: Fórum, 2021.

ZARDO, Francisco. *Infrações e Sanções em Licitações e Contratos Administrativos*. 1. ed. São Paulo: RT - Thomson Reuters, 2014.

Informação bibliográfica deste texto, conforme a NBR 6023:2018 da Associação Brasileira de Normas Técnicas (ABNT):

OLIVEIRA, José Roberto Pimenta. Direito Administrativo Sancionador Anticorrupção. Interação entre a Lei nº 14.133/2021 e a Lei nº 12.846/2013. *In*: FORTINI, Cristiana; PIRES, Maria Fernanda Veloso; CAVALCANTI, Caio Mário Lana (coord.). *Integridade e contratações públicas*: reflexões atuais e desafios. Belo Horizonte: Fórum, 2024. p. 233-273. ISBN 978-65-5518-708-3.

A RELEVÂNCIA DO PLANEJAMENTO E DA INTEGRIDADE NA LEI Nº 14.133/2021, NOVA LEI DE LICITAÇÕES E CONTRATOS[1]

LICURGO MOURÃO

SILVIA MOTTA PIANCASTELLI

1 Introdução

A governança e os princípios fundamentais contidos no art. 5º da Nova Lei de Licitações e Contratos Administrativos (NLLC), Lei nº 14.133/2021, quais sejam, a impessoalidade, legalidade, moralidade, publicidade e probidade administrativa, e outros, gratas novidades, como os do planejamento e da transparência, apontam para uma cultura de integridade a ser implementada.

A lei trouxe novo regramento relacionado à implantação de programas de integridade, como, por exemplo, a obrigatoriedade de as empresas licitantes possuírem um programa de *compliance* implantado no prazo de 6 (seis) meses após a assinatura do contrato, em casos de licitações de grande vulto (art. 25, §4º c/c, inciso XXII), revelando-se uma postura de efetivação na aplicação de códigos de conduta, políticas e diretrizes que objetivam sanar desvios, ilicitudes, corrupção e/ou possíveis fraudes.

Serão apresentados auditorias e estudos empíricos do Tribunal de Contas da União (TCU) que indicam o quanto a falta de planejamento acarreta prejuízos econômicos e sociais, com obras paralisadas e dinheiro público mal utilizado, sendo a coletividade, infelizmente, a

---

[1] Este artigo se embasa no trabalho "A relevância do planejamento na Lei nº 14.133/2021", apresentado à *Revista do MPC-MG*, em abril de 2023.

maior prejudicada, que, em última análise, demonstram o malogro na disseminação de um ambiente de integridade, o que vem a ser renovado na novel Lei nº 14.133/2021.

2 A nova Lei nº 14.133/2021, a ênfase no planejamento e o programa de integridade

O planejamento foi elevado a princípio das licitações e contratos, em conformidade com o *caput* do artigo 5º da Lei nº 14.133/2021, tendo o legislador se dedicado, especialmente, à fase preparatória, em que a licitação se inicia e a Administração Pública "trata de planejar a futura licitação e contrato, definindo os seus objetos e todas as suas condições, o que deve, ao final, ser retratado no edital de licitação e documentos que lhe são anexos", como leciona o professor Joel Niebuhr.[2]

Marçal Justen Filho[3] ensina que o planejamento impõe a criação de procedimentos da atividade administrativa, reduzindo o subjetivismo decisório, fortalecendo escolhas racionais da administração e a gestão eficiente dos recursos. Planejamento é o contrário do improviso, e o planejamento estratégico, segundo Augustinho Vicente Paludo,[4] é de responsabilidade da alta administração, com foco no longo prazo e na efetividade, abrangendo toda a organização, definindo rumos, objetivos, estratégias, entre outras questões.

O art. 11 da Lei nº 14.133/2021 elenca os objetivos do processo licitatório, entre os quais a promoção de um ambiente **íntegro** e o alinhamento das contratações ao planejamento estratégico e **às** leis orçamentárias, nos seguintes termos:

> Art. 11. O processo licitatório tem por objetivos:
>
> I - assegurar a seleção da proposta apta a gerar o resultado de contratação mais vantajoso para a Administração Pública, inclusive no que se refere *ao ciclo de vida do objeto;*
>
> II - assegurar tratamento isonômico entre os licitantes, bem como a justa competição;

---

[2] NIEBUHR, Joel. *Licitação pública e contrato administrativo.* 5. ed. Belo Horizonte: Fórum, 2022. p. 439.
[3] JUSTEN FILHO, Marçal. *Comentários à lei de licitações e contratações administrativas.* São Paulo: Revista dos Tribunais, 2021. p. 127 e 334.
[4] PALUDO, Augustinho Vicente. *Administração pública.* 4. ed. Rio de Janeiro: Forense; São Paulo: Método, 2015. p. 32.

III - evitar contratações com sobrepreço ou com preços manifestamente inexequíveis e superfaturamento na execução dos contratos;
IV - incentivar a inovação e o desenvolvimento nacional sustentável.
Parágrafo único. A alta administração do órgão ou entidade é responsável pela *governança das contratações* e deve implementar processos e estruturas, inclusive de gestão de riscos e controles internos, para avaliar, direcionar e monitorar os processos licitatórios e os respectivos contratos, com o intuito de alcançar os objetivos estabelecidos no *caput* deste artigo, promover um ambiente íntegro e confiável, assegurar o alinhamento das contratações ao planejamento estratégico e às leis orçamentárias e promover eficiência, efetividade e eficácia em suas contratações. (grifos nossos)

A promoção a um ambiente íntegro auxilia o administrador na prevenção de ocorrência de ilícitos e no combate à corrupção, visando assegurar o alinhamento das contratações ao planejamento estratégico, bem como às leis orçamentárias. Nesse ponto, vale ressaltar o *compliance* – programa de integridade direcionado a mitigar os riscos relacionados à corrupção – como eficiente medida para evitar que empresas mal-intencionadas participem de certames públicos na esfera municipal, estadual e federal e os vençam.

A Lei nº 14.133/2021 revela a importância estratégica do *compliance* para além da Lei nº 12.846/2013 (Lei Anticorrupção) e estabelece novas regras que incentivam ou determinam sua adoção. Foram especialmente quatro novas disposições a respeito do tema: (I) a obrigatoriedade de adoção de Programa de Integridade em até 6 (seis) meses após a celebração de contratos de grande vulto (art. 25, §4º); (II) como critério de desempate, caso duas empresas apresentem a mesma proposta (art. 60, IV); (III) a redução da penalidade por descumprimento da norma, caso se comprove a existência de um Programa de Integridade (art. 155, §1º, V); e a (IV) reabilitação de empresas declaradas inidôneas (art. 163, parágrafo único).

O termo *compliance* tem origem no verbo *to comply*, que significa cumprir, estar de acordo, ou em conformidade. César Augusto Marx enfatiza que tal conduta vai muito além, *in verbis*:

> O termo *compliance*, advém do verbo inglês *to comply*, ou seja, cumprir e está relacionado ao cumprimento de disposições normativas e legais, podendo significar o que chamamos de conformidade. Entretanto, como ressaltado por Ribeiro (2015), não se deve confundir o *compliance* com o mero cumprimento de regras formais e informais, pois seu alcance é bem mais amplo (RIBEIRO, 2015, p. 88). Nesse sentido, o termo

compliance envolve um conjunto de ações que buscam o incentivo de adoção de uma nova postura comportamental na gestão, abrangendo o comprometimento com valores e princípios éticos que não toleram o cometimento de atos de fraude e corrupção.[5]

O Decreto nº 11.129, de 11 de julho de 2022, que regulamenta a Lei Anticorrupção, em seu art. 56, incisos I e II, dispõe que o programa de integridade:

> Consiste, no âmbito de uma pessoa jurídica, no conjunto de mecanismos e procedimentos internos de integridade, auditoria e incentivo à denúncia de irregularidades e na aplicação efetiva de códigos de ética e de conduta, políticas e diretrizes com objetivo de: I- prevenir, detectar e sanar desvios, fraudes, irregularidades e atos ilícitos praticados contra a administração pública, nacional ou estrangeira; e II- fomentar e manter uma cultura de integridade no ambiente organizacional.[6]

Com relação à Nova Lei de Licitações nº 14.133/2021, em casos de contratações de grande vulto, o edital deverá prever a exigência do programa de *compliance* pela licitante vencedora, cujo cumprimento deverá ser aferido pela Administração Pública, que regulamentará os parâmetros a serem adotados, a forma de comprovação, bem como as penalidades por seu descumprimento.[7]

O art. 60, inciso IV, da nova lei promove o programa de integridade como critério de desempate entre duas ou mais propostas, conforme orientações dos órgãos de controle. Ainda, no art. 156, §1º, inciso V, há a possibilidade de atenuante de penalidade administrativa.

Já o art. 163 da NLLC traz a figura da reabilitação do licitante que houver implementado ou aperfeiçoado um programa de *compliance* em sua empresa, perante a autoridade que aplicou as sanções, exigidos cumulativamente:

---

[5] MARX, Cesar Augusto. Compliance e a responsabilidade dos administradores pelos riscos à integridade. *In*: CONTI, José Maurício; MARRARA, Thiago; IOCKEN, Sabrina Nunes; CARVALHO, André Castro (coord.). *Responsabilidade do gestor na administração pública*: improbidade e temas especiais. Belo Horizonte: Fórum, 2022. p. 303-314.

[6] BRASIL. Decreto nº 11.129, de 11 de julho de 2022. Regulamenta a Lei nº 12.846, de 1º de agosto de 2013, que dispõe sobre a responsabilização administrativa e civil de pessoas jurídicas pela prática de atos contra a administração pública, nacional ou estrangeira. Disponível em: www.planalto.gov.br/ccivil_03/_Ato2019-2022/2022/Decreto/D11129. Acesso em: 10 abr. 2023.

[7] MM SOCIEDADE DE ADVOGADOS. *Os programas de integridade na nova lei de licitações*. Disponível em: https://marinamiranda.adv.br/compliance/os-programas-de-integridade-na-nova-lei-de-licitacoes/. Acesso em: 10 abr. 2023.

(I) reparação integral do dano causado à administração pública;
(II) pagamento de multa;
(III) transcurso do prazo mínimo de um ano da aplicação da penalidade, no caso de impedimento de licitar e contratar, ou de três anos da aplicação da penalidade, no caso de declaração de inidoneidade;
(IV) cumprimento das condições de reabilitação definidas no ato punitivo;
(V) análise jurídica prévia, com posicionamento conclusivo quanto ao cumprimento dos requisitos definidos no artigo 163.[8]

Verifica-se que as inserções contidas na NLLC acerca da implementação de programas de integridade impulsionam mecanismos de combate à corrupção no âmbito das licitações e contratações públicas, com o intuito de se evitarem superfaturamentos, contratações fraudulentas, favorecimento de empresas inidôneas, dentre outras ocorrências que possam afetar tanto o Poder Público quanto as empresas licitantes, potenciais concorrentes e contratados.

O art. 18 do capítulo II, Lei nº 14.133/2021, define o planejamento como a principal característica da fase preparatória do processo licitatório, devendo compatibilizar-se com o Plano de Contratações Anual, com as leis orçamentárias e, consequentemente, com o interesse público, devendo abordar todas as questões mercadológicas e de gestão que possam interferir na contratação, tais como, por exemplo: (i) orçamento estimado com composição de preços; (ii) regime de fornecimento de bens, prestação de serviços ou de execução de obras; (iii) modalidade de licitação, o critério de julgamento e o modo de disputa; (v) análise de riscos; (vi) motivação sobre o momento da divulgação do orçamento, observado o art. 24 da referida lei,[9] dentre outros.

O professor Marçal Justen Filho[10] observa que o planejamento sempre envolve dificuldades decorrentes de diversos fatores, dentre os quais a dificuldade quanto ao conhecimento da realidade e quanto

---

[8] BRASIL. Presidência da República. *Lei nº 14.133*, de 1º de abril de 2021. Lei de Licitações e Contratos Administrativos. Disponível em: www.planalto.gov.br/ccivil_03/_ato2019-2022/2021/lei/l14133.htm. Acesso em: 18 abr. 2023.
[9] O art. 24 da Lei nº 14.133/2021 dispõe que, desde que justificado, o orçamento estimado da contratação poderá ter caráter sigiloso, sem prejuízo da divulgação do detalhamento dos quantitativos e das demais informações necessárias para a elaboração das propostas. Segundo o inciso I do mesmo artigo, o sigilo não prevalecerá para órgãos de controle interno e externo.
[10] JUSTEN FILHO, Marçal. *Comentários à lei de licitações e contratações administrativas*: lei 14.133/2021. São Paulo: Thomson Reuters Brasil, 2021. p. 332-335.

às projeções para o futuro. Em sua explicação sobre as etapas/fases do planejamento, ele esclarece que a primeira delas consiste na identificação das necessidades a serem satisfeitas; a segunda reside na determinação das alternativas possíveis de soluções; a terceira versa sobre a identificação dos recursos disponíveis, em termos econômicos e de pessoal; e a quarta etapa diz respeito à escolha da alternativa mais viável, tendo em vista os limites e as circunstâncias da realidade, e ainda:

> Em muitos casos, o planejamento pode conduzir à conclusão da inviabilidade de a Administração conceber uma solução antecipada quanto ao modo concreto de enfrentamento das necessidades. Isso pode conduzir a atribuição ao particular da obrigação de elaborar o projeto básico e (ou) o projeto executivo.[11]

O parágrafo primeiro do artigo 18 dispõe acerca do estudo técnico preliminar (ETP). Logo no inciso I, há a previsão da descrição da necessidade da contratação, considerando-se "o problema a ser resolvido" sob a perspectiva do interesse público, delineados nos incisos seguintes os elementos do ETP que permitam a avaliação da viabilidade técnica e econômica da contratação.

Dos treze incisos do art. 18, §1º, consoante o disposto no §2º, os de número I, IV, VI, VIII e XIII são obrigatórios no estudo técnico preliminar, e cabe à Administração Pública justificar a ausência dos demais elementos não contemplados no ETP. Segundo os incisos, *in verbis*:

> I – descrição da necessidade da contratação, considerado o problema a ser resolvido sob a perspectiva do interesse público; [...] IV – estimativas das quantidades para a contratação, acompanhadas das memórias de cálculo e dos documentos que lhes dão suporte, que considerem interdependências com outras contratações, de modo a possibilitar economia de escala; [...] VI – estimativa do valor da contratação, acompanhada dos preços unitários referenciais, das memórias de cálculo e dos documentos que lhe dão suporte, que poderão constar de anexo classificado, se a Administração optar por preservar o seu sigilo até a conclusão da licitação; [...] VIII – justificativas para o parcelamento ou não da contratação; [...] XIII – posicionamento conclusivo sobre a adequação da contratação para o atendimento da necessidade a que se destina.

---

[11] JUSTEN FILHO, 2021, p. 332-335.

O estudo técnico preliminar, cuja definição está no art. 6º, inciso XX, constitui a primeira etapa do planejamento da contratação com foco no interesse público e "sua melhor solução", servindo de base ao anteprojeto, ao termo de referência ou ao projeto básico a serem elaborados, caso se conclua pela viabilidade da contratação. No caso da verificação da viabilidade técnica da contratação pretendida, a equipe de planejamento, com base nas informações levantadas ao longo dos estudos técnicos preliminares, declara se a contratação será viável ou não para o atendimento da demanda.

Concluído o estudo técnico preliminar, passa-se à elaboração do termo de referência, do anteprojeto, projeto básico ou executivo, que, conforme o caso, servirão para definir o objeto a ser licitado para atender à demanda da Administração Pública.

O art. 40 da Lei nº 14.133/2021 dispõe acerca do planejamento de compras, que deverá considerar a expectativa de consumo anual e observar alguns fatores, tais como: (i) condições de aquisição; (ii) condições de processamento por meio de registro de preços; determinação de quantidades em função do consumo e utilização prováveis; (iii) condições de guarda e armazenamento que não permitam sua deterioração; e, ainda, (iv) atendimento a princípios da padronização, de parcelamento quando for vantajoso e de responsabilidade fiscal.

Merece ainda menção o art. 174, que cria o Portal Nacional de Contratações Públicas (PNCP), sítio oficial eletrônico que conterá, segundo o inciso III, um sistema de planejamento e gerenciamento de contratações, incluído o cadastro de cumprimento de obrigações previsto no §4º do art. 88. Segundo André Cantarino,

> Essa centralidade do planejamento *pode levar à tendência de que obras repentinas com interesses pontuais ou obras "aventureiras" não sejam executadas*, já que toda e qualquer obra deve ser devidamente identificada e justificada e estar em consonância com a disponibilidade financeira (orçamento).
>
> Com isso, a Administração Pública atenderá o princípio da transparência, já que em razão do planejamento realizado previamente e que deve ser seguido, será de conhecimento de todos o procedimento de tomada de decisões para a contratação e execução de obras públicas, assegurando um ambiente de maior segurança jurídica. (grifos nossos)[12]

---

[12] CANTARINO, André. *Planejamento*: a pedra de toque na nova lei de licitações. Disponível em: https://lageportilhojardim.com.br/blog/planejamento-nova-lei-de-licitacoes/. Acesso em: 1º fev. 2023.

Verifica-se, portanto, que a nova Lei nº 14.133/2021 trouxe instrumentos capazes de auxiliar o administrador para um planejamento consistente, alinhado aos interesses e necessidades da organização. O ETP não deve ser feito de forma automática, *pro forma*, ou copiado sistematicamente de documentos anteriores, ele deve refletir as demandas reais da administração pública, equiparadas ao orçamento e almejando-se sempre o interesse público para assim, evitar surpresas indesejadas no decorrer da contratação, como por exemplo, a paralisação de obras, conforme será demonstrado a seguir.

3 Obras paralisadas devido à falta de planejamento da Administração

O Tribunal de Contas da União, em relatório de auditoria do ano de 2019, realizou um amplo diagnóstico sobre as obras paralisadas no país com recursos da União – Acórdão nº 1.079/2019,[13] de Relatoria do Ministro Vital do Rêgo – e suas principais causas. Os dados fornecidos nesse julgado[14] alertam para o fato de que pelo menos R$ 144 bilhões já investidos pela União em empreendimentos encontram-se paralisados.

O Ministro Vital do Rêgo diferencia, no referido Acórdão nº 1.079/2019, o valor executado das obras do valor relativo a prejuízos financeiros, *in verbis*:

> É importante destacar que o valor já executado é diferente do valor relativo a prejuízos financeiros. Enquanto o primeiro se refere ao investimento já realizado, o segundo é de difícil mensuração, isso porque o prejuízo de cada empreendimento deve ser analisado individualmente, conforme a funcionalidade obtida em cada etapa, a necessidade de

---

[13] BRASIL. Tribunal de Contas da União. Acórdão nº 1.079/2019. Plenário. Relator Ministro Vital do Rêgo. Data da sessão: 15/5/2019. Publicação no *DOU* de 24/5/2019.

[14] *Idem*. Secom. Obras paralisadas no país – causas e soluções. Acórdão 1.079/2019. Processo TC 011196/2017-1. Relator Min. Vital do Rêgo. Data da sessão 15/5/2019. Publicado no *DOU* de 24/5/2019. Disponível em: https://portal.tcu.gov.br/imprensa/noticias/obras-paralisadas-no-pais-causas-e-solucoes.htm. Acesso em: 1º fev. 2023. As bases de dados analisadas foram as seguintes:
a. Órgãos Públicos – Acompanhamento de Obras – TCU da Caixa Econômica Federal (CEF) – abril/2018;
b. Sistema Integrado de Monitoramento Execução e Controle do Ministério da Educação (MEC) – abril/2018;
c. Fundação Nacional de Saúde (Funasa) – abril/2018;
d. Programa de Aceleração do Crescimento (PAC) – fevereiro/2018;
e. Departamento Nacional de Infraestrutura de Transportes (DNIT) – abril/2018.

refazimento dos serviços, o risco de não conclusão da obra e o custo de oportunidade do valor já investido no empreendimento.
[...]
O valor total dos contratos paralisados soma a monta de R$ 144 bilhões. Assim, de acordo com a análise dos bancos de dados, o valor total a ser desembolsado para concluir as obras paralisadas é da ordem de R$ 132 bilhões, isso desconsiderando gastos adicionais de difícil mensuração, como, por exemplo, eventuais serviços que necessitarão ser refeitos.

Em estudo intitulado "Impacto Econômico e Social da Paralisação de Obras Públicas" (2018),[15] contido no referido acórdão, Cláudio R. Frischtak reuniu obras paralisadas nos bancos de dados da Caixa, FNDE e DNIT e considerou o valor total de R$76,7 bilhões para sua conclusão. Tal cifra, de acordo com o autor, refere-se ao informado pelo Ministério do Planejamento, Desenvolvimento e Gestão, para a retomada de 7.439 obras que se encontravam paralisadas e deveriam ser finalizadas até 2018. Entretanto, devido a uma série de incertezas mencionadas no trabalho, foram definidos três valores possíveis para a conclusão das referidas obras paralisadas: um limite mínimo de R$39,5 bilhões, um limite máximo de R$143,7 bilhões e um montante, apontado como a melhor estimativa, de R$76,7 bilhões.

Outro dado que chama a atenção no acórdão, para além dos prejuízos financeiros devido à falta de planejamento por parte da Administração Pública, é com relação aos prejuízos sociais, haja vista que a população se vê privada do atendimento ocasionado por obras paralisadas de creches, hospitais públicos e pela falta de esgotamento sanitário. O Quadro 1,[16] a seguir, reproduz o estudo acerca das obras de creches paralisadas e a quantidade de crianças desassistidas:

---

[15] FRISCHTAK, Cláudio R. Impacto econômico e social da paralisação das obras públicas, 2017. p. 51 *apud* BRASIL. Tribunal de Contas da União. Acórdão 1.079/2019. Plenário. Relator Ministro Vital do Rêgo. Data da sessão: 15/5/2019. Publicação no *DOU* de 24/5/2019.

[16] Conf. Tabela 11 – Quantidade de creches. *In:* BRASIL. Tribunal de Contas da União. Secom. Acórdão 1.079/2019. p. 17. Processo TC 011196/2017-1. Relator Min. Vital do Rêgo. Data da sessão: 15/5/2019. Publicado no *DOU* de 24/5/2019.

Quadro 1 – Quantidade de creches – Projeto Proinfância

Tipologia	Quantidade de obras paralisadas	Alunos em cada creche	Quantidade não atendida
MI – Escola de Educação Infantil tipo B	126	224	28.224
MI – Escola de Educação Infantil tipo C	30	120	3600
Projeto 1 Convencional	79	376	29704
Projeto 2 Convencional	60	188	11280
Projeto tipo B – Bloco estrutural	6	224	1344
Projeto tipo C – Bloco estrutural	2	120	240
Total geral	303	–	74.392

Fonte: Secom TCU. Acórdão nº 1.079/2019 – Relatoria Min. Vital do Rêgo.

No que tange ao prejuízo indireto em obras de creches financiadas pelo governo federal, Frischtak[17] salienta que a Comissão de Educação, Cultura e Esporte do Senado se reuniu, em fevereiro de 2018, para discutir com autoridades e especialistas a paralisação de cerca de 3 mil obras de creches financiadas desde 2013 pelo governo federal, em parceria com os municípios. Com base nesse número, a perda direta anual estimada na renda das famílias seria da ordem de R$ 420 milhões, num horizonte de 20 anos, a uma taxa de desconto de 6% de R$ 4,8 bilhões.

---

[17] FRISCHTAK, Cláudio R. Impacto econômico e social da paralisação das obras públicas, 2017. p. 51 *apud* BRASIL. Tribunal de Contas da União. Acórdão 1.079/2019. Plenário. Relator Ministro Vital do Rêgo. Data da sessão: 15/5/2019. Publicação no *DOU* de 24/5/2019.

O relatório analisa também as paralisações registradas no banco de dados do Programa de Aceleração de Crescimento (PAC) que tenham mais de um ano. A seguir, o gráfico 1,[18] que ilustra os principais motivos das interrupções das obras:

Gráfico 1 – Motivos das paralisações das obras constantes do banco de dados do PAC

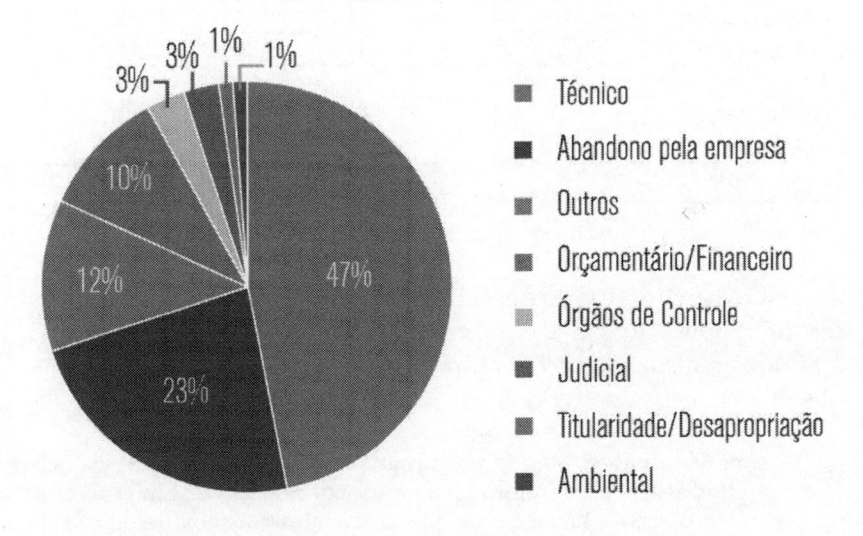

- Técnico — 47%
- Abandono pela empresa — 23%
- Outros — 12%
- Orçamentário/Financeiro — 10%
- Órgãos de Controle — 3%
- Judicial — 3%
- Titularidade/Desapropriação — 1%
- Ambiental — 1%

Fonte: Secom TCU. Acórdão nº 1.079/2019. Relatoria Min. Vital do Rêgo.

O quadro 2,[19] abaixo, apresenta os dados do gráfico 1 acrescidos dos números relativos à quantidade de obras paralisadas no banco de dados do PAC, de acordo com os motivos da paralisação:

---

[18] Conf. Tabela 5 – Motivos das paralisações das obras constantes do banco de dados do PAC. *In:* BRASIL. Tribunal de Contas da União. Secom. Acórdão 1.079/2019. p. 55. Processo TC 011196/2017-1. Relator Min. Vital do Rêgo. Data da sessão: 15/5/2019. Publicado no *DOU* de 24/5/2019. Disponível em: https://portal.tcu.gov.br/imprensa/noticias/obras-paralisadas-no-pais-causas-e-solucoes.htm. Acesso em: 1º fev. 2023.

[19] Conf. Tabela 5 – Motivos das paralisações das obras constantes do banco de dados do PAC. *In:* BRASIL. Tribunal de Contas da União. Secom. Acórdão nº 1.079/2019. p. 55. Processo TC 011196/2017-1. Relator Min. Vital do Rêgo. Data da sessão: 15/5/2019. Publicado no *DOU* de 24/5/2019. Disponível em: https://portal.tcu.gov.br/imprensa/noticias/obras-paralisadas-no-pais-causas-e-solucoes.htm. Acesso em: 1º fev. 2023.

Quadro 2 – Motivos das paralisações das obras constantes do banco de dados do PAC

Motivo de paralisações	Número de obras Qtd.	% relativo
Técnico	1.359	47%
Abandono pela empresa	674	23%
outros	344	12%
Orçamentário/financeiro	294	10%
Órgãos de controle	93	3%
Judicial	83	3%
Titularidade/ desapropriação	35	1%
Ambiental	32	1%
Total geral	2.914	100%

Fonte: Secom TCU. Acórdão 1.079/2019 – Relatoria Min. Vital do Rêgo.

O Ministro Vital do Rêgo[20] adverte que os prejuízos decorrentes da interrupção de uma obra compreendem, além dos valores já aplicados em sua execução, outros que são de difícil mensuração, e observa:

> Uma obra não concluída no tempo certo consome os recursos nela aplicados sem gerar retorno para a sociedade, além de limitar o crescimento econômico do País, por interromper a movimentação da economia local com a restrição de empregos diretos e indiretos gerados.
>
> Há ainda o custo associado ao desgaste das obras que permanecem por muito tempo sem execução, com suas estruturas sob a ação de intempéries. Em alguns casos, a obra não pode ser retomada sem intervenções para recuperar os estragos decorrentes do abandono, e tais medidas envolvem custos adicionais incorporados ao valor total da obra.

De acordo com as conclusões da auditoria no referido acórdão, constatou-se que a elaboração prévia de projeto executivo permitiria a realização de orçamentos realísticos e que tal lacuna perpassa elementos que precedem a elaboração do projeto propriamente dito. Essa fala do Ministro pode ser traduzida em falta de planejamento e de avaliação

---

[20] BRASIL. Tribunal de Contas da União. Secom. Obras paralisadas no país – causas e soluções. Acórdão 1. 079/2019. Processo TC 011196/2017-1. Relator Min. Vital do Rêgo. Data da sessão 15/5/2019. Publicado no *DOU* de 24/5/2019. Disponível em: https://portal.tcu.gov.br/imprensa/noticias/obras-paralisadas-no-pais-causas-e-solucoes.htm. Acesso em: 1º fev. 2023.

pormenorizada dos projetos a longo prazo por parte da Administração Pública.

O relatório constante no Acórdão nº 1.079/2019 demonstra que, em relação ao objeto da contratação envolvendo recursos federais, houve deficiências na etapa de projeto e planejamento, já que obras praticamente não foram iniciadas por restrições de engenharia. O problema acarretou o encerramento do contrato inicial e a necessidade de recontratação das obras – hoje totalmente paralisadas, envolvendo custos adicionais, como de mobilização geral e esforços administrativos dos atores envolvidos.

Destaca-se, no referido Acórdão nº 1.079/2019, a situação de seis obras de grande vulto que chamaram a atenção pela importância socioeconômica de que se revestem, identificados os valores já investidos e as principais causas de paralisação no quadro 3,[21] a seguir:

Quadro 3 – Obras de grande vulto. Obras paralisadas no país – causas e soluções

Obra	Valor já investido	Causas de paralisação
Usina Termonuclear de Angra 3	R$6,68 bilhões (conforme relatório de julho/2018 da Eletronuclear)	Paralisada desde 2015, inicialmente pela situação financeira deficitária da Eletronuclear e a dificuldade de se conseguir aumento da margem de financiamento junto ao BNDS.
Complexo Petroquímico do estado do Rio de Janeiro (Comperj)	R$12,5 bilhões (até fev./2015)	Paralisado desde 2015, em razão de falhas de projeto e de planejamento do negócio.
Porto de Salvador (ampliação de quebra-mar)	R$3,2 milhões (até dez./2016)	Paralisado desde 2017, em razão do abandono da empresa, após a expedição de medida cautelar pelo TCU.
Ferrovia Norte-Sul (FNS)	R$1,924 bilhão	Trechos paralisados desde 2018, em razão da rescisão unilateral após a paralisação dos serviços pela contratada.
Ferrovia de Integração Oeste Leste (Fiol)	R$1,564 bilhão	Trechos paralisados desde 2017, em razão da suspensão de contratos por restrições orçamentárias.

Fonte: Secom TCU. Acórdão nº 1.079/2019, DOU de 24/5/2019.

---

[21] Conf. Tabela 3 – Obras de grande vulto. In: BRASIL. Tribunal de Contas da União. Secom. Acórdão 1.079/2019. p. 52. Processo TC 011196/2017-1. Relator Min. Vital do Rêgo. Data da sessão: 15/5/2019. Publicado no DOU de 24/5/2019.

No painel informativo a seguir (figura 1), referente ao acompanhamento das obras paralisadas, é possível verificar a consolidação dos dados obtidos no Acórdão 1.079/2019 – TCU – Plenário, na data-base de 8/2022. Vejamos:

Figura 1 – Diagnóstico (data-base 8/2022)

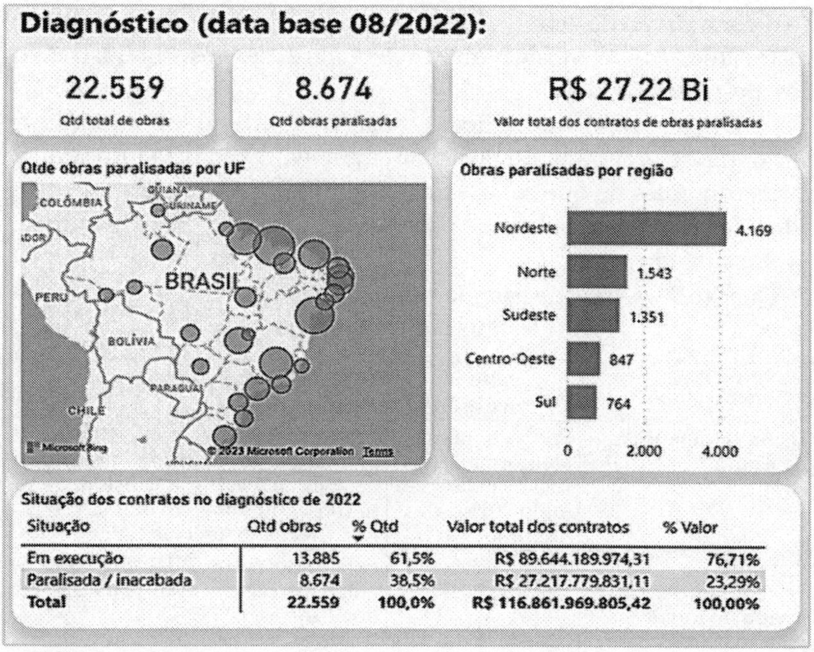

Diagnóstico (data base 08/2022):

22.559	8.674	R$ 27,22 Bi
Qtd total de obras	Qtd obras paralisadas	Valor total dos contratos de obras paralisadas

Qtde obras paralisadas por UF

Obras paralisadas por região:
- Nordeste: 4.169
- Norte: 1.543
- Sudeste: 1.351
- Centro-Oeste: 847
- Sul: 764

Situação dos contratos no diagnóstico de 2022

Situação	Qtd obras	% Qtd	Valor total dos contratos	% Valor
Em execução	13.885	61,5%	R$ 89.644.189.974,31	76,71%
Paralisada / inacabada	8.674	38,5%	R$ 27.217.779.831,11	23,29%
Total	22.559	100,0%	R$ 116.861.969.805,42	100,00%

Fonte: Tribunal de Contas da União.[22]

Em outro estudo sobre o mesmo tema, verificando-se dados sobre obras inacabadas no site do Senado Federal,[23] de 30 mil contratos financiados pelo Fundo Nacional de Desenvolvimento de Educação

---

[22] Dados consolidados de contratos relacionados a obras paralisadas, conforme Acompanhamento do Acórdão 1.079/2019 – TCU – Plenário. Disponível em: www.tcu.gov.br/Paineis/_Pub/?workspaceId=77067ac5-ed80-45da-a6aa-c3f3fa7388e5&reportId=23a3a08b-9617-4f7b-ba36-41eecbb17175. Acesso em: 17 mar. 2023.

[23] ACCIOLY, Dante. Falta de dinheiro, falhas de projeto e omissão política geram 14 mil obras inacabadas. *Agência Senado*. Publicado em: 10/6/2022. Disponível em: www12.senado.leg.br/noticias/infomaterias/2022/06/falta-de-dinheiro-falhas-de-projeto-e-omissao-politica-geram-14-mil-obras-inacabadas. Acesso em: 27 fev. 2023.

(FNDE) desde 2007, mais de 3,6 mil estão inacabados ou paralisados, o que equivale a 12% do total. Considerando-se apenas as 2,5 mil obras classificadas como inacabadas, o órgão desembolsou pelo menos R$ 1,2 bilhão até 2019. Desses projetos, 352 nem sequer chegaram a começar.

O diretor de Gestão de Articulação e Projetos Educacionais do FNDE, Gabriel Vilar, participou de um debate com os senadores e alertou para a gravidade da situação, *dizendo que há casos de obras que não foram iniciadas, mas cujos recursos foram pagos na totalidade.*[24]

Dos exemplos colacionados, verifica-se o quanto a falta de planejamento prejudica as licitações, que resultam em contratações equivocadas, onerosas e que trazem enorme prejuízo não só para a Administração, como também para todos nós, sociedade.

A falta de planejamento no início do processo licitatório acarreta infindáveis repactuações. Muitas vezes, em casos de obras e serviços paralisados, deve-se recontratar, refazer, promover aditivos contratuais, desmanchar o que já havia sido feito ou, até mesmo, como observado, abandonar a obra por falta de recursos financeiros. O Ministro Vital do Rêgo, em seu relatório de auditoria, por fim, alerta:

> Enquanto que, nos casos mais exitosos, o planejamento de longo prazo e a análise da viabilidade técnica, econômica e ambiental dos projetos foram efetuados previamente à tomada de decisão de investir, *nos casos de insucesso, a precariedade do processo de avaliação dos projetos antes da tomada de decisão ficou evidente.* (grifos nossos)[25]

Sobre a tentativa na nova Lei nº 14.133/2021 de melhorar o planejamento e minorar contratações equivocadas, segundo o entendimento de Cesar Augusto Marx,[26] a implantação de programas de integridade pública no ambiente das empresas promove inovações, fazendo com que as áreas responsáveis e interdependentes trabalhem de forma coordenada e colaborativa, aumentando-se, portanto, a efetividade dos trabalhos e a sinergia.

---

[24] *Idem.*
[25] BRASIL. Tribunal de Contas da União. Secom. Obras paralisadas no país – causas e soluções. Acórdão 1.079/2019. Processo TC 011196/2017-1. Relator Min. Vital do Rêgo. Data da sessão: 15/5/2019. Publicado no *DOU* de 24/5/2019. Disponível em: https://portal.tcu.gov.br/imprensa/noticias/obras-paralisadas-no-pais-causas-e-solucoes.htm. Acesso em: 1º fev. 2023.
[26] MARX, Cesar Augusto. Compliance e a responsabilidade dos administradores pelos riscos à integridade. In: CONTI, José Maurício; MARRARA, Thiago; IOCKEN, Sabrina Nunes; CARVALHO, André Castro (coord.). *Responsabilidade do gestor na Administração Pública*: improbidade e temas especiais. Belo Horizonte: Fórum, 2022. p. 303-314.

Corrobora-se o entendimento da Controladoria-Geral da União quanto à instituição de um programa de integridade:

> Instituir um programa de integridade não significa lidar com um assunto novo, mas valer-se de temas já conhecidos pelas organizações de maneira mais sistematizada. Nesse sentido, *os instrumentos de um programa de integridade incluem diretrizes já adotadas através de atividades, programas e políticas de auditoria interna, correição, ouvidoria, transparência e prevenção à corrupção, organizadas e direcionadas para a promoção da integridade institucional.* (grifos nossos)[27]

A nova Lei nº 14.133/2021, ainda que de forma tímida, contemplou os programas de integridade, sinalizando um compromisso com a ética e com a boa governança nas contratações públicas. Para além do planejamento, acredita-se que mecanismos que objetivam implementar o *compliance* nas empresas podem atuar tanto no combate, quanto na prevenção e fiscalização da prática de atos ilícitos, para que diagnósticos como os relatados no Acórdão nº 1.079/2019 do TCU tornem-se cada vez mais raros.

4 Considerações finais

A Lei nº 14.133/2021 em seu art. 18 dispõe que o planejamento que deve compatibilizar-se com o orçamento e abordar todas as considerações técnicas, mercadológicas e de gestão que possam interferir na contratação.

O foco no planejamento estratégico e no fomento à implementação do *compliance* nas empresas na NLLC favorecem o ambiente para contratações mais íntegras. Pelo menos é o que espera a sociedade, ávida por mudanças e carente de efetividade na entrega de obras que são prometidas e que muitas vezes, não são entregues, conforme visto na auditoria do Tribunal de Contas da União.

As consequências da falta de planejamento e da falta de integridade nas licitações dão ensejo a contratações superfaturadas, corrupção, favorecimento de empresas inidôneas e jogos que são debatidos em ambientes sigilosos, longe das vistas da sociedade, e suportados por todos nós, administradores e administrados. Como visto,

---

[27] BRASIL. Ministério da Transparência e Controladoria-Geral da União. *Plano de integridade da CGU*. Brasília (DF), 2018. p. 7. Disponível em: https://repositorio.cgu.gov.br/handle/1/41704. Acesso em: 17 abr. 2023.

o interesse público fica em último plano, dando lugar ao interesse de poucos, que se aproveitam das falhas ocorridas em processos licitatórios mal planejados e executados.

Deve-se, portanto, almejar a boa governança, que é direito de todos. Que ela traga maior adesão dos administradores públicos nas licitações e contratações e, que os órgãos de controle e a coletividade estejam cada vez mais atentos em sua fiscalização. Nas palavras do professor Carlos Motta,[28] "a lei não pode evitar a corrupção, mas a sociedade, esta sim, pode eliminá-la através da participação e da vigilância".

Referências

ACCIOLY, Dante. Falta de dinheiro, falhas de projeto e omissão política geram 14 mil obras inacabadas. *Agência Senado*. Publicado em: 10/6/2022. Disponível em: www12.senado.leg.br/noticias/infomaterias/2022/06/falta-de-dinheiro-falhas-de-projeto-e-omissao-politica-geram-14-mil-obras-inacabadas. Acesso em: 23 fev. 2023.

BRASIL. Ministério da Economia. Instrução Normativa nº 1, de 10 de janeiro de 2019. Dispõe sobre Plano Anual de Contratações de bens, serviços, obras e soluções de tecnologia da informação e comunicações no âmbito da Administração Pública federal direta, autárquica e fundacional e sobre o Sistema de Planejamento e Gerenciamento de Contratações. Disponível em: www.in.gov.br/materia/-/asset_publisher/Kujrw0TZC2Mb/. *In*: FORTINI, Cristiana; OLIVEIRA, Rafael Sérgio Lima de; CAMARÃO, Tatiana. *Comentários à lei de licitações e contratos administrativos*. Belo Horizonte: Fórum, 2022. Disponível em: www.forumconhecimento.com.br/livro/4367/4567. Acesso em: 23 fev. 2023.

BRASIL. Ministério da Educação. Universidade Federal da Paraíba. Pró-Reitoria Administrativa. *Estudos técnicos preliminares*. Disponível em: https://licitacao.paginas.ufsc.br/files/2020/06/Estudos-T%C3%A9cnicos-Preliminares-e-Documento-de-Formalizacao-da-Demanda-Materiais.pdf. Acesso em: 17 mar. 2023.

BRASIL. Presidência da República. *Lei nº 12.305*, de 2 de agosto de 2010. Institui a Política Nacional de Resíduos Sólidos; altera a Lei nº 9.605, de 12 de fevereiro de 1998; e dá outras providências. Disponível em: www.planalto.gov.br/ccivil_03/_ato2007-2010/2010/lei/l12305.htm. Acesso em: 6 mar. 2023.

BRASIL. Presidência da República. *Lei nº 14.133*, de 1º de abril de 2021. Lei de Licitações e Contratos Administrativos. Disponível em: www.planalto.gov.br/ccivil_03/_ato2019-2022/2021/lei/l14133.htm. Acesso em: 6 mar. 2023.

BRASIL. *Decreto nº 11.129*, de 11 de julho de 2022. Regulamenta a Lei nº 12.846, de 1º de agosto de 2013, que dispõe sobre a responsabilização administrativa e civil de pessoas jurídicas pela prática de atos contra a administração pública, nacional ou estrangeira. Disponível em: www.planalto.gov.br/ccivil_03/_Ato2019-2022/2022/Decreto/D11129.htm. Acesso em: 17 abr. 2023.

---

[28] MOTTA, Carlos Pinto Coelho Motta. *Eficácia nas licitações e contratos*. 12. ed. Belo Horizonte: Del Rey, 2011. p. 536.

BRASIL. Ministério da Transparência e Controladoria-Geral da União. *Plano de integridade da CGU*. Brasília (DF), 2018. Disponível em: https://repositorio.cgu.gov.br/handle/1/41704. Acesso em: 17 abr. 2023.

BRASIL. Tribunal de Contas da União. Acórdão 1.079/2019. Plenário. Relator Ministro Vital do Rêgo. Data da sessão: 15/5/2019. Publicação *DOU*: 24/5/2019. Disponível em: https://portal.tcu.gov.br/imprensa/noticias/obras-paralisadas-no-pais-causas-e-solucoes.htm. Acesso em: 1º fev. 2023.

CANTARINO, André. *Planejamento*: a pedra de toque na nova lei de licitações. Disponível em: https://lageportilhojardim.com.br/blog/planejamento-nova-lei-de-licitacoes/. Acesso em: 1º fev. 2023.

DOTTI, Marinês Restelatto. *Governança nas contratações públicas*. Belo Horizonte: Fórum, 2018.

FORTINI, Cristiana; OLIVEIRA, Rafael Sérgio Lima de; CAMARÃO, Tatiana. *Comentários à lei de licitações e contratos administrativos*. Belo Horizonte: Fórum, 2022. Disponível em: www.forumconhecimento.com.br/livro/4367/4567. Acesso em: 27 fev. 2023.

GOMIDE, Bárbara Hosken de Sá. O planejamento anual de contratações previsto na lei 14.133/21 e as vantagens de sua aplicação. *Zênite Fácil*, categoria Doutrina, 18 out. 2022. Disponível em: https://zenite.blog.br/wp-content/uploads/2022/10/o-pac-e-suas-vantagens-barbaraoskensagomide.pdf. Acesso em: 1º fev. 2023.

JUSTEN FILHO, Marçal. *Comentários à lei de licitações e contratações administrativas*. São Paulo: Revista dos Tribunais, 2021.

MARX, Cesar Augusto. *Compliance* e a responsabilidade dos administradores pelos riscos à integridade. *In*: CONTI, José Maurício; MARRARA, Thiago; IOCKEN, Sabrina Nunes; CARVALHO, André Castro (coord.). *Responsabilidade do gestor na Administração Pública*: improbidade e temas especiais. Belo Horizonte: Fórum, 2022.

MM SOCIEDADE DE ADVOGADOS. *Os programas de integridade na nova lei de licitações*. Disponível em: https://marinamiranda.adv.br/compliance/os-programas-de-integridade-na-nova-lei-de-licitacoes/. Acesso em: 10 abr. 2023.

MOTTA, Carlos Pinto Coelho Motta. *Eficácia nas licitações e contratos*. 12. ed. Belo Horizonte: Del Rey, 2011.

NIEBUHR, Joel. *Licitação pública e contrato administrativo*. 5. ed. Belo Horizonte: Fórum, 2022.

PALUDO, Augustinho Vicente. *Administração pública*. 4. ed. Rio de Janeiro: Forense; São Paulo: Método, 2015.

SÃO PAULO. Tribunal de Contas. *Legislação comentada TCE-SP*. Disponível em: www.tce.sp.gov.br/legislacao-comentada/lei-14133-1o-abril-2021/18. Acesso em: 6 mar. 2023.

Informação bibliográfica deste texto, conforme a NBR 6023:2018 da Associação Brasileira de Normas Técnicas (ABNT):

MOURÃO, Licurgo; PIANCASTELLI, Silvia Motta. A relevância do planejamento e da integridade na Lei nº 14.133/2021, nova lei de licitações e contratos. *In*: FORTINI, Cristiana; PIRES, Maria Fernanda Veloso; CAVALCANTI, Caio Mário Lana (coord.). *Integridade e contratações públicas*: reflexões atuais e desafios. Belo Horizonte: Fórum, 2024. p. 275-292. ISBN 978-65-5518-708-3.

CONTRATAÇÃO PÚBLICA E INTEGRIDADE: O PROGRAMA DE *COMPLIANCE* NOS ESCRITÓRIOS DE ADVOCACIA QUE PRESTAM SERVIÇO JURÍDICO AO PODER PÚBLICO

MARIA FERNANDA VELOSO PIRES

LUAN ALVARENGA BALIEIRO

I Introdução

O presente trabalho visa questionar a adequação dos programas de integridade dos escritórios de advocacia diante do oferecimento de serviços jurídicos ao Poder Público, mediante processo de contratação direta, especificamente nos casos de inexigibilidade de licitação.[1]

Sabe-se que irregularidades nas contratações diretas, além de comuns,[2] são inúmeras, apontando para a necessidade de formulação de mecanismos efetivos em busca da ética e da integridade.[3]

---

[1] Delimita-se a prestação de serviço jurídico por meio do instituto jurídico da inexigibilidade de licitação devido a inerente inviabilidade de competição. Nesse sentido, insta citar Tatiana Camarão e Maria Fernanda Pires (p. 300): *Não há dúvidas de que a contratação de serviços jurídicos pode e deve ser enquadrada como inexigibilidade por inviabilidade de competição, pois, em tese, pode haver dois ou mais juristas tão qualificados quanto para a pretendida solução, não sendo possível compará-los, seja em razão do preço dos serviços ou em razão de técnica. Se os serviços advocatícios são prestados com características subjetivas, tanto no âmbito de avaliação da necessidade de prestação externa do serviço quanto pela especialização do jurista, consequentemente são julgados de modo subjetivo, afastando a objetividade e, com ela, a competitividade, não se justificando a necessidade de instauração de licitação pública.*

[2] De forma recorrente, o Ministério Público realiza investigações. À guisa de exemplo, a seguinte ementa:
AGRAVO DE INSTRUMENTO. AÇÃO CIVIL POR PRÁTICA DE ATO DE IMPROBIDADE ADMINISTRATIVA. INTERLOCUTÓRIA AGRAVADA QUE RECEBEU A INICIAL E DETERMINOU A CITAÇÃO DOS DEMANDADOS. RECURSO DE UM DOS REQUERIDOS. ALEGAÇÃO DE POSSIBILIDADE DE CONTRATAÇÃO DE

Como ressabido, o Poder Público contrata obras, serviços, compras e alienações, em regra, via licitação. Porém, em situações específicas e pontuais, se utiliza da contratação direta, o que demonstra a fundamental abordagem do tema.[4]

Destarte, salienta-se que a Nova Lei de Licitação e Contratos Administrativos (Lei nº 14.333/21 – NLLCA) bem como a Lei Anticorrupção (Lei nº 12.846/13) incentivam que a empresa licitante implante programa de integridade. Além disso, o §4º do art. 25 da NLLCA prevê, para as contratações de obras, serviços e fornecimento de grande vulto, a obrigatoriedade de implantação de programa de *compliance* pelo licitante vencedor, no prazo de seis meses, contado da celebração do contrato.

Nessa conjuntura, exige-se um olhar especial acerca do programa de *compliance*, via análise dos mecanismos efetivos de integridade, haja vista a ocorrência de corrupção na oferta dos serviços jurídicos ao Poder Público pelos escritórios de advocacia, especificamente no caso de inexigibilidade de licitação.

ESCRITÓRIO DE ADVOCACIA POR MEIO DE INEXIGIBILIDADE DE LICITAÇÃO E DE INEXISTÊNCIA DE ATO ÍMPROBO. PETIÇÃO INICIAL QUE PREENCHE OS REQUISITOS EXIGIDOS PELO ART. 17, §6º, DA LEI Nº 8.249/1992. AFERIÇÃO DA SINGULARIDADE DOS SERVIÇOS PRESTADOS, BEM COMO DA NOTÓRIA ESPECIALIZAÇÃO DOS PROFISSIONAIS CONTRATADOS E DO ELEMENTO SUBJETIVO/VOLITIVO QUE DEMANDAM NECESSÁRIA INSTRUÇÃO PROCESSUAL. RECURSO CONHECIDO E IMPROVIDO. DECISÃO UNÂNIME (TJ-ES, Agravo de Instrumento nº 202200722432, rel. Des. Cezário Siqueira Neto, 1ª Câmara Cível, j. 28.10.2022).

[3] Vale citar estudo feito pelo Centro de Apoio Operacional das Promotorias de Justiça de Defesa do Patrimônio Público e Social do Ministério Público do Estado de São Paulo (CAOPP), o qual é composto por aspectos teóricos e práticos relacionados à apuração de fraudes e outras ilicitudes verificadas em procedimentos licitatórios, incluindo a indevida contratação de advogados ou escritórios de advocacia. Conferir no endereço eletrônico: http://www.mpsp.mp.br/portal/page/portal/Cartilha_Eletronica/fraudesLicitacoes/FraudesLicitacoes.html#cap2_3, acesso em: 6 jun. 2023.

[4] Marçal Justen Filho (2021, p. 261) afirma que *a solução mais eficiente para combater a prática do sobrepreço consiste em implantar a mais ampla competição e reduzir ao máximo os custos de transação*, o que não ocorre na contratação direta e, portanto, exige maior atenção no modelo de integridade a ser aplicado. Nesse sentido, o referido autor leciona (2021, p. 943), sobre a contratação direta: *seria possível a Administração escolher um determinado sujeito, sem admitir qualquer espécie de disputa entre os participantes? A resposta é positiva.* [...]. Ato contínuo, sobre a contratação direta, arremata: (2021, p. 943): *É válido suprimir ou restringir a competição* [...]. Nessa toada, incontroversa a maior probabilidade de correr um ato corrupto nessa forma de contratação. No mesmo sentido, segundo Marcelo Zenkner (2018, p. 101): *O fato e que, em um ambiente impregnado pela corrupção, as empresas sempre terão imensas dificuldades ao enfrentar as desgastantes contendas com suas concorrentes, não apenas pelas incertezas e riscos inerentes a essa atividade, mas também porque uma concorrência sob esse enfoque certamente aumenta, sobremaneira, o valor dos subornos e diminui a margem de lucro. Isto é, a concorrência dificulta a corrupção.*

II Contratação de serviço jurídico pela Administração Pública

Na atualidade, discutem-se quais são os parâmetros para a contratação direta por inexigibilidade de licitação de serviços advocatícios,[5] a fim de esclarecer a interpretação acerca das normas que regem a matéria, gerando segurança jurídica bem como dando previsibilidade para a prestação de serviço jurídico à Administração Pública e, não menos importante, norteando o programa de integridade, como será visto adiante.

Fato é que existem, ainda, dificuldades na aplicação do instituto jurídico da inexigibilidade aos casos concretos no que se refere ao tema dos serviços advocatícios.[6]

Em contrapartida, inconteste a validade do instituto da inexigibilidade de licitação na contratação do serviço jurídico, uma vez que tem amparo constitucional.

O inciso XXI do art. 37 da CF/88 preceitua:

> XXI - ressalvados os casos especificados na legislação, as obras, serviços, compras e alienações serão contratados mediante processo de licitação pública que assegure igualdade de condições a todos os concorrentes, com cláusulas que estabeleçam obrigações de pagamento, mantidas as condições efetivas da proposta, nos termos da lei, o qual somente permitirá as exigências de qualificação técnica e econômica indispensáveis à garantia do cumprimento das obrigações.

Estabelecido o respaldo constitucional, impende esclarecer, de forma breve, quais os critérios pertinentes à contratação direta de serviços advocatícios pela Administração Pública com base na legislação de regência.

Inicialmente, o Supremo Tribunal Federal de forma reiterada fixou certas balizas, a saber:

---

[5] Vale dizer que, em regra, há corpo próprio de advogados público. Em contrapartida, Marçal Justen Filho (2021, p. 990) esclarece sobre a necessidade eventual e anômala de terceirização do serviço advocatício, nos seguintes termos: *Ainda que a entidade administrativa mantenha um corpo permanente de advogados, poderá haver hipóteses de contatação de serviços de advogados autônomos. Assim se passará quando se verificar que o desempenho da atividade advocatícia poderá fazer-se de modo mais satisfatório se houver a contratação de um terceiro, não integrante dos quadros administrativos.*

[6] Nesse sentido, Marçal Justin Filho (2021, p. 989): *Retorna-se ao tema dos serviços advocatícios, especialmente em vista das dificuldades para a solução dos casos concretos.*

IMPUTAÇÃO DE CRIME DE INEXIGÊNCIA INDEVIDA DE LICITAÇÃO. SERVIÇOS ADVOCATÍCIOS. REJEIÇÃO DA DENÚNCIA POR FALTA DE JUSTA CAUSA. A contratação direta de escritório de advocacia, sem licitação, deve observar os seguintes parâmetros: a) existência de procedimento administrativo formal; b) notória especialização profissional; c) natureza singular do serviço; d) demonstração da inadequação da prestação do serviço pelos integrantes do Poder Público; e) cobrança de preço compatível com o praticado pelo mercado. Incontroversa a especialidade do escritório de advocacia, deve ser considerado singular o serviço de retomada de concessão de saneamento básico do Município de Joinville, diante das circunstâncias do caso concreto. Atendimento dos demais pressupostos para a contratação direta. Denúncia rejeitada por falta de justa causa.[7]

Direito Constitucional e Administrativo. Mandado de segurança. Sociedade de economia mista. Contratação de sociedade de advogados para serviços jurídicos. 1. Em se tratando de empresas estatais que explorem atividade econômica, principalmente as que estão inseridas em um regime concorrencial, a terceirização deve seguir lógica semelhante àquela prevista para a iniciativa privada. 2. Deve ser concedida à empresa estatal que explora atividade econômica certa margem de discricionariedade para a escolha da melhor forma de atuação em demandas jurídicas, sendo legítima a utilização de corpo jurídico próprio de forma exclusiva ou parcial, bem como de contratação de advogados ou escritórios de advocacia também de forma exclusiva ou parcial. 3. A escolha administrativa, no entanto, deve atender às seguintes condições: (i) observância, como regra geral, do procedimento licitatório, salvo os casos em cabalmente demonstrada sua inexigibilidade; (ii) elaboração de uma justificativa formal e razoável; (iii) demonstração, pautada por evidências concretas, da economicidade da medida, bem como da impossibilidade ou inconveniência da utilização do corpo jurídico próprio da entidade. 4. No caso concreto, foram atendidos os requisitos acima, sendo que a escolha realizada pela impetrante está em conformidade com os ditames da eficiência, impessoalidade e moralidade, sendo proporcionalmente justificada. 5. Ordem concedida.[8]

Tal entendimento culminou na recente ADC nº 45, na qual o Ministro Luis Roberto Barroso proferiu o seguinte *decisum*:

São constitucionais os arts. 13, V, e 25, II, da Lei nº 8.666/1993, desde que interpretados no sentido de que a contratação direta de serviços

---

[7] Inquérito nº 3.074, j. em 26.08.2014.
[8] MS nº 31.718, j. em 16.05.2018.

advocatícios pela Administração Pública, por inexigibilidade de licitação, além dos critérios já previstos expressamente (necessidade de procedimento administrativo formal; notória especialização profissional; natureza singular do serviço), deve observar: (i) inadequação da prestação do serviço pelos integrantes do Poder Público; e (ii) cobrança de preço compatível com o praticado pelo mercado'.

No mesmo sentir, a jurisprudência dominante do TCU:

47. Por outro lado, diferentemente da tese do recorrente, a inviabilidade de competição não constitui óbice, por si, à verificação da razoabilidade do preço. Diversos são os parâmetros que poderão ser utilizados para se avaliar a adequação dos preços, mesmo quando se tratar de fornecedor exclusivo. 48. Sobre esse tema, o jurista Marçal Justen Filho (Comentários à Lei de Licitações e Contratos Administrativos, 9ª ed., 2002, p. 290-291) evidencia, de forma objetiva, a existência de vários métodos exequíveis para se evidenciar a razoabilidade dos preços. Por exemplo, um dos parâmetros poderia ser os preços praticados pelos particulares ou por outros órgãos governamentais, conforme sinaliza, inclusive, o inciso IV do art. 43 da Lei nº 8.666/1993. Ensina o autor que, na ausência de outros parâmetros, 'o contrato com a Administração Pública deverá ser praticado em condições econômicas similares com as adotadas pelo particular para o restante de sua atividade profissional (...).' 49. Em conclusão, a justificativa dos preços tanto era exequível como também era exigência legal, visto que a Administração Pública não pode contratar por valor desarrazoado. Por conseguinte, não há escusa para a precariedade dos estudos que precederam as contratações em discussão, razão porque ratifico as conclusões que fundamentaram a deliberação recorrida.[9]

Nessa toada, prevê a Orientação Normativa nº 17, de 14.12.2011, da Advocacia-Geral da União:

A razoabilidade do valor das contratações decorrentes de inexigibilidade de licitação poderá ser aferida por meio da comparação da proposta apresentada com os preços praticados pela futura contratada junto a outros entes públicos e/ou privados, ou outros meios igualmente idôneos.

---

[9] Processo TC-014.003/2001-2, Acórdão nº 2.611/2007-Plenário, Rel. Min. Augusto Nardes, sessão de 05.12.2007.

Em suma, o atual entendimento, à luz da Lei nº 8.666, impõe os seguintes parâmetros: (i) a natureza singular do serviço (nos termos do inciso II do art. 25 da Lei 8.666); (ii) a cobrança de preço compatível com o praticado pelo mercado (indicativo no inciso IV da Lei nº 8.666/93); (iii) a realização de procedimento administrativo formal; (iv) a notória especialização profissional e (v) a inadequação da prestação do serviço pelos integrantes do Poder Público.[10]

Ademais, considerando a proximidade do encerramento da convivência mútua entre a antiga e a Nova Lei de Licitação e Contratos Administrativos (NLLCA),[11] importante tratar a matéria em tela à luz das novas regras.

Em breve síntese, o cotejo analítico das normas em baila (tabela):

---

[10] Sobre o a inadequação da prestação do serviço pelos integrantes do Poder Público, leciona o renomado administrativista, Marçal Justen Filho (2021, p. 989): *É necessário ressaltar que a opção preferencial da Administração Pública deve ser a execução direta dos serviços advocatícios. É relevante a manutenção do quadro próprio de advogados, que desempenhe atuação permanente e contínua, em favor da Administração Pública. [...] Existem algumas atividades advocatícias cujo exercício pressupõe a integração do sujeito na estrutura estatal. [...].*

[11] O doutrinador Rafael Sérgio Oliveira esclarece acerca do período de transição: *Isto é, embora a Lei nº 14.133/2021 já esteja em vigor, continuam vigorando também os diplomas relativos ao que denominamos de regime tradicional, que são a Lei nº 8.666/1993, a Lei nº 10.520/2002 e a Lei nº 12.462/2011. Estas últimas só estarão revogadas em 1º de abril de 2023, data em que se encerram os 2 (dois) anos a que se refere o inciso II do art. 193 da Nova Lei* (CAMARÃO, Tatiana; FORTINI, Cristiana; OLIVEIRA, Rafael Sérgio Lima de. *Comentários à Lei de Licitações e Contratos Administrativos*. Belo Horizonte: Fórum, 2022. p. 612), bem como nos termos da Medida Provisória nº 1.167/2023.

Lei nº 8.666/93	Lei nº 14.133/21
Art. 13. Para os fins desta Lei, consideram-se serviços técnicos profissionais especializados os trabalhos relativos a: [...] II - pareceres, perícias e avaliações em geral; [...] V - patrocínio ou defesa de causas judiciais ou administrativas; [...] Art. 25. É inexigível a licitação quando houver inviabilidade de competição, em especial: [...] II - para a contratação de serviços técnicos enumerados no art. 13 desta Lei, de *natureza singular*, com profissionais ou empresas de notória especialização, vedada a inexigibilidade para serviços de publicidade e divulgação; [...] §1º Considera-se de notória especialização o profissional ou empresa cujo conceito no campo de sua especialidade, decorrente de desempenho anterior, estudos, experiências, publicações, organização, aparelhamento, equipe técnica, ou de outros requisitos relacionados com suas atividades, permita inferir que o seu trabalho é essencial e *indiscutivelmente* o mais adequado à plena satisfação do objeto do contrato. (destacado)	Art. 74. É inexigível a licitação quando inviável a competição, em especial nos casos de: [...] III - contratação dos seguintes serviços técnicos especializados de natureza *predominantemente intelectual* com profissionais ou empresas de notória especialização, vedada a inexigibilidade para serviços de publicidade e divulgação: [...] b) pareceres, perícias e avaliações em geral; [...] e) patrocínio ou defesa de causas judiciais ou administrativas; [...] §3º Para fins do disposto no inciso III do caput deste artigo, considera-se de notória especialização o profissional ou a empresa cujo conceito no campo de sua especialidade, decorrente de desempenho anterior, estudos, experiência, publicações, organização, aparelhamento, equipe técnica ou outros requisitos relacionados com suas atividades, permita inferir que o seu trabalho é essencial e *reconhecidamente* adequado à plena satisfação do objeto do contrato. (destacado)

Da análise literal de ambos os dispositivos, infere-se que os escritórios de advocacia têm respaldo legal para a prestação de serviços jurídicos à Administração Pública por inexigibilidade de licitação, devendo os critérios serem lidos à luz do entendimento jurisprudencial dominante anteriormente delineado (serviços técnicos especializados de natureza predominantemente intelectual com profissionais ou empresas de notória especialização), o que irá nortear o programa de integridade.

III Incentivo da legislação de regência e obrigatoriedade de implantação do programa de integridade

Evidenciada a possibilidade de oferecimento de serviços jurídicos pelos escritórios advocatícios, passa-se à análise da legislação de regência, que traz importante previsão normativa acerca do programa de integridade.

Inicialmente, enfatiza-se que o ordenamento jurídico obriga ou, pelo menos, incentiva que a empresa licitante implante o programa de *compliance*.

Primeiro, a Lei Anticorrupção (Lei nº 12.846/13) preceitua, *in verbis*:

> Art. 7º Serão levados em consideração na aplicação das sanções:
>
> [...]
>
> VIII - a existência de mecanismos e procedimentos internos de integridade, auditoria e incentivo à denúncia de irregularidades e a aplicação efetiva de códigos de ética e de conduta no âmbito da pessoa jurídica;

Verifica-se, pois, o estímulo às empresas que licitam se adequarem às normas que preveem o programa de integridade.

Além disso, a Nova Lei de Licitação e Contratos Administrativos (Lei nº 14.333/21 – NLLCA) prevê obrigação[12] e benefícios, a saber:

> Art. 25. O edital deverá conter o objeto da licitação e as regras relativas à convocação, ao julgamento, à habilitação, aos recursos e às penalidades da licitação, à fiscalização e à gestão do contrato, à entrega do objeto e às condições de pagamento.
>
> [...]
>
> §4º Nas contratações de obras, serviços e fornecimentos de grande vulto, o edital deverá prever a obrigatoriedade de implantação de programa de

---

[12] Apesar da obrigatoriedade legal, deve-se enfatizar (SANTOS JR., 2018, p. 184): *A adoção de práticas de boa-fé, probidade e moralidade não está amparada primeiramente em prescrições legais, mas no espírito daqueles que agindo desta forma julgam o fazer bem, sem lesar a outrem. O combate a práticas ilícitas, portanto, como decorrência de ordem lógica, não deve advir primordialmente das leis, mas da criação de um ambiente culturalmente propício a integridade.*

integridade pelo licitante vencedor, no prazo de 6 (seis) meses, contado da celebração do contrato, conforme regulamento que disporá sobre as medidas a serem adotadas, a forma de comprovação e as penalidades pelo seu descumprimento.[13][14]

[...]

Art. 60. Em caso de empate entre duas ou mais propostas, serão utilizados os seguintes critérios de desempate, nesta ordem:

[...]

IV - desenvolvimento pelo licitante de programa de integridade, conforme orientações dos órgãos de controle.

[...]

Art. 156. Serão aplicadas ao responsável pelas infrações administrativas previstas nesta Lei as seguintes sanções:

[...]

§1º Na aplicação das sanções serão considerados:

[...]

V - a implantação ou o aperfeiçoamento de programa de integridade, conforme normas e orientações dos órgãos de controle.

Nesse diapasão, a legislação aplicável exige/incentiva que a empresa licitante (no presente estudo: os escritórios de advocacia) implemente/adeque o seu programa de integridade.

---

[13] Marçal Justen Filho (2021, p. 417) define: os programas de integridade são processos gerenciais orientados a impedir desvios éticos e práticas de fraude a terceiros, inclusive aqueles atinentes à corrupção. Esses programas envolvem a implantação de controles internos muito rígidos, especialmente no tocante ao destino de verbas e recursos de titulares de empresas. É fundamental ressaltar, no entanto, a ausência de definição ou padronização para os referidos programas de integridade. Não existem fórmulas determinadas quanto a isso.

[14] Dentre os benefícios da existência da ferramenta de *compliance*, vale enfatizar: Em primeiro lugar a exigência do compliance nas licitações públicas pode acautelar a Administração quanto a riscos de corrupção que lhe imponham perdas na contratação. Há, aqui, um potencial benefício econômico à contratação administrativa derivado do fato de o contratado exercer o autocontrole com vistas à redução de práticas lesivas de corrupção. A existência de um programa de integridade eficaz por parte da empresa contribui para reduzir espaços para conluios corrupção e práticas de cartelização que imponham à Administração preços ilegítimos, tanto na esfera da licitação como no âmbito da alteração e da renegociação de contratos. Desta perspectiva, o programa de integridade é um elemento que acautela a Administração quanto a perdas econômicas relevantes, afigurando-se uma exigência plenamente justificável à luz dos fins primordiais da licitação (GUIMARÃES, Fernando Vernalha; REQUI, Érica Miranda dos Santos. Exigência de programa de integridade nas licitações. *In:* PAULA, Marco Aurélio Borges de; CASTRO, Rodrigo Pironti Aguirre de (coord.). *Compliance*, gestão de riscos e combate à corrupção: integridade para o desenvolvimento. Belo Horizonte: Fórum, 2018. p. 203-2015. p. 208).

À guisa de remate, conforme leciona Marçal Justen Filho, vê-se o modelo de integridade também de forma voluntária, nos seguintes termos (2021, p. 417):

> Até por efeito do severo regime previsto na Lei 12.846/2013 (Lei Anticorrupção), tem-se difundido a adoção espontânea de programas de integridade nas empresas que participam de modo frequente de licitações públicas. De modo genérico, as empresas que pactuam contratos de valor elevado com a Administração já implantaram programas de integridade voluntariamente.

Ante o exposto, é inevitável a implantação/adequação do programa de integridade das licitantes em estudo (escritórios de advocacia).

IV A necessária implantação /adequação do programa de *compliance* em busca da ética e da integridade

Sedimentados o contexto e a previsão legal acerca da matéria, a implementação de mecanismos efetivos de integridade é de suma importância para evitar a corrupção e os males dela advindos.

Segundo Wagner Giovanini (2019), o modelo a ser seguido envolve a prevenção, a detecção e a correção, podendo ser dividido em alguns elementos essenciais, a saber:

- Comprometimento da Alta Direção.
- Criação de políticas, procedimentos e controles de referência para o Compliance.
- Aplicação de um programa efetivo de comunicação, treinamento e sensibilização.
- Avaliação, monitoramento e auditoria para assegurar a efetividade do programa.
- Aplicação adequada das medidas disciplinares e ações corretivas pertinentes.[15]

---

[15] Vale citar (ZENKNER, 2018, p. 94): *Neste sentido, os controles mais apurados, a transparência e a ausência de impunidade representam ferramentas imprescindíveis para moldar o comportamento daqueles que não possuem integridade, para que, pelo menos, essas pessoas realizem suas ações com moralidade.*

- Adequação na delegação das responsabilidades.
- Melhoria Contínua (p. 55).[16]

Verifica-se, pois, que a adequação e manutenção do programa de integridade é complexa e exige aprofundamento. Nos limites e contornos do texto, seguem-se evidenciados os principais pontos, a saber.

Primeiro, o *compliance* vai muito além da conformidade às normas internas e à legislação, sendo uma verdadeira diretriz para a ética e a integridade. Segundo o autor referenciado:

> Integridade possui um significado muito mais abrangente. Além de estar conforme os requisitos legais, ela impõe uma conduta correta permanente, como foi dito, "fazer o certo, independentemente de normas, códigos ou leis". "Essa sutileza faz toda diferença, desde o desenho de um programa até a sua real utilização prática" (p. 68).

Nesse sentido, o autor enfatiza que as medidas que visam apenas à conformidade com a lei, protegendo, portanto, a empresa de ser responsabilizada ou ter possível penalidade atenuada, não são suficientes para atingir um sistema de *compliance* efetivo. Por exemplo, a lista de treinamentos poderia ser assinada por apenas uma pessoa, sem a participação de todos os integrantes da organização (GIOVANINI, 2019, p. 67).

Dessa forma, deve-se buscar a conscientização e efetivação dos mecanismos de *compliance* em detrimento dos mecanismos de proteção, a fim de buscar a ética e a integridade em todos os processos da organização e atos das pessoas, seja funcionário, seja terceiro. Nesse sentido, conclui o autor:

> Esses mecanismos, quando efetivamente implementados, trazem como consequência a proteção da instituição. Isso é muito diferente de criar um mecanismo cujo objetivo se dirige apenas e tão somente à proteção. [...] (GIOVANINI, 2019, p. 69)

Nessa toada, Cristiana Fortini (2019) enfatiza a efetividade, à luz dos arts. 41 e 42 do Decreto Federal nº 8.420/15 (revogado pelo Decreto

---

[16] O referido autor desenvolve algumas questões relevantes sobre o cenário da implementação e manutenção do programa de *compliance*, bem como a divisão em temáticas vistas no cotidiano de uma organização, as quais se indica a leitura.

nº 11.129, de 2022, com nova redação nos arts. 56 e 57), a qual seria fundamental para o programa de integridade, bem como relata o caso da Operação Carne Fraca, nos seguintes termos:

> O suposto envolvimento de um dos líderes do setor responsável pela integridade [...] sugere que o compliance naquela empresa não passa de um conjunto de documentos desprovidos de outra intenção senão fazer crer aos incautos sobre o ausente compromisso ético. Em verdade, as notícias revelam comportamento oposto ao apregoado nas normas brasileiras (p. 197).

Compreende-se, portanto, que o comprometimento ético é essencial no Programa de Integridade, o qual só existe com mecanismos efetivos de integridade e não como forma de proteção da empresa.

Dessa forma, a ética e a integridade devem estar enraizadas na alta administração. Destarte, podem, inclusive, favorecer, pela simbologia existente, a adesão dos subordinados.[17]

Assim a renomada jurista conclui que a mera existência de Programas de Integridade não resolve nada, propondo a efetivação de um Sistema de Compliance, a partir das normas constantes do Decreto Federal referenciado acima (FORTINI, 2019, p. 201).

Estabelecidas as balizas citadas, a Lei nº 14.333/21 trouxe, por exemplo, alteração nos requisitos para a contratação direta do serviço advocatício. Tais mudanças devem ser respeitadas e colocadas em prática, conforme delineado no Tópico II – Contratação de Serviço Jurídico pela Administração Pública.

---

[17] Em outras palavras, vale citar (ZENKNER, 2018): Luis Moreno-Ocampo, Ex-Procurador-Geral do Tribunal Penal Internacional, em palestra ministrada no I Congresso Mundial do Ministério Público,"' classificou os membros de qualquer organização pública ou privada, em "verdes", "amarelos" e "vermelhos".

Para explicar sua classificação, Moreno-Ocampo se valeu da seguinte metáfora: em uma sala, hermeticamente fechada, haveria uma cadeira, uma mesa repleta de dinheiro alheio e uma câmera filmando todas as ações. Um indivíduo "verde" poderia ficar um longo período tempo na sala, inclusive com a câmera desligada, jamais subtrairia qualquer valor; o "amarelo" se possuísse a Plena certeza de que a câmera estivesse desligada e de que jamais poderia ser responsabilizado, não hesitaria em desviar uma parcela daquela importância em proveito próprio; o "vermelho", por fim, não apenas desviaria todo o dinheiro como também subtrairia a câmera.

Na alegoria de Moreno-Ocampo, fica nítido que os "verdes" são íntegros os "amarelos" são os tíbios e os "vermelhos" são os desonestos sem nenhum pudor.

A representação em cores se mostra interessante, porque pode explicar uma série de situações que podem ocorrer no âmbito das organizações: se assume a chefia um "verde", os subordinados "amarelos" assumem um tom esverdeado para seguir a linha adotada por seu superior hierárquico ou assumem um tom avermelhado caso esteja à frente do setor um "vermelho".

Todavia, muito além da implementação das referidas mudanças na participação dos certames para oferecer serviço jurídico ao Poder Público, enfatiza-se que, a fim de atingir o *compliance* efetivo, não basta, somente, inserir/retificar o Código de Integridade da organização, mas envolve a criação de mecanismos efetivos de integridade.

Isto é, não há efetivação do programa de integridade se ocorrer apenas uma mera retificação, a saber:

Previsão inicial

Art. X. Na situação de contratação pelo Poder Público, será cobrado honorários advocatícios de valor compatível e os serviços prestados deverão atingir os especificamente pactuados.

Parágrafo único. Serão observados os termos da Lei 8.6666/93, em especial o que consta nos artigos 13 e 25 do referido diploma, que preveem os requisitos de inexigibilidade da licitação para a contratação de serviços técnicos de notória especialização, como o patrocínio de causas

Previsão retificada

Art. X. Na situação de contratação pelo Poder Público, será cobrado honorários advocatícios de valor compatível e os serviços prestados deverão atingir os especificamente pactuados.

Parágrafo único. Serão observados os termos do inciso III do art. 74 da Lei 14.133/21, que preveem os requisitos de inexigibilidade da licitação para a contratação de serviços técnicos de notória especialização, como o patrocínio de causas.

Vê-se apenas uma mudança formal na redação do Código de Conduta, que nada contribuiria sem a implementação de uma cultura de ética e integridade, disseminação de valores pela Alta Direção, profissional de *compliance* comprometido, plano de comunicação efetivo etc.

Nessa esteira, a forma de agir da empresa licitante deve buscar a moralidade e a ética. Conforme Marcelo Zenkner (2018, p. 117):

O século XXI trouxe consigo mudanças profundas no comportamento das pessoas e no mundo em que vivemos, as quais se reflete diretamente nas empresas. Já não basta mais produzir com qualidade, entregar bons serviços e ter uma conduta correta com funcionários e consumidores. Há tempos, isso se tornou o mínimo que se espera das companhias. O que é valorizado hoje diz respeito ao conjunto de valores da empresa e o quanto ela contribui para transformar o planeta em um lugar melhor, ou seja, o reconhecimento da empresa por suas externalidades positivas, boas práticas, idoneidade e integridade, além de dever, um olhar moderno de geração de valor.

Evidenciada a busca pela ética e a necessária implantação de mecanismos eficientes de integridade, o Código de Conduta tem sua importância, uma vez que é "pedra fundamental" de um sistema de *compliance*. Vale citar trecho escrito por Wagner Giovanini (2019, p. 59):

> A "pedra fundamental" de um Sistema de Compliance é o código de conduta com a obrigatoriedade de refletir OS princípios e valores da organização, de modo claro e inequívoco. Conforme a cultura, pode ser um documento simples, direto e pragmático ou detalhado com exigências especificas. O seu conteúdo impõe imparcialidade, justiça ausência de preconceitos e ambiguidades, com linguagem apropriada aos públicos de destino e aplicável a todas as pessoas, sem distinção e discriminação. Ele atuará como guia na maioria das decisões e definições durante a implementação, bem como na manutenção do programa.

Compreende-se, portanto, que a aplicação da baliza delineada aos escritórios de advocacia, que tem no seu dia a dia a vivência com mudanças frequentes na legislação de regência (delimita e rege a forma de atuação com a Administração Pública), tem importância fulcral, sendo de suma relevância que o código de conduta seja atualizado, com linguagem simples, completa e prática.

Ademais, como dito, existem dificuldades na aplicação do instituto jurídico da inexigibilidade aos casos concretos acerca do tema serviços advocatícios, exigindo, portanto, o devido tratamento no código de conduta.

Ante o exposto, deve-se levar em conta, no modelo de integridade, todos os mecanismos de *compliance* adequados, que busquem a formação de uma organização ética e íntegra, conforme a peculiaridade do caso concreto.

V Conclusão

Verifica-se, portanto, conforme delineado, a necessária instituição/ adequação ou a devida manutenção do programa de integridade dos escritórios de advocacia diante da prestação de serviços jurídicos ao Poder Público, mediante processo de contratação direta, especialmente nas hipóteses de inexigibilidade de licitação.

Para tanto, conclui-se necessária a realização de mecanismos efetivos de integridade e não apenas pela implementação de mecanismos de proteção. Dessa forma, deve haver código de conduta atualizado, com linguagem simples, completa e prática, sem se esquecer da implementação basilar de uma cultura de ética e integridade; disseminação de valores pela Alta Direção; profissional de *compliance* comprometido e plano de comunicação efetiva, entre outras medidas a serem tomadas.

Referências

BRASIL. *Constituição da República Federativa do Brasil de 1988.* Disponível em: https://www.planalto.gov.br/ccivil_03/constituicao/constituicao.htm. Acesso em: 6 jun. 2023.

BRASIL. *Decreto nº 8.420/15.* Regulamenta a Lei nº 12.846, de 1º de agosto de 2013, que dispõe sobre a responsabilização administrativa de pessoas jurídicas pela prática de atos contra a administração pública, nacional ou estrangeira e dá outras providências. Disponível em: https://www.planalto.gov.br/ccivil_03/_ato2015-2018/2015/decreto/D8420.htm. Acesso em: 6 jun. 2023.

BRASIL. *Decreto nº 11.126/22.* Regulamenta a Lei nº 12.846, de 1º de agosto de 2013, que dispõe sobre a responsabilização administrativa e civil de pessoas jurídicas pela prática de atos contra a administração pública, nacional ou estrangeira. Disponível em: https://www.planalto.gov.br/ccivil_03/_Ato2019-2022/2022/Decreto/D11129.htm#art70. Acesso em: 6 jun. 2023.

BRASIL. *Lei nº 8.666/93.* Regulamenta o art. 37, inciso XXI, da Constituição Federal, institui normas para licitações e contratos da Administração Pública e dá outras providências. Disponível em: https://www.planalto.gov.br/ccivil_03/leis/l8666cons.htm. Acesso em: 6 jun. 2023.

BRASIL. *Lei nº 12.846/23.* Dispõe sobre a responsabilização administrativa e civil de pessoas jurídicas pela prática de atos contra a administração pública, nacional ou estrangeira, e dá outras providências. Disponível em: https://www.planalto.gov.br/ccivil_03/_Ato2011-2014/2013/Lei/L12846.htm. Acesso em: 6 jun. 2023.

BRASIL. *Lei nº 14.133/21. Lei de Licitações e Contratos Administrativos.* Disponível em: https://www.planalto.gov.br/ccivil_03/_ato2019-2022/2021/lei/l14133.htm. Acesso em: 6 jun. 2023.

BRASIL. *Medida Provisória nº 1.167.* Altera a Lei nº 14.133, de 1º de abril de 2021, para prorrogar a possibilidade de uso da Lei nº 8.666, de 21 de junho de 1993, da Lei º 10.520, de 17 de julho de 2002, e dos art. 1º a art. 47-A da Lei nº 12.462, de 4 de agosto de 2011. Disponível em: https://www.planalto.gov.br/ccivil_03/_ato2023-2026/2023/mpv/mpv1167.htm. Acesso em: 6 jun. 2023.

CAMARÃO, Tatiana; FORTINI, Cristiana; OLIVEIRA, Rafael Sérgio Lima de; *Comentários à Lei de Licitações e Contratos Administrativos.* Belo Horizonte: Fórum, 2022.

CAMARÃO, Tatiana. PIRES, Maria Fernanda. A inexigibilidade de licitação para a contratação de serviços jurídicos. *In*: Marcelo Figueiredo (coord.). *A contratação direta de profissionais da advocacia.* São Paulo: Malheiros/Juspodivm, 2022.

FORTINI, Cristiana. Programa de integridade e a Lei Anticorrupção. *In:* PAULA, Marco Aurélio Borges de; CASTRO, Rodrigo Pironti Aguirre de (coord.). *Compliance, gestão de riscos e combate à corrupção*: integridade para o desenvolvimento. Belo Horizonte: Fórum, 2018. p. 193-201.

GIOVANINI, Wagner. Programa de Compliance e Anticorrupção: importância e elementos essenciais. *In:* PAULA, Marco Aurélio Borges de; CASTRO, Rodrigo Pironti Aguirre de (coord.). *Compliance, gestão de riscos e combate à corrupção*: integridade para o desenvolvimento. Belo Horizonte: Fórum, 2018. p. 53-70.

GUIMARÃES, Fernando Vernalha; REQUI, Érica Miranda dos Santos. Exigência de programa de integridade nas licitações. *In:* PAULA, Marco Aurélio Borges de; CASTRO, Rodrigo Pironti Aguirre de (coord.). *Compliance, gestão de riscos e combate à corrupção*: integridade para o desenvolvimento. Belo Horizonte: Fórum, 2018. p. 203-2015.

JUNTEN FILHO, Marçal. *Comentários à Lei de Licitações e Contratos Administrativos*: Lei 14.133/2021. São Paulo: Thomson Reuters Brasil, 2021.

SANTOS JR., Balisário dos; PETIAN, Angélica. Por uma cultura da integridade agora. *In:* PAULA, Marco Aurélio Borges de; CASTRO, Rodrigo Pironti Aguirre de (coord.). *Compliance, gestão de riscos e combate à corrupção*: integridade para o desenvolvimento. Belo Horizonte: Fórum, 2018. p. 183-192.

ZENKNER, Marcelo. O papel do setor privado na promoção da integridade nos negócios. *In:* PAULA, Marco Aurélio Borges de; CASTRO, Rodrigo Pironti Aguirre de (coord.). *Compliance, gestão de riscos e combate à corrupção*: integridade para o desenvolvimento. Belo Horizonte: Fórum, 2018. p. 89-119.

Informação bibliográfica deste texto, conforme a NBR 6023:2018 da Associação Brasileira de Normas Técnicas (ABNT):

PIRES, Maria Fernanda Veloso; BALIEIRO, Luan Alvarenga. Contratação pública e integridade: o programa de *compliance* nos escritórios de advocacia que prestam serviço jurídico ao Poder Público. *In:* FORTINI, Cristiana; PIRES, Maria Fernanda Veloso; CAVALCANTI, Caio Mário Lana (coord.). *Integridade e contratações públicas*: reflexões atuais e desafios. Belo Horizonte: Fórum, 2024. p. 293-308. ISBN 978-65-5518-708-3.

O PRAGMATISMO NO ORDENAMENTO JURÍDICO BRASILEIRO E SUA INFLUÊNCIA ÀS DECISÕES DE CONTROLE DA ADMINISTRAÇÃO PÚBLICA

MARILENE CARNEIRO MATOS

FELIPE DALENOGARE ALVES

1 Introdução

Este capítulo apresenta o resultado de um estudo acerca do consequencialismo como teoria moral e sua crescente utilização no Direito, especialmente no Brasil, com sua inserção na Lei de Introdução às Normas do Direito Brasileiro (LINDB), na Lei de Improbidade Administrativa (LIA) e na Lei de Licitações e Contratos (LLC), instituindo-se parâmetros consequencialistas para as decisões de controle da Administração Pública.

O consequencialismo constitui teoria moral, estudado com ênfase na filosofia, e tem sido visto com muita frequência nas decisões judiciais, principalmente pela crescente expansão do poder judicial, não apenas em termos numéricos (com o aumento significativo de juízes e tribunais), mas principalmente pela progressiva judicialização de demandas sociais, que, cada vez mais, possuem relevante impacto moral, político e religioso, bem como as políticas econômicas e sociais.[1]

---

[1] A respeito da crescente judicialização da política e das relações sociais, bem como decisões judiciais de alto impacto moral, ver: ALVES, Felipe Dalenogare; LEAL, Mônia Clarissa Hennig. *Judicialização e Ativismo Judicial:* o Supremo Tribunal Federal entre a interpretação e a intervenção na esfera de atuação dos demais Poderes. Rio de Janeiro: Lumen Juris, 2015.

Se para os utilitaristas o que importa é a felicidade, para os jusnaturalistas as leis da natureza, para os consequencialistas a primazia está nas consequências da decisão do sujeito no mundo em geral. Assim, em muito pesarão as influências e projeções, benéficas ou maléficas, não só às partes, mas à sociedade como um todo dela advindas.

Nesse sentido, os fundamentos cognitivos, não mais adstritos meramente às partes processuais, passam a ocupar grande espaço nas decisões judiciais, em detrimento dos fundamentos jurídicos, o que ocasiona decisões judiciais preponderantemente preocupadas com o futuro, diante de possíveis consequências do *decisum* no mundo da vida.

A grande questão que se apresenta, na utilização de argumentos consequencialistas, é que, de certo modo, ao se analisar as consequências da decisão, diante de possíveis alternativas, o julgador realizará uma eleição daquela que trará os "melhores impactos". No entanto, isso não poderá ser feito com propósito meramente subjetivo, sem o teste dessas possibilidades, o que demanda um certo empirismo, com a utilização de dados concretos, dos quais, muitas vezes, o julgador não dispõe.

Essa ausência de fundamentos concretos, de matriz empírica, nas decisões judiciais que analisam seus impactos suscita as críticas presentes na doutrina brasileira, de um subjetivismo baseado em conjecturas, com afastamento dos fundamentos jurídicos, o que levaria a um ativismo judicial.

Não obstante, o legislador brasileiro passou, nos últimos anos, a dar primazia ao consequencialismo, não só às decisões judiciais, mas também às administrativas e de controle, como aquelas oriundas dos Tribunais de Contas, essencialmente com as alterações promovidas no ano de 2018 na LINDB, no ano de 2021 na LIA e com a edição, também em 2021, de uma nova LLC.

Nesse sentido, previu critérios, como a observância motivada, que demonstrem a necessidade e adequação das medidas adotadas dentre as alternativas possíveis, principalmente com a consideração de elementos que impactarão nos campos sociais e econômicos aos quais o Estado (por seus Três Poderes) não é alheio.

Nesse contexto, a pesquisa justifica-se pela necessidade de esclarecimento de importantes pontos que cercam a problemática que motiva o estudo, o qual encontra seu cerne no seguinte problema: quais os possíveis impactos no controle da Administração Pública provocados pela inserção expressa do consequencialismo no Direito brasileiro?

Objetivando-se encontrar resultados para o problema apresentado, realizou-se uma pesquisa bibliográfica, utilizando-se do método fenomenológico-hermenêutico para fins de abordagem, eis que, para esta investigação, o estudo acerca do fenômeno é essencial para o desvelamento da realidade, servindo-se, ainda, do método monográfico para fins procedimentais.

Para tanto, o texto estrutura-se em duas partes. Na primeira, realiza-se um discurso de fundamentação acerca do consequencialismo como teoria moral e suas características, dentre as quais a primazia de argumentos cognitivos em detrimento dos jurídicos à tomada de decisão, com o estudo de suas consequências. Em um segundo momento, analisam-se os principais dispositivos da LINDB, da LIA e da LLC que inseriram o consequencialismo como parâmetro de observância às decisões de controle.

2 O consequencialismo como teoria moral e a primazia dos elementos cognitivos em detrimento dos normativos

Para se analisar a evolução do consequencialismo no Direito brasileiro, é necessário perpassar pelo estudo de importantes elementos dessa corrente, principalmente aquilo que diz respeito à sua epistemologia. O consequencialismo constitui teoria moral, estudado com muita ênfase na filosofia, e tem se tornado objeto de estudo, principalmente pela crescente expansão do poder judicial.[2]

Como teoria moral, apresenta uma noção do que é importante para ela, ou seja, aquilo que almeja constituir como balizador dos atos de um sujeito no mundo em geral. Assim, se, no utilitarismo, o indivíduo deve praticá-los buscando a felicidade e, no jusnaturalismo, deve executá-los buscando o cumprimento das leis da natureza, no consequencialismo, deve fazê-lo levando em consideração seus efeitos práticos.[3]

---

[2] Hirschl (2023) apresenta que, além da dimensão quantitativa da expansão global do "poder judicial", com o número cada vez mais crescente de juízes e tribunais (não só nacionais, mas também regionais e globais), há uma dimensão substantiva desse crescente "poder", com o crescente envolvimento judicial em matérias controversas, sejam questões de ordem moral, política ou de alta política, em que, muitas vezes, lançam mão de decisões compostas em grande parte por argumentos essencialmente consequencialistas. HIRSCHL, Ran. The global expansion of judicial power. *In*: EPSTEIN, Lee; GRENDSTAD, Gunnar; ŠADL, Urška; WEINSHALL, Keren (ed.). *The Oxford Handbook of Comparative Judicial Behaviour*. Oxford University Press, 2023, p. 9.

[3] PETTIT, Philip. El consecuencialismo. *In*: SINGER, Peter (ed.). *Compendio de ética*. Madrid: Alianza Editorial, 1995, p. 323-324.

No âmbito da teoria da decisão judicial, Torres destaca que o consequencialismo leva em consideração as influências e as projeções do *decisum* no mundo da vida, sejam boas ou más, como as econômicas, sociais e culturais, benéficas ou maléficas à sociedade, em uma permanente tensão entre valores e princípios de um lado e facticidade de outro.[4]

A título ilustrativo, no célebre caso estadunidense Müller *vs*. Oregon, julgado pela Suprema Corte em 1908, o juiz Louis Dembitz Brandeis apresentou um memorial que continha cerca de duas páginas contendo a fundamentação baseada em argumentos jurídicos e outras 110 com fundamentos voltados às consequências da longa duração do trabalho à mulher.[5]

Para Maccormick, há motivos relevantes para acreditar que os juízes deveriam examinar e avaliar as consequências das diferentes alternativas que lhes estivessem disponíveis.[6] Assim, eles considerariam as consequências da adoção de uma determinada decisão para as partes, bem como as decisões futuras que teriam que ser tomadas em outros casos análogos.[7]

A argumentação consequencialista possui um caráter eminentemente avaliatório, uma vez que analisa a aceitabilidade ou não, os prós e contras, dessas consequências, muitas vezes consideradas sob valores abstratos, como "justiça", "senso comum", "interesse público", "conveniência" ou "praticidade".[8]

Por outro lado, o consequencialismo também é, ao menos em parte, subjetivo. Isso porque o juiz, ao avaliar as possíveis consequências de sua decisão, pode atribuir pesos diferentes a distintos critérios avaliativos, divergir quanto ao grau de (in)justiça ou quanto ao quão (in)convenientes serão as consequências da adoção ou rejeição de determinada alternativa possível à decisão.[9]

---

[4] TORRES, Ricardo Lobo. O consequencialismo e a modulação dos efeitos das decisões do Supremo Tribunal Federal. *In*: DERZI, Misabel Abreu Machado (org.). *Separação de poderes e efetividade do sistema tributário*. Belo Horizonte: Del Rey Editora, 2010, p. 20.
[5] MENDES, Gilmar Ferreira. *Jurisdição constitucional*: o controle abstrato de normas no Brasil e na Alemanha. 4. ed. São Paulo: Saraiva, 2004, p. 221.
[6] MACCORMICK, Neil. *Argumentação Jurídica e Teoria do Direito*. Trad. Waldéa Barcellos. São Paulo: Martins Fontes, 2006, p. 165.
[7] MACCORMICK, Neil. *Argumentação Jurídica e Teoria do Direito*. Trad. Waldéa Barcellos. São Paulo: Martins Fontes, 2006, p. 133.
[8] MACCORMICK, Neil. *Argumentação Jurídica e Teoria do Direito*. Trad. Waldéa Barcellos. São Paulo: Martins Fontes, 2006, p. 133-134.
[9] MACCORMICK, Neil. *Argumentação Jurídica e Teoria do Direito*. Trad. Waldéa Barcellos. São Paulo: Martins Fontes, 2006, p. 134.

Esta poderá calcar-se em argumentos de princípio, ou seja, aqueles intrinsecamente ligados à moral e à ética, de caráter eminentemente axiológico, ou aqueles decorrentes da análise das consequências (que podem fundamentar essa decisão) intrínsecas à política, à eficiência, à teleologia, ou seja, almejando-se a eficácia da decisão no mundo da vida.[10]

Em ambas as situações, os critérios podem ser úteis ou inúteis, a depender do estado comportamental do intérprete na sua aplicação, o que acarreta uma indeterminação do estado hermenêutico. Isso porque, em se tratando de fundamentação principiológica, a indeterminação poderá advir da capacidade de abstração, enquanto na fundamentação consequencialista se dará pelo risco da imprevisão do futuro.[11]

Gabardo e Souza sinalizam que ambos os critérios podem não ter utilidade se corrompidos pela subjetividade do intérprete.[12] É o mesmo alerta realizado por Abboud, que, ao trabalhar o ativismo judicial consequencialista na jurisprudência brasileira, aponta para a presença de argumentos que constituem "verdadeiro subterfúgio retórico para substituir o direito vigente pela subjetividade do intérprete".[13]

Assim, "por mais desejável que uma dada deliberação seja quanto a fundamentos consequencialistas, ela não pode ser adotada se estiver em contradição com alguma norma válida e de caráter obrigatório do sistema".[14] Dito de outro modo, "há limites para a esfera de ação da atividade judicial legítima: os juízes devem fazer justiça de acordo com a lei, não legislar para o que parecer a seus olhos uma forma de sociedade idealmente justa".[15]

---

[10] GABARDO, Emerson; SOUZA, Pablo Ademir de. O consequencialismo e a LINDB: a cientificidade das previsões quanto às consequências práticas das decisões. *A&C – Revista de Direito Administrativo & Constitucional*, Belo Horizonte, ano 20, n. 81, p. 101, jul./set. 2020.

[11] GABARDO, Emerson; SOUZA, Pablo Ademir de. O consequencialismo e a LINDB: a cientificidade das previsões quanto às consequências práticas das decisões. *A&C – Revista de Direito Administrativo & Constitucional*, Belo Horizonte, ano 20, n. 81, p. 101-102, jul./set. 2020.

[12] GABARDO, Emerson; SOUZA, Pablo Ademir de. O consequencialismo e a LINDB: a cientificidade das previsões quanto às consequências práticas das decisões. *A&C – Revista de Direito Administrativo & Constitucional*, Belo Horizonte, ano 20, n. 81, p. 102, jul./set. 2020.

[13] ABBOUD, Georges. Consequencialismo jurídico: o lugar da análise de consequências em direito e os perigos do ativismo judicial consequencialista. *Revista dos Tribunais*, São Paulo, vol. 1009, p. 4, nov. 2019.

[14] MACCORMICK, Neil. *Argumentação Jurídica e Teoria do Direito*. Trad. Waldéa Barcellos. São Paulo: Martins Fontes, 2006, p. 135.

[15] MACCORMICK, Neil. *Argumentação Jurídica e Teoria do Direito*. Trad. Waldéa Barcellos. São Paulo: Martins Fontes, 2006, p. 136.

Inegavelmente, "decidir preocupado com as consequências é uma medida potencialmente boa para o Direito brasileiro, pois chama a atenção do decisor para a necessidade de não tomar decisões puramente abstratas e, portanto, desconectadas da realidade",[16] uma vez que "afirmar que o Direito não pode ser desconectado da realidade é algo que decorre da própria compreensão de que o ordenamento jurídico é, em certa medida, um produto dos costumes, práticas e cultura local".[17]

No entanto, há riscos à adoção do consequencialismo, dentre eles o seu uso estratégico para decidir conforme as preferências pessoais do decisor, a dificuldade na identificação das consequências práticas e a ausência de critérios objetivos à decisão sobre qual consequência prática deve prevalecer entre as possíveis.[18]

À utilização do consequencialismo, cresce de importância o que Maccormick denomina de "justificação de segunda ordem", a qual envolve dois elementos que se autocomplementam: a argumentação consequencialista (em sentido estrito), intrinsecamente avaliatória, e a que testa possíveis decisões, verificando a coesão e a coerência com o sistema jurídico existente.[19]

Isso porque poderia ser enganoso, no sentido utilitarista, se utilizar estritamente de argumentos consequencialistas, uma vez que esta argumentação busca estabelecer que uma decisão é a melhor em vista das demais, sem, contudo, considerar a soma dos resultados cumulativos ou concorrentes da avaliação, utilizando-se uma série de critérios de valor, com o teste de possíveis alternativas, para se alcançar conceitos como "justiça", "senso comum", "proveito público" e "conveniência".[20]

O fato é que, em grande medida, as críticas ao consequencialismo estão associadas ao subjetivismo do decisor ao avaliar e testar as possíveis alternativas. Alvim, por exemplo, se questiona: "o que faz

---

[16] DEZAN, Sandro Lucio; OLIVEIRA, Odilon Cavallari de. Decisão Administrativa: entre princípios e consequências. *In:* CORRALO, Giovani da Silva; SANTIN, Janaína Rigo (coord.). *Direito administrativo e gestão pública I.* Florianópolis: CONPEDI, 2022, p. 269.

[17] SOUZA BARBOSA, Bernardo. *O consequencialismo e a mitigação das perdas no controle de contratos administrativos pelo Tribunal de Contas da União.* Dissertação. São Paulo: FGV/SP, 2020, p. 13.

[18] DEZAN, Sandro Lucio; OLIVEIRA, Odilon Cavallari de. Decisão Administrativa: entre princípios e consequências. *In:* CORRALO, Giovani da Silva; SANTIN, Janaína Rigo (coord.). *Direito administrativo e gestão pública I.* Florianópolis: CONPEDI, 2022, p. 269.

[19] MACCORMICK, Neil. *Argumentação Jurídica e Teoria do Direito.* Trad. Waldéa Barcellos. São Paulo: Martins Fontes, 2006, p. 137.

[20] MACCORMICK, Neil. *Argumentação Jurídica e Teoria do Direito.* Trad. Waldéa Barcellos. São Paulo: Martins Fontes, 2006, p. 147.

um juiz, ao projetar os efeitos da decisão no mundo real, negar uma liminar por causa do perigo do dano reverso?" A autora explica que "esta projeção não pode ser fruto de intuição ou do subjetivismo de quem decide".[21]

Por conseguinte, ao se analisar (avaliar e testar) as consequências práticas da decisão, "são necessários dados empíricos, estudos sérios para que o impacto de uma decisão possa ser estimado, e possa, então, legitimamente interferir no modo como ela seja tomada".[22]

Com isso, é possível afirmar que "a consequência inerente à ideia de consequencialismo, como parece evidente, traz em si um sentido de empirismo", à medida que não se torna plausível fazer a avaliação das possíveis alternativas, sem um grau de segurança empírico.[23] Assim, é correto afirmar que a fundamentação consequencialista se aproxima da pragmática, à medida que o pragmatismo é marcado pelo consequencialismo[24] e pelo empirismo.[25]

Há de se dizer, na nossa visão, que a decisão baseada em argumentos consequencialistas deve possuir uma base que a fundamente, lastreada em dados, os quais possuem dois propósitos inerentes ao consequencialismo: demonstrar uma circunstância passada ou presente, a fim de auxiliar na decisão do caso em análise, e auxiliar na tomada de decisões futuras, balizando o sentido em que elas devem ocorrer, diante de um dado indicativo.[26]

Inevitavelmente, no consequencialismo, o julgador deixa de meramente sujeitar-se ao princípio da *iura novit curia*, sob o qual caberia às partes demonstrar os fatos e a ele aplicar o Direito, passando

---

[21] ALVIM, Teresa Arruda. Consequencialismo nas decisões: não se pode ignorar os impactos no mundo dos fatos. *Revista Consultor Jurídico*, 24 jul. 2020.
[22] ALVIM, Teresa Arruda. Consequencialismo nas decisões: não se pode ignorar os impactos no mundo dos fatos. *Revista Consultor Jurídico*, 24 jul. 2020.
[23] BRANDÃO, Rodrigo; FARAH, André. Consequencialismo no Supremo Tribunal Federal: uma solução pela não surpresa. *Revista de Investigações Constitucionais*, Curitiba, vol. 7, n. 3, p. 831-858, set./dez. 2020, p. 835.
[24] Gabardo e Souza (2021, p. 102) destacam que "a discussão quanto às consequências práticas de determinada ação ou decisão também é chamada de pragmatismo, e é estudada no campo da filosofia moral. O consequencialismo, nessa seara, é concebido como a característica da 'matriz pragmatista' que prioriza as consequências do ato, teoria ou conceito".
[25] BRANDÃO, Rodrigo; FARAH, André. Consequencialismo no Supremo Tribunal Federal: uma solução pela não surpresa. *Revista de Investigações Constitucionais*, Curitiba, vol. 7, n. 3, p. 831-858, set./dez. 2020, p. 836.
[26] BRANDÃO, Rodrigo; FARAH, André. Consequencialismo no Supremo Tribunal Federal: uma solução pela não surpresa. *Revista de Investigações Constitucionais*, Curitiba, vol. 7, n. 3, p. 831-858, set./dez. 2020, p. 836.

a trazer elementos fáticos à decisão (prognósticos), alheios à relação interpartes, instituindo-se como um "engenheiro social". O grande problema que se apresenta, no entanto, é a imprevisibilidade dessas decisões, uma vez que os elementos prognósticos se referem ao futuro, sendo variados e, muitas vezes, associados a um conhecimento que o julgador não detém.[27]

O fato é que o consequencialismo funda-se na primazia dos elementos cognitivos (fatos) sobre os normativos (Direito), passando a estar presente cada vez mais nas decisões jurisdicionais, principalmente diante da complexidade e constante mutação social, que obriga o Direito a lidar com as demandas técnico-sociais, levando-as em consideração.[28]

Se o consequencialismo é, no sistema brasileiro, inevitável, como previsto no *caput* do art. 20 da Lei de Introdução às Normas ao Direito Brasileiro (LINDB), ao mesmo tempo é necessário o estabelecimento de parâmetros decisórios, com a fundamentação das razões de decidir diante das possíveis alternativas, como os critérios de necessidade e adequação, conforme determinado pelo parágrafo único desse artigo.

A partir da alteração promovida na LINDB, o consequencialismo tornou-se parte do ordenamento jurídico brasileiro, passando a constituir balizador não só nas decisões judiciais, mas também nas administrativas e de controle, como as decisões emanadas dos Tribunais de Contas, estando presente também na Lei de Improbidade Administrativa e na Lei de Licitações, evolução normativa que será estudada na próxima seção.

3 A evolução normativa consequencialista ao controle da Administração Pública

A exemplo da tendência internacional de utilização da perspectiva consequencialista, conforme demonstrado na seção anterior, o Direito Administrativo brasileiro tem presenciado uma série de iniciativas legislativas nesse sentido, mediante a edição de normas com impactos diretos nas contratações públicas, conforme se demonstrará a seguir.

Inicialmente, a Lei nº 13.655/2018 provocou profundas alterações na Lei de Introdução às Normas do Direito Brasileiro (LINDB), com

---

[27] CAMPOS, Ricardo. A transformação da jurisdição constitucional e o perigo do consequencialismo. *Revista Consultor Jurídico*, 11 de fevereiro de 2020.

[28] CAMPOS, Ricardo. A transformação da jurisdição constitucional e o perigo do consequencialismo. *Revista Consultor Jurídico*, 11 de fevereiro de 2020.

relevantes impactos na sistemática do controle da Administração Pública. As modificações se calcaram, dentre outros motivos, na necessidade de garantir segurança jurídica aos gestores públicos na tomada de decisões.[29]

A LINDB "repaginada" esteve bastante interligada às discussões que vinham sendo travadas sobre um importante fenômeno na realidade administrativa: o "apagão das canetas",[30] consistente na paralisia administrativa, considerada por Valgas[31] como uma das estratégias de fuga da responsabilização adotada pelo agente público, ante a existência de um sistema de controle da Administração que se mostra hipertrofiado e disfuncional.

Tal contexto de ampliação dos meios e da intensidade do controle da atividade administrativa tem sido bastante discutido na doutrina. Aponta-se o agigantamento do controle que se intensificou em meios e intensidade, a partir do período pós-redemocratização, como uma espécie de reação à sua diminuição no período anterior.[32]

Diversos motivos explicam esse agigantamento dos meios de controle, a partir dos anos 90, dentre os quais, a reforma administrativa promovida pela Emenda Constitucional nº 19/98, que visava instituir a administração gerencial, calcada em resultados; o movimento de cooperação público-privada, acentuado naquela década, que, a par de atuar para atrair investimentos privados à viabilização de serviços públicos e de infraestrutura, também desenvolveu mecanismos de controle e de regulação de tais atividades; e a constitucionalização da atividade administrativa, que teve como reflexos o controle baseado em princípios.

Sobre os efeitos da constitucionalização da atividade administrativa, Marques Neto e Freitas destacam que, "com base nesse alicerce doutrinário, passou-se a defender o entendimento de acordo com o

---

[29] HOHMANN, Ana Carolina; COELHO, Fernanda. As alterações da LINDB e as novas perspectivas do controle da Administração. *Revista de Direito Administrativo e Infraestrutura*, vol. 14, p. 2, 2020.
[30] CARVALHO, Guilherme. O artigo 28 da LINDB é uma mera "bandeira branca". *In*: Migalhas de peso. Portal Migalhas. 21 de fevereiro de 2019.
[31] SANTOS, Rodrigo Valgas dos. *Direito Administrativo do Medo*: risco e fuga da responsabilização dos agentes públicos. 1. ed. São Paulo: Thomson Reuters Brasil, 2020. p. 329.
[32] MARQUES NETO, Floriano de Azevedo; PALMA, Juliana Bonacorsi de. Os sete impasses do controle da Administração Pública no Brasil. *In*: PEREZ, Marcos Augusto; SOUZA, Rodrigo Pagani de (coord.). *Controle da Administração Pública*. Belo Horizonte: Fórum, 2017, p. 21.

qual não há que se falar mais na existência de uma discricionariedade administrativa absoluta, pautada pelos conceitos de conveniência e oportunidade".[33] Significa dizer que a atividade administrativa está vinculada à juridicidade, no sentido amplo, abarcando não apenas regras, mas também princípios, noção impulsionada, por exemplo, pelo neoconstitucionalismo, pela eficácia das normas constitucionais e pela teoria dos princípios, que ampliou o alcance do controle jurisdicional.[34]

Dessa amplificação dos meios e da intensidade do controle surgiram efeitos indesejáveis que impactaram a atividade administrativa brasileira, dentre eles o que Valgas denominou de "estratégias de fugas da responsabilização", destacando-se a paralisia administrativa (ou "apagão das canetas"), consistente na conduta do agente público de simplesmente não desempenhar suas atribuições em situações de elevado risco, que, segundo o autor, no caso brasileiro, é "bem mais elevado que em outros países", situação que decorre do "controle externo disfuncional".[35]

Diante disso, as alterações promovidas pela Lei nº 13.655/2018 traduziram mudanças que objetivaram garantir maior raio de segurança jurídica e eficiência aos agentes públicos decisores, para minimizar a adoção das várias situações de estratégias de fuga da responsabilização, notadamente essa paralisia administrativa, a fim de evitar os riscos inerentes ao desempenho da atividade administrativa.[36]

É nesse contexto que se inserem os artigos 20, 21 e 22 da LINDB, que constituem mecanismos-chave de implantação do consequencialismo na realidade administrativa, uma vez que obrigam as diversas instâncias controladoras a lançar os olhos para a realidade, considerando os impactos práticos de decisões baseadas em valores jurídicos abstratos.

Assim, diante do elevado grau de abstração dos princípios e das dificuldades de sua aplicação, o legislador estabeleceu, no art. 20, critérios que devem ser observados em todas as esferas decisórias,

---

[33] MARQUES NETO, Floriano de Azevedo; FREITAS, Rafael Véras de. *Comentários à Lei nº 13.655/2018 (Lei da Segurança para a Inovação)*. Belo Horizonte: Fórum, 2019.

[34] MARQUES NETO, Floriano de Azevedo; FREITAS, Rafael Véras de. *Comentários à Lei nº 13.655/2018 (Lei da Segurança para a Inovação)*. Belo Horizonte: Fórum, 2019.

[35] SANTOS, Rodrigo Valgas dos. *Direito Administrativo do Medo*: risco e fuga da responsabilização dos agentes públicos. São Paulo: Thomson Reuters Brasil, 2020, p. 327.

[36] NETO, Floriano Marques de Azevedo; FREITAS, Rafael Veras de. O artigo 28 da nova LINDB: um regime jurídico para o administrador honesto. *Revista Consultor Jurídico*, 25 de maio de 2018.

quando baseadas em valores jurídicos abstratos, a fim de evitar decisões abstratas e desconexas com suas consequências.[37]

Na trilha do consequencialismo e em contraposição à doutrina clássica das nulidades, segundo o qual a verificação de nulidade sempre tem como consequência o desfazimento do ato ou contrato,[38] o art. 21 dispõe que devem ser avaliadas possíveis alternativas de medidas impostas ou de invalidação de atos, contratos, ajustes, processo ou norma administrativa.

Na mesma linha, há uma nítida orientação contrária ao formalismo, no parágrafo único desse artigo, o qual coloca a necessidade de que a regularização de eventual situação viciada ocorra de modo proporcional e equânime, vantajoso aos interesses gerais, vedada a imposição de ônus ou perdas anormais ou excessivas, permitindo-se, assim, uma espécie de regime de transição à nova situação.

Por fim, o art. 22 apregoa o dever de "considerar os obstáculos e as dificuldades reais do gestor e as exigências das políticas públicas" quando da interpretação de normas acerca de gestão pública, bem como as circunstâncias práticas que determinaram ou condicionaram a decisão sobre regularidade de conduta ou validade de ato, contrato, ajuste, processo ou norma administrativa, dando-se ênfase, aqui, ao pragmatismo.

Apesar do ineditismo das disposições legais em tela, o consequencialismo não constitui novidade no sistema brasileiro, pois já estava presente na jurisprudência brasileira, que já acolhia a denominada "teoria do fato consumado", segundo a qual nem sempre o ato administrativo eivado de vício deve ser anulado e desfeito *ab initio*, mas sim sopesado em cada caso, considerando-se as consequências práticas ou o custo/benefício da invalidação para o interesse público.[39]

---

[37] CARVALHO, Matheus e ROCHA, Paulo Germano. Uma crítica ao regime das Nulidades Contratuais da Lei 14.133/21. In: MATOS, Marilene Carneiro; ALVES, Felipe Dalenogare. AMORIM, Rafael Amorim de (org.). Nova Lei de Licitações e Contratos: debates, perspectivas e desafios. Brasília: Edições Câmara, 2023, p. 289.

[38] MATOS, Marilene Carneiro. O consequencialismo como ferramenta da moderna hermenêutica jurídica. *Cadernos de Dereito Actual*, n. 17, número extraordinário, p. 8-22, 2022.

[39] Neste sentido, o Recurso em Mandado de Segurança (MS) nº 22.357/DF, julgado pelo STF, no qual se consagrou prestígio da atitude de sopesar as consequências práticas advindas da anulação ou manutenção de determinados atos administrativos, em detrimento da legalidade estrita. BRASIL. Supremo Tribunal Federal. Mandado de Segurança (MS) nº 22.357/DF. Rel. Min. Gilmar Mendes, julgado em 04.06.2004.

A despeito do acolhimento da jurisprudência, o consequencialismo da LINDB foi objeto de críticas, a exemplo da defendida por Souza, no sentido de que os órgãos de controle teriam "extrema dificuldade para exercer as atividades de fiscalização, assim como para decidir a respeito das medidas impostas aos sujeitos que forem alcançados pelos resultados e consequências de um ato irregular e/ou ímprobo".[40]

No entanto, trabalho coordenado por grupo público da FGV Direito/SP demonstra que diversas orientações constantes da LINDB foram objeto de assimilação em distintas decisões do Tribunal de Contas da União, o que denota que a norma vem ocasionando uma mudança de cultura em direção a um controle com viés consequencialista.[41]

Outra importante inserção do consequencialismo no ordenamento jurídico brasileiro se deu na Lei nº 8.429, a Lei de Improbidade Administrativa (LIA), gestada no ano de 1992, decorrente de revolta popular com a corrupção, em parte associada ao escândalo conhecido como "Anões do Orçamento". Naquela ocasião, a lei estabeleceu duras medidas contra atos ímprobos, como a suspensão de direito políticos, a perda da função pública, pesadas multas, bloqueio cautelar de bens e impedimento de contratar com a Administração Pública.

Entretanto, a despeito da gravidade de suas sanções, as condutas previstas na LIA contêm tipificações abertas, passíveis de propiciar largo espaço de discricionariedade na sua aplicação. Nesse sentido, constituiu-se em fonte de crítica a previsão da improbidade por dano na modalidade culposa, bem como a improbidade por violação a princípios da Administração Pública, por alegada ausência de objetividade nas suas prescrições.

Para agravar o quadro, as ações por improbidade administrativa se multiplicaram na realidade da atuação pública no país, muitas vezes desprovidas de substratos fáticos e de fundamentação jurídica, sem maiores consequências aos seus autores, o que gerou uma situação de quase banalização dessa importante ferramenta de controle da Administração Pública.

Segundo Valgas, em uma análise das condutas previstas na Lei de Improbidade Administrativa, será perceptível que qualquer agente

---

[40] SOUZA, Luiz Sergio Fernandes de. As Recentes Alterações da LINDB e suas Implicações. *Revista Jurídica da Escola Superior do Ministério Público de São Paulo*, v. 14, n. 2, p. 128, 2018.
[41] SUNDFELD, Carlos Ari. Palestra proferida no "XXXV Congresso de Direito Administrativo do Instituto Brasileiro de Direito Administrativo – IBDA", no painel intitulado "LINDB: análise de risco e consequências na atuação inovadora", apresentado em evento on-line intitulado "Nova LINDB no TCU: um balanço dos dois primeiros anos".

público que ordene despesas, por mais honestas que sejam, dificilmente passaria ileso à imputação de condutas ímprobas.[42]

Nesse contexto, acusada de agravar o controle administrativo dito "disfuncional", a LIA sofreu alterações substanciais por intermédio da Lei nº 14.230/21, instituindo-se um novo regramento de combate à improbidade, tendo como um de seus objetivos amenizar o "apagão das canetas" e a insegurança quanto à decisão dos gestores públicos. Dentre as diversas alterações promovidas na norma, a que interessa ao objeto do presente trabalho são as que imprimiram inegável viés consequencialista às ações por improbidade administrativa, como veremos a seguir.

O art.17-C, incluído pela Lei nº 14.230/21, indica requisitos específicos que devem ser observados pelos julgadores nas sentenças, dentre eles, o previsto no inciso II, como "considerar as consequências práticas da decisão, sempre que decidir com base em valores jurídicos abstratos", o que coincide até mesmo sob o ponto de vista literal com o conteúdo do art. 20 da LINDB, inserido pela nº Lei 13.655/18.

O dispositivo expressa uma preocupação do legislador com os reflexos na economia e postos de trabalho, em consequência de eventual inviabilização de atividades empresariais em decorrência de condenações por improbidade. Sobre o ponto, defendem Mudrovitsch e Nóbrega[43] que, no que tange ao consequencialismo contido no dispositivo, este dialoga com as alterações promovidas na LINDB, exigindo-se do juiz que "tome em conta os impactos de sua decisão, o que é positivo, sobretudo quando considerados institutos tão em voga, como a função social das empresas e a necessidade de que, ainda que se as puna, não se ignore, muitas vezes, a importância de sua continuidade".

Pode-se depreender ainda um viés consequencialista, próximo do pragmatismo, do inciso III desse artigo, o qual determina que o juiz, na sentença, deve considerar os obstáculos e as dificuldades reais do gestor, bem como as exigências das políticas públicas a seu cargo e as circunstâncias práticas que houverem imposto, limitado ou condicionado a ação do agente.

---

[42] SANTOS, Rodrigo Valgas dos. *Direito Administrativo do Medo*: risco e fuga da responsabilização dos agentes públicos. São Paulo: Thomson Reuters Brasil, 2020, p. 175.

[43] MUDROVITSCH, Rodrigo de Bittencourt; NÓBREGA, Guilherme Pupe da. *Lei de Improbidade Administrativa comentada*: de acordo com a reforma pela Lei n. 14.230/21. Rio de Janeiro: Lumen Juris, 2022. p. 309.

Neste sentido, importante mencionar recente decisão do Juízo da 3ª Vara de Fazenda Pública de São Paulo que condenou o Ministério Público em litigância de má-fé,[44] justamente por ter ignorado as circunstâncias e as dificuldades práticas que circundaram o gestor, quando da compra de equipamentos hospitalares por preços mais altos que o de mercado, durante a pandemia de covid, considerando preços de períodos anteriores, ignorando a demanda, a urgência e o volume do oxigênio consumido.[45]

Por fim, dentre as inovações legislativas que inserem o consequencialismo no ordenamento jurídico brasileiro, está a Lei nº 14.133/21, Lei de Licitações e Contratos (LLC), a qual apresenta um rol aumentado de princípios em relação à lei anterior que regia a matéria, a Lei nº 8.666/93, determinando expressamente a observância às disposições da LINDB.

Além dessa previsão no final do art. 5º da Lei nº 14.133/21, a escolha legislativa foi revestir o controle das contratações públicas de consequencialismo, em consonância com as alterações da LINDB e da LIA. Assim, é possível observar, ao longo da lei, diversas disposições que sinalizam a adoção dos objetivos que nortearam as alterações da LINDB, em 2018, no sentido de conferir maior segurança jurídica aos gestores e adotar uma visão consequencialista do controle, com efeitos na diminuição do fenômeno do apagão das canetas, sendo possível dizer que a Lei nº 14.133/21 já nasceu "lindbizada".[46]

Dessa forma, diversos dispositivos do novo diploma licitatório podem ser apontados como direcionantes para um controle consequencialista ou "lindbzado". Nesse sentido, o inciso III do art. 12 da LLC tende ao consequencialismo, ao prestigiar o conteúdo em detrimento da forma, uma vez que determina que simples desconformidades de forma não geram de pronto o afastamento de licitante, a menos que comprometam a verificação de sua qualificação ou o conteúdo de sua proposta.

---

[44] BRASIL. Tribunal de Justiça do Estado de São Paulo. 3ª Vara de Fazenda Pública da Comarca de São Paulo. *Ação por Improbidade Administrativa nº 1029302-63.2021.8.26.0053*. Sentença proferida pelo juiz: Luis Manoel Fonseca Pires. Julgado em: 12 de novembro de 2021. Disponível em: https://www.conjur.com.br/dl/decisao-mp-sp-hospital-clinicas.pdf. Acesso em: 2 maio 2023.

[45] Afirmou ainda o julgador que o Ministério Público não poderia ter ignorado a pandemia e acusado todos os que não se "enquadrassem no seu universo paralelo", ou seja, desvinculado ao pragmatismo.

[46] MATOS, Marilene Carneiro. A "Lindbização" das nulidades na nova Lei de Licitações e Contratos. *Portal Zênite*. 19 de outubro de 2022.

Na mesma linha consequencialista, o art. 170 determina que sejam adotados, pela fiscalização, critérios de oportunidade, materialidade, relevância e risco, bem como o dever de consideração das "razões apresentadas pelos responsáveis" e "os resultados obtidos com a contratação", de forma a levar em consideração os resultados práticos da contratação.

O mesmo tom consequencialista é adotado no art. 174, ao dispor que a nulidade ou suspensão da execução contratual constituem medidas a serem tomadas apenas se não for possível o saneamento de irregularidades do processo licitatório ou do contrato, e, ainda assim, somente constituírem medidas que melhor atendam ao interesse público.

O dispositivo determina ainda que, antes da anulação ou suspensão contratual, se proceda à análise de diversos aspectos de ordem prática, como os impactos econômicos e financeiros; os riscos sociais, ambientais e à segurança da população local; a motivação social e ambiental do contrato; o custo da deterioração ou da perda das parcelas já executadas, bem como a despesa necessária à preservação das instalações e dos serviços já executados.[47]

Assim, na hipótese de se aferir que a suspensão ou anulação do contrato não atendem ao interesse público, o parágrafo único do artigo 147 fornece a solução: a Administração "deverá optar pela continuidade do contrato e pela solução da irregularidade por meio de indenização por perdas e danos". Ademais, a solução alternativa se dará "sem prejuízo da apuração de responsabilidade e da aplicação de penalidades cabíveis".

Quanto ao alcance da declaração de nulidade do contrato, o art. 148 dispõe que irá operar de forma retroativa. No entanto, o §2º do dispositivo autoriza a modulação da nulidade contratual, para que só opere efeitos para momento futuro, a fim de evitar a paralização de serviços essenciais até que se ultime nova contratação, constituindo uma "modulação de efeitos", tal qual operacionalizada nas ações de

---

[47] Acerca do assunto, Flávio Germano de Sena Teixeira Júnior e Marcos Nóbrega defendem que a LLC concretiza uma espécie de "legalidade funcional", ao estabelecer a obrigatoriedade da análise prévia de nada menos que 11 (onze) requisitos dispostos no artigo 146, antes de efetivamente decidir pela suspensão ou anulação de contratos. *In:* TEIXEIRA JÚNIOR, Flávio Germano de Sena; NÓBREGA, Marcos. A Teoria das Invalidades na nova lei de Contratações Públicas e o equilíbrio dos interesses envolvidos. *Revista Brasileira de Direito Público – RBDP*, Belo Horizonte, ano 19, n. 72, p. 117-141, jan./mar. 2021.

controle concentrado de constitucionalidade. Mais uma vez, se está diante da primazia das consequências práticas que a anulação imediata do contrato poderá trazer à continuidade de serviços à população.

4 Conclusão

Como visto, o consequencialismo é teoria moral e é possível observar sua crescente utilização no Direito, especialmente no Brasil, com sua inserção na Lei de Introdução às Normas do Direito Brasileiro (LINDB), na Lei de Improbidade Administrativa (LIA) e na Lei de Licitações e Contratos (LLC), instituindo-se parâmetros consequencialistas às decisões de controle da Administração Pública.

Aos que defendem a utilização de fundamentos consequencialistas, a primazia está nas consequências da decisão no mundo em geral. Assim, em muito pesarão as influências e projeções, benéficas ou maléficas, não só às partes, mas à sociedade como um todo, como aquelas de natureza social e econômica.

Por conseguinte, os fundamentos cognitivos, não mais adstritos meramente às partes processuais, passam a ocupar grande espaço decisório, em detrimento aos fundamentos jurídicos, o que ocasiona decisões judiciais preponderantemente preocupadas com o futuro, diante de possíveis consequências do *decisum* no mundo da vida.

Uma das preocupações com o emprego de fundamentos consequencialistas é a de que ele seja feito com propósito meramente subjetivo, sem o teste das possibilidades, o que demanda a utilização de dados empíricos, dos quais, muitas vezes, o julgador não dispõe.

Ao alterar a LINDB, o legislador preocupou-se e buscou mitigar o subjetivismo, determinando, no parágrafo único do art. 20, que a decisão em todas as esferas deverá ser motivada, com a demonstração dos fundamentos que levaram à necessidade e à adequação da medida, inclusive dentre as alternativas possíveis.

É certo que essa observância motivada tem o propósito de não propiciar decisões de controle descoladas dos impactos práticos, principalmente nos campos sociais e econômicos aos quais o Estado (por seus Três Poderes) não é alheio, como o abandono de obras públicas e o fechamento de postos de trabalho.

Nesse sentido, é possível observar, na Lei de Improbidade Administrativa, a preocupação do legislador com a função social da empresa e os possíveis impactos sociais e econômicos das decisões, que possuem caráter sancionatório.

De igual forma, na Lei de Licitações e Contratos, esse cuidado é observado, principalmente no que tange à suspensão e anulação dos contratos, com primazia para a continuidade de sua execução, mesmo diante de situações de nulidades insanáveis, se a invalidação impactar, dentre outros fatores, na demora da fruição do objeto, no fechamento de postos de trabalho e no custo para desmobilização e posterior retorno à execução contratual.

Por fim, dentre os resultados encontrados na pesquisa, que teve o objetivo de buscar respostas para o problema que a motivou, qual seja, a elucidação dos possíveis impactos no controle da Administração Pública quanto à inserção expressa do consequencialismo no Direito brasileiro, há de se afirmar que o propósito do legislador é de que não sejam proferidas decisões desconectadas da realidade, o que se demonstra relevante, se não forem utilizados fundamentos meramente retóricos, baseados em conjecturas subjetivas, sem amparo em dados efetivos e de matriz empírica.

Referências

ABBOUD, Georges. Consequencialismo jurídico: o lugar da análise de consequências em direito e os perigos do ativismo judicial consequencialista. *Revista dos Tribunais*, São Paulo, vol. 1009, nov. 2019.

ALVES, Felipe Dalenogare; LEAL, Mônia Clarissa Hennig. *Judicialização e Ativismo Judicial*: o Supremo Tribunal Federal entre a interpretação e a intervenção na esfera de atuação dos demais Poderes. Rio de Janeiro: Lumen Juris, 2015.

ALVIM, Teresa Arruda. Consequencialismo nas decisões: não se pode ignorar os impactos no mundo dos fatos. *Revista Consultor Jurídico*, 24 jul. 2020. Disponível em: https://www.conjur.com.br/2020-jul-24/consequencialismo-decisoes-judiciais. Acesso em: 2 maio 2023.

AZEVEDO NETO, Floriano Marques de; FREITAS, Rafael Veras de. O artigo 28 da nova LINDB: um regime jurídico para o administrador honesto. *Revista Consultor Jurídico*, 25 maio 2018. Disponível em: https://www.conjur.com.br/2018-mai-25/opiniao-lindb-regime-juridico-administrador-honesto. Acesso em: 2 maio 2023.

BRANDÃO, Rodrigo; FARAH, André. Consequencialismo no Supremo Tribunal Federal: uma solução pela não surpresa. *Revista de Investigações Constitucionais*, Curitiba, vol. 7, n. 3, p. 831-858, set./dez. 2020. Disponível em: https://revistas.ufpr.br/rinc/article/view/71771. Acesso em: 2 maio 2023.

BRASIL. *Decreto-Lei nº 4.657, de 4 de setembro de 1942, Lei de Introdução às Normas do Direito Brasileiro*. Disponível em: https://www.planalto.gov.br/ccivil_03/decreto-lei/del4657compilado.htm. Acesso em: 2 maio 2023.

BRASIL. *Lei nº 8.429, de 2 de junho de 1992*. Dispõe sobre as sanções aplicáveis em virtude da prática de atos de improbidade administrativa, de que trata o §4º do art. 37 da Constituição Federal. Disponível em: https://www.planalto.gov.br/ccivil_03/leis/L8429compilada.htm. Acesso em: 2 maio 2023.

BRASIL. *Lei nº 14.133, de 1º de abril de 2021, Lei de Licitações e Contratos Administrativos.* Disponível em: https://www.planalto.gov.br/ccivil_03/_ato2019-2022/2021/lei/l14133.htm. Acesso em: 2 maio 2023.

BRASIL. Supremo Tribunal Federal. Mandado de Segurança (MS) nº 22.357/DF. Rel. Min. Gilmar Mendes, julgado em 4 jun. 2004.

BRASIL. Tribunal de Justiça do Estado de São Paulo. 3ª Vara de Fazenda Pública da Comarca de São Paulo. *Ação por Improbidade Administrativa nº 1029302-63.2021.8.26.0053.* Sentença proferida pelo juiz: Luis Manoel Fonseca Pires. Julgado em: 12 de novembro de 2021. Disponível em: https://www.conjur.com.br/dl/decisao-mp-sp-hospital-clinicas.pdf. Acesso em: 2 maio 2023.

CAMPOS, Ricardo. A transformação da jurisdição constitucional e o perigo do consequencialismo. *Revista Consultor Jurídico*, 11 fev. 2020. Disponível: https://www.conjur.com.br/2020-fev-11/ricardo-campos-jurisdicao-constitucional-perigo-consequencialismo. Acesso em: 2 maio 2023.

CARVALHO, Guilherme. O artigo 28 da LINDB é uma mera "bandeira branca". *In*: Migalhas de peso. *Portal Migalhas*. 21 de fevereiro de 2019. Disponível em: https://www.migalhas.com.br/depeso/296719/o-artigo-28-da-lindb-e-uma-mera--bandeira-branca. Acesso em: 2 maio 2023.

CARVALHO, Matheus; ROCHA, Paulo Germano. Uma crítica ao regime das Nulidades Contratuais da Lei 14.133/21. *In*: MATOS, Marilene Carneiro; ALVES, Felipe Dalenogare. AMORIM, Rafael Amorim de (org.). *Nova Lei de Licitações e Contratos*: debates, perspectivas e desafios. Brasília: Edições Câmara, 2023.

DEZAN, Sandro Lucio; OLIVEIRA, Odilon Cavallari de. Decisão Administrativa: entre princípios e consequências. *In*: CORRALO, Giovani da Silva; SANTIN, Janaína Rigo (coord.). *Direito administrativo e gestão pública I*. Florianópolis: CONPEDI, 2022.

GABARDO, Emerson; SOUZA, Pablo Ademir de. O consequencialismo e a LINDB: a cientificidade das previsões quanto às consequências práticas das decisões. *A&C – Revista de Direito Administrativo & Constitucional*, Belo Horizonte, ano 20, n. 81, jul./set. 2020. Disponível em: http://www.revistaaec.com/index.php/revistaaec/article/view/1452. Acesso em: 2 maio 2023.

HIRSCHL, Ran. The global expansion of judicial power. *In*: EPSTEIN, Lee; GRENDSTAD, Gunnar; ŠADL, Urška; WEINSHALL, Keren (ed.). *The Oxford Handbook of Comparative Judicial Behaviour*. Oxford University Press, 2023.

HOHMANN, Ana Carolina; COELHO, Fernanda. As alterações da LINDB e as novas perspectivas do controle da Administração. *Revista de Direito Administrativo e Infraestrutura*, vol. 14, 2020. Disponível em: https://www.rdai.com.br/index.php/rdai/article/view/234. Acesso em: 2 maio 2023.

MACCORMICK, Neil. *Argumentação Jurídica e Teoria do Direito*. Trad. Waldéa Barcellos. São Paulo: Martins Fontes, 2006.

MARQUES NETO, Floriano de Azevedo; PALMA, Juliana Bonacorsi de. Os sete impasses do controle da Administração Pública no Brasil. *In*: PEREZ, Marcos Augusto; SOUZA, Rodrigo Pagani de (coord.). *Controle da Administração Pública*. Belo Horizonte: Fórum, 2017.

MARQUES NETO, Floriano de Azevedo; FREITAS, Rafael Véras de. *Comentários à Lei nº 13.655/2018 (Lei da Segurança para a Inovação)*. Belo Horizonte: Fórum, 2019.

MATOS, Marilene Carneiro. A "Lindbização" das nulidades na nova Lei de Licitações e Contratos. *Portal Zênite*. 19 de outubro de 2022. Disponível em: https://zenite.blog.br/a-lindbizacao-das-nulidades-na-nova-lei-de-licitacoes-e-contratos. Acesso em: 2 maio 2023.

MATOS, Marilene Carneiro. O consequencialismo como ferramenta da moderna hermenêutica jurídica. *In: Cadernos de Dereito Actual*, n. 17, número extraordinário, 2022. Disponível em: https://www.cadernosdedereitoactual.es/ojs/index.php/cadernos/article/view/781. Acesso em: 2 maio 2023.

MENDES, Gilmar Ferreira. *Jurisdição constitucional*: o controle abstrato de normas no Brasil e na Alemanha. 4. ed. São Paulo: Saraiva, 2004.

MUDROVITSCH, Rodrigo de Bittencourt; NÓBREGA, Guilherme Pupe da. *Lei de Improbidade Administrativa comentada*: de acordo com a reforma pela Lei n. 14.230/21. Rio de Janeiro: Lumen Juris, 2022.

PETTIT, Philip. El consecuencialismo. *In:* SINGER, Peter (ed.). *Compendio de ética*. Madrid: Alianza Editorial, 1995.

SANTOS, Rodrigo Valgas dos. *Direito Administrativo do Medo*: risco e fuga da responsabilização dos agentes públicos. São Paulo: Thomson Reuters Brasil, 2020.

SOUZA, Luiz Sergio Fernandes de. As Recentes Alterações da LINDB e suas Implicações. *Revista Jurídica da Escola Superior do Ministério Público de São Paulo*, v. 14, n. 2, 2018. Disponível em: https://es.mpsp.mp.br/revista_esmp/index.php/RJESMPSP/article/view/366. Acesso em: 2 maio 2023.

SOUZA BARBOSA, Bernardo. *O consequencialismo e a mitigação das perdas no controle de Contratos administrativos pelo Tribunal de Contas da União*. Dissertação. São Paulo: FGV/SP, 2020. Disponível em: https://bibliotecadigital.fgv.br/dspace/handle/10438/29450. Acesso em: 2 maio 2023.

SUNDFELD, Carlos Ari. Palestra proferida no *XXXV Congresso de Direito Administrativo do Instituto Brasileiro de Direito Administrativo – IBDA*, no painel intitulado "LINDB: análise de risco e consequências na atuação inovadora", apresentado em evento on-line intitulado "Nova LINDB no TCU: um balanço dos dois primeiros anos".

TEIXEIRA JÚNIOR, Flávio Germano de Sena; NÓBREGA, Marcos. A Teoria das Invalidades na nova lei de Contratações Públicas e o equilíbrio dos interesses envolvidos. *Revista Brasileira de Direito Público – RBDP*, Belo Horizonte, ano 19, n. 72, p. 117-141, jan./mar. 2021.

TORRES, Ricardo Lobo. O consequencialismo e a modulação dos efeitos das decisões do Supremo Tribunal Federal. *In:* DERZI, Misabel Abreu Machado (org.). *Separação de poderes e efetividade do sistema tributário*. Belo Horizonte: Del Rey, 2010.

Informação bibliográfica deste texto, conforme a NBR 6023:2018 da Associação Brasileira de Normas Técnicas (ABNT):

MATOS, Marilene Carneiro; ALVES, Felipe Dalenogare. O pragmatismo no ordenamento jurídico brasileiro e sua influência às decisões de controle da Administração Pública. *In:* FORTINI, Cristiana; PIRES, Maria Fernanda Veloso; CAVALCANTI, Caio Mário Lana (coord.). *Integridade e contratações públicas*: reflexões atuais e desafios. Belo Horizonte: Fórum, 2024. p. 309-327. ISBN 978-65-5518-708-3.

PROCESSO SANCIONADOR NA LEI Nº 14.133/2021 E SUA INTERSEÇÃO COM A LEI Nº 12.846/2013 (LEI ANTICORRUPÇÃO)

MARCELO PONTES VIANNA

RAFAEL AMORIM DE AMORIM

I Introdução

A Lei nº 14.133, de 1º.4.2021, novo marco legal das licitações e dos contratos administrativos (NLLCA),[1] procura contribuir para que a Administração Pública consiga adquirir bens e contratar serviços de modo mais célere, eficiente, íntegro, econômico e sustentável. É, como demonstrado em outra ocasião, "resultado de uma evolução natural da disciplina das contratações públicas", contemplando todas as atividades, internas e externas, determinantes dos resultados a serem alcançados nas licitações e execuções contratuais.[2]

Há, a partir de recomendações de organismos internacionais, a aceitação de que os "sistemas de contratações públicas"[3] constituem

---

[1] O inciso II do art.193 da Lei nº 14.133/2021, em sua redação original, determinou a revogação integral da Lei nº 8.666, de 21 de junho de 1993, da Lei nº 10.520, de 17 de julho de 2002, e dos arts. 1º a 47-A da Lei nº 12.462, de 4 de agosto de 2011, após decorridos 2 (dois) anos da publicação do novo marco legal, mas a Medida Provisória nº 1.167, de 31 de março de 2023, alterou a redação do dispositivo legal citado, para determinar a revogação das leis especificadas em 30 de dezembro de 2023, possibilitando que a Administração escolha o regime legal aplicável às suas contratações até 29.12.2023.

[2] Ver: FORTINI, Cristiana; AMORIM, Rafael Amorim. Novo Olhar para as Contratações Públicas: Precedentes e Perspectivas da Lei nº 14.133/2021. In: MATOS, Marilene Carneiro; ALVES, Felipe Dalenogare; AMORIM, Rafael Amorim. *Nova Lei de Licitações e Contratos*. Brasília: Edições Câmara, 2023. p. 113-149.

[3] São responsáveis, explica Sue Arrowsmith, pelas três fases do ciclo de contratações públicas: i) planejamento da contratação, a partir das necessidades identificadas (o

"pilar nuclear das administrações públicas",[4] pois, além de despenderem recursos públicos bastante significativos (aproximadamente 12% do Produto Interno Bruto[5]), são responsáveis por prover os bens e serviços necessários para a materialização da função administrativa por órgãos e entidades públicas, podendo representar "uma alavanca estratégica para implementação de políticas públicas".[6]

O contexto exposto revela a importância do Título IV – Das Irregularidades da NLLCA, que, para a conformação de um ambiente de contratações íntegro e confiável,[7] indispensável para o alcance de objetivos primários e secundários pela Administração Pública,[8] [9]

---

que contratar e quando?); ii) o procedimento que determinará a seleção de quem será contratado pela Administração e os termos em que os bens serão fornecidos ou os serviços prestados pelo particular; e iii) a fiscalização da execução contratual para assegurar o alcance de resultados satisfatórios. *In*: ARROWSMITH, Sue. *Public procurement regulation*: an introduction. Nottingham: EU-Asia Inter University Network for teaching and research in public procurement regulation, 2011. p. 1-2.

[4] OCDE. Recomendação do Comitê de Governança Pública da OCDE em Contratações Públicas. 2015. p. 3-9. Disponível em: http://www.oecd.org/gov/public-procurement/Recomenda%C3%A7%C3%A3o-conselho-contratos.pdf. Acesso em: 10 mar. 2023.

[5] IPEA/CEPAL. THORSTENSEN, Vera; GIESTEIRA, Luís Felipe (coord.). *Cadernos Brasil na OCDE* – Compras Públicas, p. 33-39, jul. 2021. Disponível em: https://www.ipea.gov.br/portal/index.php?option=com_content&view=article&id=38248&Itemid=432. Acesso em 10 mar. 2022.

[6] OCDE. Reforming Public Procurement – Progress in Implementing the 2015 OCDE Recommendation. Oct. 2019. Disponível em: http://www.oecd.org/governance/public-procurement/reforming-public-procurement-1de41738-en.htm. Acesso em: 10 mar. 2023 (tradução nossa).

[7] O art. 11 da NLLCA estabelece que o rito licitatório deverá assegurar que o Estado alcance sempre a melhor escolha pelo melhor preço ("assegurar a seleção da proposta apta a gerar o resultado de contratação mais vantajoso para a Administração Pública" e "evitar contratações com sobrepreço ou processos manifestamente inexequíveis e superfaturamento"), mas também garantir que a contratação pública seja instrumento de estímulo de concorrência ("assegurar tratamento isonômico entre os licitantes bem como a justa competição") e desenvolvimento econômico do país ("incentivar a inovação e o desenvolvimento nacional sustentável").

[8] A OCDE utiliza os seguintes conceitos: "- Objetivo primário de contratação pública designa o fornecimento de bens e serviços necessários para a concretização da missão governamental de forma tempestiva, econômica e eficiente; [...] - Objetivos secundários de política designam qualquer dos vários objetivos, tais como o desenvolvimento sustentável, o desenvolvimento de pequenas e médias empresas, a inovação, normas para uma conduta empresarial responsável ou objetivos ampliados, prosseguidos cada vez mais pelas administrações públicas com recurso à contratação pública como uma alavanca de política, em complemento ao objetivo primário de contratação pública". *In*: OCDE. Recomendação do Comitê de Governança Pública da OCDE em Contratações Públicas. 2015. p. 6. Disponível em: http://www.oecd.org/gov/public-procurement/Recomenda%C3%A7%C3%A3o-conselho-contratos.pdf. Acesso em: 10 mar. 2023.

[9] A doutrina utiliza outras nomenclaturas para designar os objetivos secundários das contratações públicas, a exemplo de objetivos acessórios, horizontais, suplementares, adicionais, colaterais, etc. BREUS, Thiago Lima. *O governo por contrato(s) e a concretização*

consolida, nos arts. 155 a 163, os esforços do legislador para promover maior densificação normativa à prerrogativa sancionatória,[10] demarcando as infrações administrativas, as sanções correspondentes e os processos sancionadores a serem observados,[11] aqui explorados para:

(i) revelar as razões subjacentes a cada rito procedimental previsto nos arts. 157 a 159 da Lei nº 14.133/2021;

(ii) destacar as especificidades de cada rito procedimental, inclusive do previsto no art. 159 da NLLCA, que faz referência à Lei nº 12.846, de 1º.8.2013 (Lei Anticorrupção); e

(iii) identificar os resultados a serem alcançados ao final de cada processo sancionador, ressalvadas as peculiaridades da prescrição da pretensão sancionatória no novo marco legal.

Compreender-se-á, ao final do artigo, a lógica subjacente ao processo sancionador na NLLCA,[12] que, em conjunto com infrações e sanções, compõe um regime jurídico-administrativo sancionador peculiar e substancialmente diverso de outros ramos, que, devido às peculiaridades do nicho de atuação punitiva da Administração em desfavor de licitantes e contratados, exige redobrada preocupação com o "equilíbrio entre os elevados interesses públicos protegidos pelo Estado e os interesses privados, individuais e particulares dos agentes sujeitos à atividade estatal sancionatória".[13]

II Do processo sancionador na Lei nº 14.133/2021

A análise dos arts. 157 a 159 da Lei nº 14.133/2021 exige dois esclarecimentos preliminares:

---

de políticas públicas horizontais como mecanismo de justiça distributiva. Tese (Doutorado). Universidade Federal do Paraná. 2015. 124 p.

[10] NLLCA – "Art. 104. O regime jurídico dos contratos instituído por esta Lei confere à Administração, em relação a eles, as prerrogativas de: [...] IV – aplicar sanções motivadas pela inexecução total ou parcial do ajuste;".

[11] AMORIM, Rafael Amorim. Comentários ao art. 155 da Lei nº 14.133/2021. p. 464. In: FORTINI, Cristiana; OLIVEIRA, Rafael Sérgio Lima de; CAMARÃO, Tatiana. Comentários à Lei de Licitações e Contratos Administrativos. v. 2. Belo Horizonte: Fórum, 2022. p. 463-468.

[12] Como sintetiza a professora Maria Sylvia Zanella Di Pietro, "o procedimento é o conjunto de formalidades que devem ser observadas para a prática de certos atos administrativos; equivale a rito, a forma de proceder; o procedimento se desenvolve dentro de um processo administrativo". In: DI PIETRO, Maria Sylvia Zanella. Direito administrativo. 28. ed. São Paulo: Atlas, 2015.

[13] OSÓRIO, Fabio Medina. Direito Administrativo Sancionador. 3. ed. São Paulo: Revista dos Tribunais, 2009. p. 174.

(i) os princípios reitores do Direito Administrativo Sancionador são consectários de princípios constitucionais, mas, quando concretizados, "resultam diferenciados, distintos, com contornos próprios e específicos",[14] notadamente diante das peculiaridades da atividade sancionatória relacionada às contratações públicas;

(ii) o legislador tem competências amplas e elásticas para a conformação do Direito Administrativo Sancionador, estabelecendo os contornos legais dos princípios constitucionais com matizes diferenciados e contornos próprios, não se admitindo que, "na emoção dos hiperprincípios", os doutrinadores releguem "o direito positivo, substituindo-se a ele", tornando-se bem mais do que "um intérprete, mas um grão-legislador".[15][16]

Há, a partir disso, a preocupação em empreender esforços interpretativos que privilegiem as escolhas legítimas do legislador, que, ao enfrentar temas que estavam historicamente à margem da legalidade,[17] estabeleceu *(i)* um rito simplificado para a apuração de infrações menos gravosas, que impõem sanções mais leves (art. 157); *(ii)* um rito ordinário para a apuração de infrações graves, que impõem sanções mais severas (art. 158); e *(iii)* o rito da Lei nº 12.846/2013 para a apuração de infrações previstas simultaneamente na NLLCA e no diploma legal referido (art. 159).

Os arts. 157 a 159 da Lei nº 14.133/2021 constituem óbices ao exercício arbitrário da prerrogativa sancionatória pela Administração, mas, ao mesmo tempo, não impõem exigências desarrazoadas baseadas em "belos princípios que ninguém tem coragem de refutar",[18] na certeza

---

[14] OSÓRIO, Fabio Medina. *Direito Administrativo Sancionador*. 3. ed. São Paulo: Revista dos Tribunais, 2009. p. 33/121/130.

[15] SUNDFELD, Carlos Ari. SUNDFELD, Carlos Ari. *Direito Administrativo para Céticos*. 2. ed. rev. ampl. São Paulo: Malheiros, 2014. p. 181-199.

[16] AMORIM, Rafael Amorim. Comentários ao art. 155 da Lei nº 14.133/2021. p. 464. *In*: FORTINI, Cristiana; OLIVEIRA, Rafael Sérgio Lima de; CAMARÃO, Tatiana. *Comentários à Lei de Licitações e Contratos Administrativos*. v. 2. Belo Horizonte: Fórum, 2022. p. 463-468.

[17] Ver: FORTINI, Cristiana; AMORIM, Rafael Amorim. *Um novo olhar para a futura Lei de Licitações e contratos Administrativos*: a floresta além das árvores. p. 12-13. Disponível em: http://www.licitacaoecontrato.com.br/assets/artigos/artigo_download_85.pdf. Acesso em 24 abr. 2023.

[18] Carlos Ari Sundfeld adverte: "belos princípios ninguém tem coragem de refutar, e muita gente se sente autorizada a tirar conclusões bem concretas apenas recitando fórmulas meio poéticas (aliás, de preferência muitas delas – como se enfileirar princípios, todos muito vagos, aumentasse a força da conclusão). A verdade é que motivações e discussões que ficam nesse plano de generalidades são insuficientes para conclusões concretas. A razão é óbvia: nesse plano, quase todo mundo tem alguma razão no que diz". *In*: SUNDFELD, Carlos Ari. *Direito Administrativo para Céticos*. 2. ed. rev. ampl. São Paulo: Malheiros, 2014. p. 225.

de que, além da previsão abstrata das infrações, a probabilidade de efetiva aplicação das sanções correspondentes (*enforcement*) é fundamental para a conformação de uma estrutura de incentivos realmente orientada ao cumprimento das obrigações licitatórias e contratuais.[19]

Na análise do art. 156 da NLLCA, é possível constatar que as sanções previstas no novo marco legal das contratações públicas podem ser classificadas em dois grupos:

(i) de um lado, advertência e multa (incisos I e II do art. 156), cujos efeitos ficam normalmente adstritos à relação entre a Administração e o licitante ou contratado; e

(ii) de outro, "impedimento de licitar e contratar" e "declaração de inidoneidade" (incisos III e IV do art. 156), cujos efeitos sempre transcendem a relação jurídico-administrativa em que se originou a infração e a aplicação da respectiva sanção.[20]

A classificação das sanções facilita a compreensão dos arts. 157 e 158 da NLLCA, que definem o procedimento a ser observado pela Administração para fins de apuração de possíveis infrações. A multa é, na prática, à luz do §7º do art. 156 da NLLCA, uma penalidade administrativa acessória, pois pode ser aplicada no caso de cometimento de qualquer infração tipificada no art. 155 da Lei nº 14.133/2021 e de forma cumulativa com qualquer sanção constante nos incisos I, III e IV do *caput* do art. 156 do novo marco legal (multa e advertência; multa e impedimento de licitar e contratar; ou multa e declaração de inidoneidade). Não há a possibilidade de aplicação da sanção de multa isoladamente, dissociada de uma outra sanção prevista na NLLCA.

Nesse contexto, a exemplo do que acontece em outras leis administrativas (p. ex. Lei nº 8.112, de 11.12.1990, que prevê o processo administrativo disciplinar de rito sumário e o processo administrativo disciplinar de rito ordinário), os arts. 157 a 159 da NLLCA preveem três ritos procedimentais[21] para a materialização do "princípio do dever de

---

[19] Nesse sentido, explica Gustavo Binenbojm, "mesmo as normas de comando e controle são estrutura de incentivos, sendo a sanção punitiva o meio de desestímulo a condutas socialmente indesejáveis". *In*: BINENBOJM, Gustavo. Poder de polícia, ordenação, regulação: transformações político-jurídicas, econômicas e institucionais do Direito Administrativo Ordenador. 3. ed. Belo Horizonte: Fórum, 2020. p. 172.

[20] Ver: AMORIM, Rafael Amorim. Comentários ao art. 156 da Lei nº 14.133/2021. p. 464. *In*: FORTINI, Cristiana; OLIVEIRA, Rafael Sérgio Lima de; CAMARÃO, Tatiana. *Comentários à Lei de Licitações e Contratos Administrativos*. v. 2. Belo Horizonte: Fórum, 2022. p. 469-479.

[21] Há, como ensina Alice Voronoff, a necessidade de um "fino equilíbrio" a ser alcançado no Direito Administrativo Sancionador: de um lado, há exigências pragmáticas, demandando efetividade, eficiência e economicidade no alcance das finalidades subjacentes às infrações

apuração",[22] todos "preferencialmente digitais, de forma a permitir que sejam produzidos, comunicados, armazenados e validados por meio eletrônico" (inciso VI do art. 12 da NLLCA), a saber:

(i) rito simplificado (disciplinado pelo art. 157 da NLLCA), com exigências compatíveis com a menor gravosidade da infração e severidade das sanções (*in casu*, advertência e multa);

(ii) rito ordinário (disciplinado pelo art. 158 da NLLCA, adiante analisado), com formalidades proporcionais à elevada gravosidade da infração e, principalmente, severidade das sanções (*in casu*, "impedimento de licitar e contratar" e "declaração de inidoneidade"); e

(iii) rito da Lei nº 12.846/2013, caso os atos praticados também sejam tipificados na Lei Anticorrupção (conforme art. 159 da NLLCA), possibilitando, em razão da gravosidade das infrações, além da aplicação da sanção de "impedimento de licitar e contratar" ou de "declaração de inidoneidade", aplicação das sanções previstas no art. 6º da Lei nº 12.846/2013 (obs.: a aplicação das sanções previstas no art. 19 da Lei Anticorrupção depende de ação judicial).

O art. 161 da NLLCA determina, a propósito, independentemente do rito procedimental adotado e do órgão ou entidade pública responsável, que as respectivas sanções sejam, no prazo máximo de 15 dias úteis, publicadas no Cadastro Nacional de Empresas Inidôneas e Suspensas (CEIS) e no Cadastro Nacional de Empresas Punidas (CNEP), ambos instituídos pelo Poder Executivo federal e disponibilizados no Portal da Transparência mantido pela Controladoria-Geral da União[23] e, conforme o §3º do art. 174 da Lei nº 14.133/2021, no Portal Nacional de Contratações Públicas.

---

e sanções relacionadas às contratações; de outro, há exigências garantistas em favor dos particulares, a refrear o exercício arbitrário da atividade sancionatória relacionada às contratações públicas, impedindo-se medidas ilegais e desarrazoadas. E, obviamente, os parâmetros para o equilíbrio são definidos na legislação, respeitados os matizes diferenciados e os contornos próprios estabelecidos para a concretização dos princípios constitucionais. *In*: VORONOFF, Alice. *Op. cit.* p. 119.

[22] CONTROLADORIA-GERAL DA UNIÃO. Manual de Responsabilização de Entes Privados, p. 28, abr. 2022. Disponível em: https://repositorio.cgu.gov.br/bitstream/1/68182/5/Manual_de_Responsabiliza%c3%a7%c3%a3o_de_Entes_Privados_abril_2022_Corrigido.pdf. Acesso em: 28 jan. 2023.

[23] BRASIL. Portal da Transparência. *Sanções*. Disponível em: http://www.portaltransparencia.gov.br/sancoes. Acesso em: 30 jul. 2021.

II.1 Rito simplificado (art. 157 da Lei nº 14.133/2021)[24]

Os fiscais e gestores de contratos administrativos desempenham atribuições essenciais para o êxito das contratações públicas, com a incumbência de garantir que as condições estabelecidas no edital e no instrumento contratual sejam cumpridas pelo particular no decorrer da execução contratual, realizando todas as anotações de ocorrências identificadas e determinando a regularização de faltas e defeitos observados (§1º do art. 117 da NLLCA). No exercício de suas atribuições, os fiscais e gestores de contratos administrativos também devem atentar para o "princípio do dever de apuração", coletando, sempre que identificarem possíveis infrações, os elementos necessários para subsidiar a autuação do processo sancionador, possibilitando, ao final, se for o caso, a aplicação das devidas sanções.[25]

Há, no art. 157 da NLLCA, a disciplina básica do processo sancionador de rito simplificado, estabelecendo apenas, em razão da incidência mais significativa do princípio do informalismo moderado, que, na "aplicação da sanção prevista no inciso II do *caput* do art. 156 desta Lei [multa], será facultada a defesa do interessado no prazo de 15 (quinze) dias úteis, contado da data de sua intimação". De resto, a Administração deve se preocupar com as formalidades estritamente necessárias para "assegurar grau razoável e proporcional de certeza, segurança e respeito aos direitos e garantias dos particulares", observada a finalidade subjacente à apuração de possibilitar o alcance da verdade real.[26]

O processo sancionador de rito simplificado será observado exclusivamente nas infrações que admitem a aplicação conjunta de advertência e multa, *in casu*, conforme o §2º do art. 156 da NLLCA, quando constatada a possível ocorrência do ilícito de "inexecução parcial do contrato" previsto no inciso I do art. 155 do novo marco legal.

---

[24] Ver: AMORIM, Rafael Amorim. Comentários ao art. 157 da Lei nº 14.133/2021. In: FORTINI, Cristiana; OLIVEIRA, Rafael Sérgio Lima de; CAMARÃO, Tatiana. *Comentários à Lei de Licitações e Contratos Administrativos*. v. 2. Belo Horizonte: Fórum, 2022. p. 480-481.

[25] MINISTÉRIO DO PLANEJAMENTO, ORÇAMENTO E GESTÃO. *Caderno de Logística* – Sanções Administrativas, p. 30-31, set. 2015. Disponível em: https://antigo.compras governamentais.gov.br/images/conteudo/ArquivosCGNOR/caderno-de-logistica-de-sancao-2.pdf. Acesso em: 14 jan. 2022.

[26] CONTROLADORIA-GERAL DA UNIÃO. Manual de Responsabilização de Entes Privados. Abr. 2022. p. 30-31. Disponível em: https://repositorio.cgu.gov.br/bitstream/ 1/68182/5/Manual_de_Responsabiliza%c3%a7%c3%a3o_de_Entes_Privados_abril_2022_ Corrigido.pdf. Acesso em: 28 jan. 2023.

Por isso, quando constatada a possível prática de infração prevista nos incisos II a XII do *caput* do art. 155 da Lei nº 14.133/2021, os §§4º e 5º do art. 156 definem a aplicação de "impedimento de licitar e contratar" e de "declaração de inidoneidade", devendo-se observar, conforme o art. 158 da NLLCA, o rito do processo sancionador de rito ordinário ou do rito definido na Lei nº 12.846/2013.

Portanto, no decorrer da execução contratual, apenas quando se deparar com possível infração de "inexecução parcial do contrato" (inciso I do *caput* do art. 155 da Lei nº 14.133/2021), sem grave dano ao erário, ao funcionamento dos serviços públicos ou ao interesse coletivo que possa configurar o ilícito previsto no inciso II do *caput* do art. 155 da NLLCA, a Administração observará o processo sancionador de rito simplificado, devendo:

(i) de início, juntar aos autos todos os indícios e provas do possível cometimento pelo particular da infração especificada no inciso I do art. 155 da NLLCA, inclusive as anotações realizadas pelo fiscal do contrato das ocorrências relacionadas à execução contratual (§1º do art. 117 da NLLCA);

(ii) na sequência, em respeito ao contraditório e à ampla defesa, intimar o contratado para lhe facultar, no prazo de 15 dias úteis, a apresentação de defesa escrita (obs.: não se pode esquecer, a propósito, que o §4º do art. 137 da Lei nº 14.133/2021 prevê que "os emitentes das garantias previstas no art. 96 [...] deverão ser notificados pelo contratante quanto ao início de processo administrativo para apuração de descumprimento de cláusulas contratuais", o que deve ser observado também no caso de processo sancionador simplificado); e

(iii) depois de concluída a instrução processual, os autos do processo sancionador simplificado deverão ser submetidos à autoridade competente para proferir o devido julgamento, observadas as competências estabelecidas em lei ou ato infralegal para proferir a decisão final.

Há, como resultado, a possibilidade de a autoridade julgadora motivadamente: (i) acolher as razões apresentadas pela defesa, com o arquivamento dos autos; ou (ii) rejeitar as alegações da defesa e, após análise dos parâmetros de dosimetria (§1º do art. 156 da NLLCA), aplicar ao final do processo sancionador simplificado: a) apenas advertência; ou b) advertência e multa pecuniária. Em caso de aplicação de sanção ao particular, a penalidade não poderá ser considerada como simples "mal ou castigo" imposto aos particulares, com finalidade exclusivamente repressiva (retributiva), devendo, especialmente no caso de inexecução parcial, ser valorizada a finalidade preventiva, em razão do efeito dissuasório de novas infrações.

II.2 Rito ordinário (art. 158, *caput* e §§1º, 2º e 3º, da Lei nº 14.133/2021)[27]

O art. 158 da NLLCA disciplina o processo sancionador de rito ordinário, que deverá ser observado pela Administração sempre que se deparar com o possível cometimento das infrações previstas nos incisos II a XI do *caput* art. 155 da Lei nº 14.133/2021 (na hipótese do inciso XII do art. 155, o art. 159 determina a aplicação do rito procedimental da Lei Anticorrupção), cujos efeitos das sanções correspondentes – "impedimento de licitar e contratar" e "declaração de inidoneidade" – sempre estrapolam a relação jurídico-administrativa em que se originou a infração e a aplicação da respectiva sanção, exigindo formalidades compatíveis com a severidade das penalidades a serem eventualmente aplicadas ao particular.

Há, no art. 158 da NLLCA, a preocupação em estabelecer um rito procedimental compatível com a gravosidade das infrações e, principalmente, com a severidade das sanções, a começar pela necessidade de instauração de um processo de responsabilização, cuja competência será definida em lei ou ato infralegal, que também disciplinará, em acréscimo à NLLCA, a realização de apuração e aplicação das sanções relacionadas a licitações e contratos. A instauração deverá ser precedida de cuidadoso juízo de admissibilidade,[28] com a juntada aos autos de elementos indiciários que denotem a possível prática de infração prevista nos incisos II a XI do *caput* do art. 155 da NLLCA

---

[27] Ver: AMORIM, Rafael Amorim. Comentários ao art. 158 da Lei nº 14.133/2021. In: FORTINI, Cristiana; OLIVEIRA, Rafael Sérgio Lima de; CAMARÃO, Tatiana. *Comentários à Lei de Licitações e Contratos Administrativos*. v. 2. Belo Horizonte: Fórum, 2022. p. 482-486.

[28] Destaca-se a existência de leis especiais que estabelecem competência para a autoridade máxima de órgão central de controle interno também instaurar processos sancionadores para apurar infrações relacionadas a licitações e contratos, a exemplo da Medida Provisória nº 1.154, de 1º de janeiro de 2023 (em deliberação pelo Congresso Nacional), que, ao determinar a estrutura orgânica do Poder Executivo Federal, estabeleceu a possibilidade de a Controladoria-Geral da União instaurar, instruir e julgar processos administrativos sancionadores relacionados a órgãos e entidades do Poder Executivo Federal, promovendo, quando for o caso, aplicação da penalidade administrativa cabível, entendimento corroborado pelo Supremo Tribunal Federal no Recurso Ordinário em Mandado de Segurança nº 33.526/DF.

(inclusive, se for o caso, eventuais anotações realizadas pelo fiscal do contrato, conforme o §1º do art. 117 da NLLCA).[29]

O ato formal de instauração do processo sancionador de rito ordinário deverá, com base nos elementos indiciários constantes nos autos, definir os fatos a serem apurados e, em seguida, indicar dois ou mais servidores estáveis no serviço público para compor a comissão responsável por realizar a apuração das possíveis infrações. Quando o órgão ou a entidade não tiver seu quadro funcional constituído por servidores estatutários, tal como ocorre na maioria dos Municípios brasileiros, cujo vínculo é regido pela Consolidação das Leis do Trabalho (Decreto-Lei nº 5.452, de 1º de maio de 1943), o §1º do art. 158 da NLLCA autoriza que sejam designados, para compor comissão processante, dois ou mais empregados públicos pertencentes aos seus quadros permanentes, preferencialmente com, no mínimo, três anos de tempo de serviço no órgão ou entidade.

Em consonância com o princípio da segregação de funções consagrado no art. 5º da NLLCA, os membros da comissão não devem, em se tratando de possível ilícito cometido no decorrer da licitação, ter atuado como agente de contratação, pregoeiro ou, se for o caso, como membro de comissão de contratação; e, em se tratando de possível ilícito cometido no decorrer da execução contratual, ter atuado como fiscal ou gestor do contrato.

O processo de responsabilização deve ser conduzido por servidores que tenham condições de promover a apuração com independência, imparcialidade e isenção, devendo-se observar, em acréscimo, as hipóteses de impedimento e suspeição previstas no ordenamento pátrio, a exemplo do disposto no arts. 18 e 20 da Lei nº 9.784/1999, *in verbis*:

> Art. 18. É impedido de atuar em processo administrativo o servidor ou autoridade que:
>
> I – tenha interesse direto ou indireto na matéria;
>
> II – tenha participado ou venha a participar como perito, testemunha ou representante, ou se tais situações ocorrem quanto ao cônjuge, companheiro ou parente e afins até o terceiro grau;

---

[29] Há, a propósito, a necessidade de considerar o disposto no art. 27 da Lei nº 13.869/2019 (popularmente conhecida como "Lei de Abuso de Autoridade"): "Art. 27. Requisitar instauração ou instaurar procedimento investigatório de infração penal ou administrativa, em desfavor de alguém, à falta de qualquer indício da prática de crime, de ilícito funcional ou de infração administrativa: Pena – detenção, de 6 (seis) meses a 2 (dois) anos, e multa. Parágrafo único. Não há crime quando se tratar de sindicância ou investigação preliminar sumária, devidamente justificada".

III – esteja litigando judicial ou administrativamente com o interessado ou respectivo cônjuge ou companheiro.
[...]
Art. 20. Pode ser arguida a suspeição de autoridade ou servidor que tenha amizade íntima ou inimizade notória com algum dos interessados ou com os respectivos cônjuges, companheiros, parentes e afins até o terceiro grau.

Os membros da comissão devem, após serem designados, avaliar se incorrem nas vedações elencadas, reportando, se for o caso, o fato à autoridade instauradora, para eventual substituição do servidor impedido ou suspeito. O processo de responsabilização, depois de instaurado, ficará exclusivamente a cargo da comissão constituída, que deverá examinar os fatos noticiados, as circunstâncias conhecidas e os elementos existentes nos autos, para, a partir disso, promover: (i) a intimação do licitante ou do contratado para, "no prazo de 15 (quinze) dias úteis, apresentar defesa escrita e especificar as provas que pretenda produzir"; e, (ii) se for o caso, conforme o §4º do art. 137 da NLLCA, notificar o emitente da garantia do "início de processo administrativo [...]".

Há, em respeito ao contraditório e à ampla defesa, a necessidade de a comissão promover a produção de provas solicitadas, salvo quando se tratar de "provas ilícitas, impertinentes, desnecessárias, protelatórias ou intempestivas", as quais deverão, conforme o §3º do art. 158 da NLLCA, ser indeferidas mediante decisão fundamentada da comissão. Se houver a "produção de novas provas" a pedido do particular ou por deliberação da comissão ou "juntada de provas julgadas indispensáveis pela comissão", o licitante ou o contratado, após a conclusão da fase instrutória, deverá ser novamente intimado pela comissão para apresentar, em relação a fatos delimitados, no prazo de 15 dias úteis, alegações finais no processo de responsabilização.

A comissão deverá encerrar o seu trabalho com a elaboração do relatório final, que conterá, a partir das provas existentes nos autos e dos argumentos da defesa, um dos seguintes posicionamentos:

(i) pelo não cometimento de infração pelo licitante ou contratado, hipótese em que sugerirá à autoridade competente o arquivamento dos autos; ou

(ii) pelo cometimento de infração pelo licitante ou contratado, hipótese em que deverá: a) indicar a(s) infração(ões) cometida(s) pelo particular; b) propor a aplicação de uma ou mais sanções; c) avaliar os parâmetros elencados no §1º do art. 156 da NLLCA, para confirmar a proporcionalidade da penalidade e sugerir sua dosimetria, ou seja, o tempo do "impedimento de licitar e contratar" ou da "declaração de inidoneidade" e, sendo o caso, o valor da multa.

Destaca-se que o processo sancionador de rito ordinário não é encerrado com o relatório final da comissão, o qual consubstancia, em realidade, subsídio para a autoridade competente proferir o devido julgamento. A comissão deverá, após exarar o seu relatório final, submeter os autos à autoridade instauradora, que os remeterá, caso tenham sugestão de aplicação de declaração de inidoneidade, à análise prévia do órgão de assessoramento jurídico da Administração (não há óbice de, nas demais penalidades, os autos também serem analisados pela assessoria jurídica). O órgão de assessoramento jurídico, por sua vez, elaborará manifestação sobre a regularidade da apuração e a proporcionalidade da sanção sugerida pela comissão.

A NLLCA não determina o procedimento a ser adotado na hipótese de a análise jurídica identificar eventual irregularidade no processo de responsabilização ou se considerar desproporcional a penalidade sugerida pela comissão. Em se tratando de parecer opinativo, considera-se, à luz do princípio da segregação de funções, que o processo sancionador deverá seguir seu rito procedimental padrão, sendo submetido à decisão da autoridade competente, que poderá determinar a correção de eventual vício procedimental, aplicar penalidade menos gravosa ou aplicar a sanção de declaração de inidoneidade sugerida pela comissão.

Com efeito, a autoridade responsável pela instauração do processo sancionador de rito ordinário nem sempre será a autoridade competente para proferir o devido julgamento, que será definida de acordo com a sugestão de penalidade constante no relatório final da comissão:

(i) se a comissão sugerir aplicação de "declaração de inidoneidade", a autoridade competente será definida conforme incisos I e II do §6º do art. 156 da NLLCA: a) em órgão do Poder Executivo, será ministro de Estado, secretário estadual ou secretário municipal; b) em autarquia ou fundação do Poder Executivo, será a autoridade máxima da entidade; c) em órgãos dos Poderes Legislativo e Judiciário, no Ministério Público e na Defensoria Pública, será autoridade de nível hierárquico equivalente às autoridades especificadas no inciso I do §6º do art. 156 da NLLCA; ou *(ii)* quando a comissão sugerir outro encaminhamento, a autoridade competente será estabelecida na lei ou ato infralegal que demarca as competências no âmbito do órgão ou entidade responsável pela apuração.

Deverá haver, ao final, convergência entre as provas constantes nos autos, as conclusões da comissão e a decisão fundamentada proferida pela autoridade competente, com aplicação de penalidade proporcional ao nível de gravidade da infração perpetrada pelo particular em desfavor da Administração. Destaca-se, uma vez mais, que a aplicação de sanção ao particular não poderá ser considerada como simples "mal ou castigo" imposto aos particulares, com finalidade exclusivamente repressiva (retributiva), devendo ser valorizada a finalidade preventiva, em razão do efeito dissuasório de novas infrações.

II.3 Rito procedimental da Lei nº 12.846/2013[30]

A NLLCA incorpora ao novo marco legal das contratações públicas disposições já existentes no arcabouço normativo, conferindo-lhes, ao positivá-las em uma lei de alcance nacional, mais força e relevâncias jurídicas.[31] Nesse sentido, o art. 159 da Lei nº 14.133/2021 representa um exemplo da estratégia adotada pelo legislador de incorporar à lei nacional experiências positivas existentes em atos infralegais, pois, no art. 16 do Decreto nº 11.129, de 11.7.2022,[32] ao regulamentar a Lei Anticorrupção (Lei nº 12.846/2013) no âmbito federal, existe previsão análoga ao art. 159 da NLLCA, a saber:

> Art. 16. Os atos previstos como infrações administrativas à Lei nº 14.133, de 1º de abril de 2021, ou a outras normas de licitações e contratos da administração pública que também sejam tipificados como atos lesivos

---

[30] Ver: AMORIM, Rafael Amorim. Comentários ao art. 159 da Lei nº 14.133/2021. In: FORTINI, Cristiana; OLIVEIRA, Rafael Sérgio Lima de; CAMARÃO, Tatiana. *Comentários à Lei de Licitações e Contratos Administrativos*. v. 2. Belo Horizonte: Fórum, 2022. p. 487-492.

[31] FORTINI, Cristiana; AMORIM, Rafael Amorim. *Um novo olhar para a futura Lei de licitações e contratos administrativos*: a floresta além das árvores. p. 3. Disponível em: http://www.licitacaoecontrato.com.br/assets/artigos/artigo_download_85.pdf. Acesso em 24 mai. 2021.

[32] O Decreto nº 11.129, de 11.7.2022, revogou o Decreto nº 8.420, de 18.3.2015, o qual estabelecia, no art. 12, o que segue: "Art. 12. Os atos previstos como infrações administrativas à Lei nº 8.666, de 21 de junho de 1993, ou a outras normas de licitações e contratos da administração pública que também sejam tipificados como atos lesivos na Lei nº 12.846, de 2013, serão apurados e julgados conjuntamente, nos mesmos autos, aplicando-se o rito procedimental previsto neste Capítulo".

na Lei nº 12.846, de 2013, serão apurados e julgados conjuntamente, nos mesmos autos, aplicando-se o rito procedimental previsto neste Capítulo.

O disposto no Decreto nº 11.129/2022 tem, obviamente, seu alcance limitado aos órgãos e entidades federais. Subsistem, nos entes subnacionais, disposições infralegais diversas na regulamentação da Lei Anticorrupção, o que ocasiona prejuízos à economia e celeridade processual e, muitas vezes, ao admitir que um fato seja apurado em processos sancionadores distintos, compromete seriamente os princípios da instrumentalidade das formas e da segurança jurídica, com decisões conflitantes quanto: (i) à instauração ou não da apuração; (ii) à definição acerca da necessidade de realização de atos de instrução; e (iii) aos resultados do processos sancionadores.[33]

Nesse contexto, ainda que seja reprodução quase literal do art. 16 do Decreto nº 11.129/2022, o art. 159 da NLLCA é importante por trazer maior racionalidade ao regime jurídico sancionador, determinando, em todo o País, que atos previstos como infrações administrativas no art. 155 da Lei nº 14.133/2021 (ou em outras leis de licitações e contratos da Administração Pública) e, simultaneamente, na Lei nº 12.846/2013 sejam apurados e julgados conjuntamente, na forma do rito procedimental estabelecido na Lei Anticorrupção e observada autoridade competente definida na mesma lei e no regulamento aplicável.[34] [35]

---

[33] No Estado de Minas Gerais, por exemplo, quando um fato pode configurar infração relacionada à Lei de Licitações e, simultaneamente, ato lesivo disciplinado pela Lei Anticorrupção, existe a previsão de dois processos sancionadores: o primeiro, sob a égide da Lei Estadual nº 13.994, de 18.09.2001 (regulamentada pelo Decreto Estadual nº 45.902, de 27.01.2012, com alterações posteriores), será instaurado, conduzido e julgado no âmbito do próprio órgão ou entidade estadual responsável pela licitação ou contrato administrativo, ocasionando, ao final, se for o caso, aplicação das sanções previstas em Lei de Licitação; por sua vez, o segundo, sob égide da Lei Anticorrupção (regulamentada pelo Decreto Estadual nº 46.782, de 26.06.2015, com alterações posteriores), será instaurado, conduzido e julgado no âmbito da Controladoria-Geral do Estado, ocasionando, ao final, se for o caso, aplicação das sanções previstas no art. 6º da Lei nº 12.846/2013. Haverá, à luz do art. 159 da NLLCA, a necessidade de compatibilizar a legislação estadual mineira aos ditames do novo marco legal das contratações públicas.

[34] Sobre o processo administrativo de responsabilização previsto na Lei nº 12.846, de 1.8.2013, ver: CONTROLADORIA-Geral da União. *Manual de Responsabilização de Entes Privados*. Abr. 2022. Disponível em: https://repositorio.cgu.gov.br/bitstream/1/68182/5/Manual_de_Responsabiliza%c3%a7%c3%a3o_de_Entes_Privados_abril_2022_Corrigido.pdf. Acesso em: 28 jan. 2023.

[35] No âmbito federal, a Medida Provisória nº 1.154, de 1º de janeiro de 2023 (em deliberação pelo Congresso Nacional), estabeleceu, no art. 49, a competência da Controladoria-Geral da União para "instaurar processos administrativos de responsabilização de pessoas

O art. 159 da NLLCA contribuirá para maior coerência no exercício do *ius puniendi* e, assim, proporcionar maior segurança jurídica aos particulares, que já sabem, desde logo, que os entes da Federação, quando se depararem com a hipótese especificada no dispositivo legal ora analisado, adotarão a mesma regra, com a instauração de um único processo de responsabilização. Esse processo observará a autoridade competente e o rito procedimental da Lei Anticorrupção (arts. 8º a 15), o que, ao final, promoverá economia e celeridade processual e garantirá racionalidade no exercício da prerrogativa sancionatória, com um único julgamento a ser proferido pela Administração.[36]

Nesse caso, além da possibilidade de os ilícitos serem enquadrados simultaneamente nos tipos proibitivos constantes no art. 155 da NLLCA e no art. 5º da Lei nº 12.846/2013, a autoridade julgadora poderá aplicar as sanções previstas nos dois diplomas legais, isto é, tanto no art. 16 da NLLCA quanto no art. 6º da Lei Anticorrupção (obs.: a aplicação das sanções previstas no art. 19 da Lei Anticorrupção dependem de ação judicial). Contudo, em relação à multa, penalidade pecuniária prevista tanto no inciso II do art. 156 da NLLCA quanto no inciso I do art. 6º da Lei Anticorrupção, será necessário observar o disposto no §3º do art. 22 da Lei de Introdução às Normas do Direito Brasileiro, que determina que as "sanções aplicadas ao agente serão levadas em conta na dosimetria das demais sanções de mesma natureza e relativas ao mesmo fato".

O diálogo entre a NLLCA e a Lei Anticorrupção ainda exige revisitar o disposto no art. 17 da Lei nº 12.846/2013, para destacar que, na hipótese prevista no *caput* do art. 159 da NLLCA, a Administração poderá se deparar com a possibilidade de celebrar acordo de leniência com particulares. Em tais situações, admite-se, desde que observadas as exigências constantes no art. 16 da Lei nº 12.846/2013, a atenuação ou isenção das sanções estabelecidas nos arts. 86 a 88 da Lei nº 8.666/1993,

---

jurídicas com fundamento na Lei nº 12.846, de 1º de agosto de 2013, acompanhar e, quando necessário, avocar tais procedimentos em curso em órgãos e entidades federais para exame de sua regularidade ou condução de seus atos, além de poder promover a declaração de sua nulidade ou propor a adoção de providências ou a correção de falhas, bem como celebrar, quando cabível, acordo de leniência ou termo de compromisso com pessoas jurídicas;".

[36] FORTINI, Cristiana; AVELAR, Mariana. *O Direito Administrativo Sancionador*: considerações sobre o PL 4.253/2020 e a futura Lei de Licitações. Disponível em: http://www.novaleilicitacao.com.br/2021/01/20/o-direito-administrativo-sancionador-consideracoes-sobre-o-pl-4253-20-e-a-futura-lei-de-licitacoes/. Acesso em: 26 jul. 2021.

o que, por conta da previsão expressa do art. 189 da NLLCA,[37] também possibilitará atenuação ou isenção das sanções definidas no art. 156 do novo marco legal das contratações públicas.

Nesse sentido, o art. 33 do Decreto nº 11.129/2022 estabelece que, no âmbito federal, o "acordo de leniência será celebrado com as pessoas jurídicas responsáveis pela prática dos atos lesivos previstos na Lei nº 12.846, de 2013, e dos ilícitos administrativos previstos na Lei nº 14.133, de 2021, e em outras normas de licitações e contratos, com vistas à isenção ou à atenuação das respectivas sanções", desde que da colaboração resulte: (i) "a identificação dos demais envolvidos nos ilícitos, quando couber;" e (ii) "a obtenção célere de informações e documentos que comprovem a infração sob apuração".

O acordo de leniência, explica Gustavo Binenbojm,[38] não poderá ser "um ato de liberalidade do Estado em favor dos infratores", mas deverá representar, nessas situações, "uma solução pragmática voltada à obtenção dos melhores resultados práticos possíveis quanto ao desestímulo à prática de condutas infracionais em grupo ou em rede". Como já destacado, além da previsão abstrata das infrações, a efetiva possibilidade de aplicação das sanções correspondentes (*enforcement*) é fundamental para conformação de uma estrutura de incentivos realmente orientada ao cumprimento das obrigações licitatórias e contratuais pelos particulares.

III Da prescrição da pretensão sancionatória (§4º do art. 158 da Lei nº 14.133/2021)

Há, como decorrência da prática de eventual infração administrativa pelo particular, a possibilidade de a Administração exercer o seu poder sancionador, com a aplicação das sanções administrativas cabíveis. E, nesse contexto, sob risco de ser obstaculizado eventual exercício de pretensão punitiva, com a estabilização definitiva das relações jurídicas, o §4º do art. 158 da NLLCA estabelece prazos extintivos[39] para

---

[37] NLLCA – "Art. 189. Aplica-se esta Lei às hipóteses previstas na legislação que façam referência expressa à Lei nº 8.666, de 21 de junho de 1993, à Lei nº 10.520, de 17 de julho de 2002, e aos arts. 1º a 47-A da Lei nº 12.462, de 4 de agosto de 2011".

[38] BINENBOJM, Gustavo. *Poder de polícia, ordenação, regulação*: transformações político-jurídicas, econômicas e institucionais do Direito Administrativo ordenador. 3. ed. Belo Horizonte: Fórum, 2020. p. 118-119.

[39] Convém lembrar, como ensina José dos Santos Carvalho Filho, que o assunto "prescrição administrativa" é "inçado de dificuldades, dúvidas e controvérsias e nunca assumiu ares

que a Administração exerça sua prerrogativa sancionatória, seja para instauração do devido processo sancionador, seja para conclusão da apuração e aplicação da penalidade cabível.

O §4º do art. 158 da NLLCA[40] inicia com a delimitação do termo inicial do cômputo do prazo prescricional, estabelecendo, nesse sentido, a ciência da infração pela Administração como início da contagem do prazo prescricional. Assim, diferentemente da esfera penal, em que a prescrição começa a correr, em regra, no dia em que o crime se consumou (art. 111 do Código Penal), o §4º do art. 158 da NLLCA estabelece que a prescrição administrativa só começa a contar após a Administração tomar ciência da ocorrência da possível infração cometida pelo particular, o que acaba, na prática, conferindo um prazo mais amplo para que o órgão ou a entidade responsável pelo exercício da prerrogativa sancionatória promova a apuração e, se for o caso, aplique a devida sanção.

Haverá, muitas vezes, dificuldade em se demarcar a "ciência da infração pela Administração", o que ocasionará, em certas situações, controvérsias acerca do início ou não do cômputo do prazo prescricional. Como regra, desde que a notícia de possível infração esteja materializada em processo administrativo, existem duas possíveis hipóteses:

(i) quando a infração ocorrer durante a licitação, o marco inicial da prescrição será a ciência da infração por agente público responsável pela condução do certame (agente de contratação, pregoeiro ou membro de comissão de licitação) ou pela autoridade competente por sua homologação; e

(ii) quando a infração ocorrer no decorrer da execução contratual, o marco inicial da prescrição iniciará será a ciência da infração por fiscal ou gestor do contrato, salvo se eles tiverem envolvimento nos ilícitos.[41]

A ciência da possível infração pela Administração desencadeará o início do prazo prescricional, que, depois de cinco anos, obstaculizará

---

de pacificação entre os estudiosos", possuindo, em seu núcleo comum, "a ideia de prazo extintivo", cujo fundamento é "a inércia do interessado" (CARVALHO FILHO, José dos Santos. *Manual de Direito Administrativo*. 27. ed. São Paulo: Atlas, 2014. p. 979-982).

[40] O §4º do art. 158 da NLLCA tem redação muito semelhante ao disposto no art. 25, *caput* e parágrafo único, da Lei nº 12.846/2013.

[41] Excepcionalmente, se os agentes públicos especificados atuarem de forma orquestrada com os particulares na prática de ilícitos relacionados a licitações e contratos, o marco inicial do cômputo da prescrição ocorrerá a partir da ciência de autoridade pública com competência para tomar as providências cabíveis para a realização da apuração com independência, imparcialidade e isenção.

o exercício da prerrogativa sancionatória, de modo a punir a Administração pela inércia no exercício dos seus poderes-deveres. Porém, nesse interregno, caso a Administração instaure o devido processo sancionador, haverá a interrupção do cômputo da prescrição, retornando-se a zero o prazo prescricional. A redação dos incisos II e III do §4º do art. 158 da NLLCA denota que, depois de instaurado o processo, deverá iniciar o cômputo de novo prazo prescricional, de modo a constranger a Administração a concluir o processo sancionador em um tempo razoável.

Portanto, nessa lógica, exsurgem dois possíveis momentos de início de cômputo do prazo prescricional: o primeiro inicia com a ciência do possível ilícito pela Administração, a qual, para não concretização da prescrição, deverá instaurar o processo sancionador antes do decurso de cinco anos; o segundo deve iniciar após a instauração do processo sancionador, que, para não concretização da prescrição, deverá ser julgado em definitivo pela Administração antes de decorridos cinco anos. Há, portanto, em flagrante evolução à Lei nº 8.666/1993, prazos extintivos de pretensão punitiva pela Administração, o que proporciona mais segurança jurídica aos particulares.[42]

A prescrição objetiva punir a inércia da Administração, o que não se verifica nas hipóteses de celebração de acordo de leniência (nos termos da Lei nº 12.846/2013) e de decisão judicial que inviabilize a conclusão da apuração administrativa. Nessas situações, os incisos II e III do §4º do art. 158 da NLLCA determinam que, enquanto subsistirem obrigações pendentes de cumprimento pelo particular em acordo de leniência ou efeitos de decisão judicial, haverá a suspensão do cômputo do prazo prescricional, ou seja, "a paralisação temporária da fluência do prazo prescricional [...], o qual, uma vez cessada a causa suspensiva, recomeça a correr, computando-se o período transcorrido antes da suspensão".[43]

---

[42] A disposição constante da Lei nº 14.133/2021 é bem-vinda, na medida em que soluciona vácuo legislativo anteriormente existente na Lei nº 8.666/93. Por ausência de disposição expressa na norma legal aplicável, o operador do Direito acaba por se socorrer da aplicação, por analogia, da Lei nº 9.873, de 23 de novembro de 1999. In: BIAZON, Everson da Silva. *A prescrição na nova Lei de Licitações*. Disponível em: https://www.conjur.com.br/2021-abr-17/everson-biazon-prescricao-lei-licitacoes. Acesso em: 20 abr. 2023.

[43] MELLO, Celso Antônio Bandeira de. *Curso de Direito Administrativo*. 18. ed. rev. atual. São Paulo: Malheiros, 2005. p. 964.

IV Conclusão

Os desafios na implementação da Lei nº 14.133/2021 são enormes, haja vista a existência de novos dispositivos legais que permeiam todas as atividades relacionadas a licitações e contratos, inclusive em relação a infrações, sanções e ritos procedimentais, com significativa densificação normativa da prerrogativa sancionatória da Administração Pública, notadamente quando se compara o novo diploma legal com as leis precedentes (Lei nº 8.666/1993, Lei nº 10.520/2001 e Lei nº 12.462/2011).

Há, por exemplo, inegável avanço na definição de ritos procedimentais na NLLCA, pois, diante da lacuna legal anterior, existia muita insegurança jurídica, adotando-se, na melhor das hipóteses, ritos procedimentais baseados em leis gerais, quando disponíveis.[44] Com o advento da Lei nº 14.133/2021, aumenta-se a segurança jurídica de agentes públicos e privados, que, *ex ante*, já têm à disposição um rito procedimental a ser observado no caso de apuração de eventuais infrações, com a possibilidade de aplicação de sanções.

A NLLCA procura equilibrar os legítimos interesses públicos e privados subjacentes às contratações públicas, pois estabelece um rito procedimental específico de acordo com a gravidade das infrações e severidade das possíveis sanções a serem aplicadas (sumário, ordinário e da Lei nº 12.846/2013), respeitando as peculiaridades do nicho de atuação punitiva da Administração em desfavor de licitantes e contratados, sem olvidar dos direitos ao contraditório e à ampla defesa, inclusive ao positivar as regras relativas à prescrição da pretensão sancionatória.

Depreendem-se da Lei nº 14.133/2021 interseções importantes com a Lei Anticorrupção, pois, ao expandir nacionalmente a solução adotada até então pelo Poder Executivo Federal, o legislador evitou sobreposição normativa e confusões posteriores, determinando a observância do rito previsto na Lei nº 12.846/2013 – até mesmo em relação à celebração de acordo de leniência – sempre que as infrações apuradas forem tipificadas em ambos os diplomas legais, o que contribuirá para maior coerência e eficiência no exercício do *ius puniendi* e proporcionará maior segurança jurídica aos particulares.

---

[44] No âmbito federal, a questão era resolvida pela aplicação da Lei nº 9.784/1999, que regula o processo administrativo. Tal diploma legal, contudo, não socorria os demais entes federativos, acaso não tivessem adotado solução legislativa similar, aplicável aos seus respectivos órgãos e entidades públicas.

Os debates sobre os ritos procedimentais previstos na NLLCA não foram exuaridos, mas, ao menos, foram estabelecidas as bases iniciais para o aprofundamento das reflexões, na certeza de que, além da previsão abstrata das infrações, a probabilidade de efetiva aplicação das sanções correspondentes (*enforcement*) é importante para conformação de uma estrutura de incentivos realmente orientada ao cumprimento das obrigações pelos particulares, o que, ao fim e ao cabo, pode contribuir para a melhoria da gestão e das políticas públicas.

Referências

AMORIM, Rafael Amorim. Comentários ao art. 155 da Lei nº 14.133/2021. p. 464. *In*: FORTINI, Cristiana; OLIVEIRA, Rafael Sérgio Lima de; CAMARÃO, Tatiana. *Comentários à Lei de Licitações e Contratos Administrativos*. v. 2. Belo Horizonte: Fórum, 2022. p. 463-468.

ARROWSMITH, Sue. *Public procurement regulation*: an introduction. Nottingham: EU-Asia Inter University Network for teaching and research in public procurement regulation, 2011. p. 1-2.

BIAZON, Everson da Silva. *A prescrição na nova Lei de Licitações*. Disponível em: https://www.conjur.com.br/2021-abr-17/everson-biazon-prescricao-lei-licitacoes. Acesso em: 20 abr. 2023.

BINENBOJM, Gustavo. *Poder de polícia, ordenação, regulação*: transformações político-jurídicas, econômicas e institucionais do Direito Administrativo Ordenador. 3. ed. Belo Horizonte: Fórum, 2020.

BRASIL. Portal da Transparência. *Sanções*. Disponível em: http://www.portaltransparencia.gov.br/sancoes. Acesso em: 30 jul. 2021.

BREUS, Thiago Lima. O governo por contrato(s) e a concretização de políticas públicas horizontais como mecanismo de justiça distributiva. Tese (Doutorado). Universidade Federal do Paraná. 2015. 124 p.

CARVALHO FILHO, José dos Santos. *Manual de Direito Administrativo*. 27. ed. São Paulo: Atlas, 2014.

CONTROLADORIA-Geral da União. *Manual de Responsabilização de Entes Privados*. Abr. 2022. Disponível em: https://repositorio.cgu.gov.br/bitstream/1/68182/5/Manual_de_Responsabiliza%c3%a7%c3%a3o_de_Entes_Privados_abril_2022_Corrigido.pdf. Acesso em: 28 jan. 2023.

DI PIETRO, Maria Sylvia Zanella. *Direito administrativo*. 28. ed. São Paulo: Atlas, 2015.

FORTINI, Cristiana; AMORIM, Rafael Amorim. Novo Olhar para as Contratações Públicas: Precedentes e Perspectivas da Lei nº 14.133/2021. *In*: MATOS, Marilene Carneiro; ALVES, Felipe Dalenogare; AMORIM, Rafael Amorim. *Nova Lei de Licitações e Contratos*. Brasília: Edições Câmara, 2023. p. 113-149.

FORTINI, Cristiana; AMORIM, Rafael Amorim. Um novo olhar para a futura Lei de licitações e contratos administrativos: a floresta além das árvores. p. 3. Disponível em: http://www.licitacaoecontrato.com.br/assets/artigos/artigo_download_85.pdf. Acesso em: 24 maio 2021.

FORTINI, Cristiana; AVELAR, Mariana. *O Direito Administrativo Sancionador*: considerações sobre o PL 4.253/2020 e a futura Lei de Licitações. Disponível em: http://www.novaleilicitacao.com.br/2021/01/20/o-direito-administrativo-sancionador-consideracoes-sobre-o-pl-4253-20-e-a-futura-lei-de-licitacoes/. Acesso em: 26 jul. 2021.

IPEA/CEPAL. THORSTENSEN, Vera; GIESTEIRA, Luís Felipe (coord.). *Cadernos Brasil na OCDE* – Compras Públicas, p. 33-39, jul. 2021. Disponível em: https://www.ipea.gov.br/portal/index.php?option=com_content&view=article&id=38248&Itemid=432. Acesso em 10 mar. 2022.

MELLO, Celso Antônio Bandeira de. *Curso de Direito Administrativo*. 18. ed. rev. atual. São Paulo: Malheiros, 2005.

MINISTÉRIO DO PLANEJAMENTO, ORÇAMENTO E GESTÃO. *Caderno de Logística* – Sanções Administrativas, p. 30-31, set. 2015. Disponível em: https://antigo.comprasgovernamentais.gov.br/images/conteudo/ArquivosCGNOR/caderno-de-logistica-de-sancao-2.pdf. Acesso em: 14 jan. 2022.

OCDE. Recomendação do Comitê de Governança Pública da OCDE em Contratações Públicas. 2015. p. 3-9. Disponível em: http://www.oecd.org/gov/public-procurement/Recomenda%C3%A7%C3%A3o-conselho-contratos.pdf. Acesso em: 10 mar. 2023.

OCDE. Reforming Public Procurement – Progress in Implementing the 2015 OCDE Recommendation. Oct. 2019. Disponível em: http://www.oecd.org/governance/public-procurement/reforming-public-procurement-1de41738-en.htm. Acesso em: 10 mar. 2023.

OSÓRIO, Fabio Medina. Direito Administrativo Sancionador. 3. ed. São Paulo: Revista dos Tribunais, 2009.

SUNDFELD, Carlos Ari. SUNDFELD, Carlos Ari. *Direito Administrativo para Céticos*. 2. ed. rev. ampl. São Paulo: Malheiros, 2014.

Informação bibliográfica deste texto, conforme a NBR 6023:2018 da Associação Brasileira de Normas Técnicas (ABNT):

VIANNA, Marcelo Pontes; AMORIM, Rafael Amorim de. Processo Sancionador na Lei nº 14.133/2021 e sua interseção com a Lei nº 12.846/2013 (Lei Anticorrupção). *In*: FORTINI, Cristiana; PIRES, Maria Fernanda Veloso; CAVALCANTI, Caio Mário Lana (coord.). *Integridade e contratações públicas*: reflexões atuais e desafios. Belo Horizonte: Fórum, 2024. p. 329-349. ISBN 978-65-5518-708-3.

SOBRE OS AUTORES

Álvaro Ricardo de Souza Cruz
Mestre e Doutor, com pós-doutorado, em Direito/História pela Universidade Federal de Minas Gerais (UFMG). Desembargador Federal no Tribunal Regional Federal da 6ª Região e Professor Adjunto IV da Pontifícia Universidade Católica de Minas Gerais (PUC Minas).

Bernardo Tinôco de Lima Horta
Mestre em Direito pela UFMG. Bacharel em Direito pela UFMG, com período sanduíche na Università di Roma Tor Vergata – Itália. Especialista em Direito Público pela PUC Minas. Especialista em Justiça Constitucional e Tutela Jurisdicional dos Direitos pela Università di Pisa – Itália. Juiz Federal (TRF1).

Bonifácio José Suppes de Andrada
Doutor em Direito do Estado pela USP. Bacharel em Direito pela Faculdade Milton Campos. Especialista e Mestre em Direito Público pela PUC Minas. Advogado.

Caio Mário Lana Cavalcanti
Advogado. Graduado em Direito pela Universidade Federal de Minas Gerais (UFMG). Especialista em Direito Administrativo (tendo recebido o Prêmio de Direito Administrativo Professor Júlio César dos Santos Esteves), em Direito Tributário e em Direito Processual pela Pontifícia Universidade Católica de Minas Gerais (PUC Minas). Especialista em Direito Tributário e em Direito Constitucional pela Universidade Cândido Mendes (UCAM). Especialista em Advocacia Pública pelo Instituto para o Desenvolvimento Democrático (IDDE), conjuntamente com o Centro de Direitos Humanos da Faculdade de Direito da Universidade de Coimbra (Ius Gentium Conimbrigae – IGC) e com a Faculdade Arnaldo. Especialista em Direito Administrativo, em Direito Público, em Direito Processual e em Direito Constitucional pela Faculdade de Estudos Administrativos de Minas Gerais (FEAD-MG). Especialista em Direito Penal e Processual Penal e em Direito Civil e Processual Civil pela Faculdade Arnaldo. Especialista em Direito Público Aplicado pelo Centro Universitário UNA e pela Escola Brasileira de Direito (EBRADI), conjuntamente com a Escola Superior de Advocacia da OAB/SP (ESAOAB/SP). Autor de livros e artigos jurídicos em jornais, sites e obras especializadas.

Claudia Costa de Araujo Fusco
Mestre em Administração Pública pela Escola de Governo Professor Paulo Neves de Carvalho da Fundação João Pinheiro/MG. Pós-graduada em Direito Público, Transparência e Controle Externo pela PUC Minas. Controladora-Geral Adjunta do Município de Belo Horizonte.

Cristiana Fortini
Advogada. Presidente do Instituto Brasileiro de Direito Administrativo (IBDA). Diretora Jurídica da Cemig. Doutora em Direito Administrativo pela Universidade Federal de Minas Gerais (UFMG). Professora da graduação, mestrado e doutorado da Universidade Federal de Minas Gerais (UFMG). Professora do mestrado da Faculdade Milton Campos. Professora visitante da Università di Pisa. Visiting Scholar pela George Washington University. Especialista em Mediação, Conciliação e Arbitragem pelo Instituto para o Desenvolvimento Democrático (IDDE).

Cristina Andrade Melo
Procuradora do Ministério Público de Contas do Estado de Minas Gerais (MPC/MG). Graduada em Direito e Mestre em Direito Administrativo, ambos pela Faculdade de Direito da Universidade Federal de Minas Gerais (UFMG). Editora-chefe da Revista Controle em Foco, do MPC/MG. Diretora-tesoureira da Associação Nacional do Ministério Público de Contas (AMPCON).

Daniel de Carvalho Guimarães
Procurador do Ministério Público de Contas do Estado de Minas Gerais. Especialista em Direito do Tributário pela PUC Minas.

Daniel Marchionatti Barbosa
Doutor em Direito pela Universidade de São Paulo. Secretário-Geral do Conselho da Justiça Federal. Ex-Juiz Auxiliar da Corregedoria Nacional de Justiça. Ex-Magistrado Instrutor no Supremo Tribunal Federal. Ex-Juiz Auxiliar da Corregedoria-Geral da Justiça Federal. Juiz Federal.

Daniel Martins e Avelar
Mestrando em Direito pela Universidade Federal de Minas Gerais (UFMG). Especialista em Gestão Pública Municipal pela Universidade Federal de Viçosa (UFV) e Finanças Públicas pela Escola de Contas Prof. Pedro Aleixo (TCE/MG). Subcontrolador de Correição do Município de Belo Horizonte.

Edilson Pereira Nobre Júnior
Professor Titular da Faculdade de Direito do Recife – Universidade Federal de Pernambuco. Pós-Doutoramento pelo Instituto Jurídico da Faculdade de Direito da Universidade de Coimbra. Desembargador do Tribunal Regional Federal da 5ª Região.

Felipe Alexandre Santa Anna Mucci Daniel

Doutor e Mestre em Direito pela UFMG. Diretor Jurídico da Superintendência de Desenvolvimento da Capital – Município de Belo Horizonte. Professor do curso de Direito do Centro Universitário UNA. Vice-presidente da Comissão de Direito Administrativo da OAB-MG. Autor do livro: "O Direito Administrativo Sancionador aplicado aos contratos da Administração Pública e os acordos substitutivos de sanção".

Felipe Dalenogare Alves

Doutor (com bolsa Capes) e Mestre em Direito pela Universidade de Santa Cruz do Sul (UNISC). Especialista em Direito Administrativo pela Faculdade Dom Alberto e em Gestão Pública Municipal pela Universidade Federal de Santa Maria. Coordenador dos cursos de pós-graduação em Licitações e Contratos; em Direito Público; e em Gestão Pública e Direito Administrativo, todos da Escola Mineira de Direito (EMD). Supervisor na Administração Central do Ministério da Defesa, lotado na Assessoria de Planejamento, Orçamento e Gestão de Ações Orçamentárias (APOGA/SC-3). Membro do Instituto de Direito Administrativo Sancionador Brasileiro (IDASAN), da Rede para o Constitucionalismo Democrático Latino-Americano (RCDLA) e do Grupo de Pesquisa, Ensino e Extensão em Direito Administrativo Contemporâneo (GDAC), coordenado pelo Prof. Dr. André Saddy e vinculado à Universidade Federal Fluminense (UFF).

Greycielle de Fátima Peres Amaral

Graduada pela Faculdade de Direito da UFMG (1995). MBA em Direito da Economia e da Empresa pela Fundação Getúlio Vargas (2004). Especialista em Mediação, Conciliação e Arbitragem pelo Instituto para o Desenvolvimento Democrático – IDDE (2021). Especializada em Proteção de Dados e Privacidade. Certificada em *Compliance* de Proteção de Dados pelo Legal, Ethics & Compliance. Integra a comissão de proteção de dados da OAB/MG e a comissão de estudos em prol da liberdade econômica da Fiemg. Integra o Instituto dos Advogados de Minas Gerais. Foi Diretora Jurídica da Superintendência de Limpeza Urbana (SLU) de Belo Horizonte (2013/2014). Foi Assessora Jurídica da PBH Ativos S/A (2013/2014), da Fundação de Parques Municipais de Belo Horizonte (2011/2013), da Secretaria Municipal de Governo de Belo Horizonte (2015/2017), do Instituto Mineiro de Gestão de Águas – IGAM (1997/1999), da Assembleia Legislativa do Estado de Minas Gerais (1992/1994). Foi professora da Pontifícia Universidade Católica de Minas Gerais – PUC Minas (2007/2012), do Centro Universitário Metodista Izabela Hendrix (2004/2007) e do Centro Universitário Unihorizontes (2010/2022). Integrou a Comissão Especial de Privacidade e Proteção de Dados Pessoais da OAB/SP – GT Privacidade na Saúde.

Irene Patrícia Nohara
Livre-docente em Direito Administrativo. Doutora e Mestre em Direito do Estado pela USP, por onde se graduou. Professora do doutorado e mestrado em Direito Político e Econômico da Universidade Presbiteriana Mackenzie, onde leciona na graduação. Advogada parecerista, árbitra e gestora do site direitoadm.com.br.

José Roberto Pimenta Oliveira
Mestre e Doutor em Direito do Estado pela PUC-SP. Professor de Direito Administrativo da PUC-SP, dos cursos de graduação e pós-graduação em Direito da PUC-SP. Líder do Grupo de Pesquisa Direito e Corrupção (PUC-SP-CNPQ). Presidente do Instituto de Direito Administrativo Sancionador Brasileiro (IDASAN). Procurador Regional da República na 3ª Região, Membro titular do 20º Ofício do Núcleo Criminal da PRR da 3ª Região (MPF).

Leonardo de Araújo Ferraz
Doutor e Mestre em Direito Público pela PUC Minas, com pós-doutoramento em Direito pela Universidade Nova de Lisboa. Controlador-Geral do Município de Belo Horizonte.

Licurgo Mourão
Pós-doutorando e Doutor em Direito pela Universidade de São Paulo. Conselheiro substituto do Tribunal de Contas de Minas Gerais. Extensões na Hong Kong University; California Western School of Law; Université Paris 1 Panthéon-Sorbonne e The George Washington University.

Luan Alvarenga Balieiro
Advogado. Graduado em Direito pela Universidade Federal de Minas Gerais (UFMG). Possui artigos publicados na área do Direito Público, em especial no Direito Administrativo.

Luisa Rosado
Advogada. Bacharel em Direito pela Pontifícia Universidade Católica de Minas Gerais. Especialista pela PUC Minas em Infraestrutura, Concessão e PPP.

Marcelo Pontes Vianna
Auditor federal de finanças e controle da Controladoria-Geral da União desde 2006. Na CGU atuou na regulamentação e aplicação da Lei nº 12.846/2013 (Lei Anticorrupção), onde desempenhou diversos cargos de direção, dentre eles os de Diretor de Responsabilização de Entes Privados e atualmente o de Secretário de Integridade Privada. Bacharel em Ciência Política e Direito, com pós-graduação em Direito, Avaliação de Políticas Pública e Economia. É Mestre em Direito pela *University of Notre Dame*.

Maria Fernanda Veloso Pires
Advogada. Graduada em Direito pela Pontifícia Universidade Católica de Minas Gerais (1992). Especialista em Direito Urbanístico pela Pontifícia Universidade Católica de Minas Gerais (PUC Minas). Mestre em Direito Administrativo pela Universidade Federal de Minas Gerais – UFMG (2000). Doutora em Direito Público pela PUC Minas (2019). Possui diversos livros e artigos publicados na área do Direito Público, em especial no Direito Administrativo.

Marilene Carneiro Matos
Advogada, com atuação em Direito Administrativo. Mestre e Doutoranda em Direito pelo Instituto de Ensino, Pesquisa e Extensão (IDP). Assessora Jurídica na Câmara dos Deputados. Coordenadora da pós-graduação em Direito Regulatório da Verbo Jurídico. Professora universitária na área de Direito Administrativo e Constitucional e coordenadora do Grupo de Pesquisa em Permissões e Concessões vinculado ao Instituto de Ensino, Pesquisa e Extensão. Sócia-Fundadora da Master Infra Consultoria em Infraestrutura. Coordenadora e autora de diversos livros e artigos jurídicos na área de licitações e contratos. Diretora de Comunicação da Alumni Direito UnB.

Marília Moreira Pires
Advogada e consultora jurídica em Direito Administrativo. Mestranda em Direito Político e Econômico e bacharel em Direito pela Universidade Presbiteriana Mackenzie. Especialista em Processo Civil pelo Damásio. Pesquisadora e monitora do Grupo de Direito Administrativo da Universidade Presbiteriana Mackenzie.

Rafael Amorim de Amorim
Consultor legislativo – área Direito Administrativo e Administração Pública, um dos responsáveis pela consultoria institucional da Câmara dos Deputados na tramitação das proposições que originaram o novo marco legal das contratações públicas. Advogado, administrador, Mestre em Direito e doutorando em Direito pela Universidade Federal de Minas Gerais – área Direito e Administração Pública.

Silvia Motta Piancastelli
Graduada em Direito pela Faculdade Milton Campos. Graduada em Administração de Empresas na UNA. Extensão Universitária na Universidade de Salamanca (USAL). Assessora de Conselheiro no Tribunal de Contas do Estado de Minas Gerais.

Wesley Roberto Queiroz Costa
Pós-Graduado em Direito Público. Assessor-Chefe da Assessoria Jurídica do Conselho da Justiça Federal. Ex-Analista Judiciário da Justiça Militar da União. Ex-Técnico Judiciário do Tribunal de Justiça do Distrito Federal e Territórios. Analista Judiciário do CJF.

Esta obra foi composta em fonte Palatino Linotype, corpo 10
e impressa em papel Pólen Bold 70g (miolo) e Supremo 250g (capa)
pela Gráfica Star7.